칸트전집

칸트전집

Immanuel Kant

*Prolegomena zu einer jeden künftigen Metaphysik,*
*die als Wissenschaft wird auftreten können*

*Metaphysische Anfangsgründe der Naturwissenschaft*

# 학문으로 등장할 수 있는
# 미래의 모든 형이상학을 위한 서설
# 자연과학의 형이상학적 기초원리

칸트전집 5

임마누엘 칸트

한국칸트학회 기획 ┃ 김재호 옮김

한길사

# 『칸트전집』을 발간하면서

　칸트는 인류의 학문과 사상 발전에 지대한 영향을 미쳤으며, 지금도 그 영향력이 큰 철학자다. 칸트철학은 여전히 전 세계적으로 가장 많이 논의되며, 국내에서도 많은 학자가 전문적으로 연구하고 있다. 이를 반영하듯 영미언어권에서는 1990년대부터 새롭게 칸트의 저서를 번역하기 시작하여 『케임브리지판 임마누엘 칸트전집』(*The Cambridge Edition of the Works of Immanuel Kant*, 1992~2012) 15권을 완간했다. 일본 이와나미(岩波書店) 출판사에서도 현대 언어에 맞게 새롭게 번역한 『칸트전집』 22권을 출간했다. 국내에서는 칸트를 연구한 지 이미 100년이 훨씬 넘었는데도 우리말로 번역된 칸트전집을 선보이지 못하고 있었다.

　물론 국내에서도 칸트 생전에 출간된 주요 저작들은 몇몇을 제외하고는 여러 연구자가 번역해서 출간했다. 특히 칸트의 주저 중 하나인 『순수이성비판』은 번역서가 16종이나 나와 있다. 그럼에도 칸트 생전에 출간된 저작 중 '비판' 이전 시기의 대다수 저작이나, 칸트철학을 이해하는 데 많은 도움을 줄 수 있는 서한집(Briefwechsel), 유작(Opus postumum), 강의(Vorlesungen)는 아직 우리말로 번역되지 않았다. 게다가 이미 출간된 번역서 중 상당수는 관련 분야에 대한 전문성이 부족해 번역이 정확하지 못하거나 원문을 글자대로만 번역해 가독성이 낮아 독자들이 원문의 의미를 제대로 이해하기가 쉽지 않다. 번역자가 전문성을 갖추었다 해도 각기 다른 번역용어를 사용해 학문 내에서 원활하게 논의하고 소통하는 데 장애가 되고 있다. 이 때문에 칸트를 연구하는 학문 후속세대들은 많은 어려움에 빠져 혼란을 겪고 있다. 이런 상황에서 '한국칸트학회'는 학회에 소속된 학자들이 공동으로 작업해 온전한 우리말 칸트전집을 간행할 수 있기를 오랫동안 고대해왔으며, 마침내 그 일부분을 이루게 되었다.

『칸트전집』 번역 사업은 2013년 9월 한국연구재단의 토대연구 분야 총서학 지원 사업에 선정되어 '『칸트전집』 간행사업단'이 출범하면서 본격적으로 시작되었다. 이 사업은 영남대학교 '인문과학연구소' 주관으로 '한국칸트학회'에 소속된 전문 연구자 34명이 공동으로 참여해 2016년 8월 31일까지 진행되었으며, 수정과 보완작업을 거쳐 지금의 모습으로 결실을 맺게 되었다. 이 전집은 칸트 생전에 출간된 저작 중 『자연지리학』(*Physische Geographie*)을 비롯해 몇몇 서평(Rezension)이나 논문을 제외하고는 거의 모든 저작을 포함하며, 아직까지 국내에 번역되지 않은 서한집이나 윤리학 강의(Vorlesung über die Ethik)도 수록했다. 『칸트전집』이 명실상부한 전집이 되려면 유작, 강의, 단편집(Handschriftliche Nachlass) 등도 포함해야 하지만, 여러 제한적인 상황으로 지금의 모습으로 출간하게 되었다. 아쉽지만 지금의 전집에 실리지 못한 저작들을 포함한 완벽한 『칸트전집』이 후속 사업으로 머지않은 기간 내에 출간되길 기대한다.

『칸트전집』을 간행하면서 간행사업단이 세운 목표는 1) 기존의 축적된 연구를 토대로 전문성을 갖춰 정확히 번역할 것, 2) 가독성을 최대한 높일 것, 3) 번역용어를 통일할 것, 4) 전문적인 주석과 해제를 작성할 것이었다. 이를 위해 간행사업단은 먼저 용어통일 작업에 만전을 기하고자 '용어조정위원회'를 구성했다. 위원회는 오랜 조정 작업 끝에 칸트철학의 주요한 전문 학술용어를 통일된 우리말 용어로 번역하기 위해 「번역용어집」을 만들고 칸트의 주요 용어를 필수 용어와 제안 용어로 구분했다. 필수 용어는 번역자가 반드시 따라야 할 기본 용어다. 제안 용어는 번역자가 그대로 수용하거나 문맥에 따라 다른 용어를 사용할 수 있는 용어다. 다른 용어를 사용할 경우에는 번역자가 다른 용어를 사용한 이유를 옮긴이주에서 밝혀 독자의 이해를 돕도록 했다. 사업단이 작성한 「번역용어집」은 '한국칸트학회' 홈페이지에서 확인할 수 있다.

번역용어와 관련해서 그동안 칸트철학 연구자뿐 아니라 다른 분야 연구자와 학문 후속세대를 큰 혼란에 빠뜨렸던 용어가 바로 칸트철학의 기본 용어인 transzendental과 a priori였다. 번역자나 학자마다 transzendental을 '선험적', '초월적', '선험론적', '초월론적' 등으로, a priori를 '선천적', '선험적' 등으로 다양하게 번역해왔다. 이 때문에 일어나는 문제는 참으로 심각했다. 이를테면 칸트 관련 글에서 '선험적'이라는 용어가 나오면 독자는 이것이 transzendental의 번역어인지 a priori의 번역어인지 알 수 없어 큰 혼란을 겪을 수밖에 없었다. 이런 문제점을 해소하기 위해 간행사업단에서는 transzendental과 a priori의 번역용어를 어떻게 구분해야 하는지를 중요한 선결과제로 삼고, 두 차례 학술대회를 개최해 격렬하고도 심도 있는 논의를 진행했다. 하지만 a priori를 '선천적'으로, transzendental을 '선험적'으로 번역해야 한다는 쪽과 a priori를 '선험적'으로, transzendental을 '선험론적'으로 번역해야 한다는 쪽의 의견이 팽팽히 맞서면서 모든 연구자가 만족할 수 있는 통일된 번역용어를 확정하는 일은 거의 불가능한 것처럼 보였다. 이런 상황에서 '용어조정위원회'는 각 의견의 문제점에 대한 다양한 비판을 최대한 수용하는 방식으로 합의를 이끌어내기 위해 오랜 시간 조정 작업을 계속했다. 그 결과 a priori는 '아프리오리'로, transzendental은 '선험적'으로 번역하기로 결정했다. 물론 이 확정안에 모든 연구자가 선뜻 동의한 것은 아니었으며, '아프리오리'처럼 원어를 음역하는 방식이 과연 좋은 번역 방법인지 등은 여전히 숙제로 남아 있다. 그럼에도 이 안을 확정할 수 있도록 번역에 참가한 연구자들이 기꺼이 자기 의견을 양보해주었음을 밝혀둔다. 앞으로 이 용어가 사용되기 시작하면 이와 관련한 논의가 많아지겠지만, 어떤 경우든 번역용어를 통일해서 사용하는 방향으로 진행되길 기대한다.

간행사업단은 전문적인 주석과 해제작업을 위해 '해제와 역주위원회'를 구성하여 전집 전반에 걸쳐 균일한 수준의 해제와 전문적인 주석 작업을 할 수 있도록 '해제와 역주 작성 원칙'을 마련했다. 이 원칙의 구체적인 내용도 '한국칸트학회' 홈페이지에서 확인할 수 있다. 번역자들은 원문의 오역을 가능한 한 줄이면서도 학술저서를 번역할 때 허용하는 범위 내에서 가독성을 높일 수 있도록 번역하려고 많은 노력을 경주했다. 이를 위해 번역자들이 번역 원고를 수차례 상호 검토하는 작업을 거쳤다. 물론 '번역은 반역'이라는 말이 있듯이 완벽한 번역이란 실제로 불가능하며, 개별 번역자의 견해와 신념에 따라 번역 방식도 차이가 날 수밖에 없다. 따라서 번역의 완성도에 대해서는 전적으로 독자의 판단에 맡기겠다. 독자들의 비판을 거치면서 좀더 나은 번역으로 거듭날 수 있는 기회가 있기를 바랄 뿐이다.

『칸트전집』 간행사업단은 앞에서 밝힌 목적을 달성하려고 오랜 기간 공동 작업을 해왔으며 이제 그 결실을 눈앞에 두고 있다. 수많은 전문 학자가 참여하여 5년 이상 공동 작업을 수행한다는 것은 우리 학계에서 그동안 경험해보지 못한 전대미문의 도전이었다. 이런 이유로 간행사업단은 여러 가지 시행착오와 문제점에 봉착했으며, 그것을 해결하는 일은 결코 쉽지 않았다. 그럼에도 이견을 조정하고 문제점을 해결해나가면서 길고 긴 공동 작업을 무사히 완수할 수 있었던 것은 『칸트전집』 간행을 성공적으로 마무리하여 학문 후속세대에게 좀더 정확한 번역본을 제공하고, 우리 학계의 학문연구 수준을 한 단계 끌어올려야겠다는 '한국칸트학회' 회원들의 단결된 의지 덕분이었다. 이번에 출간하는 『칸트전집』이 설정한 목표를 완수했다면, 부정확한 번역에서 비롯되는 칸트 원전에 대한 오해를 개선하고, 기존의 번역서 사이에서 발생하는 용어 혼란을 시정하며, 나아가 기존의 칸트 원전 번역이 안고 있는 비전문성을 극복하여 독자가 좀더 정확하게 칸트의 작품을 이해하게 될 것이다. 물론 『칸트전집』이 이러한 목표를 달성했는지는 독자의 판단에 달려 있으며, 이제 간행사업단과 '한국칸트학회'는 독자의 준엄한 평가와 비판에 겸허히 귀를 기울일 것이다.

끝으로 『칸트전집』을 성공적으로 간행하기 위해 노력과 시간을 아끼지 않고 참여해주신 번역자 선생님 모두에게 진심으로 감사하는 마음을 드린다. 간행사업단의 다양한 요구와 재촉을 견뎌야 했음에도 선생님들은 이 모든 과정을 이해해주었으며, 각자 소임을 다했다. 『칸트전집』은 실로 번역에 참여한 선생님들의 땀과 노력의 결실이라 할 수 있다. 또 한국연구재단의 지원 아래 『칸트전집』 간행사업을 진행할 수 있도록 큰 도움을 주신 '한국칸트학회' 고문 강영안, 이엽, 최인숙, 문성학, 김진 선생님께도 감사의 말씀을 전한다. 『칸트전집』 간행 사업을 원활하게 진행할 수 있었던 것은 무엇보다도 공동연구원 아홉 분이 활약한 덕분이다. 김석수, 김수배, 김정주, 김종국, 김화성, 이엽, 이충진, 윤삼석, 정성관 선생님은 번역 이외에도 용어 조정 작업, 해제와 역주 원칙 작성 작업, 번역 검토 기준 마련 등 과중한 업무를 효율적이고도 성실하게 수행해주었다. 특히 처음부터 끝까지 번역작업의 모든 과정을 꼼꼼히 관리하고 조정해주신 김화성 선생님께는 진정한 감사와 동지애를 전한다. 사업을 진행하기 위해 여러 업무와 많은 허드렛일을 처리하며 군말 없이 자리를 지켜준 김세욱, 정제기 간사에게는 그저 고마울 따름이다. 그뿐만 아니라 열악한 출판계 현실에도 학문 발전을 위한 소명 의식으로 기꺼이 『칸트전집』 출판을 맡아주신 한길사 김언호 사장님과 꼼꼼하게 편집해주신 한길사 편집부에도 심심한 감사의 말씀을 드린다.

2018년 4월
『칸트전집』 간행사업단 책임연구자
최소인

# 『칸트전집』 일러두기

1. 기본적으로 칸트의 원전 판본을 사용하고 학술원판(Akademie-Ausgabe)과 바이셰델판(Weischedel-Ausgabe)을 참조했다.

2. 각주에서 칸트 자신이 단 주석은 ＊로 표시했고, 재판이나 삼판 등에서 칸트가 직접 수정한 부분 중 원문의 의미 전달과 상당한 관련이 있는 내용은 알파벳으로 표시했다. 옮긴이주는 미주로 넣었다.

3. 본문에서 [ ] 속의 내용은 독자의 이해를 돕기 위해 옮긴이가 넣었다.

4. 본문에 표기된 'A 100'은 원전의 초판 쪽수, 'B 100'은 재판 쪽수다. 'III 100'는 학술원판의 권수와 쪽수다.

5. 원문에서 칸트가 이탤릭체나 자간 늘리기로 강조 표시한 부분은 본문에서 고딕체로 표시했다.

6. 원문에서 독일어와 같이 쓴 괄호 속 외래어(주로 라틴어)는 그 의미가 독일어와 다르거나 칸트의 의도를 파악하는 데 도움이 될 경우에만 우리말로 옮겼다.

7. 칸트철학의 주요 용어에 대한 우리말 번역어는 「번역용어집」(한국칸트학회 홈페이지 kantgesellschaft.co.kr 참조할 것)을 기준으로 삼았지만 문맥을 고려해 다른 용어를 택한 경우에는 이를 옮긴이주에서 밝혔다.

# 차례

『칸트전집』을 발간하면서 ································································ 6

『칸트전집』 일러두기 ································································ 13


학문으로 등장할 수 있는
미래의 모든 형이상학을 위한 서설 ································ 17

　머리말 ································································ 21

　서설 ································································ 35

　선험적 주요 질문 제1편
　순수 수학은 어떻게 가능한가? ································ 55

　선험적 주요 질문 제2편
　순수 자연과학은 어떻게 가능한가? ································ 73

　선험적 주요 질문 제3편
　형이상학 일반은 어떻게 가능한가? ································ 115

　부록 ································································ 173

자연과학의 형이상학적 기초원리 ···························· 189

　머리말 ······································································ 195

　제1장 운동학의 형이상학적 기초원리 ················· 211

　제2장 동역학의 형이상학적 기초원리 ················· 235

　제3장 역학의 형이상학적 기초원리 ····················· 291

　제4장 현상학의 형이상학적 기초원리 ················· 315


해제 ············································································ 331

　『학문으로 등장할 수 있는
　미래의 모든 형이상학을 위한 서설』·김재호 ················· 335

　『자연과학의 형이상학적 기초원리』·김재호 ················· 361


옮긴이주 ····································································· 383
찾아보기 ····································································· 395

학문으로 등장할 수 있는
미래의 모든
형이상학을 위한 서설

# 차례

머리말 ……………………………………………… 21

**서설** ……………………………………………… 35
　모든 형이상학적 인식의 고유한 특징에 관한 머리말 …………………… 35
　서설의 보편적 질문: 형이상학은 도대체 가능한가? ………………… 45
　서설의 보편적 질문: 어떻게 순수 이성에서 기인한 인식이 가능한가? … 48

**선험적 주요 질문 제1편 순수 수학은 어떻게 가능한가?** ………… 55

**선험적 주요 질문 제2편 순수 자연과학은 어떻게 가능한가?** … 73

**선험적 주요 질문 제3편 형이상학 일반은 어떻게 가능한가?** … 115
　맺는말 순수 이성의 한계규정에 관하여 ……………………… 144
　'학문으로서 형이상학은 어떻게 가능한가?'라는
　서설의 보편적 질문의 해결 ………………………………… 164

**부록** ···························································································· 173

　학문으로서 형이상학을 실현하려면
　생겨날 수 있는 일에 관하여 ····································································· 173

　『비판』에 대한 판단이 연구에 앞서 행해진 실례 ································· 174

　연구 다음에 판단이 따라 나올 수 있는 『비판』 연구를 제안함 ·········· 184

## 일러두기

1. 『학문으로 등장할 수 있는 미래의 모든 형이상학을 위한 서설』(*Prolegomena zu einer jeden künftigen Metaphysik, die als Wissenschaft wird auftreten können*)은 1783 년 발표된 원전을 대본으로 사용했고, 학술원판(*Kant's gesammelte Schriften*, hrsg. von der Königlich Preußischen Akademie der Wissenschaften, Bd. IV, Berlin, 1911) 과 바이셰델판(*Schriften zur Metaphysik und Logik* in *Immanuel Kant Werk in Zehn Bänden*, Bd. V, hrsg. von Wilhelm Weischedel, Darmstadt, 1983), 펠릭스 마이너 판(Immanuel Kant, *Prolegomena zu einer jeden künftigen Metaphysik*, hrsg. von Karl Vorländer, Hamburg, 1969)을 참조했다.

# 머리말

이 『서설』[1]은 배우는 사람이 아니라 장래의 교사가 사용하려는 것 A 3: Ⅳ 255
이다. 『서설』은 또한 이들 교사가 이미 있는 한 학문의 강의를 정리
하는 데는 아무런 도움이 되지 않고, 오히려 이런 학문 자체를 처음
발견하는 데 도움이 될 것이다.

(고대와 근대의) 철학사 자체가 자신의 철학인 학자들이 있는데,
지금 이 『서설』은 이런 학자들을 위해 쓴 것이 아니다. 이들 학자는
이성 자체의 샘에서 길어 내려고 애쓰는 자가 자신의 일을 마칠 때
까지 기다려야만 한다. 그러고 나서야 그가 이룬 일을 세상에 보고할
차례가 이들 학자에게 돌아온다. 그렇게 하지 않으면 이들 학자의 의 A 4
견대로 이미 예전에 말해지지 않은 것은 전혀 말할 수 없을 것이다.
사실 이것도 미래의 모든 것에 대한 틀리지 않은 예언으로 타당할 수
있다. 인간의 지성은 수세기에 걸쳐 셀 수 없이 많은 대상을 여러 방
식으로 탐닉해왔기에, 새로운 것에서 그와 다소 유사한 옛것이 발견
되지 않는 경우는 좀처럼 없기 때문이다.

[이 책에서] 내 의도는 형이상학에 종사하는 일을 가치 있다고 여
기는 모든 사람에게 그들의 일을 당분간 제쳐놓고 지금까지 있었던
일 일체를 없는 것으로 여기면서 모든 것에 앞서 맨 먼저 "도대체 형

이상학과 같은 것이 가능하기는 할까?"라는 질문을 던지는 것이 절대적으로 필요하다는 점을 확신시키는 것이다.

만약 형이상학이 학문이라면, 어째서 그것은 다른 학문과 달리 보편적이고 지속적인 찬동을 얻지 못할까? 만약 그것이 학문이 아니라면, 어째서 형이상학은 학문의 가면을 쓰고 끊임없이 거드름을 피우며, 결코 사라지지 않지만 그렇다고 실현될 수도 없는 희망으로 인간의 지성을 붙잡아둘까? 그래서 우리가 유식을 드러내든 무식을 드러내든 간에 한번은 이 주제넘은 학문의 본성에 관해 확실한 무언가를 찾아야만 한다. 이 학문은 [이제까지와] 동일한 기반에 더는 머무를 수 없기 때문이다. 다른 모든 학문은 끊임없이 앞으로 나아가는 데 반해, 지혜 자체이고자 하고 사람이 모두 이 학문의 신탁을 구하는 형이상학에서만 한 발짝도 나아가지 못하고 같은 자리에서 지속적으로 맴돈다는 사실은 거의 비웃을 만한 일로 보인다. 마찬가지로 형이상학을 추종하는 자는 상당히 줄어들었다. 또 다른 학문에서 두각을 나타낼 수 있다는 강한 자부심에 차 있는 자가 형이상학에서 명예를 얻고자 한다. 하지만 사실 이 [형이상학의] 나라에는 신뢰할 수 있는 척도와 저울추가 존재하지 않아 피상적 수다를 [말의] 철저함과 구별할 수 없기에 다른 모든 것에서는 무지한 누구라도 여기서는 감히 주제넘게 결정적 판단을 내린다는 점을 사람들은 보지 못한다.

어떤 사람이 한 학문을 오랫동안 연구한 후 그 속에 이미 얼마나 많은 진전이 있었는지 경이를 느낀 그때, 누군가가 마침내 이러한 학문이 도대체 가능한지와 어떻게 가능한지에 대한 의문을 떠올리는 것은 전례 없는 일이 아니다. 인간의 이성은 이미 여러 번 탑을 쌓아 올린 후 그것의 기초가 어떤지 보려고 다시 무너뜨려버릴 만큼 건축에 열정적이기 때문이다. 너무 늦어버려서 이성적이고 현명하게 되지 못하는 경우는 결코 없다. 하지만 뒤늦게 깨닫게 되면 그것을 진행하는 일은 항상 더 어려워진다.

어떤 학문이 과연 가능한지를 묻는 것은 우리가 그 학문의 현실성을 의심한다는 것을 전제로 한다. 하지만 이러한 의심은 자신의 보잘 것없는 소유물 전부가 어쩌면 오인된 귀중품일지 모르는 모든 사람을 모욕하는 처사다. 그러므로 이러한 의심이 드러나도록 하는 사람은 항상 모든 편에서 제기되는 반대를 각오하는 것이 좋다. 어떤 이들은 자신의 오래되고 바로 그렇기에 정당한 것으로 여겨지는 소유물을 자랑스러워하는 의식에서 자신들이 소유한 형이상학적 개요를 손에 쥐고서 의심[의심하는 자]을 멸시하며 내려다볼 것이다. 또 다른 이들은 어디에선가 이미 보았던 것과 같은 것 외에는 어떤 것도 보지 않으면서 의심[의심하는 자]을 이해하지 않으려 할 것이다. 그래서 가까운 장래의 변화를 꾀하게 하거나 희망하게 하는 것은 마치 결코 일어나지 않을 일인 듯 모든 것이 그렇게 얼마 동안 계속될 것이다.

그럼에도 감히 내가 미리 말하건대, 스스로 생각하는 이 『서설』의 독자는 자기 자신이 지금까지 행한 학문을 의심하게 될 것이다. 그뿐 Ⅳ 257 아니라 학문의 가능성이 근거를 두고 있는, 여기에 진술된 요구가 받아들여지지 않고는 그러한 학문은 결코 존재할 수 없다는 사실과 이 A 7 러한 일[요구가 받아들여지는 일]은 결코 일어난 적이 없기에 그 어디에도 형이상학은 아직 존재하지 않는다는 사실을 결국 굳게 확신하게 될 것이다. 그럼에도 형이상학에 대한 수요는 결코 줄어들 수 없다.* 보편적 인간 이성의 관심이 형이상학과 너무 밀접히 얽혀 있기 때문이다. 따라서 그[『서설』의 독자]는 지금까지 전혀 알려지지

---

* 농부는 기다린다. 강물이 흘러 물이 빠져나가 버리기를. 그러나 강물은 구르고 흘러 영원히 흘러가는 것을. — 호라티우스

않은 계획에 따른 형이상학의 전면적 개혁이나 더 정확하게는 새로운 탄생이 피할 수 없이 임박했음을 비록 얼마 동안은 거역하더라도 [결국] 인정하게 될 것이다.

　　**로크와 라이프니츠의 저술**[2] 이후, 아니 더 정확히 말해 형이상학의 역사가 미치는 한에서 형이상학이 생겨난 이래 형이상학에 가한 **흄**의 공격보다 이 학문의 운명에 더 결정적일 수 있었던 사건은 일어나지 않았다. 흄은 이런 종류의 인식에 빛을 가져다주지는 않았지만 하나의 불꽃을 댕겼다. 만약 이 불꽃이 예민하게 쉬 불에 타는 재료를 만났다면, 불꽃의 희미한 빛이 조심스럽게 보존되고 더 커졌다면, 사람들은 이 불꽃으로 하나의 등불[3]을 켤 수 있었을 것이다.

A 8　　**흄**은 무엇보다도 형이상학의 유일하지만 중요한 하나의 개념인 **원인과 결과의 연결[결합]**[4]이라는 개념(힘과 작용 등과 같은 그것의 파생 개념 역시)에서 출발했다. 그러고는 이 개념을 자기가 잉태했다고 사칭하는 이성에게 그는 이성이 무슨 권리로, 어떤 것에는 만약 그것이 정립된다면 이로써 다른 것 역시도 필연적으로 정립되어야만 하는 성질이 있을 수 있다고 생각하는지 자신에게 답변해달라고 요구했다. 원인이라는 개념이 그걸 의미하기 때문이다. 그러한 [원인과 결과의] 결합은 필연성을 포함하므로 그것을 아프리오리하게 그리고 개념에서 생각하는 것은 이성에 전적으로 불가능하다는 사실을 흄은 항변할 여지없이 증명했다. 그렇지만 어떻게 해서 어떤 것이 존재하기에 다른 어떤 것도 필연적으로 존재해야만 하는지, 이러한 결합 개념이 [어떻게] 아프리오리하게 도입될 수 있는지는 전혀 예측할

IV 258　수 없다. 여기에서 흄은 [이렇게] 추론했다. 사실 경험 때문에 임신한 상상력은 표상들을 연상의 법칙 아래로 가져가 거기에서 생겨난 주관적 필연성인 습관을 통찰에서 비롯하는 객관적 필연성으로 전가

A 9　하는데, 이 [결합의] 개념은 이 상상력의 사생아일 뿐이기 때문에 이

성은 여기에 완전히 속임을 당했고 이 개념을 자기 아이로 잘못 간주해버렸다고 말이다. 이것에서 흄은 그런 경우 이성에서 비롯한 개념은 순전히 지어낸 것이 되므로 이성에는 그러한 결합을 단지 일반적으로조차 생각할 능력이 전혀 없다는 결론을 내렸다. 또 그는 이른바 아프리오리하게 성립한다는 이성인식 전부도 잘못 각인된 평범한 경험에 지나지 않으며, 이는 형이상학이란 아무데도 없고 있을 수 없음을 의미하는 것과 같다는 결론을 내렸다.*

흄의 결론은 너무 성급하고 부적절하기는 했지만 적어도 연구에 근거를 두었다. 그리고 이 연구는 어쩌면 당시 훌륭한 두뇌들이 흄이 A 10 제기했던 것과 같은 의미에서 과제를 더 적절하게 해결하는 데 협력했을 수도 있다. 그랬다면 이것으로 학문의 완전한 개혁이 필시 이뤄졌을 만큼 가치 있는 것이었다.

하지만 형이상학에 이전부터 우호적이지 않았던 운명은 그 누구도 흄을 이해하지 않기를 바랐다. 흄을 철저히 반대했던 리이드와 오스왈드, 비티 나아가 프리스틀리마저도 흄의 과제에서 요점을 올바로 파악하지 못했다는 사실은 일종의 고통 없이는 바라볼 수 없는 일이다. 이들은 흄이 의심한 바로 그 점은 항상 정당한 것으로 받아들였지만, 흄에게는 결코 의심스러운 것으로 생각되지 않았던 점을 오히

---

\* 그럼에도 **흄**은 바로 이러한 파괴하는 철학 자체를 형이상학이라 하고 거기에 높은 가치를 부여했다. 그는 "형이상학과 도덕학은 가장 중요한 학문의 분과다. 수학과 자연과학은 그것의 절반 가치도 되지 않는다"(『인간지성탐구』 제4부, 독일어 역 214쪽)라고 말했다. 그러나 이 명민한 사람은 여기서 순전히 소극적 유용함만을, 즉 인류를 혼란케 할 만큼 끝없이 계속되는 논쟁을 완전히 폐기하려고 사변적 이성의 과도한 요구들을 억제하는 것이 가져다주는 유용함만 중요하게 여겼다. 하지만 그는 이성이 단지 그 희망 때문에 모든 자기 노력의 최상 목표를 의지에 제시할 수 있게 되는 바로 그러한 가장 중요한 희망을 이성에서 박탈할 때, 그것에서 생겨나게 되는 그것[소극적 유용함] 이상의 적극적 손실은 간과했다.

려 격렬하게 그리고 많은 경우에는 상당히 무례하게 증명했다. [또한] 개선하려는 흄의 암시를 잘못 인식한 결과 마치 아무 일도 생기지 않았던 것처럼 모든 것이 옛 상태에 머물게 되었다. [흄에게는] 원인 개념이 정당하고 유용한지 그리고 전체 자연인식과 관련하여 필수불가결한지는 문제가 되지 않았다. 흄은 결코 이러한 것을 의심한 적이 없다. 오히려 흄이 해명을 기대한 바는, 이성을 통해 원인 개념을 아프리오리하게 생각할 수 있는지 또 그 개념에는 그러한 방식으로 모든 경험에 독립적인 내적 진리가 있어서 순전히 경험 대상에만 제한하지 않고 더 광범위한 유용성이 있는지 하는 질문이었다. 그러니까 단지 개념의 기원에 관한 이야기지 사용하는 데에서 그 개념의 필수불가결성에 관한 것이 아니었다. 만약 그 개념의 기원이 무엇인지 찾았더라면, 개념의 사용 조건과 그 개념이 타당할 수 있는 범위는 이미 저절로 드러났을 것이다.

하지만 [흄의] 과제를 만족시키려면 저 유명한 사람[흄]의 반대자들은 오직 순수 사고만을 다루는 한에서 이성의 본성 안으로 아주 깊게 파고들어 가야만 했는데, 이는 그들에게는 마땅치 않았다. 그 때문에 이들은 아무런 통찰 없이도 뻔뻔스러울 수 있는 더 편리한 수단을 발견했다. 즉 **일반적 상식**을 내세웠다. 사실 올바른 (혹은 사람들이 요즈음 말하듯이 소박한) 상식을 소유하는 것은 하늘이 준 커다란 선물이다. 그러나 사람들은 행동으로 상식을 증명해야만 한다. 즉 생각하고 말하는 것을 심사숙고하고 [합리적으로] 분별함으로써 [상식을] 증명해야지, 자신을 정당화하는 데 [필요한] 어떠한 지혜로운 것도 제시하는 법을 모를 때 신탁으로[마치 신탁처럼] 상식을 내세움으로써 증명해서는 안 된다. 통찰과 학문이 바닥났을 때, 그 이전이 아니라 오직 그럴 경우에만 일반적 상식을 내세우는 것은 근래에 고안해낸 정교한 것들 중 하나다. 여기에서는 가장 진부한 수다쟁이조차도 아주 철저한 두뇌와 자신 있게 대적할 수 있고, 그것을 견뎌낼 수 있다. 그러나 거기에 통찰의 사소한 부분이라도 남아 있는 한 이러한 긴급 구제책을 취하는 것은 경계할 일이다. 그리고 상세히 고찰해보면 이러한 [상식에] 호소하기는 대중의 판단을 내세우는 것에 지나지 않는다. 철학자는 박수갈채를 부끄러워하지만, 대중적인 익살꾼은 의기양양해하고 뻔뻔스럽게 행동한다. 그러나 나는 비티와 마찬가지로 흄도 상식을 요구할 수 있었고 나아가 그[비티]가 확실히 소유하지 않았던 비판적 이성을 요구할 수 있었다고 생각한다. 비판적 이성은 상식이 사변으로 잘못 빠지지 않도록 혹은 순전히 사변에 관한 것이 문제될 때 [상식이] 어떤 것을 결정하려고 열망하지 않도록 상식을 제한한다. 상식은 자기 원칙을 정당화할 줄 모르고, 단지 그러한 경우에만 상식으로 남게 되기 때문이다. 끌과 망치는 분명 목재 한 조각을 가공하는 데 소용되나, 동판 작업을 하려면 에칭용 철침을 사용해야만 한다. 이와 같이 상식과 사변적 지성은 모두 각기 Ⅳ 260 나름대로 쓰임새가 있다. 전자는[상식은] 경험에서 자신이 직접 사 A 13 용하는 판단이 문제될 때이고 후자는[사변적 지성은] 보편적으로, [즉] 순전히 개념에서 판단해야 하는 경우에, 예컨대 자기 자신을 가끔 반어적으로 그렇게[건전한 지성이라][5] 부르는 상식은 전혀 아무런 판단도 내리지 못하는 형이상학에서 그렇다.

   나는 솔직하게 고백한다. 수년 전 처음으로 나를 독단의 선잠에서 깨어나게 하고 사변철학 영역에서 행했던 연구에 전혀 새로운 방향을 제공한 것은 바로 흄의 경고였다고 말이다. [그러나] 나는 그의 결론과 관련해서는 전혀 그에게 귀 기울이지 않았다. 그의 결론은 순전히 그가 자신의 과제를 전체 속에서 생각하지 않고, 단지 전체를 고찰하지 않으면 어떠한 정보도 제공해줄 수 없는 과제의 한 부분으로만 향한 데서 비롯했기 때문이다. 만약 우리가 타인에게서 유산으로 물려받은, 비록 완성되지는 않았을지라도 근거 있는 하나의 생각에서 출발한다면, 우리는 숙고를 지속하여 이 생각을 그 명민한 사람[흄]이 이르렀던 것보다 더 멀리 나아가게 하리라 희망할 수 있다. [물론] 이 빛[생각]을 지핀 첫 불꽃에 대해서는 그에게 감사해야 하겠지만 말이다.

따라서 나는 우선 **흄**의 이의제기를 보편적으로 생각할 수 있는지 확인해보았다. 그러고는 곧 원인과 결과의 결합이라는 개념은 지성이 그것을 통해 아프리오리하게 사물의 결합을 사고하는 하나의 유일한 개념은 절대 아니라는 것과 오히려 형이상학은 전적으로 이러한 것들[아프리오리한 개념들]로 성립한다는 것을 발견했다. 나는 이들 개념의 개수를 확실하게 하려고 했다. 그리고 이러한 일은 원했던 바인 하나의 유일한 원리에서[6] 이 일에 성공할 수 있었기에 이들 개념의 연역에까지 이르게 되었다. 또 이들 개념이 **흄**이 걱정했던 것처럼 경험에서 이끌어낸 것이 아니라 순수 지성에서 유래했다는 것을 확신하게 되었다. 나의 명민한 선행자[흄]에게는 불가능해보였고 설령 모든 사람이 이들 개념의 객관적 타당성이 도대체 어디에 근거를 두었는지는 묻지도 않은 채 이것들을 서슴없이 사용했을지언정 그[흄]가 아니라면 아무도 생각조차 하지 못했을 이 연역이야말로 형이상학을 위해 일찍이 감행할 수 있었던 가장 어려운 것이었다고 나는 말한다. 게다가 연역에서 가장 곤란했던 점은 이 경우에 형이상학은 아무리 그것이 어디엔가 현존할지라도, 나에게 조금도 도움이 될 수 없었다는 것이다. 저 연역이 비로소 형이상학의 가능성을 결정해야 하기 때문이다. 나는 단지 특별한 경우에서뿐 아니라 순수 이성 능력 전체를 의도한 경우에도 흄의 문제를 해결하는 데 성공했다. 그래서 나는 비록 여전히 느리긴 했으나 안전하게 걸음을 옮길 수 있었고, 결국 순수 이성의 전체 범위를, 그것의 내용뿐 아니라 한계까지 완전히 보편적 원리에 따라 규정할 수 있었다. 이런 일이야말로 형이상학이 확실한 계획에 따라 자신의 체계를 세우기 위해 필요한 것이었다.

그러나 내가 걱정하는 것은 흄의 문제가 처음 소개되었을 때 그 문제 자체에 일어났던 것과 똑같은 일이 그것을 가능한 한 최대로 확장해서 수행하는 것에서도 (즉 『순수이성비판』에서도) 일어나지 않을까 하는 점이다. 사람들은 그것[『순수이성비판』]을 이해하지 못하기 때문에 부적절하게 판단할 것이다. 사람들은 그 책을 대충 훑어는 보았지만 깊이 숙고할 마음은 없기에 이해하지 못할 것이다. 그리고 사람들이 깊이 숙고하려는 노력을 기울이지 않으려는 이유는 그 작품이 무미건조하고 난해하며, 모든 익숙한 개념에 배치될 뿐만 아니라 광범위하기[7] 때문이다. 그렇지만 칭송을 받아왔고 인간에게는 필수불가결한 인식 자체의 실존이 문제가 되는 때에, 대중성과 재미 그리고 용이함[손쉬움]의 결핍 때문에 철학자에게서 불평을 듣는다는 것은 내가 예상하지 못한 일임을 고백한다. 그 [필수불가결한] 인식은 학문적 정확성이라는 가장 엄격한 규칙에 따라서만 형성될 수 있고, 대중성이라는 것은 시간이 지나서 [그 인식에] 뒤따라오기는 하지만 결코 시작부터 그래서는 안 된다. 하지만 계획의 광범위함이 그 탐구에서 관건이 되는 주요점을 조망할 수 없게 하기에 사람들이 이 계획의 광범위함에 일정 부분 기인하는 어느 정도 난해함에 대해서는 불평하는 것이 정당하다. 이 불평을 나는 지금의 이 『서설』로 없애려고 한다. A 16

순수 이성능력을 그것의 전 범위와 한계 속에서 서술하는 저 작품[『순수이성비판』]이 여기서는 늘 토대가 되고, 『서설』은 단지 예비 작업으로서 그것과 관계를 맺을 뿐이다. 형이상학이 출현하게 할지 아니면 단지 그것에 대한 아득한 희망만 불러일으킬지 생각하기 전에 저『비판』[8])이 학문으로서 체계적으로 그리고 그것의 가장 작은 부분에까지 완전하게 존립해야 하기 때문이다.

A 17

Ⅳ 262

사람들은 오래된 진부한 인식을 이전의 결합에서 떼어내 자신이 임의로 재단해서 만든 체계라는 옷에 새로운 이름으로 맞춤으로써 새롭게 치장해보는 것에 이미 오랫동안 익숙해져 있다. 그래서 대다수 독자도 저 비판[『순수이성비판』]에서 다른 어떤 것도 미리 기대하지 않을 것이다. 다만 이『서설』은 독자가 다음 사실을 통찰하는 데 이르도록 할 것이다. 그것[『순수이성비판』]은 아무도 그에 관해 이전에는 생각조차 해본 적 없고, 그것 자체에 관한 순전한 이념조차 알려진 바 없었던 하나의 완전히 새로운 학문이라는 것과 이 새로운 학문을 하려면 지금껏 주어진 모든 것 중에서 **흄**의 의문이 제공할 수 있었던 암시 외에는 아무것도 사용할 수 없었다는 것이다. 마찬가지로 흄도 그러한 형식에 제대로 맞는 가능한 학문에 관해서는 아무것도 예감하지 못했다. 오히려 자신의 배를 안전하게 하려고 바닷가에 (회의주의에) 올려놓았으나 그 배는 거기 정박해서 썩어버릴지도 모른다는 것을 말이다. 그 대신 나에게 중요한 것은 지구에 관한 지식에서 얻은 안전한 항해술에 따라 완벽한 해상지도와 나침반을 갖추고서 적합해 보이는 방향으로 배를 안전하게 이끌고 갈 항해사를 그 배에 제공하는 일이라는 것을 말이다.

철저하게 고립되어 있고 학문 방식에서 유일한 것인 새로운 학문에 선입관을 지니고 다가가는 것은, [그러니까] 마치 그 학문을 이미 옛날에 획득한 억측된 지식—비록 그 지식이 실재성을 미리 의심해 보아야만 하는 것인데도—의 도움으로 판단할 수 있다는 선입관을 지니고 다가가는 것은 어떤 사람이 가령 [새로운 학문의] 표현이 그에게 유사하다는 이유로 이미 예전에 알려졌던 것을 도처에서 본다고 믿는 것 외에 아무것도 성사시키지 못한다. [다시 말해] 그가 거기서 저자의 생각이 아니라 오랜 습관으로 본성이 된 자신의 사유방식을 기초로 삼기에, 그에게는 모든 것이 대단히 볼품없고 불합리하며 횡설수설로 보일 수밖에 없다는 것만을 성취할 따름이다. 하지만 작품[『순수이성비판』]의 광대함이 어투가 아니라 학문 자체에 근거를 두는 한에서, 거기에 불가피한 무미건조와 스콜라적 엄밀성은 비록 그 일[학문] 자체에는 매우 유리한 특성이기는 하나 책 자체에는 불리할 수밖에 없는 특성임이 틀림없다.

흄처럼 섬세하면서도 동시에 매혹적으로 글을 쓰거나 멘델스존처럼 꼼꼼하면서도 세련되게 글을 쓰는 것은 모든 사람에게 주어지지 않는다. 그렇지만 만약 단지 하나의 계획을 세우고 그것의 완성을 다른 이에게 권하는 것만이 나에게 문제가 되고, 오랫동안 나를 거기에 매달리게 했던 학문의 번영이 중요하지 않았다면, 나도 내 어투에 (내가 자부하건대) 대중성을 줄 수도 있었다. 더욱이 비록 나중에라도 지속적으로 박수갈채를 받을 거라는 기대를 조기에 유리하게 맞이하려는 유혹을 제쳐두기에는 많은 인내와 적지 않은 자기부정이 필요했다.

계획을 세우는 것은 많은 경우 하나의 거만하고 허풍스러운 정신노동이다. 이로써 어떤 사람은 자신이 해낼 수 없는 것을 요구하고 자신이 개선할 수 없는 것을 비난하며 자신조차 어디서 찾아야 할지 모르는 것을 제안함으로써 독창적인 천재인 척한다. 그렇기는 하지만 만약 그 계획이 늘 그렇듯이 순전히 경건한 소망의 장광설이 되지 않아야 한다면, 이성을 보편적으로 비판하기 위한 유용한 계획에는 사람들이 추측할 수도 있는 것보다 더 많은 것이 이미 필요할 것이다. 하지만 순수 이성은 격리되어 있는 하나의 영역이고 자기 자신 속에서 빠짐없이 결합된 영역이기에 사람들은 그것의 어떠한 부분도 나머지 모든 부분을 건드리지 않고는 손댈 수 없다. 또 미리 각 부분에

A 18

A 19

Ⅳ 263

A 20 그것의 위치와 다른 것에 대한 그것의 영향을 규정하지 않고는 아무 것도 정돈할 수 없다. 우리의 판단을 내부에서 바로잡을 수 있는 것은 이성뿐이기에, 각 부분의 타당성과 사용은 각 부분이 이성 자체 내에서 나머지 부분과 맺는 관계에 달렸고, 하나의 유기체 조직에 서처럼 각 신체 부위의 목적은 오로지 전체라는 완전한 개념에서만 이끌어낼 수 있기 때문이다. 그러므로 이와 같은 비판[『순수이성비판』]에 관해 우리는 이렇게 말할 수 있다. 만약 비판이 완전히 그리고 순수 이성의 가장 작은 요소에 이르기까지 완성되지 않았다면 그것은 결코 신뢰할 만한 것이 아니고, 이러한 능력의 영역에 관해 반드시 전부를 규정하고 결정하든지 그렇지 않으면 아무것도 규정하고 결정하지 말아야 한다고 말이다.

그러나 『순수이성비판』에 앞설 수 있는 하나의 순전한 계획[9]은 비록 이해하기 어렵고 신뢰할 수 없으며 쓸모없을 수 있겠지만, 반면에 그 계획이 『순수이성비판』에 뒤따라온다면 그것은 한층 더 유용하다. 그것[뒤따라 나오는 계획]으로 우리는 전체를 조망할 수 있고, 이러한 학문에서 중요한 주안점들을 하나씩 검토할 수 있으며, 작품의 첫 완성에서 일어날 수 있었던 것보다는 어투에서 많은 것을 개선할 수 있기 때문이다.

이제 여기에 있는 것이 완성된 작품[『순수이성비판』] 다음에 오는 그러한 계획이다. 학문이 자신의 모든 표현을 한 특별한 인식 능력 전체의 조직으로서 그 조직의 자연스러운 결합 속에서 분명하게 보여 A 21 주기 위해 그 작품[『순수이성비판』] 자체는 철저하게 종합적 교수법 [방법]에 따라 작성되어야 했다. 하지만 이 계획은 분석적 방법에 따라 작성되어도 되겠다. 내가 미래의 모든 형이상학에 앞선 서설로 미리 제시하는 이 계획마저도 다시금 난해하다고 여기는 사람은 다음 사실을 염두에 두었으면 한다. 즉 모든 사람이 형이상학을 연구하는 것이 꼭 필요하지는 않으며, [또한] 직관에 더 가까이 다가간 근본적이고 자체로 심오한 학문에서는 아주 능숙하되 순전히 추상된 개념으로 하는 연구에서는 성공하지 못하는 재능도 많이 있는데, 이런 경우에는 자신의 지적 재능을 다른 대상에 사용해야만 한다는 사실을 말 $\quad$ IV 264 이다. 그러나 형이상학을 판단하고 더 나아가 스스로 형이상학을 작성하려는 사람은 내 해결을 받아들이는 식이든지 혹은 철저하게 반박하여 그 자리에 다른 것을 놓는 식이든지 간에, 여기서 주어진 요구를 —그는 이 요구를 거절할 수 없으므로— 만족시켜야만 하고 결국 그렇게 비방받은 난해함(이렇게 하는 것은 그 자신만의 태만이나 우매함을 습관적으로 은폐하는 것이다)에도 유용함이 있다는 사실을 말이다. 다른 모든 학문에 관해서는 신중하게 침묵을 지키는 모든 이가 형이상학의 질문들에서는 대가처럼 말하고 주제넘게 판결을 내 $\quad$ A 22 리는데, 이는 그들의 무지가 여기서는 당연히 다른 학문에 대해서는 분명히 드러나지 않는 반면에 참된 비판적 원칙에 대해서는 명백하게 드러나기 때문이다. 그래서 이 참된 비판적 원칙에 관해서 이렇게 자랑할 수 있다.

"그들이 수벌들을 벌집에 접근하지 못하게 한다. 게으른 벌떼를."
— 베르길리우스[10]

# 서설

모든 형이상학적 인식의 고유한 특징에 관한 머리말 A 23; IV 265

## § 1
### 형이상학의 원천에 관하여

만약 우리가 하나의 인식을 학문으로 제시하길[1] 원한다면 우리는 먼저 그것이 다른 어떤 것과도 공유하지 않는 차이점, 그러니까 그것에만 고유한 것을 정확히 규정할 수 있어야만 한다. 그렇지 않으면 모든 학문의 경계가 서로 섞이게 되고 그들 중 어떤 것도 자신의 본성에 따라 철저하게 학적으로 다루어질 수 없다.

이런 고유한 것이 객관[2]의 차이나 인식 원천의 차이에 혹은 인식 방법의 차이에 있든지 아니면 이들 모두가 아닌 몇몇의 차이에 있든지 간에 가능한 학문의 이념과 그것의 영역의 이념은 먼저 이 고유한 것에 근거를 둔다.

먼저 형이상학적 인식의 원천에 관해 말하면, 그것은 경험적일 수 없다는 점이 이미 그 인식의 개념에 들어 있다. 따라서 형이상학적 A 24 인식의 원리들은 (이것에는 그 인식의 원칙들뿐 아니라 근본 개념도 포함된다) 결코 경험에서 얻어져서는 안 되는데, 그 인식이 자연학적 인식이 아닌 형이상학적[3] 인식, 즉 경험의 저편에 놓여 있는 인식이어야 하기 때문이다. 그래서 엄밀한 의미에서 자연학의 원천을 이루는 외적 경험이나 경험적 심리학의 기초를 형성하는 내적 경험은 형이상학적 인식의 근저에 놓일 수 없다. 따라서 형이상학적 인식은 아프리오리한 인식, 즉 순수 지성과 순수 이성에서 유래한 인식이다.

그렇지만 이 점에서 형이상학적 인식은 순수 수학과 아무런 차이가 없겠다. 따라서 그것은 순수 철학적 인식이라고 해야만 할 것이다. 그러나 표현의 의미에 관해서는 이성사용의 이러한 두 종류의 차이점을 분명하고 충분하게 서술한 『순수이성비판』712쪽[4]을 참고하면 된다. — 형이상학적 인식의 원천에 관해서는 이 정도로 하겠다.

## §2
### 형이상학적이라고만 불릴 수 있는 인식 방법에 관하여

#### a)
##### 종합판단과 분석판단의 구별 일반에 관하여

형이상학적 인식은 단지 아프리오리한 판단만 포함해야 하는데, 이 점은 형이상학적 인식의 원천이 갖는 고유한 특성이 요구하는 바다. 판단들이 어떤 기원을 가지든지, 논리적 형식의 측면에서 어떻게 구성되어 있든지 간에 내용 측면에서 판단 차이는 존재한다. 내용에 따라서 판단은 순전히 **설명적**이어서 인식의 내용에 아무것도 덧붙이지 않거나, 아니면 **확장적**이어서 주어진 인식을 확장한다. 전자는 분석판단이라 하고, 후자는 종합판단이라 할 수 있다.

분석판단은 설령 그리 명확하지도 않고 또 명확한 의식으로 생각하지 않았다 하더라도 주어 개념에서 실제로 생각하는 것만 술어 속에서 말한다. 내가 모든 물체는 연장적[5]이라 말할 때, 나는 물체라는 내 개념을 조금도 확장하지 않았다. 오히려 저 [물체] 개념으로 연장을 이미 판단하기 이전에, 비록 명시적으로 말하지는 않았지만 실제로 생각했기 때문에 저 [물체라는] 개념을 분해했을 뿐이다. 그러니까 위의 판단은 분석적이다. 반면에 어떤 물체는 무겁다[어떤 물체에는 무게가 있다]는 명제는 술어에 물체라는 일반적 개념에서 실제로 생각하지 못하는 것을 포함하고 있다. 그러니 이 명제는 [물체라는] 내 개념에 무엇인가를 덧붙임으로써 인식을 확장했으므로 종합판단이라고 해야만 한다.

Ⅳ 267

### b)
#### 모든 분석판단의 공통된 원리는 모순율이다.

모든 분석판단은 전적으로 모순율에 근거를 두며 그 본성으로 보아 아프리오리한 인식이다. 이는 인식의 재료로 사용되는 개념들이 경험적이든 그렇지 않든 그러하다. 우리는 긍정적 분석판단의 술어를 이미 이전에 주어의 개념에서 생각하기에 모순 없이는 주어로 술어를 부정할 수 없기 때문이다. 마찬가지로 분석적이지만 부정적인 판단에서 그 술어의 반대는 필연적으로 주어로 부정하는데, 이것 역시 모순율에 따라 그러하다. 모든 물체는 연장적이라는 것과 어떤 물체도 비연장적이지(단순하지[6]) 않다는 명제는 그러한 [모순율에 따르는] 성질을 지닌다.

A 26

바로 이 때문에 모든 분석명제는, 금은 노란 금속이라는 예에서처럼 명제의 개념들이 경험적일지라도 아프리오리한 판단이다. 이것 [금이 노란색 금속임]을 알기 위해 이 물체는 노란색이고 금속이라는 것을 포함한 금에 관한 내 개념 외에는 경험이 더 필요하지 않기 때문이다. 또 이것[이 물체는 노란색이고 금속이라는 것]이 바로 내 개념을 형성하고, 나는 개념 이외에 다른 어떤 것을 찾지 않고 그 개념을 분석만 해도 되기 때문이다.

c)

종합판단에는 모순율과는 다른 원리가 필요하다.

기원이 경험적인 아포스테리오리한[7] 종합판단이 있는 반면, 아프리오리하게 확실하고 순수 지성과 이성에서 생겨난 종합판단도 있다. 그렇지만 양자는 단지 분석의 원칙인 모순율에 따라서는 결코 생겨날 수 없다는 점에서 일치하나 전적으로 다른 원리를 요구한다. 비록 모든 것이 모순율에서 도출될 수는 없다 하더라도 아무것도 이 원칙을 위반하면 안 되기 때문에 이들 종합판단이 어떤 원칙에서 도출되든 항상 모순율에 따라 도출되어야 하지만 말이다. 나는 먼저 종합판단을 분류하고자 한다.

1. **경험판단은 늘 종합적이다.** 분석판단을 형성하려고 내 개념에서 결코 벗어날 필요가 없으므로 이를 위해 어떠한 경험의 증거도 필요치 않다는 점에서 분석판단의 근거를 경험에 두는 것은 불합리하기 때문이다. 물체는 연장적이라는 것은, 내가 경험으로 나아가기 전에 내 판단을 위한 모든 조건이 이미 [주어] 개념에 있기 때문에 하나의 아프리오리하게 확립된 명제이지 경험판단은 아니다. 이 개념에서 나는 술어를 모순율에 따라 이끌어낼 뿐이고, 이로써 경험이 나에게 한 번도 가르쳐준 적 없는 판단의 필연성도 동시에 의식할 수 있다.

2. **수학적 판단은 모두 종합적이다.** 이 명제가 항변의 여지없이 확실하고 그 결과에서 매우 중요한데도 그것은 인간 이성의 분석가들이 지금까지 한 관찰을 피했고, 나아가 그들의 모든 추측에 전면 대립하는 것으로 보인다. 왜냐하면 수학자의 추리는 모두 모순율에 따라 진행된다고 (이것은 모든 자명한 확실성의 본성이 요구하는 바다) 사람들이 생각했기에 [수학적] 원칙 역시도 모순율을 근거로 해서 인식되는 것으로 여겼기 때문이다. 이 점에서 수학자들은 아주 잘못 생각했다. 물론 종합명제도 모순율에 따라 파악될 수 있으나, 이는

단지 그 명제를 추론할 수 있는 또 다른 종합명제를 전제할 경우이지, 결코 그것 자체로는 아니다.

　사람들은 무엇보다 먼저, 엄밀한 의미에서 수학적 명제는 경험에서 가져올 수 없는 필연성이 있기 때문에 항상 아프리오리한 판단이지 경험적[경험적 판단]이 아니라는 점을 깨달아야만 한다. 그러나 만약 사람들이 [내가 말한] 이 점을 용인할 수 없다면, 이제 나는 [수학적 판단은 모두 종합적이라는] 내 명제를 순수 수학에 제한하는데, 그 개념은 이미 순수 수학이 경험적 인식이 아니라 오직 순수하게 아프리오리한 인식만을 포함한다는 점을 반드시 수반한다.

　사람들은 처음에는 충분히 '7+5=12'라는 명제가 7과 5의 합이라는 개념에서 모순율에 따라 생겨나는 순전한 분석명제라 생각할지 모르겠다. 하지만 이를 더 자세히 고찰해보면, 7과 5의 합이라는 개념은 이 두 수를 하나의 유일한 수로 결합한 것 외에는 아무것도 포함하지 않으며, 이로써 이 두 수를 통합한 유일한 수가 무엇인지 전혀 생각하지 못하는 것을 우리는 발견하게 된다. 12라는 개념은 내가 7과 5의 순전한 결합을 생각하는 것만으로 이미 생각하는 것은 결코 아니며, 내가 그러한 가능한 합에 관한 내 개념을 아무리 오랫동안 분석한다 할지라도 그 속에서 12와 마주치지 않는다. 이들 [5와 7의]　A 29; IV 269 양자 중 하나에 상응하는 직관의 도움을 받아서, 가령 다섯 개 손가락이나 (제그너의 산술[8])에서처럼) 다섯 개 점의 도움을 받아서 점차로 직관에서 주어진 5의 단위를 7의 개념에 덧붙임으로써 우리는 이들 [5와 7의] 개념을 넘어서야만 한다. 즉 우리는 '7+5=12'라는 이 '명제에 의해' 자기 개념을 실제로 확장하고, 첫째 개념에다 거기에서는 전혀 생각하지 못한 새로운 개념을 덧붙인다. 즉 산술 명제는 항상 종합적인데, 이 점은 우리가 더 큰 수를 선택할 때 더욱 분명히 알아챌 수 있다. 큰 수에서는 우리가 우리 개념을 어떤 식으로 살핀다 해도 직관의 도움 없이 순전히 개념을 분해하는 것으로는 그 합계를 결코 발견할 수 없다는 것이 의심할 여지없이 분명해지기 때문이다.

마찬가지로 그 어떤 순수 기하학의 원칙도 분석적이지 않다. 직선 [곧은 선]은 두 점 간의 가장 짧은 거리라는 명제는 종합명제다. 곧음이라는 내 개념은 양에 관해서는 아무것도 포함하지 않고 오로지 질만 포함하기 때문이다. 그러니까 가장 짧다는 [양적] 개념은 거기에 덧붙여진 것이고, 어떠한 분해로도 [직선이라는] 그 개념에서는 도출될 수 없다. 따라서 여기서는 직관의 도움을 청해야만 하고, 이것을 매개로 해서만 종합이 가능하다.

A 30 　기하학자들이 전제하는 몇몇 다른 원칙은 실제로 분석적이고 모순율에 근거를 두기는 했다. 그러나 그것들은 동일성 명제처럼, 예컨대 'a=a', [즉] '전체는 자기 자신과 같다' 혹은 '(a+b)〉a', 즉 '전체는 자신의 부분보다 크다'는 원칙처럼 단지 방법의 연쇄로 쓰이지 원리로[9] 사용되지는 않는다. 그리고 비록 이들이 순전히 개념 측면에서 타당하기는 하더라도, 이들 원칙도 그 자체로 오로지 직관에서 표현될 수 있다는 이유 때문에 수학에서 허용된다. 여기서 우리가 마치 그런 자명한 판단의 술어가 이미 우리 개념 속에 놓여 있어서 그 판단이 분석적인 것처럼 통상적으로 믿게 되는 것은 순전히 표현의 불명료성 때문이다. 말하자면 우리는 주어진 하나의 개념에 일정한 술어 하나를 덧붙여 생각해야만 하고, 이러한 필연성은 이미 이들 개념에 부착되어 있다. 그러나 문제는 우리가 주어진 개념에 무엇을 덧붙여 **생각해야만** 하느냐가 아니라 그 개념 속에서 비록 불명료하기는 하더라도 무엇을 **실제로 생각하느냐**다. 거기서 밝혀지는 바는 술어가 비록 필연적이긴 하나 직접적이 아닌 추가되어야만 하는 직관을 매개로 해서 그 [주어진] 개념에 달려 있다는 점이다.[10]

Ⅳ 272 　순수 수학적 인식의 본질이자 그것이 모든 다른 아프리오리한 인

식과 구별되는 차이점은 그것이 결코 개념에서 나오는 것이 아니라, 오히려 [그것은] 항상 오직 개념의 구성에 의해서만 생겨나야 한다는 것이다(『순수이성비판』 B 713). 그러니까 순수 수학적 인식은 그들 명제에서 개념을 넘어서서 그 개념에 대응하는 직관을 포함하는 것에까지 나아가야만 한다. 이런 까닭에 이들 명제 역시 결코 개념의 분해로는, 즉 분석적으로는 생겨날 수도 없고 생겨나서도 안 되므로 모두 종합적이다.

　그렇지만 나는 보통은 손쉽고 중요하지 않게 보이는 이러한 관찰을 태만히 함으로써 철학에 초래했던 손실을 지적하지 않을 수 없다. **흄**이 인간지성이 매우 위대한 소유로 자부하는 아프리오리한 순수 인식 전체에 자기 시선을 던져야 한다는, 철학자에게 어울리는 사명을 느꼈을 때 그는 경솔하게도 아프리오리한 순수 인식의 한 영역 전체를, 그것도 가장 중요한 영역인 순수 수학을 그것에서 떼어내 버렸　A 35 다. 순수 수학의 본성과 이른바 그것의 헌법이 전혀 다른 원리, 즉 오로지 모순율에 근거를 둔다는 착각에서 말이다. 또 그는 명제의 분류를 여기서 내가 한 것처럼 그렇게 형식에 맞게 보편적으로, 즉 [일정한] 이름을 붙여서 행하지도 않았다. 그럴지언정 그것은 마치 그가 순수 수학은 순전히 분석명제만을 포함하지만 형이상학은 아프리오리한 종합명제를 포함한다고 말하는 것과 똑같은 것이었다. 이 점에서 그는 매우 큰 잘못을 범했고, 이러한 잘못이 그의 전체 개념[사상]에 결정적으로 불리한 결과를 가져왔다. 만약 이런 잘못이 그에게 일어나지 않았다면, 그는 우리[가 지닌] 종합판단의 기원과 관련해서 자신의 질문을 인과성이라는 형이상학적 개념 너머로까지 훨씬 더 확장했을 것이고, 그 질문도 수학의 아프리오리한 가능성에 관한 것으로까지 연장했을 것이다. 그는 수학 역시 [형이상학과] 마찬가지로 종합적인 것으로 받아들여야만 했을 터이니 말이다. 그러나 그랬　IV 273

다면 그가 자신의 형이상학적 명제를 결코 순전히 경험에만 근거 지을 수는 없었을 것이다. 그렇게 하지 않는다면 그는 순수 수학의 공리 역시 경험에 종속시켰어야 했다. [그렇지만] 그는 그렇게 하기에는 너무 잘 통찰하고 있었다. [흄이 잘못을 저지르지 않았다면] 형이상학이 [수학과] 맺게 되었을 좋은 동반 관계[11]가 [자신을] 업신여기는 부당한 취급의 위험에서 형이상학을 보호할 수 있었을 것이다. [이 경우에는] 형이상학에 가해질 것으로 생각되던 공격이 수학에도 해당되어야만 하기 때문이다. 그러나 그런 것은 그의 생각이 아니었을 뿐만 아니라, 그의 생각일 수도 없었다. [하지만 흄이 잘못을 저지르지 않아서 형이상학과 수학이 좋은 동반 관계에 있었더라면] 그 총명한 사람은 우리가 지금 다루는 것과 유사했을 수밖에 없었지만 모방할 수는 없는 품위 있는 설명 덕분에 무한한 이익을 얻을 만한 고찰의 대상이 되었을 것이다.

A 36

3.[12] 본래적 의미에서 형이상학적 판단은 모두 종합적이다. 우리는 [단순히] 형이상학에 속하는 판단을 본래적 의미의 형이상학적 판단과 구별해야만 한다. 형이상학에 속하는 판단 중 많은 것은 분석적이다. 그러나 이들은 단지 [이] 학문의 목표가 전적으로 지향하고 있고 언제나 종합적인 형이상학적 판단의 수단이 될 뿐이다. 가령 실체 개념과 같은 개념들이 형이상학에 속하는 경우 그 개념의 순전한 분해에서 생겨나는 판단들, 예컨대 실체는 단지 주어[주체]로만 존재한다는 것과 같은 판단 역시 필연적으로 형이상학에 속하고, 우리는 몇몇 그러한 분석판단을 수단으로 해서 개념의 정의에 다가가고자 애쓰기 때문이다. 그러나 순수 지성개념의 분석(그러한 것을 형이상학은 포함한다)은 형이상학에 속하지 않는 모든 다른 경험적이기도 한 개념의 분해와 (예컨대 공기는 탄력이 있는 유동적인 것인데 그 탄력성은 알려진 그 어떤 정도의 차가움으로도 없어지지 않는다) 다른 방식으로

생겨나지 않는다. 그 때문에 그 개념은 비록 본래적 의미에서 형이상
학적이긴 하지만 분석판단은[이것이 분석판단이라는 것은] 본래적  A 37
의미에서 형이상학적이지 않다. 이 학문[형이상학]에는 자신의 아프
리오리한 인식을 산출해내는 데에서 [그만의] 특별한 점과 고유한
점이 있는데, 이 아프리오리한 인식의 산출은 형이상학에 모든 다른
지성인식과 공통적으로 있는 것과 구별되어야만 하기 때문이다. 그
래서 예컨대 사물 중에서 실체로 존재하는 것은 모두 고정불변하다
는 명제는 하나의 종합명제이자 본래적 의미의 형이상학적 명제다.

만약 우리가 형이상학의 재료이자 건축 도구가 되는 아프리오리
한 개념을 미리 일정한 원리에 따라 모아두었다면, 이러한 개념을 분
해[분석]하는 일에는 커다란 가치가 있다. 또 이러한 분해는 순전히
분석적이고 형이상학에 속하는 명제들을 포함한 특별한 부문으로서
(말하자면 정의적定義的 철학[13]으로서) 형이상학 자체를 이루는 모든  Ⅳ 274
종합명제와는 분리해서 제시될 수도 있다. 사실 저 분해들은 형이상
학에서보다, 다시 말해 먼저 분해된 개념에서 산출되어야 하는 종합
명제를 의도하는 곳인 형이상학에서보다 더 현저하게 유익한 곳은
없기 때문이다.

그러니까 이 절[§ 2]의 결론은 다음과 같다. 형이상학은 본래적 의
미의 아프리오리한 종합명제와 관계한다. 그리고 이러한 명제만이
형이상학의 목적이다. 물론 형이상학은 그 목적을 이루기 위해서 자
신의 개념에 대한 많은 분해, 즉 분석판단이 필요하기는 하지만, 그
경우에 절차는 분해로 자신의 개념을 순전히 명백하게 하려는 모든
다른 [종류의] 인식 방법에서와 전혀 다를 바가 없다. 개념과 직관에  A 38
따라 아프리오리한 인식을 산출하는 것만이, 결국 아프리오리한 종합
명제를 그것도 철학적 인식에서 산출하는 것만이 형이상학의 본질
적 내용을 형성한다.

## § 3

## 판단을 일반적으로 분석판단과 종합판단으로
## 분류하는 것에 관한 주석

A 31 　[판단을] 이렇게 분류하는 것은 인간지성에 관한 비판의 관점에서 필수불가결하기에 그 비판에서는 전형적이라 할 만하다. 그렇지 않다면 이 분류가 다른 데서 상당히 소용된다는 것을 나는 알지 못한다. 그리고 바로 이 점에서 나는 형이상학적 판단의 원천을 항상 형이상학 자체에서만 찾으려 하고 그것 외에 순수 이성법칙 일반에서는 구하지 않았던 독단적 철학자들이 왜 그 자체로 분명해 보이는 이런 분류에 태만했는지 그리고 어떻게 그 유명한 볼프나 그의 발자취를 따랐던 명민한 **바움가르텐**이 명백히 종합적인[종합명제인] 충족이유율에 대한 증명을 모순율에서 구할 수 있었는지에 대한 원인을 발견한다. 반면에 나는 이미 **로크**의 『인간지성론』에서 이러한 분류를 위한 하나의 암시를 본다. 로크가 [그 책의] 제4권 제3장 제9항 이하에서 이미 판단 속에서 표상을 다양하게 결합하는 것과 그들의 원천에 관해 미리 말하면서, 그 원천 중 하나는 동일성이나 모순성에 (분석판단에) 두고 다른 것은 주관 속에 있는 표상의 현존함에 (종합판단에) 두고 난 후, 제10항에서 [우리 인식에서] 종합판단에 관한 (아프리오리한) 우리 인식은 매우 한정적이라서 거의 없다고 고백하기 때문이다. 인식의 이러한 종류에 관해 그가 말한 것 가운데서 규정적인 것과 규칙으로 사용될 것은 너무 적다. 그렇기에 아무도, 특히 **흄**조차 이러한 명제에 관해 고찰해볼 기회를 잡지 못했다는 사실은 놀랄 일이 아니다. 사람들은 그와 같은 보편적이면서도 규정적

A 32 인 원리를, 그것이 모호하기만 하고 [머릿속에] 떠다니기만 했을 다른 사람에게서 쉽게 배우지 못하기 때문이다. 사람들은 자신만의 고유한 심사숙고를 거쳐 먼저 자기 스스로 원리에 도달해야만 한다. 그

런 후에야 처음에는 그 원리를 분명 만나보지 못했을 터인 다른 곳에서도 그 원리를 발견하게 된다. [다른 곳의] 저자 자신도 자신의 고유한 발언 속에 그런 이념이 근저에 놓여 있다는 사실을 한 번도 알지 못했을 테니 말이다. 결코 스스로 생각하지 않는 사람이라도, 원리가 제시되고 난 후에는 이미 이야기된 것 중에서 모든 것을 살필 수 있는 예리한 통찰력을 갖추게 된다. 비록 이전에는 이미 이야기된 것에서 아무도 그 원리를 볼 수 없었겠지만 말이다.

## 서설의 보편적 질문
## 형이상학은 도대체 가능한가?

### §4

스스로 학문이라 주장할 수 있는 형이상학이 실제로 있다면, [그래서] "여기 여러분이 배우기만 해도 되는 형이상학이 있습니다. 이 형이상학이 자신의 진리를 여러분이 거역할 수도 변경할 수도 없게 설득할 것입니다"라고 누군가 말할 수 있다면, [형이상학은 도대체 가능한 것이냐는] 이 질문은 불필요할 것이다. 그러면 [형이상학이라는] 그 일 자체가 실재함을 증명하는 질문보다는 오히려 우리의 총명을 시험하는 질문, 즉 '어떻게 형이상학은 가능한지 그리고 어떻게 이성이 형이상학에 도달하기 시작하는지' 하는 질문만 남게 될 것이다. 그런데 이 일에서는 인간 이성에 [상황이] 썩 좋지는 못했다. 사람들은 [형이상학에서는] 그 어떤 책도 가령 [기하학에서] 유클리드를 제시하듯 제시할 수 없었다. 그래서 이것이 형이상학이고 여러분은 여기서 이 학문의 가장 중요한 목적을 [발견하게 된다고], 즉 최상의 존재[신]에 대한 인식과 다가올 내세에 대한 인식이 순수 이성의 원리로 증명되는 것을 발견하게 된다고 말할 수 없었다. 설사 자명하게 확실해서 결코 반박할 수 없는 많은 명제를 사람들이 제시하더라도 이 명제는 전부 분석적이고, 형이상학에 대한 우리의 원래 의도인 인식의 확장에 관계하기보다는 형이상학을 위한 재료와 건축 도구에 더 많이 관계하기 때문이다(§ 2 c 참조할 것). 하지만 결코 순전한 이성으로 증명하지 않았고, 그래서 여러분의 의무였듯이 아프리오리하게 증명하지도 않았지만 사람들이 그것을 기꺼이 허용해주는 종합명제(예컨대 충족이유율)를 설사 제시하더라도, 만약 이를 여러분의 주요 목적을 위해 사용하려 한다면, 여러분은 적법하지도 확실하지도 않은 주장에 빠지게 된다. 그 결과 하나의 형이상학은 주장 자체에서든 아니면 그것을 증명할 때든 항상 다른 형이상학에 모순되게 되고, 이로써 지속적인 박수갈채를 바라는 요구 자체를 파괴하게 된다. 더욱이 그러한 학문을 완성하려는 시도는 분명 회의론이 너무 일찍 생겨나게 된 첫째 원인이고, 이성이 자기 자신을 너무 폭력적으로 다루어 생겨난 [회의론이라는] 사유방식의 첫째 원인이었다.

A 34 [왜냐하면][14] 이런 사유방식은 이성이 자신의 가장 중요한 목적에서 만족할 수 없다고 완전히 절망했을 때만 생겨날 수 있었을 테니 말이

IV 272 다. [이는] 이성은 항상 우리에게 현존하지만 자연법칙은 대개 힘들게 찾아야 하기에, 자연을 방법론적으로 조사하기 훨씬 전부터 우리는 이미 보통의 경험으로 어느 정도 사용되던 우리 이성에만 따로 문의했기 때문이다. 그래서 형이상학은 거품처럼 표면을 떠돌아다녔다. 그 거품은 사람들이 걷어내면 사라졌지만, 항상 몇몇이 탐욕적으로 주워 모은 다른 거품이 즉시 표면에 나타났다. 그럴 때 또 다른 이들은 이런 현상의 원인을 심도 있게 찾는 대신 앞선 이들의 성과 없는 노력을 비웃음으로써 [자신들이] 현명하다는 환상을 지녔다.[15]

IV 274      이렇게 해서 우리는 아무것도 우리에게 가르쳐주지 않는 독단론

에 넌더리가 났고, 동시에 아무것도 우리에게 약속하지 않는, 심지어 허용된 무지상태에 은거하는 것조차 약속하지 않는 회의론에도 싫증났다. 게다가 우리는 우리에게 필요한 인식의 중요성 때문에 독촉받고 있다. 그렇지만 오랜 경험으로 [우리는] 우리가 소유한다고 믿었던 인식, 즉 순수 이성이라는 이름으로 우리에게 제공된 모든 인식을 불신하고 있다. 따라서 우리에게는 하나의 비판적 질문, 즉 '형이상학은 도대체 가능한가?' 하는 질문만 남았고, 이 질문의 해답에 맞춰 미래의 우리 행동을 정할 수 있을 것이다. 그러나 이 질문의 대답이 현실 형이상학의 특정 주장을 회의하는 반박을 거쳐 주어져서는 안되고(지금 우리는 어떤 형이상학도 타당한 것으로 여기지 않기에), 그런 학문의 여전히 문제 있는 개념16)으로 주어져야 한다.

『순수이성비판』에서 나는 이 질문에 관해 종합적으로 작업했다. 그렇기에 나는 순수 이성 자체를 탐색했고, 이러한 원천 자체에서 [순수 이성의] 요소뿐 아니라 그것을 순수하게 사용하는 법칙을 원리에 따라 규정하려고 시도했다. 이러한 작업은 어려운 일이고, 점차 하나의 체계 안에서 생각하기로 결심한 독자를 요구한다. 그것은 [하 A 39 나의 체계 안에서 생각하는 것은] 이성 자체 외에 그 어떤 것도 기초에 놓지 않는다. 그래서 인식을 특정한 사실에 의존하지 않고 그것의 근원적 싹에서 발전시키려고 시도하는 것이다. 이에 반해 『서설』은 예행연습이다. 즉 『서설』은 하나의 학문 자체를 설명하는 것이라기보다는 혹시 가능할 하나의 학문을 실현하려면 사람들이 무엇을 해야 하는지를 제시하는 것이다. 그래서 이것은 이미 사람들이 신뢰할 Ⅳ 275 수 있는 어떤 것에 근거를 두어야만 하고, 거기에서 신뢰를 가지고 출발해 사람들이 아직 알지 못하는 원천으로 올라갈 수 있다. 이 원천의 발견은 단지 사람들이 알고 있었던 것을 우리에게 설명해줄 뿐 아니라 전부 동일한 원천에서 생겨난 많은 인식의 범위를 동시에 표시해줄 것이다. 따라서 『서설』의 방법적 절차는, 특히 미래의 형이상학을 위해 준비하는 『서설』의 방법적 절차는 분석적이 될 것이다.

하지만 우리에게 행운인 것은 비록 우리가 학문으로서 형이상학이 실재함을 받아들일 수 없더라도, 아프리오리하고 순수한 어떤 종합적 인식, 즉 순수 수학과 순수 자연과학이 실재하며 또한 주어져 있다고 확실히 말할 수 있다는 점이다. 이 두 학문은 순전히 이성에 의해 자명하게 확실한 것으로 인정받는 일부 명제와 경험과 보편적으로 일치함에도 경험에서 독립적이라 어디서나 인정받는 일부 명제를 포함하기 때문이다. 그러므로 우리는 적어도 몇몇 명백한 아프리오리한 종합인식을 가지고 있기에 아프리오리한 종합인식이 가능한지는 (그것은 실제로 있기에) 물을 필요가 없다. 오히려 주어져 있는 이런 인식의 가능성 원리에서 나머지 모든 것의 가능성을 이끌어내려고 단지 **어떻게** 아프리오리한 종합인식이 가능한지만 물으면 된다.

## 서설의 보편적 질문
## 어떻게 순수 이성에서 기인한 인식이 가능한가?

### § 5

우리는 위에서 분석판단과 종합판단의 중대한 차이를 보았다. 분석명제의 가능성은 오직 모순율에 근거를 두기에 아주 쉽게 파악할 수 있었다. 아포스테리오리한 종합명제의 가능성, 즉 경험에서 얻어낸 명제의 가능성도 특별한 설명이 필요하지 않다. 경험은 그 자체로 지각의 연속적 결합(종합)에 지나지 않기 때문이다. 따라서 우리에게는 그 가능성을 찾거나 탐구해야만 하는 아프리오리한 종합명제만 남는다. 그것은 모순율과는 다른 원리에 근거해야 하기 때문이다.

그러나 우리가 그러한 명제의 가능성을 여기서 먼저 찾을 필요는 없다. 즉 그것이 가능한지를 질문할 필요가 없다. 그런 명제는 충분하게, 그것도 논쟁의 여지없이 확실하게 실제로 주어져 있기 때문이다. 그리고 우리가 지금 따라가려는 방법은 분석적이어야 하기에, 우리는 종합적이지만 순수한 이성인식이 실제로 있다는 데서 출발할 것이다. 하지만 그다음에는 그럼에도 우리는 이러한 가능성의 근거를 조사해야 하고, 그것의 가능성 원리에서 그것을 사용하는 조건, 범위, 한계를 규정할 수 있기 위해 어떻게 이러한 인식이 가능한지를 물어야만 한다. 따라서 모든 것이 달린 본래 과제를 정확하고 바르게 표현하면 다음과 같다.

어떻게 아프리오리한 종합명제가 가능한가?

나는 위에서는 이 과제를 대중의 이해를 돕고자 순수 이성에서 기인한 인식에 관한 질문으로 약간 달리 표현했는데, 이번에는 원하는 통찰을 해하지 않고도 잘 표현할 수 있었다. 여기서 문제되는 것은 오로지 형이상학과 그것의 원천뿐이기에, 사람들은 내 희망처럼 앞서 주어진 경고에 따라 여기서 순수 이성에서 기인한 인식을 말할 때 그것이 결코 분석적 인식에 관한 것이 아니라 종합적 인식에 관한 것임을 항상 기억할 테니 말이다.*

---

* 인식이 점점 더 앞으로 나아가게 되면, 학문의 유년기부터 있어서 이미 고전이 된 어떤 표현을 나중에는 불충분하고 부적합한 것으로 여기게 된다. 그래서 더 새롭고 적절한 어떤 용법을 옛것과 가끔 혼동하게 되는 위험을 방지한다는 것은 불가능하다. 종합적 방법과 대립하는 한에서 분석적 방법은 분석명제를 총괄하는 것과는 완전히 다른 것이다. 분석적 방법은 찾아야 할 것이 이미 주어진 것인 양 거기에서 출발해 그것을 가능하게 하는 유일한 조건으로 [찾아] 올라가는 것을 의미할 따름이다. 수학적 분석이 그 예를 보여주듯 이런 방법17)에서 사람들은 종종 순전한 종합명제만을 사용하기도 한다. 그래서 이것을 전진하는 방법인 종합적 방법과 달리 후퇴하는 방법이라고 하는 것이

　　이제 형이상학의 존망, 그러니까 그것의 존립은 전적으로 이 과제를 해결하는 데 달려 있다. 누군가 형이상학에서 자기주장을 매우 그럴듯하게 설명하고, 추론에 추론을 압사시킬 만큼 쌓아 올리더라도,

　만약 그가 이에 앞서 저 질문에 만족스럽게 답할 수 없다면, 당연히 나는 그것이 모두 공허하고 근거 없는 철학이며 잘못된 지혜라고 말해야 할 것이다. 주어진 개념을 분해했을 뿐만 아니라 모순율에 근거를 두지는 않았지만 경험에 전혀 의존하지 않고 완전히 이해한다고 억측하는 새로운 연결을 제시함으로써 마치[18] 당신은 순수 이성을 통해 말하고 있고 아프리오리한 인식을 산출해낸 것처럼 한다. 그런

　데 당신은 어떻게 여기에 이르렀고, 그런 월권을 어떻게 정당화할 것인가? [여기서] 보편적 인간 이성의 동의에 호소하는 것은 당신에게 허락될 수 없다. 그것은 자신의 명망을 단지 공공연한 풍문에만 의존하는 증인이기 때문이다.

　　"나는 당신이 나에게 그렇다고 보여주는 것은 무엇이든 믿지 않으며 혐오하리라." ─ 호라티우스[19]

　　그러나 이 질문에 답하는 일이 필수불가결한 만큼이나 그것은 동시에 어려운 일이기도 하다. 그리고 사람들이 오랫동안 그 질문에 답을 구하지 않았던 가장 중요한 원인은 그런 질문을 할 수 있다는 생각을 누구도 해보지 않았다는 데에 있다. 그렇지만 둘째 원인은 이 한 질문에 만족스러운 답을 하는 일이 첫 출간부터 저자에게 영원히 사라지지 않음을 약속한 형이상학의 방대한 저작이 일찍이 요구했

---

더 나을 것이다. 또 분석론이라는 이름이 논리학에서도 주요 부분으로 등장한다. 여기서 분석론은 진리의 논리학이라서 변증론과 대립하는데, 거기에 속하는 인식이 분석적인지 종합적인지는 원래 고려 대상이 아니다.

던 것보다 더 지속적이고 깊고 힘든 숙고를 요구한다는 데에 있다. 또 통찰력 있는 어떤 독자라도 이 과제를 그 요구대로 조심스럽게 숙고한다면, 처음에 그 어려움에 놀라 그것을 해결할 수 없는 것으로 여겼을 것이다. 그래서 만약 그와 같은 아프리오리한 순수 종합인식이 실제로 있지 않았다면 틀림없이 전적으로 불가능한 것으로 여겼을 것이다. 실제로 그런 일이 흄에게서 일어났다. 비록 그가 여기서와 달리 그리고 모든 형이상학에 결정적인 답이 되려면 반드시 그래야 하는 것과 달리 이 질문을 전혀 보편성에서 생각하지는 않았지만 말이다. 저 명민한 사람은 이렇게 말했다. 나에게 하나의 개념이 주어 A 44 졌을 때 그 개념을 넘어서 그 개념에 전혀 포함되지 않은 하나의 다른 개념을 내가 그것과 결합하는 것이, 그것도 마치 이 개념이 **필연적**으로 저 개념에 속하는 것처럼 결합하는 것이 어떻게 가능한가? 오직 경험만이 우리에게 그러한 결합을 제공해줄 수 있고(불가능하다고 여겼던 저 어려움 때문에 그는 이렇게 추론했다), 그래서 저 추정된 필연성은 모두, 즉 같은 말인데 아프리오리한 것으로 간주하는 인식은 어떤 것을 참으로 여겨 주관적 필연성을 객관적 필연성으로 간주하는 오랜 습관일 뿐이라고 말이다.

　만일 이 과제를 해결할 때 내가 끼치게 될 고통과 수고에 대해 독자가 불평한다면, 그는 스스로 이 과제를 더 쉬운 방법으로 해결하려 Ⅳ 278 고 시도해도 된다. 그러면 그는 아마도 자신을 대신해 이렇게 심오한 연구 작업을 맡아준 이에게 감사하게 될 것이고, 오히려 일의 특성을 고려할 때 그것을 용이하게 해결할 수 있었음에 경탄을 금치 못할 것이다. 이 과제를 완전한 보편성에서 (수학자가 이 단어를 이해하듯이, 즉 모든 경우에서 충분하게) 해결하고, 마침내 그것을 독자가 여기서 보게 되듯이 분석적 형태로 서술할 수 있도록 꽤 여러 해 노력했기 때문이다.

그러므로 모든 형이상학자는 그들이 아프리오리한 종합인식이 어떻게 가능한가? 하는 질문에 만족스러운 답을 할 때까지 자신의 업무에서 엄연히 합법적으로 면직된다. 그들이 순수 이성이라는 이름으로 무엇인가를 우리에게 제출하고자 할 때, 그들이 제시해야 하는 신임장이 오로지 이 답변에 있을 테니 말이다. 하지만 신임장이 없는 경우에는 이미 자주 기만당했던 합리적인 사람이 그들이 제출한 것을 더 조사하지 않고 거절하는 것밖에 기대할 수 없을 것이다.

이에 반해 그들이 자신의 업무를 학문으로서가 아니라 보편적 상식에 맞는 유익한 설득의 기술로서 행하려 한다면, 당연히 이런 직종을 그들에게 금지할 수 없다. 그렇게 되면 그들은 합리적 믿음이라는 겸허한 말을 끌어들일 것이고, 가능한 모든 경험의 한계 저편에 있는 것에 대해 무엇인가를 아는 것은 고사하고 한번 추측해보는 것도 허용되지 않았고, (그들이 포기할 수밖에 없는 사변적 사용이 아닌 오로지 실천적 사용을 위해) 단지 삶에서 지성과 의지를 인도하기 위해서 가능하고 심지어 필수불가결한 그 무엇을 가정하는 것만 허용되어 있음을 인정할 것이다. 그렇게 해서만 그들은 유용하고 현명한 사람이라는 이름을 얻을 수 있고, 그들이 형이상학자라는 이름을 포기하면 할수록 더 그렇게 될 것이다. 이들은 사변적 철학자이길 원하고,

아프리오리한 판단이 문제될 때 사람들은 그것을 맥없는 개연성에 내맡길 수 없기에(아프리오리하게 인식된다고 주장하는 것은 그로써 필연적이라고 공언하는 것이기 때문에) 추측을 가지고 노는 것이 그들

에게 허용될 수 없으며, 오히려 그들의 주장은 반드시 학문이어야지 그렇지 않으면 전혀 아무것도 아닌 것이 되니 말이다.

모든 형이상학에 필연적으로 앞서는 온전한 선험철학 자체는 오로지 여기 제출된 질문을 체계적 순서와 상세함에서 완전히 해결하는 것일 뿐이다. 따라서 지금까지 사람들이 어떠한 선험철학도 갖지

못했다고 말할 수 있다. 선험철학이라는 이름을 지닌 것은 원래 형이상학의 한 부분이지만 저 학문이 형이상학의 가능성을 먼저 결정해서 모든 형이상학에 앞서야 하기 때문이다. 저 유일한 질문에 충분히 답하기 위해서도 다른 학문의 아무런 도움 없이 그 자체로 전혀 새로운 하나의 온전한 학문이 필요하기에, 그 질문을 해결하는 것에 수고와 어려움이, 게다가 어느 정도 모호함까지 결합되어 있어도 그렇게 놀랄 필요는 없다.

이제 우리가 이런 해결을 시작하면서, 그것도 순수 이성에서 기인한 그러한 인식이 실재한다고 전제하는 분석적 방법에 따라 시작하면서 우리는 단지 이론적 인식의 두 가지 학문(여기서는 단지 이것만이 문제가 되는데), 즉 순수 수학과 순수 **자연과학**을 증거로 내세울 수 있다. 이들만이 우리에게 대상을 직관에서 드러내 보일 수 있어서 만약 이들에게서 아프리오리한 인식이 혹시라도 등장하게 되면 인식과 대상의 구체적 일치를 뜻하는[20] 진리를, 다시 말해 그런 **인식의 실재성**을 제시할 수 있으며, 그렇게 되면 이것에서 분석적 방법에 따라 그것의 가능성의 근거로 나아갈 수 있기 때문이다. 이런 방법은 일반적 고찰을 사실에 적용하는 일뿐 아니라 사실에서 출발하는 일을 매우 쉽게 해준다. 반면에 종합적 방법에서는 일반적 고찰을 온전히 추상적 개념에서 도출해야 한다. A 47

그러나 실재적이며 동시에 근거 있는 이런 아프리오리한 순수 인식에서 우리가 찾는 가능한 인식, 즉 학문으로서 형이상학으로 올라가려면 우리의 주요 질문에 포함시켜야 하는 사항이 있다. 즉 학문으로서 형이상학을 유발한 것 그리고 진리성에는 의심이 들지만 순전히 자연적으로 주어진 아프리오리한 인식으로서 형이상학의 기초를 이루는 것, 자신의 작업을 그 가능성에 대한 아무런 비판적 탐구도 없이 관습적으로 이미 형이상학이라고 하는 것, 한마디로 말해 그런 학문의 천성을 말이다. 그렇기에 선험적 주요 질문은 네 가지 다른 질문으로 나뉘며, 이에 여기서 차례로 답할 것이다.

1. 순수 수학은 어떻게 가능한가?
2. 순수 자연과학은 어떻게 가능한가?
3. 형이상학 일반은 어떻게 가능한가?
4. 학문으로서 형이상학은 어떻게 가능한가?

[여기서] 이들 과제의 해결에는 무엇보다 『비판』의 본질적 내용인데도 그 자체만으로 주목할 만한 특이성이 있음을, 즉 주어진 학문을 위해 이성 자체에서 원천을 찾고, 이로써 [이성의] 활동 자체를 도구로 어떤 것을 아프리오리하게 인식하는 이성 능력을 탐구하고 측정하는 특이성이 있음을 보게 될 것이다. 이로써 이들 학문 자신도 내용에서는 아니지만 올바른 사용과 관련해서는 얻는 것이 있다. 이들 학문이 그들 공통의 기원에 관한 더 고차적 질문에 빛을 비추고, 동시에 자신의 고유한 본성을 더 잘 해명하는 계기를 마련하기 때문이다.

# 선험적 주요 질문
## 제1편
## 순수 수학은 어떻게 가능한가?

### § 6

여기 위대하고 확증된 인식이 있는데, 이 인식은 이미 경탄할 만한 규모이고 미래를 향한 확장을 약속하며 철저히 자명한 확실성, 다시 A 49 말해 절대적 필연성이 있어서 어떠한 경험적 근거에도 기인하지 않으므로 이성의 순수한 산물이고 게다가 철저히 종합적이다. "그런데 이러한 인식을 온전히 아프리오리하게 성취하는 일이 인간 이성에 어떻게 가능할까?" 이런 능력은 경험에 기초를 두지 않을 뿐 아니라 둘 수도 없기에, 깊이 숨어 있지만 그 인식의 첫 발단을 부지런히 추적하면 그것의 작용으로 드러나게 되는 어떤 아프리오리한 인식근거를 전제하지 않을까?

### § 7

그렇지만 우리는 모든 수학 인식에 다음과 같은 특성이 있음을 발 IV 281 견하게 된다. 즉 수학 인식은 자기 개념을 먼저 **직관**에서, 더 정확히 말해 경험적이지 않은 순수 직관에서 아프리오리하게 제시해야만 하고, 이런 수단 없이는 한 걸음도 내디딜 수 없으므로 수학 인식의 판단은 항상 직관적이라는 특성 말이다. 그 대신에 철학은 순전한 개념에서 이끌어낸 추론적 판단에 만족하고, 자신의 자명한 이론을 직관을 통해 해명할 수는 있지만 그것에서 이끌어낼 수는 없다. 수학의 본성에 관한 이런 관찰은 이미 수학을 가능하게 하는 제일 조건이자 최상의 조건으로 우리를 안내한다. 즉 수학은 어떤 순수 직관에 기초를 두어야만 하고, 이 순수 직관에서 자신의 모든 개념을 구체적이지만 아프리오리하게 제시하거나 사람들이 말하듯 개념을 구성해낼 수 있다.* 만약 우리가 이 순수 직관과 그것의 가능성을 찾아낼 수 있다면, 그것에서 순수 수학의 아프리오리한 종합명제가 어떻게 가능한지, 이러한 학문 자체가 어떻게 가능할 수 있는지도 쉽게 설명된다. 우리가 직관의 대상에 관해 만들어내는 우리 개념을 직관 자체가 제공해주는 새로운 술어로 경험에서 종합적으로 확장하는 일을 경험적 직관이 아무런 어려움 없이 가능하게 만드는 것과 마찬가지로, 순수 직관도 그런 일을 하기 때문이다. 다만 후자에서 종합판단은 아프리오리하게 확실하고 자명하지만 전자에서 종합판단은 단지 아포스테리오리하고 경험적으로 확실하다는 차이만 있을 뿐이다. 이는 후자가 우연한 경험적 직관에서 마주치는 것만 포함하지만, 전자는 그 자신 아프리오리한 직관으로서 모든 경험 이전에 혹은 개별적 지각 이전에 개념과 불가분하게 결합되어 있음으로써 순수 직관에서 필연적으로 마주치는 것을 포함하기 때문이다.

§8

그렇지만 이 단계에서 어려움이 줄기보다는 오히려 늘어난 것으로 보인다. 지금부터 질문은 무엇인가를 아프리오리하게 직관하는 것이 어떻게 가능한가?이기 때문이다. 직관은 대상의 현존에 직접 의존

A 50

A 51

---

* 『순수이성비판』, 713쪽[1] 참조할 것.

하게 될 표상이다. 그러므로 [어떤 것을] 근원적으로 아프리오리하게 직관한다는 것은 불가능해 보인다. 그럴 경우 직관은 자신이 관계 맺 IV 282 는 대상이 이전에도 현존하지 않았고 지금도 현존하지 않은 채 일어 나야만 하므로 직관일 수 없을 테니 말이다. 개념이란 우리가 그중 몇몇, 구체적으로 말해서 크기[양] 개념이나 원인 개념 등의 예처럼 단지 대상 일반에 관한 사고만을 포함하는 개념은 대상과 직접적 관 계에 있지 않고도 온전히 아프리오리하게 만들어낼 수 있는 종류이 긴 하다. 하지만 이런 개념조차도 자신에게 의미와 뜻을 마련하려면 어떤 구체적 사용, 다시 말해 우리에게 개념의 대상을 제공하는 그 어떤 직관에 적용하는 것이 필요하다. 그런데 어떻게 대상에 대한 직 관이 그 대상 자체에 선행할 수 있을까?

## §9

만약 우리 직관이 반드시 사물을 그 자체 그대로 표상하는 방식이 어야만 했다면, 그 어떤 직관도 아프리오리하게는 발생할 수 없을 것 이고, 오히려 언제나 경험적일 것이다. 나는 대상 자체에 포함된 것 이 무엇인지를 오직 나에게 대상이 현존하고 주어져 있을 때에만 알 수 있기 때문이다. 물론 그때에도 어떻게 현존하는 사물[2]의 직관이 내가 그것을 사물 자체인 것으로 인식하도록 해줄지는 이해하기 어 렵다. 그 사물의 속성이 내 표상 능력 안으로 옮겨 갈 수 없기 때문이 A 52 다. 설사 그렇게 될 가능성을 인정한다 하더라도 그와 같은 직관이 아프리오리하게는, 다시 말해 대상이 나에게 표상되기 이전에는 발 생하지 않을 것이다. 그렇지 않고는 내 표상이 대상과 관계 맺을 어 떠한 근거도 생각해낼 수 없고, 그렇다면 그 직관은 영감에 근거를 두어야만 할 테니 말이다. 그러므로 내 직관이 대상의 실재성에 선행 하고 아프리오리한 인식으로 발생할 수 있는 오직 유일한 방식은 내 직관이 내 주관에서 내가 대상을 통해 촉발되는 수단인 모든 현실적 인상에 선행하는 감성의 형식만을 포함할 때다. 감각 능력의 대상은 감성의 이 형식에 일치해서만 직관될 수 있다는 사실을 나는 아프리오리하게 알 수 있으니 말이다. 여기에서 도출되는 결론은 다음과 같다. 순전히 감성적 직관의 형식과 관련된 명제는 감각 능력의 대상에 대해서 가능하며 타당하다는 것, 마찬가지로 뒤집어서 아프리오리하게 가능한 직관은 결코 우리 감각 능력의 대상 외에 다른 사물과 관계할 수 없다는 것 말이다.

## § 10

그러므로 우리는 단지 감성적 직관의 형식으로만 사물을 아프리오리하게 직관할 수 있다. 그러나 이로써 우리는 객관을 단지 그것이 우리에게(우리 감각 능력에) 나타날 수 있는 대로만 인식하지 객관이 A 53 그 자체로 있을 수 있는 바대로 인식하지는 못한다. 그리고 이러한 전제가 절대적으로 필연적인 경우는 아프리오리한 종합명제를 가능한 것으로 인정하거나 그것과 실제로 마주치고, 그것의 가능성을 이해하고 미리 규정해야 할 때다.

그런데 공간과 시간은 순수 수학이 자명하면서도 필연적으로 등장하는 모든 자신의 인식과 판단의 기초에 놓는 바로 그러한 직관이다. 수학은 자신의 모든 개념을 먼저 직관에서 그리고 순수 수학은 순수 직관에서 제시해야 하는, 다시 말해 그 개념을 [직관에서] 구성해야 하기 때문이다. (수학은 분석적으로, 즉 개념을 분해해서가 아니라 종합적으로 처리할 수 있기에) 순수 직관이 없이는, 즉 유일하게 아프리오리한 종합판단에 재료가 주어질 수 있는 순수 직관이 결여되어 있으면 수학이 한 걸음을 내딛는 것도 불가능하다. 기하학은 공간이라는 순수 직관을 기초에 놓고 있다. 산술조차 자신의 수 개념

58  학문으로 등장할 수 있는 미래의 모든 형이상학을 위한 서설

을 잇달아 덧붙임으로써 완성하고, 특히 순수 역학은 운동이라는 자신의 개념을 오직 시간 표상을 수단으로 해서만 완성할 수 있다. 그러나 이 두 표상은 순전히 직관일 뿐이다. 우리가 물체와 그 변화(운동)의 경험적 직관에서 모든 경험적인 것, 즉 감각에 속하는 것을 제거할 경우 그 경험적 직관의 기초에 아프리오리하게 놓여 있어서 그 A 54 자신이 결코 제거될 수 없는 순수 직관인 공간과 시간이 남기 때문이다. 하지만 공간과 시간이 아프리오리한 순수 직관이라는 바로 그 사실로 그들은 모든 경험적 직관인 실제 대상에 대한 지각에 선행해야 하는 순전한 우리 감성의 형식이고, 대상은 비록 그것이 우리에게 현상하는 대로이긴 하지만 이 형식에 맞춰 아프리오리하게 인식될 수 있음을 증명한다.

## § 11

이렇게 해서 이 장(章)의 과제는 해결되었다. 순수 수학은 그것이 순전한 감각 능력의 대상 외에는 그 어떤 것과도 관계하지 않으므로 아프리오리한 종합인식으로서 가능하게 된다. 이 대상의 경험적 직관의 기초에는 (공간과 시간이라는) 순수 직관, 말하자면 아프리오리 IV 284 한 직관이 놓여 있다. 이것이 이렇게 놓여 있을 수 있는 까닭은 순수 직관이 순전히 감성의 형식일 뿐이고, 이 형식이 사실은 대상에 대한 실제 현상을 비로소 가능하게 함으로써 그에 앞서 있기 때문이다. 그렇지만 아프리오리하게 직관하는 이 능력은 현상의 질료, 다시 말해 그 속에 있는 감각—이것이 경험적인 것을 형성하기 때문이다—이 되는 것에는 관계하지 않고, 오히려 다만 현상의 형식인 공간과 시간에만 관련한다. 만약 누군가가 이들 양자[공간과 시간]가 결코 사물 자체에 달린 규정이 아니고 단지 사물이 감성과 맺는 관계에 달린 규정임을 조금이라도 의심하고자 한다면 내가 정말 알고 싶은 것이 있다. 그가 어떻게 아프리오리하게, 사물에 대해 아무것도 알기 전에, 즉 그것이 우리에게 주어지기도 전에 사물의 직관이 어떤 특성일 수밖에 없음을 알 수 있느냐는 것이다. 여기서는 공간과 시간이 그 경우에 해당하지만 말이다. 하지만 이들 양자를 우리 감성의 형식적 조건으로만 간주하는 반면에 대상을 순전히 현상으로 간주하는 즉시 이것은 온전히 이해될 수 있다. 그때는 현상의 형식인 순수 직관이 당연히 우리 자신에게서, 다시 말해 아프리오리하게 표상될 수 있기 때문이다.

## §12

해명과 확인으로 약간을 덧붙여 말하려면 단지 기하학자들의 일상적이면서도 불가피하게 필수적인 절차만 관찰해보아도 될 것이다. 주어진 두 도형이 완전히 동일하다는 것에 대한 모든 증명은 (하나의 도형은 모든 부분에서 다른 도형의 자리에 놓일 수 있기에) 마침내는 이들이 서로 합동한다는 결과에 이르게 한다. [그런데] 이것은 명백히 직접적 직관에 근거를 둔 하나의 종합명제에 지나지 않는다. 이 직관은 순수하게 그리고 아프리오리하게 주어져야만 한다. 그렇지 않다면 저 명제는 자명하게 확실한 것으로 여겨질 수 없고, 단지 경험적 확실성만 지니게 되기 때문이다. [그렇게 되면] 이것이 오직 의미하는 바는 사람들이 그것을 항상 그러하다고 인지하나 그 명제는 단지 우리 지각이 미치는 데까지만 타당하다는 점이다. (그 자신 결코 더는 다른 공간의 경계가 아닌) 완전한 공간은 삼차원이라는 것과 공

간 일반에는 결코 더는 차원도 있을 수 없다는 것은 한 점에서는 세 개보다 더 많은 직선이 직각으로 교차할 수 없다는 명제에 기초한다. 그러나 이 명제는 결코 개념에서 설명할 수는 없으며, 오히려 직접적

으로 직관에 근거를 둔다. 그것도 이 명제가 자명하게 확실하기 때문

에 아프리오리한 순수 직관에 근거를 둔다. 우리가 '하나의 직선은 무한히(무한정으로[3]) 그어져야 한다는 것' 또는 '일련의 변화(예컨대 운동의 관통된 공간)는 무한히 계속되어야 한다는 것'을 요구할 수 있다는 사실은 오로지 직관에만, 더 정확히는 직관이 그 자체로 다른 어떤 것으로도 제한되지 않는 한 달려 있을 수 있는 공간과 시간 표상을 전제한다. 이들은 개념에서는 결코 추론될 수 없다. 그러므로 실제로 수학의 기초가 되는 것은 아프리오리한 순수 직관이며, 이것이 종합적이면서 자명하게 타당한 수학 명제를 가능하게 해준다. 따라서 공간과 시간 개념에 관한 우리의 선험적 연역이 동시에 순수 수학의 가능성을 설명해준다. 이 순수 수학의 가능성은 그와 같은 연역이 없이는 그리고 "우리는 우리 감각 능력에 (공간에서는 외감에, 시간에서는 내감에) 주어질 수 있는 모든 것을 그것 자체인 대로가 아니라 우리에게 나타나는 대로만 직관한다"라는 사실을 받아들이지 않고는 비록 용인될 수는 있어도 결코 이해될 수는 없을 것이다.

§ 13

공간과 시간을 마치 사물 자체에 부착된 실제 성질인 것처럼 여기는 개념에서 여전히 벗어나지 못하는 이들은 자신의 명민함을 다음 A 57 역설에서 보여줄 수 있다. 그리고 그들이 그것의 해결을 헛되이 시도했을 때, 적어도 잠시 선입관에서 벗어나 어쩌면 공간과 시간을 우리 감성적 식관의 순전한 형식으로 격하할 근거가 있을지 모르겠다고 추측해볼 수 있다.

만약 두 사물이 각각에서 항상 인식될 수 있는 모든 부분에서(즉 양과 질에 속하는 모든 규정에서) 완전히 동일하다면 모든 경우와 모든 관계에서 하나가 다른 것의 자리를 대신할 수 있고, 이러한 자리바꿈은 인지할 만한 최소한의 차이도 생기게 하지 않는다는 결론이 반드시 나와야 한다. 실제로 기하학에서 평면 도형이 그러하기도 하다. 하지만 여러 가지 구면 도형은 내적으로는 완전히 일치함을 보여주지만, 외적 관계에서는 하나가 다른 것의 자리를 결코 대신할 수 없는 차이를 보인다. 예를 들어 적도의 호(弧)를 공통의 밑변으로 하
는 양 반구에서 두 구면 삼각형은 면과 각에서 완전히 동일할 수 있으므로 만약 어느 하나가 단독으로도 완전히 기술된다면, 다른 것을 기술할 때 동시에 포함되지 않은 것은 아무것도 발견되지 않는다. 하지만 그럼에도 어느 하나가 (말하자면 반대편 반구에 있는) 다른 것의
자리를 대신할 수 없다. 말하자면 여기에는 두 삼각형의 내적 차이가 존재하는데, 어떠한 지성도 이 차이를 내적이라 말할 수 없으며, 그것은 단지 공간에서 형성된 외적 관계로만 드러난다. 하지만 나는 일상생활에서 얻을 수 있는 익숙한 경우를 예로 들어보겠다.

무엇이 거울에 비친 모습보다 내 손이나 귀와 더 닮고 모든 부분에서 더 똑같을 수 있을까? 그럼에도 나는 거울에서 보이는 대로 그러한 손을 그것의 원래 자리에 놓을 수는 없다. 그것이 오른쪽 손이었다면 거울 속의 것은 왼쪽 손일 것이고 오른쪽 귀의 모습은 왼쪽 귀일 텐데, 이것은 결코 오른쪽 귀의 위치를 대신할 수 없기 때문이다. 그런데 여기에는 모종의 지성이 간신히 생각해낼 수 있을 내적 구별이란 없다. 그럼에도 감각 능력이 가르쳐주는 한에서 그 구별은 내적이다. 왼손과 오른손의 모든 동일성과 유사성에도 왼손은 오른손과 동일한 경계로 둘러싸일 수는 없기 때문이다(즉 이들은 합동일 수 없다). 한쪽 손의 장갑을 다른 손에 사용할 수는 없다. 그렇다면 해결책은 무엇일까? 이들 대상은 결코 사물이 그 자체로 있는 대로거나 순수 지성이 그것을 인식하는 대로 사물을 표상한 것이 아니라 오히려 감성적 직관이다. 다시 말해 이들 대상은 그 자체로 알려지지 않은 어떤 사물과 어떤 다른 것 사이의 관계, 즉 우리 감성과 관계에 자기

가능성의 근거를 두는 현상이다. 공간은 이 감성의 외적 직관의 형식이고, 각 공간의 내적 규정은 단지 각 공간이 부분이 되는 전체 공간 에 대한 외적 관계의 (외감에 대한 관계의) 규정으로만 가능하다. 다시 말해 부분은 단지 전체를 통해서만 가능하다. 이런 일은 순전한 지성의 대상인 사물 자체에서는 결코 생겨나지 않지만, 순전한 현상에서는 충분히 생겨난다. 그러므로 우리는 서로 닮고 동일하나 합동은 아닌 사물(예컨대 반대 방향으로 감긴 나사)의 구별을 어떤 개념으로는 전혀 이해할 수 없다. 오히려 직접적으로 직관과 관련 있는 오른손과 왼손의 관계로만 이해할 수 있다.

A 59

## 주석 I

순수 수학, 특히 순수 기하학은 단지 그것이 순전히 감각 능력의 대상과 상관한다는 조건에서만 객관적 실재성이 있다. 그러나 이 감각 능력의 대상과 관련해서는 우리의 감성적 표상은 결코 사물 자체의 표상이 아니라 그 사물이 우리에게 현상하는 방식의 표상일 뿐이라는 원칙은 확고하다. 이에서 기인한 결론은 다음과 같다. 즉 기하학의 명제는 우리가 지어낸 공상의 순전한 산물의 규정이 전혀 아니라는 것, 따라서 기하학의 명제는 확실성을 갖고 현실 대상과 관계 맺을 수 없는 것이 아니라 오히려 필연적으로 공간에 타당하고, 그렇기에 공간에서 마주치게 될 모든 것에 대해서도 타당하다는 것이다. 공간은 모든 외적 현상의 형식일 따름이고, 그 아래에서만 감각 능력의 대상이 우리에게 주어질 수 있을 테니 말이다. 감성은 외적 현상의 가능성이 근거를 두는 것인데, 이 감성의 형식이 기하학의 기초에 놓여 있다. 따라서 이 외적 현상은 기하학이 자신에게 [규칙으로] 정해주는 것 외에는 결코 아무것도 포함할 수 없다. 만약 감각 능력이 객관을 그 자체인 바대로 표상해야만 한다면, 이야기는 완전히 달

Ⅳ 287

A 60

라질 것이다. 이럴 경우에는 기하학자가 공간의 각종 속성과 함께 아프리오리하게 기초에 둔 공간 표상에서, 이 모든 것이 그에서 추론된 것과 더불어 자연에서도 똑같이 그런 상태여야 한다는 결론은 전혀 나오지 않을 것이기 때문이다. [그래서] 사람들은 기하학자의 공간을 한갓 창작물로 여기게 되고, 그것에 객관적 타당성이 있음을 결코 믿지 않을 것이다. 그들은 사물이 어떻게 우리가 스스로 그에 관해 미리 만들어낸 그림과 필연적으로 일치해야만 하는지를 전혀 통찰하지 못할 테니 말이다. 그렇지만 만약 이 그림이, 더 정확히 말해 이 형식적 직관이 우리 감성의 본질적 속성이고, 이를 수단으로 해서만 우리에게 대상이 주어지지만 감성은 사물 자체가 아니라 단지 그들의 현상을 표상하는 것이라면, 우리 감성세계의 모든 외적 대상이 정확하게 기하학의 명제와 필연적으로 일치해야 한다는 사실은 매우 쉽게 이해될 수 있고 동시에 모순 없이 증명된다. 감성 자신이 기

A 61  하학자가 다루는 외적 직관의 형식(공간)을 통해서 먼저 저 대상을 순전한 현상으로 가능하게 만들기 때문이다. 철학자이면서 수학자였던 이들조차 자신들의 기하학적 명제가 순전히 공간과 관계하는

IV 288  한에서는 그들의 옳음을 의심하지 않았지만, 그것의 객관적 타당성 그리고 이 개념 자신과 그것의 모든 기하학적 규정을 자연에 적용하는 것을 의심했던 시대가 있었던 점은 철학사에서 주목할 만한 현상으로 영원히 남아 있다. 이는 기하학자의 사고에 있었던 공간은 결코 단순한[더는 나뉘지 않는] 부분으로 이루어질 수 없음에도, 자연에서 하나의 선분은 물리적 점으로 되어 있어서 객관에서 진정한 공간은 단순한 부분으로 이루어져야 한다는 것을 그들이 염려했기 때문이다. 그들이 인식하지 못했던 바는, 이 사고 속의 공간이 물리적 공간, 다시 말해 물질의 연장 자체를 가능하게 만든다는 것, 이 공간은 결코 사물 자체의 성질이 아니라 단지 우리 감성적 표상 능력의 형식

일 뿐이라는 것, 공간에 있는 모든 대상은 순전한 현상, 다시 말해 사물 자체가 아니라 우리의 감성적 직관의 표상이라는 것이다. 그리고 그들은, 기하학자가 생각하는 바와 같은 공간은 정확히 감성적 직관의 형식이기 때문에, [그러니까] 우리가 우리 속에서 아프리오리하게 발견하는 그리고 모든 외적 현상을 (그들의 형식에 따라) 가능하게 하는 근거를 포함하는 감성적 직관의 형식이기 때문에, 이 외적 현상은 기하학자가 허구적 개념에서가 아닌 모든 외적 현상의 주관적 기초에서, 즉 감성 자체에서 이끌어낸 명제와 필연적으로, 그리고 가장 A 62 정확히 일치해야만 한다는 것을 인식하지 못했다. 그 어떤 다른 방식이 아닌 오직 이러한 방식으로만 기하학자는 천박한 형이상학의 모든 전횡에서 자신들 명제의 의심할 수 없는 객관적 실재성을 보호할 수 있다. 물론 이러한 방식은 [천박한] 형이상학에는 낯설어 보일 수밖에 없는데, 형이상학이 기하학 개념의 원천까지 거슬러 올라가보지 않았기 때문이다.

## 주석 II

우리에게 대상으로 주어질 모든 것은 직관에서 주어져야만 한다. 그러나 우리의 모든 직관은 오직 감각 능력을 매개로 해서만 생겨난다. 지성은 아무것도 직관하지 않으며, 단지 반성할 뿐이다. 그런데 이제 증명되었듯이, 감각 능력은 우리에게 결코 그 어떤 부분에서도 사물 자체를 인식하게 해주지 못하고 단지 그들의 현상만을 인식하게 해준다. 그렇지만 이 현상이라는 것은 오로지 감성의 표상일 따름이기에 "그러므로 모든 물체도 이들이 그 안에 있는 공간과 함께 우리 안의 순전한 표상으로만 간주되어야 하고, 순전히 우리 사고 속 외에는 그 어떤 곳에서도 존재하지 않는다." 그렇다면 이것은 명백한 관념론 아닌가?

관념론은 사고하는 존재 외에는 아무것도 없으며, 우리가 직관에서 지각한다고 믿는 나머지 사물은 단지 사고하는 존재 안의 표상일 따름이고, 사고하는 존재 밖의 그 어떤 대상도 실제로는 이 표상에 부합[대응]하지 않는다는 주장에 본질적인 내용이 있다. 이와 반대로 나는 [이렇게] 말한다. 즉 사물은 우리 바깥에 존재하는 우리 감각 능력의 대상으로서 우리에게 주어지지만 우리는 사물 자체에 관해서는 아무것도 알지 못한다. 우리가 알아내게[4] 되는 것은 단지 그들의 현상, 즉 그들이 우리 감각 능력을 촉발함으로써 우리 안에 불러일으키는 표상뿐이다. 물론 이에 따라서 나는 우리 바깥에 물체가, 다시 말해 사물이 있음을 인정한다. 비록 이 사물이 그 자체로 무엇인지는 우리에게 전혀 알려지지 않았지만, 우리는 이 사물을 우리 감성에 미치는 그것의 영향으로 우리에게 제공되는 표상을 통해 알아내게 되고, 이들에게 물체라는 이름을 부여한다. 따라서 물체라는 단어가 무엇을 의미하는지는 우리에게 알려지지 않았지만 그럼에도 진정한[5] 대상의 순전한 현상이다. 이런 것을 과연 관념론이라 할 수 있을까? 아니, 이것은 관념론과는 정반대다.

사람들이 외적 사물의 현실적 실존을 손상하지 않고도 이들의 많은 술어에 관해 말할 수 있었던 것, 즉 이들은 사물 자체에 속하는 것이 아니라 단지 그것들의 현상에 속하며 우리 표상 바깥에서는 그 어떤 고유한 실존도 갖지 않는다는 것은 로크 시대 전에 이미 오랫동안, 그 이후에는 훨씬 더 일반적으로 받아들여지고 인정되었다. 이런 술어에는 열, 색, 맛 등이 속한다. 하지만 나는 이것들 외에도 사람들이 일차적[제1성질]이라 부르는 물체의 나머지 성질, 즉 연장·장소·공간에 결부된 모든 것(불가입성 또는 물질성, 형태 등)과 함께 공간 일반도 중요한 이유에서 순전한 현상에 속하는 것으로 간주한다. 하지만 사람들은 이에 반대해 이를 허용하지 않을 최소한의 근거도 제시

할 수 없다. 그리고 색을 객관 자체와 결부되어 있는 성질이 아니라
시각과 결부되어 있는 변이[6]로 여기는 사람을 그 때문에 관념론자라
할 수 없듯이, 마찬가지로 내가 여기서 더 나아가, 아니 물체의 직관을
형성하는 모든 속성조차 그 물체의 순전한 현상에 속하는 것으로 여긴
다고 해서, 순전히 그 이유 때문에 내 이론을 관념론적이라 할 수 없
다. 이로써 현상하는 사물의 실존이 실제 관념론에서처럼 제거되는
것은 아니며 단지 우리가 사물을 감각 능력으로는 사물 자체로 인식
할 수 없다는 것만 제시되기 때문이다.

정말이지 나는 내 주장이 관념론을 포함하지 않으려면 도대체 어
떠해야 하는지 알고 싶다. 의심할 것도 없이 내가 말해야 할 바는 이
미 이야기했듯이 공간 표상은 우리 감성이 객관과 맺는 관계와 완벽
히 일치한다는 것뿐만 아니라 심지어 객관과 거의 유사하다는 것이
다. 하지만 이것은 붉음의 감각이 내 속에 이 감각을 불러일으키는
진사(辰砂)의 속성과 유사성이 있다는 주장처럼, 내가 거기에 어떤
감각 능력도 결부할 수 없는 주장이다.

### 주석 Ⅲ

이제 쉽사리 예상할 수 있지만 전혀 중요치 않은, "말하자면 공간
과 시간의 관념성 때문에 전체 감성세계가 순전한 가상으로 변해버
릴 것이다"라는 비난을 이상의 논의로 매우 쉽게 물리칠 수 있다. 사
람들은 감성을 순전히 혼란스러운 표상방식으로 정해놓고, 그에 따
라 우리는 항상 사물을 그것인 바대로 인식하되, 다만 이러한 우리
표상에서 모든 것을 명료하게 의식할 능력은 없다고 함으로써 결국
감성적 인식의 본성에 관한 모든 철학적 통찰을 사전에 망쳐놓았다.
그 후에 우리가 그와 달리 감성은 명료함이나 모호함의 논리적 차이
에서 성립하는 것이 아니라 인식의 기원 자체의 발생적 차이에서 성

립함을 증명했기 때문이다. 감성적 인식은 결코 사물을 그것인 바대로 표상하지 않고, 단지 사물이 우리 감각 능력을 촉발하는 방식대로만 표상하는 것이라서 감성적 인식으로는 사물[7] 자체가 아닌 순전한 현상이 반성의 대상으로 지성에 주어진다. [하지만] 이러한 필수적 교정이 있은 뒤 마치 내 이론이 감성세계의 모든 사물을 순전한 가상으로 바꿔버리기라도 한 듯, 용납할 수 없는 거의 의도적 곡해에서 유래한 비난이 나오고 있다.

현상이 우리에게 주어졌을 때, 우리가 그것에서 사태를 어떻게 판정할지는 여전히 우리의 전적인 자유다. 전자, 즉 현상은 감각 능력에 근거를 두지만 이 판정은 지성에 근거하며, 문제가 되는 것은 단지 대상을 규정할 때 진리가 있느냐 없느냐에 관한 것일 뿐이다. 그러나 진리와 꿈의 구별이 대상과 관계 맺는 표상의 특성으로 결정되는 것은 아니다. 이 [진리와 꿈] 양자에서 표상의 특성은 동일하기 때문이다. 오히려 그 구별은 표상들의 연관관계를 하나의 객관[대상]의 개념으로 규정하는 규칙에 따르는 표상을 연결하고 이 표상이 어느 정도까지 경험에서 함께 있을 수 있느냐 그렇지 않느냐에 따라 결정된다. 그래서 우리 인식이 가상을 진리로 받아들인다 해도, 다시 말해 자신을 통해 우리에게 하나의 객관을 제공하는 직관이 대상의 개념으로 여겨지거나 지성이 단지 사고할 수만 있는 대상의 현존이라는 개념으로 여겨진다 해도, 그것은 결코 현상 탓이 아니다. 우리의 감각 능력은 행성의 운행을 때로는 시계 방향의 진행으로, 때로는 반시계 방향의 진행으로 표상하는데, 여기에는 오류도 진리도 없다. 우리가 이것이 우선 단지 현상일 뿐이라고 여기는 한, 아직은 그들 운동의 객관적 특성에 관해 결코 아무런 판단도 하지 않았기 때문이다. 그러나 만약 지성이 이러한 주관적 표상방식이 객관적인 것으로 간주되지 않도록 잘 주의하지 않으면 쉽사리 잘못된 판단이 나올 수 있기에, 사람들은 행성이 되돌아가는 것처럼 보인다고 말하기도 한다. 하지만 이러한 가상은 감각 능력의 책임이 아니라 혼자만 현상으로 객관적 판단을 내리는 권리가 있는 지성의 책임이다.

이렇게 해서 우리가 우리 표상들의 기원에 관해 전혀 숙고해보지 않더라도, 우리가 감각 능력의 직관을 그들이 무엇을 포함하든지 간에 모든 인식의 연관 규칙들에 따라 공간과 시간에서 하나의 경험으로 연결할 때는 우리가 경솔한지 신중한지에 따라 기만적 가상이 생겨날 수도 있고 진리가 생겨날 수도 있다. 이것은 단지 지성에서 감성적 표상의 사용과 상관있을 뿐 그들의 기원과 상관있는 것은 아니다. 마찬가지로 만약 내가 감각 능력의 모든 표상을 그들의 형식인 공간이나 시간과 함께 현상 외에 아무것도 아닌 것으로 여기고, 공간과 시간을 감성 바깥의 객관들에서는 결코 마주칠 수 없는 감성의 순전한 형식으로 여긴다면 그리고 이와 같은 표상들을 단지 가능한 경험과 관련해서만 사용한다면, 내가 이들을 순전한 현상으로 여기는[8] 것에는 가상이나 오류에 이르도록 미혹하는 것이 조금도 포함되어 있지 않다. 왜냐하면 그렇더라도 이들 감각 능력의 모든 표상은 진리의 규칙에 따라 경험에서 올바르게 연관될 수 있기 때문이다. 이렇게 해서 내가 공간을 감성의 순전한 형식으로 보든, 사물 자체에 붙어 있는 어떤 것으로 여기든 간에 기하학의 모든 명제는 공간에 대해서도, 마찬가지로 감각 능력의 모든 대상에 대해서도 타당해서 결국 모든 가능한 경험과 관련해서도 타당하다. 그럼에도 나는 전자[공간을 감성의 형식으로 보는 경우]에만 외적 직관의 모든 대상에 관한 저 [기하학의] 명제들을 아프리오리하게 아는 것이 어떻게 가능한지 이해할 수 있다. 그렇지 않으면 가능한 한에서 모든 경험과 관련해, 모든 것이 마치 내가 보통의 의견에서 이렇게 벗어나는 것을 결코 시도하지 않았던 것과 마찬가지인 채로 남게 된다.

그러나 만약 내가 내 공간과 시간 개념을 가지고 모든 가능한 경험을 넘어가기를 감행한다면, [물론] 이것은 내가 공간과 시간을 사물 자체에 속한 특성이라고 사칭한다면 불가피한 일인데(이 경우에는 비록 내 감각 능력이 다르게 조정되어 이 사물 자체에 적합할 수도 그렇지 않을 수도 있겠지만, 그럼에도 도대체 무엇이 이들 공간과 시간을 사물 자체에 대해 타당하게 여기지 못하도록 막을 수 있겠는가?), 그럴 경우 가상에 근거를 둔 하나의 중대한 오류가 생겨날 수 있다. 순전히 내 주관에 속해 있는 사물을 직관하는 조건이었고 감각 능력의 모든 대상에 대해서 확실히 타당했던 것, 그러니까 단지 가능한 모든 경험에 대해서만 확실히 타당했던 것을 내가 보편타당한 것으로 사칭한 셈이기 때문이다. 이는 내가 사물을 직관하는 조건을 사물 자체와 관계시키고 경험의 조건으로 제한하지 않았기 때문이다.

따라서 공간과 시간의 관념성에 관한 내 이론이 전체 감성세계를 순전한 가상으로 만들어버린다고 하는 것은 지나친 잘못이어서, 오히려 내 이론이 무엇보다 중요한 인식 중 하나, 즉 수학이 아프리오리하게 상술하는 인식을 현실적 대상에 적용하는 것을 보장하고, 그 인식이 순전한 가상으로 여겨지지 않게 보호하는 유일한 수단이 된다. 이러한 소견이 없이는, 경험에서 얻어오지 않았는데도 우리 표상에 아프리오리하게 놓인 공간이나 시간의 직관이 순전히 스스로 만들어낸, [그래서] 거기에는 어떠한 대상도 적어도 적합하게는 대응하지 않는 환영은 아닌지, 기하학 자체도 순전한 가상은 아닌지 결정하기가 전혀 불가능하기 때문이다. 이에 반해 우리는 감성세계의 모든 대상과 관련하여 기하학의 명백한 타당성을 이들[감성세계의 모든 대상]이 순전히 현상일 뿐이라는 이유로 입증할 수 있었다.

둘째로 내 이런 원리들이 감각 능력의 표상에서 현상을 만든다는 이유로 경험의 진리성 대신에 현상을 순전한 가상으로 변형시킨다고 하는 것도 지나친 잘못이어서, 오히려 이 원리들이 선험적 가상을 방지하는 유일한 수단이 된다. 이 선험적 가상으로 형이상학은 그 전부터 속임을 당했고, 바로 그 때문에 비눗방울을 잡으려는 어린아이처럼 노력하도록 미혹되었다. 한갓 표상일 뿐인 현상을 사람들이 사태 자체로 받아들였기 때문이다. 저 주목할 만한 이성의 이율배반이 모두 여기에서 등장하는데, 이에 관해서는 나중에 언급하겠다. 그리고 현상은 자신이 경험에서 사용되는 한에서 진리를 낳지만 이율배반은 경험의 한계 밖으로 나가 초험적이 되자마자 순전한 가상만을 낳는다는 단 하나의 의견으로 제거될 것이다.

그러므로 나는 우리가 감각 능력으로 표상한 사태들에 그것의 현실성을 인정하고, 이 사태들에 관한 우리의 감성적 직관을, 그것은 어떤 부분에서도, 심지어 공간과 시간이라는 순수 직관에서도 저 사태들의 순전한 현상을 표상할 뿐 결코 사태들 자체에서 그들의 성질을 표상하는 것이 아닌 것으로 제한한다. 따라서 이것은 내가 철저히 자연에 날조해 덧씌운 가상이 아니다. 그리고 관념론의[이것을 관념론으로 여기는] 모든 부당한 요구에 대한 내 항변은 너무 간결하고 명백해서 자격 없는 재판관만 없었다면 심지어 불필요한 것으로 보이기까지 할 것이다. 이들 재판관은 아무리 일반적 의견이라 하더라도 자신들의 잘못된 의견에서 벗어나는 것에는 기꺼이 옛 이름을 붙이기를 원하고, 철학적 명칭의 정신에 관해서는 결코 판단하지 않고 오히려 오로지 철자에만 매달림으로써 잘 규정된 개념의 자리에 자신들의 고유한 헛된 망상을 가져다놓아 그 개념을 왜곡하고 모양을 망쳐놓을 준비가 되어 있다. 그래서 이러한 내 이론을 스스로 선험적 관념론이라는 이름으로 불렀다는 사실이, 그 누구에게도 이것을 데카르트의 경험적 관념론(이 관념론은 단지 하나의 과제였음에도 그것을 해결하지 못해서 데카르트의 견해에 따르면 물체 세계의 실존을 부정

IV 293

A 70

하는 것이 누구에게나 허용되었다. 그 과제에 대해서는 결코 충분하게 대답될 수 없었기 때문이다) 혹은 **버클리**의 신비적이고 광신적 관념론과(이 관념론이나 다른 유사한 망상에 대한 우리의 비판은 오히려 진정한 해독제를 포함하고 있다) 혼동할 권리를 줄 수는 없다. 내가 말하는 이 관념론은 사태들의 실존에 관한 것이 아니라(하지만 이것에 대한 의심이 원래는 사람들이 받아들이는 의미에서 관념론을 이룬다) 그것을 의심한다는 생각을 전혀 하지 않았기에 오히려 공간과 시간이 우선적으로 속해 있는 순전한 사태들의 감성적 표상에 관한 것이니 말이다. 그리고 이것에 관해서, 그러니까 전반적으로 모든 현상에 관

A 71 해서 단지 나는 이들이 사태들이 아닐 뿐 아니라(순전한 표상방식일 따름이고) 또한 사태들 자체에 속하는 규정도 아니라는 점을 제시했다. 하지만 '선험적'이라는 단어, 즉 나에게는 결코 우리 인식이 사물과 맺는 관계를 의미하지 않고, 단지 인식 **능력**과 맺는 관계만을 의미하는 단어가 이러한 오해를 막아줄 것이다. 그러나 이 단어가 앞으로 또 이러한 오해를 불러일으키기 전에, 차라리 나는 이 명칭을 취소하고 이것이 비판적 관념론이라 불리길 바란다. 그렇지만 (현상들이 아니라) 현실적 사태들을 순전한 표상들로 바꾸어버리는 것이 실제로 비난받아 마땅한 관념론이라면, 반대로 순전한 표상들을 사태들로 만들어버리는 것은 어떤 이름으로 부를 것인가? 내가 생각하기에 사람들은 이것을 **몽상적 관념론**이라 불러서 **광신적 관념론**이라 할 수 있는 앞의 관념론과 구별할 수도 있을 것이다. 이들 양자는 원래 부

IV 294 르던 대로 내 선험적 관념론, 더 정확히 말하면 **비판적** 관념론으로 저지해야만 했던 것들이다.

# 선험적 주요 질문
## 제2편
## 순수 자연과학은 어떻게 가능한가?

### §14

자연은 사물들의 현존인데, 그 현존이 보편적 법칙에 따라 규정되어 있는 한에서 그러하다. 만일 자연이 사물 자체의 현존을 의미한다면, 우리는 이 자연을 결코 아프리오리하게도 아포스테리오리하게도 인식할 수 없을 것이다. [우선] 아프리오리하게는 인식할 수 없다. A 72 어떻게 우리가 사물 자체에 속하는 것을 알려고 하겠는가. 이것은 결코 우리 개념을 분해해서는(분석명제로는) 생겨날 수 없으니 말이다. 이는 내가 알려고 하는 것이 사물에 관한 내 개념에 무엇이 포함되어 있는지가 아니고(이것은 사물의 논리적 본질에 속하기 때문이다), 오히려 사물의 현실성에서 이 개념에 무엇이 덧붙여지는지와 무엇이 사물 자신을 내 개념 바깥의 그 현존에서 규정하는지이기 때문이다. 내 지성과 이 지성이 유일하게 사물들의 규정을 이들의 현존에서 결합할 수 있는 조건들은 사물 자체에는 아무런 규칙도 지정해주지 않는다. 사물 자체는 내 지성에 따르지 않고, 오히려 내 지성이 사물 자체에 따르는 수밖에 없을 것이다. 그러므로 사물에서 이런 규정을 끌어내려면 사물이 내게 먼저 주어져야만 하는데, 그렇게 된다면 사물은 아프리오리하게 인식되지 않을 것이다.

또 아포스테리오리하게도 사물 자체의 본성에 관한 그러한 인식은 불가능할 것이다. 경험이 나에게 사물의 현존을 지배하는 **법칙들**을 가르쳐주어야 한다면, 이들 법칙은 그것들이 사물 자체와 관계하는 한에서 내 경험 밖에서도 사물에 **필연적으로** 속해야만 하기 때문이다. 그런데 경험은 나에게 무엇이 있는지와 그것이 어떠한지는 가르쳐주지만, 그것이 필연적으로 그렇게 있어야만 하고 그와 다르게 있을 수 없다는 것은 결코 가르쳐주지 않는다. 따라서 경험은 사물 자체의 본성은 결코 가르쳐줄 수 없다.

## § 15

그럼에도 우리는 실제로 순수 자연과학을 소유하고 있는데, 이 순수 자연과학은 아프리오리하게 그리고 자명한 명제에 요구되는 온갖 필연성으로 자연을 종속하는 법칙들을 제시한다. 나는 여기서 그 증거로 자연학의 예비학[예비지식]만 들어도 되겠는데, 이 예비학은 일반 자연과학이라는 이름으로 (경험적 원리들에 근거를 둔) 모든 물리학에 선행한다. 그 속에서 우리는 현상에 적용된 수학과 순수한 자연인식의 철학적 부분을 구성하는 (개념들에서 이끌어낸) 순전한 추론적 원칙들도 발견하게 된다. 하지만 그 예비학에는 온전히 순수하지도 경험의 원천에서 독립적이지도 않은 것이 많다. 그것은 가령 운동, (물질의 경험적 개념이 그것에 근거를 둔) **불가입성, 관성** 등과 같은 개념들인데, 이것들은 일반 자연과학이 온전한 순수 자연과학으로 불릴 수 없도록 한다. 게다가 그것은 단지 외감의 대상에만 관련이 있으므로 엄밀한 의미에서 일반 자연과학의 예를 제공해주지 않는다. 왜냐하면 엄밀한 의미의 일반 자연과학은 자연 일반을, 외감의 대상에 관한 것이든 내감의 대상에 관한 것이든 간에 (즉 물리학과 심리학의 대상을) 보편적 법칙의 지배하에 두어야 하기 때문이다. 그렇지만 저 일반 자연학[1])의 원칙들 중에는 우리가 요구하는 보편성을 실제로 지닌 몇몇 명제가 있다. 가령 '실체는 지속하고 고정불변적이다', '일어나는 모든 것은 항구적 법칙에 따라 항상 하나의 원인에 의해 미리 규정되어 있다' 등이 그런 명제들이다. 이들 명제는 실제로 완전히 아프리오리하게 성립하는 보편적 자연법칙이다. 따라서 순수 자연과학은 정말로 존재하며, 이제 다음 질문은 '순수 자연과학이 어떻게 가능한가?'이다. A 74

### §16

자연은 단지 사물 일반의 현존에 대한 규정들의 **합법칙성**을 의미하는 반면에, **자연**이라는 단어에는 또 하나의 다른 의미인 객관을 규정한다는 뜻도 있다. 따라서 질료 측면에서 보면 자연은 **모든 경험 대상의 총체**다. 여기서 우리는 단지 이것만 문제 삼는다. 만일 결코 경험 대상이 될 수 없는 사물을 그 본성의 측면에서 인식해야 한다면, 어차피 그것은 전혀 구체적으로(가능한 경험의 어떤 예로서) 의미를 제공할 수 없을 개념을 우리에게 억지로 권할 것이다. 그래서 우리는 그 사물의[2]) 본성에 관해 순수한 개념을 만들 수밖에 없을 테고 이 개념의 실재성은, 다시 말해 그것이 대상과 실제로 관계 맺고 있는지 아니면 순수하게 사유 속 사물인지는 전혀 결정할 수 없을 것이다. 경험 대상일 수 없는 것의 인식은 초자연적일 텐데, 여기서 우리는 결코 그러한 것을 문제 삼아서는 안 된다. 오히려 아프리오리하게 가능하고 모든 경험에 선행하는 자연인식일지라도 자신의 실재성을 경험으로 확증할 수 있는 자연인식을 문제 삼아야 한다. Ⅳ 296

A 75

### §17

따라서 이러한 좁은 의미에서 자연의 형식적인 면은 모든 경험 대상의 합법칙성이고, 이것이 아프리오리하게 인식되는 한에서 모든 경험 대상의 필연적 합법칙성이다. 그러나 방금 밝혀진 바는 대상이 가능한 경험과 관계에 있지 않고 사물 자체로 간주되는 한에서 대상에서 자연의 법칙들을 결코 아프리오리하게 인식할 수 없다는 사실이다. 그렇지만 여기서도 우리는 사물 자체에 관계하지 않고(이 사물 자체의 속성을 우리는 더 논의하지 않는다), 오히려 순전히 가능한 경험 대상으로서 사물에 관계하며, 이러한 사물의 총체가 본래 우리가 여기서 자연이라고 하는 것이다. 이제 내 질문은 아프리오리한 자연인식의 가능성이 문제가 될 때 과제를 어떤 식으로 정하는 것이 더 좋으냐는 것이다. 즉 "경험 대상으로서 **사물**의 필연적 합법칙성을 아프리오리하게 인식하는 것은 어떻게 가능한가?"가 좋은지 "모든 경험 대상을 고려한 **경험** 자신의 필연적 합법칙성을 아프리오리하게 인식하는 것은 도대체 어떻게 가능한가?"가 좋은지 말이다.

　상세히 고찰해보면, 질문이 어떤 방식으로 표현되든 간에 이 질문의 해결은 순수 자연인식과 관련하여(이것이 원래 질문의 핵심에 해당하는데) 전적으로 동일한 결과에 이르게 된다. 사물들에 관한 경험인식이 유일하게 가능할 수 있는 주관적 법칙들은 가능한 경험의 대상으로서 사물에도 타당하기 때문이다(그러나 물론 [주관적 법칙은] 사물 자체로서 사물에는 타당하지 않으며, 여기서는 이것에 관해 아무런 고찰도 하지 않는다). 내가 [다음 중] 어느 쪽으로 말하든 모두 전적으로 동일하다. 즉 한 사건을 지각할 때, 그것은 항상 선행하는 것과 관계 맺고, 보편적 규칙에 따라서 그 앞선 것에 잇달아 생겨난다는 법칙이 없이는 결코 지각판단이 경험에 대해 타당할 수 없다고 말하든지, 아니면 어떤 것이 일어났다고 경험이 가르쳐주는 모든 것은 반드시 원인이 있다고 말하든지 말이다.

　그럼에도 첫째 문구를 선택하는 것이 더 적절하다. 우리는 대상과 관련해서 경험이 유일하게 가능할 수 있는 조건들에 대한 인식을 아프리오리하게 그리고 모든 주어진 대상에 앞서 가질 수는 있다. 하지만 이 대상이 가능한 경험과 관계 맺지 않고서 그 자체로 어떤 법칙들에 종속되어야 할지에 관한 인식은 결코 가질 수 없다. 우리가 사물의 본성을 아프리오리하게 연구할 수 있는 길은 그러한 인식이 경험으로서 (순전히 형식의 면에서) 유일하게 일어날 수 있는 가능한 조건들과 (비록 주관적이긴 하지만) 보편적 법칙들을 탐구하고 그에 따라 경험 대상으로서 사물의 가능성을 규정하는 것 외에 달리 방법이 없기 때문이다. 만약 내가 둘째 표현 방식을 택해서, 경험 대상으로서   A 77
자연이 유일하게 가능할 수 있는 아프리오리한 조건들을 찾고자 한다면, 나는 쉽게 잘못 생각할 수 있어서, 마치 내가 자연을 사물 자체로 말한다고 상상하게 될 것이다. 그때 나는 아무것도 나에게 주어지지 않은 사물에 관한 법칙을 찾으려는 끝없는 노력을 하며 헛되이 떠돌게 될 것이다.

그러므로 여기서 우리는 순전히 경험에만 그리고 경험을 가능하게 하는 보편적이고 아프리오리하게 주어진 조건들에만 관계할 것이고, 거기에서 자연을 모든 가능한 경험의 전체 대상으로서 규정하게 될 것이다. 내 생각으로는, 내가 여기서 이미 주어져 있는 자연 관찰의 규칙—이것은 이미 경험을 전제한다—을 의미하지 않는다는 점을 사람들이 이해할 것이다. 그러니까 [내가 여기서 의미하는 바는] 어떻게 우리가 (경험으로) 자연에서 법칙을 배울 수 있느냐가 아니다. 이 경우에 이들 법칙은 아프리오리한 법칙이 아닐 것이고 아무런 순수 자연과학도 제공해주지 않을 것이다. 오히려 [내가 여기서 의미하는 바는] 어떻게 경험을 가능하게 하는 아프리오리한 조건들이 동시에 거기에서 모든 보편적 자연법칙을 도출할 수밖에 없는 원천이냐는 것이다.

## § 18

따라서 결국 우리가 반드시 먼저 주의해야 할 것은 비록 모든 경험 판단[3]은 경험적이지만, 즉 자신의 근거를 감각 능력의 직접적 지각에서 가지지만, 그렇다 해도 거꾸로 모든 경험적 판단[4]이 그렇기 때문에 경험판단인 것은 아니라는 사실이다. 오히려 [경험판단이 되려면] 경험적인 것 이상으로 그리고 전반적으로 감성적 직관에 주어진 것 이상으로 특별한 개념이 반드시 추가되어야 한다. 여기서 특별한 개념은 자신의 기원을 순수 지성에서 온전히 아프리오리하게 두는데, 모든 지각은 먼저 이 개념 아래에 포섭된 다음 그것을 매개로 경험으로 변할 수 있다.

IV 298    경험적 판단은 그것이 객관적 타당성을 지닌 한에서 경험판단이다. 그러나 경험적 판단이 단지 주관적으로만 타당한 경우, 나는 이를 단순히 지각판단이라고 한다. 지각판단에는 그 어떤 순수 지성개념들도 필요하지 않으며, 오히려 다만 사고하는 주관에서 지각들의 논리적 연결만 필요하다. 그러나 경험판단은 항상 감성적 직관의 표상 이상으로 지성에서 근원적으로 산출되는 더 특별한 개념을 요구하며, 이 개념이 바로 경험판단이 객관적으로 타당할 수 있게 만들어준다.

우리의 모든 판단은 처음에는 순전히 지각판단이다. 이것은 오로지 우리에게만, 즉 우리 주관에만 타당하며, 단지 그다음에만 우리는 그것에 하나의 새로운 관계, 더 정확히 말하면 객관과 관계를 맺어주고, 그 판단이 항상 우리에게 타당하며 마찬가지로 모든 사람에게도 타당하기를 바란다. 만약 하나의 판단이 대상과 일치한다면 동일한 대상에 관한 모든 판단 역시 서로 일치해야만 하기 때문이다. 그래서 경험판단의 객관적 타당성은 그것의 필연적 보편타당성만을 의미할 뿐이다. 또 반대로, 만약 우리가 하나의 판단을 필연적으로 보편타당한 것으로 간주할 만한 이유를 발견한다면(이 필연적 보편타당함은 결코 지각이 아니라 순수 지성개념에 근거를 두는데, 지각은 이 개념 아래 포섭된다), 우리는 그 판단 역시도 객관적인 것으로 간주해야만 한다. 다시 말해 그 판단은 지각이 주관과 맺는 관계뿐만 아니라, 대상의 성질을 표현한다고 여겨야만 한다. 왜냐하면 대상의 통일성이란 판단들이 모두 관계를 맺는 것이며, 판단들이 그것과 일치하기에 판단 모두 서로 조화를 이룰 수밖에 없는데, 만약 이 대상의 통일성이 없다면, 왜 다른 사람의 판단이 내 판단과 필연적으로 일치해야만 하는지에 대한 아무런 근거도 없을 것이기 때문이다.

### §19

그러므로 객관적 타당성과 (모든 사람에 대한) 필연적 보편타당성은 교환 개념[동의어]이다. 그리고 설령 우리가 객관 자체는 알지 못하더라도, 만약 우리가 한 판단을 보편타당한 것이라서 필연적인 것으로 여긴다면, 바로 그것의 의미는 객관적 타당성이 된다. 우리는 이러한 판단으로 객관을(비록 객관이 그 자체로 어떠한지는 여전히 알려지지 않은 채 남을지언정) 주어진 지각들의 보편타당하면서 필연적인 결합에 의해 인식하게 된다. 그리고 이것은 감각 능력의 모든 대상에 해당하기 때문에, 경험판단은 자신의 객관적 타당성을 대상의 IV 299 직접적 인식에서 취하는 것이 아니라 (그것은 불가능하기 때문이다) 오로지 경험적 판단이 보편타당하게 되는 조건에서 얻게 될 것이다. 이 보편타당성은 앞서 언급했듯이 경험적 조건들, 그러니까 감정적 A 80 조건들에 전혀 근거를 두지 않으며, 오히려 순수 지성개념들에 근거를 둔다. 객관은 그 자체로는 언제나 알려지지 않은 채 남는다. 그러나 만약 객관이 우리 감성에 제공하는 표상들의 결합이 지성개념을 매개로 해서 보편타당한 것으로 규정된다면, 대상은 이 관계로 규정되고 판단은 객관적이다.

우리는 이 점을 다음과 같이 해명해보고자 한다. "방이 따뜻하다", "설탕이 달다", "쑥은 비위에 거슬린다"*는 순전히 주관적으로 타당한 판단일 뿐이다. 나는 결코 내가 그것을 언제나 그렇게 느껴야 한다거나 다른 모든 사람도 나와 마찬가지로 그렇게 느껴야 한다고 요구하지 않는다. 이들 판단은 다만 두 감각이 동일한 주관인 나 자신과 맺는 관계만을 표현하며, 그것도 단지 이번 내 지각의 상태에서 맺는 관계만을 표현하므로 객관에 대해서도 타당하지 않다. 이러한 판단을 나는 지각판단이라고 한다. 경험판단은 사정이 전혀 다르다. 경험이 특정한 상황에서 나에게 가르쳐주는 바를 경험은 나에게 언제나 그리고 또한 누구나에게 가르쳐주어야만 하며, 경험의 타당성은 주관에 혹은 주관의 그 당시 상태에 제한되지 않는다. 그러므로 모든 그러한 판단을 나는 객관적으로 타당하다고 표명한다. 예컨대, 내가 공기에는 탄성이 있다고 말할 경우, 우선 이 판단은 단지 지각판단일 뿐이며, 나는 내 감각 능력에서 두 감각을 단지 서로 관계시킬 뿐이다. 그것을 경험판단이라고 부르고자 한다면, 나는 이 결합이 그것을 보편타당하게 만들어주는 조건에 종속할 것을 요구한다. 그러니까 내가 원하는 것은 나뿐만 아니라 모든 사람이 동일한 상황에서 언제나 동일한 지각을 필연적으로 결합해야만 한다는 것이다.

A 81

---

* 이러한 예들이 우리가 지성개념을 거기에 덧붙인다면 언젠가 경험판단이 될 수 있는 그러한 지각판단은 아니라는 점을 나는 기꺼이 인정한다. 이들 판단은 모든 사람이 순전히 주관적인 것으로 인식하므로 결코 객관에 귀속될 수 없는 [그러한] 감정에 관계하기에 결코 객관적이 될 수 없기 때문이다. 나는 단지 순전히 주관적으로 타당하고 그 속에 보편타당성에 대한 그리고 그렇기 때문에 객관과 맺는 관계에 대한 아무런 근거를 포함하지 않은 [그러한] 판단의 예를 우선 제시하려 했다. 지성개념을 덧붙임으로써 경험판단이 되는 지각판단의 예는 다음 주석에 나온다.

그러므로 우리는 감각 능력과 지성의 이 산물에 무엇이 포함되는지를 그리고 경험판단 자체는 어떻게 가능한지를 알아보려면 경험 일반을 분석해야만 한다. 그것의 기초에는 내가 의식하는 직관, 즉 순전히 감각 능력에 속하는 지각[5]이 놓여 있다. 하지만 거기에는 둘째로 (오로지 지성에 속하는) 판단작용 또한 필요하다. 그런데 이 판단작용은 이중적일 수 있다. 첫째는 내가 순전히 지각들을 비교하고 [이를] 내 상태에 대한 한 의식에서 결합할 때이고, 둘째는 내가 이 지각들을 의식 일반에서 결합할 때다. 첫째 판단은 순전히 지각판단이며 그런 한에서 단지 주관적 타당성만 있다. 이것은 대상과 관계 A 82 맺음이 없는, 순전히 내 마음 상태에서 지각들을 연결한 것이다. 그러므로 사람들이 보통 상상하는 것처럼, 지각들을 비교하고 판단하는 것을 매개로 하여 한 의식에서 연결하는 것은 경험이 되기에 충분하지 않다. 이를 통해서는 판단의 그 어떤 보편타당성과 필연성도 생겨나지 않는데, 판단은 오로지 이 보편타당성과 필연성 때문에만 객관적으로 타당하며 경험이 될 수 있다.

따라서 지각에서 경험이 될 수 있기 이전에 또 하나의 전혀 다른 판단이 선행한다. 주어진 직관은 하나의 개념 아래에 포섭되어야만 하는데, 이 개념이 직관과 관련해 판단 일반의 형식을 규정하고 직관의 경험적 의식을 의식 일반에서 연결함으로써 경험적 판단에 보편타당성을 마련해준다. 바로 그러한 개념이 아프리오리한 순수 지성개념이다. 이 순수 지성개념은 순전히 직관에 그것이 판단하는 데 사용할 수 있는 방식 일반을 규정해주는 일만 한다. 원인이라는 개념이 그러한 개념이라고 가정한다면, 이 원인 개념은 그 아래에 포섭되는 직관을, 예컨대 공기라는 직관을 판단 일반과 관련해 규정한다. 말하자면 [원인 개념은] 공기라는 개념이 [공기의] 팽창과 관련해 하나의 가언판단에서 후건에 대한 전건의 관계로 사용되도록 한다. 그러므로 원인 개념은 모든 가능한 지각과는 전적으로 구별되는 순수 지성개념이고, 오로지 자신 안에 포함되어 있는 표상을 판단 일반과 관련하여 규정하는 데에만, 그러니까 하나의 보편타당한 판단을 가능하게 만드는 데에만 사용된다.

그런데 지각판단에서 하나의 경험판단이 [성립]될 수 있기 이전에, 우선 지각을 이와 같은 지성개념 아래에 포섭할 필요가 있다. 예컨대 공기가 원인 개념에 속하고, 이 개념은 공기에 대한 판단을 팽창과 관련하여 가언적인 것으로 규정한다.* 이로써 이제 이 팽창은 내가 지각하는 상태에서 공기에 대한 내 지각에 속하는 것으로 표상되거나, 내가 지각하는 여러 상태에서나 다른 사람이 지각하는 상태에서 공기에 대한 내 지각에 속하는 것으로 표상되지 않고, 오히려 공기에 **필연적으로** 속하는 것으로 표상된다. 그래서 공기는 탄성을 지닌다는 판단은 보편타당하게 되고, 다음 사실 때문에 비로소 경험판단이 된다. [즉] 공기의 직관을 원인과 결과의 개념 아래에 포섭함으로써 지각들을 내 주관에서 각각 연달아 규정할 뿐 아니라, 판단 일반의 (여기서는 가언적 판단의) 형식과 관련해서도 규정한다. 이러한 방식으로 해서 경험적 판단을 보편타당하게 만들어주는 어떤 판단이 선행한다는 사실로 말이다.

---

\* 더 쉽게 이해할 수 있는 예를 들기 위해 우리는 다음 경우를 선택할 수 있겠다. 태양이 돌을 비출 때 돌은 따뜻해진다. 이것을 내가 아무리 자주 지각하든지 또 다른 사람 역시 아무리 자주 지각하든지 간에 이 판단은 순전한 지각판단이고, 그 어떤 필연성도 포함하지 않는다. [이 경우] 지각들은 단지 습관적으로 그렇게 결합되어 있을 뿐이다. 그러나 만일 내가 태양이 돌을 따뜻하게 한다고 말한다면, 지각 외에도 햇볕이라는 개념과 따뜻함이라는 개념을 필연적으로 연결하는 원인이라는 지성개념이 덧붙여진다. 그렇게 해서 종합판단은 필연적으로 보편타당하게 되고, 결과적으로 객관적이 되어 하나의 지각에서 경험으로 변하게 된다.

사람들이 자신들의 종합판단 전부를, 그것들이 객관적으로 타당한 한에서 분석할 경우 알게 되는 것은 이 종합판단들이 사람들이 흔히 여기는 것처럼 순전히 비교로 하나의 판단에서 결합되는 한낱 직관에서는 결코 성립하지 않는다는 점이다. 오히려 이 종합판단들은 직관에서 추출된 개념들 위에 순수 지성개념이 덧붙여지고, 이 개념 아래에 저 추출한 개념들이 포섭되어서 비로소 하나의 객관적으로 타당한 판단으로 결합되지 않는다면 불가능하리라는 점이다. 순수 수학의 판단은 가장 간단한 공리들에서조차 이런 조건에서 예외가 아니다. 직선은 두 점 사이의 가장 짧은 선이라는 원칙은 선이 양 개념 아래에 포섭되는 것을 전제한다. 이때 양 개념은 확실히 순전한 직관이 아니라 오로지 지성에만 소재하며, (선의) 직관을 그것에 대해 내려질 판단에서 판단의 양과 관련해, 즉 다수성과 관련하여 (복칭판단으로서*) 규정하는 데 사용한다. 이런 판단은 하나의 주어진 직관에 다수의 동종적인 것이 포함되어 있음을 의미하기 때문이다. IV 302 A 85

## § 21

따라서 이제 우리는 경험의 가능성이 아프리오리한 순수 지성개념들에 근거를 두는 한에서 이 경험의 가능성을 명백히 논증하려면 먼저 판단[6] 일반에 속하는 것과 판단에서 지성의 다양한 계기를 하나의 완전한 표로 나타내야만 한다. 순수 지성개념들은 판단에서 이

---

\* 사람들이 논리학에서 특칭판단이라 하는 것을 나는 차라리 이렇게 부르고 싶다. '특칭'이라는 표현은 그것이 보편적이지 않다는 생각을 이미 포함하기 때문이다. 그러나 만일 내가 (단칭판단에서) 단일에서 출발하여 전체로 나아간다면, 아직은 전체와 어떠한 관계도 섞어 넣을 수 없다. 나는 단지 전체 없는 다수만을 생각하지 전체의 예외로서 다수를 생각하는 것이 아니기에 말이다. [그렇지만] 이것은 논리적 계기가 순수 지성개념의 바탕에 놓여야 할 때에만 필요할 뿐 [형식] 논리적 사용에서는 옛날 그대로 둘 수 있다.

들 계기 중 몇몇과 관련해 직관이 그 자체로, 그러니까 필연적이고 보편타당하게 규정되는 한에서 직관 일반에 관한 개념일 뿐이고, 이들 계기와 아주 정확하게 평행할 것이기 때문이다. 이로써 객관적으로 타당한 경험적 인식으로서 모든 경험을 가능하게 하는 아프리오리한 원칙들 역시 아주 정확히 규정될 것이다. 이들 원칙은 모든 지각을 (직관의 일정한 보편적 조건들에 맞게) 저 순수 지성개념들 아래에 포섭하는 명제에 지나지 않기 때문이다.

### 판단들의 논리적 표

1

양에 따라

전칭

특칭

단칭

2

질에 따라

긍정

부정

무한

3

관계에 따라

정언

가언

선언

4

양태에 따라

개연

실연

필연

## 지성개념의 선험적 표

### 1
양에 따라

단일성(척도)

다수성(크기)

전체성(전부)

### 2
질에 따라

실재성

부정성

제한성

### 3
관계에 따라

실체

원인

상호성

### 4
양태에 따라

가능성

현존

필연성


## 자연과학의 보편적 원칙에 관한 순수 자연학적 표

### 1
직관의 공리

### 2
지각의 선취

### 3
경험의 유추

### 4
경험적 사고 일반의

요청

# § 21[a][7]

지금까지 서술한 모든 것을 하나의 개념으로 요약하려면 여기서 화제가 되는 것이 경험의 발생에 관한 것이 아니라 경험 안에 놓여 있는 것에 관한 것이라는 사실을 독자들에게 상기시키는 일이 무엇보다 먼저 필요하다. 전자는 경험심리학에 속하고, 그 자체도 역시 인식의 비판과 특히 지성의 비판에 속하는 후자가 없이는 결코 원활하게 전개될 수 없을 것이다.

경험은 감성에 속하는 직관과 오로지 지성의 업무인 판단으로 구성된다. 그렇지만 지성이 오로지 감성적 직관에서 만들어내는 그러한 판단은 어디까지나 아직 경험판단은 아니다. 이 경우에 판단은 지각들을 이것들이 감성적 직관에 주어져 있는 대로 연결할 뿐이기 때문이다. 그러나 경험판단의 경우에 판단이 말해주어야 하는 것은 경험 일반이 포함하는 것이 무엇인지이지 순전히 주관적으로 타당할 뿐인 한낱 지각이 포함하는 것이 무엇인지가 아니다. 따라서 경험판단은 감성적 직관과 (이 직관들이 비교를 거쳐 보편화된 이후에) 하나의 판단에서 이들 직관을 논리적으로 결합하는 것 외에도, 종합판단을 필연적으로 그리고 이로써 보편타당하게 규정해주는 그 어떤 것을 덧붙여야만 한다. 그리고 이것은 직관을 다른 어떤 것보다 오히려 판단 형식과 관련하여 그 자체로 규정된 것으로 표상하는 개념일 뿐이다. 다시 말해 오로지 판단의 주어진 논리적 기능으로만 표상될 수 있는 직관의 종합적 통일에 관한 개념이다.

# § 22

지금까지 얘기한 것을 요약하면 다음과 같다. 감각 능력이 하는 일은 직관하는 것이고 지성이 하는 일은 사고하는 것이다. 사고는 표상들을 하나의 의식에서 통일하는 것이다. 이 통일은 오로지 주관에만 관계해 생겨나서 우연적이고 주관적이거나 절대적으로 생겨나 필연적이거나 객관적이다. 한 의식에서 표상들을 통일하는 것이 판단이다. 따라서 사고는 판단[함] 또는 표상들이 판단 일반과 맺는 관계와 같다. 판단은 표상들이 하나의 주관에서 한 의식과만 관계 맺고 그 속에서 통일되는 경우 오로지 주관적이다. 혹은 표상들이 의식 일반에서 통일되는, 다시 말해 그 속에서 필연적으로 통일되는 경우 객 IV 305 관적이다. 모든 판단의 논리적 계기는 표상들을 한 의식에서 통일하는 가능한 방식의 수만큼 존재한다. 그러나 바로 이러한 계기가 개념으로 사용된다면, 그것은 한 의식에서 표상들을 **필연적으로** 통일하는 개념이고, 따라서 객관적으로 타당한 판단의 원리다. 한 의식에서 하는 통일은 동일성으로 인해 분석적이거나 혹은 상이한 표상들 간의 합성이나 더함에 의해 종합적이다. 경험은 한 의식에서 현상들(지각 A 89 들)을 종합적으로 연결하는 데서 성립하되, 이들 연결이 필연적인 한에서 그러하다. 그러므로 모든 지각이 그것의 종합적 통일을 필연적이고 보편타당한 것으로 표상하게 되는 경험판단에 사용될 수 있기 이전에, 순수 지성개념은 모든 지각이 먼저 거기 아래에 포섭되어야만 하는 바로 그러한 개념이다.*

---

\* 그러나 경험판단은 지각들의 종합에서 필연성을 포함해야만 한다는 명제가, 내가 위에서 여러 번 강조한, 아포스테리오리한 인식으로서 경험은 단지 우연적인 판단만을 제공할 수 있다는 명제와 어떻게 조화할 수 있겠는가? 경험이 나에게 무엇인기를 가르쳐준다고 말할 때, 내가 뜻하는 바는 항상 단지 그 속에 놓여 있는 지각이다. 예를 들어 태양이 돌을 비추면 항상 따뜻함이 생겨나는 경우처럼 말이다. 따라서 경험명제는 이런 점에서 언제나 우연적이다. 이렇게 따뜻해짐이 태양이 비추는 것에서 필연적으로 생겨난다는 것은 비록 (원인이라는 개념으로 말미암아) 경험판단에 포함되어 있기는 하지만, 그것을 내가 경험으로 배우는 것이 아니라, 오히려 그 반대로 지각에 (원인이라는) 지성개념을 덧붙임으로써 비로소 경험이 만들어지는 것이다. 지각에 이러한 [지성개념의] 덧붙임이 어떻게 일어나게 되는지에 관해서는 『비판』의 선험적 판단력에 관한 장인 137쪽 이하 참조할 것.

## § 23

판단은 그것이 순전히 주어진 표상들을 한 의식에서 통일하는 조건으로 간주되는 한에서 규칙이다. 이러한 규칙은 그것이 그 통일을 필연적인 것으로 표상하는 한에서는 아프리오리한 규칙이고, 그것을 도출할 수 있는 어떤 상위의 규칙도 있지 않은 한에서는 원칙이다. 그런데 모든 경험의 가능성과 관련하여 사람들이 거기에서 순전히 사유의 형식만 고찰한다면, 현상을 직관의 다양한 형식에 따라 경험적 판단을 객관적으로 타당하게 만들어주는 순수 지성개념 아래로 가져오는 조건 외에는 그 어떤 경험판단의 조건도 없다. 그렇기 때문에 이 조건이 가능한 경험의 아프리오리한 원칙이다.

그런데 가능한 경험의 원칙은 동시에 아프리오리하게 인식할 수 있는 자연의 보편적 법칙이다. 그리고 이렇게 해서 우리 앞에 놓인 둘째 질문, [즉] "순수 자연과학은 어떻게 가능한가?"라는 물음이 담고 있는 과제가 해결되었다. 학문의 형식에 요구되는 체계적인 것을 여기에서는 완전히 발견할 수 있으니 말이다. 앞서 언급한 모든 판단 일반의 형식적 조건들, 그러니까 논리학이 제공해주는 모든 규칙 일반의 형식적 조건들 외에는 그 어떤 조건도 불가능하다. 또 이 조건들은 하나의 논리적 체계를 형성하지만, 그 위에 근거한 개념들은 모든 종합적이며 필연적인 판단을 하기 위한 아프리오리한 조건들을 포함하기에 하나의 선험적 체계를 형성한다. 결국 모든 현상이 이들 개념 아래로 포섭되게 하는 원칙들은 하나의 자연학적 체계, 다시 말해 하나의 자연체계를 형성한다. 이 자연체계는 모든 경험적 자연인식에 선행하면서 자연인식을 비로소 가능하게 하므로 고유한 의미에서 보편적이며 순수한 자연과학이라 할 수 있다.

A 90

IV 306

## § 24

저 자연학의 원칙들 중 첫째* 원칙은 모든 현상을 공간과 시간에 있는 직관으로서 양의 개념 아래 포섭하고, 그런 한에서 수학을 경험에 적용하는 원리다. 둘째 원칙은 원래 경험적인 것, 즉 직관의 실재적인 것을 표시하는 감각을 직접적으로 양의 개념 아래 포섭하지는 않는다. 비록 감각이 자신에게 대응하는 대상을 공간과 시간에 놓을지언정, 그것은 공간이나 시간을 함유한 직관은 아니기 때문이다. 하지만 실재성(감각표상)과 숫자 영, 즉 시간에서 직관의 완전한 공허 사이에는 양을 지닌 구별이 여전히 존재한다. 더 정확히 말하면 의식과 완전한 무의식(심리적 암흑) 사이에서조차 항상 더 작은 정도가 생기는 것과 마찬가지로, 각각 주어진 정도의 밝음과 어둠 사이에, 모든 정도의 따뜻함과 완전한 차가움 사이에, 모든 정도의 무거움 IV 307 과 절대적 가벼움 사이에, 모든 정도의 채워진 공간과 완전히 빈 공간 사이에 항상 더 작은 정도를 생각할 수 있기 때문이다. 그러므로 절대적 결핍을 증명하는 지각, 예컨대 심리적 암흑은 가능하지 않다. A 92 이것을 단지 다른 더 강한 의식 때문에 압도당하는 하나의 의식으로 간주할 수는 없다. 이는 감각의 모든 경우에서도 그러하다. 바로 그렇기 때문에 지성은 경험적 표상(현상)의 본래적 질[성질]을 이루는 감각조차 감각 일체에는, 그러니까 모든 현상의 실재적인 것에는 도[정도]가 있다는 원칙을 매개로 해서 선취할 수 있다. 이것이 자연과학에 대한 수학(내포량의 수학<sup>8)</sup>)의 둘째 적용이다.

---

\* 다음에 나오는 세 절[§ 24, § 25, § 26]은 『비판』이 원칙에 관해 말하는 것을 참조하지 않는다면 이해하기가 상당히 어려울 수 있다. 그렇지만 이들 절은 원칙의 전반적인 것을 쉽게 개관하고 주요 계기들에 주목하는 데 유용할 수 있다.

## § 25

현상들의 관계와 관련한, 그것도 오로지 현상의 현존만 의도한 이 관계의 규정은 수학적이 아니라 역학적[9]이다. 그리고 이 관계의 규정은, 만일 그것이 현상과 관련하여 경험인식을 비로소 가능하게 만드는 아프리오리한 원칙에 종속되지 않는다면, 결코 객관적으로 타당할 수 없고, 따라서 경험에 유용할 수 없다. 그러므로 현상은 [첫째로] 현존의 모든 규정의 기초에 사물 자신의 개념으로 놓여 있는 실체 개념 아래에 포섭되어야만 한다. 또는 둘째로 현상은 하나의 시간 순서가 현상 가운데 발견되는 한에서, 즉 하나의 사건이 발견되는 한에서 원인과 관계된 결과의 개념 아래에 포섭되어야만 한다. 또는 [셋째로] 동시에 있음이 객관적으로, 즉 경험판단에 의해 인식되는 한에서 현상은 상호성(상호작용)의 개념 아래에 포섭되어야만 한다.

A 93 이렇게 하여 아프리오리한 원칙들은 경험적이긴 하지만 객관적으로 타당한 판단의 기초에 대한, 다시 말해 경험이 대상을 자연에서 현존에 따라 연결해야 하는 한에서 경험의 가능성에 대한 기초가 된다. 이 원칙들이 역학적 원칙이라 할 수 있는 본래의 자연법칙들이다.

마지막으로 역시 경험판단에 속하는 것은 경험에서 현상 간의 일치와 연결에 대한 인식이 아니라, 오히려 현상의 경험 일반에 대한 관계다. 이 관계는 지성이 인식하는 형식적 조건과 현상의 일치를 포

IV 308 함하거나 감각 능력과 지각의 재료와 현상의 연관을 포함하거나 이들 양자를 하나의 개념으로 통일하는 것으로 가능성, 현실성, 보편적 자연법칙에 따른 필연성을 함유한다. 이것이 자연학적 방법론(진리와 가설의 구별 그리고 가설의 신뢰성 한계)을 구성하게 될 것이다.

## § 26

셋째이자 지성 자신의 본성에서 비판적 방법에 따라 도출한 이 원

칙들의 표는 그 자체로 완전성을 보여주며, 완전성에서 이 표는 **사태 자체**에 관한 독단론적 방식으로 설령 헛되더라도 이전에 시도되었거나 미래에 시도될지 모를 다른 어떤 표보다 훨씬 뛰어나다. 다시 말해 이 표에 모든 아프리오리한 종합적 원칙은 완전하게 그리고 하나의 원리에 따라, 즉 지성과 관련해 경험의 본질을 이루는 판단하는 능력 일반에 따라 제시되었기에 우리는 그와 같은 원칙이 더는 존재하지 않음(독단론적 방법이 결코 제공할 수 없는 충분함)을 확신할 수 있다. 그럼에도 이것은 아직 이 표의 최대 업적은 결코 아니다. A 94

사람들은 이러한 아프리오리한 인식의 가능성을 드러내며 동시에 모든 그러한 원칙을 하나의 조건에 제한하는 증명근거에 주의를 기울여야만 한다. 이 조건은 만약 이들 원칙을 오해하지 말아야 한다면 그리고 이들 원칙을 지성이 그 속에 정해준 원래적 의미가 지니려는 것보다, 즉 이들 원칙은 아프리오리한 법칙에 종속되는 한에서 단지 가능한 경험 일반의 조건만 포함한다는 것보다 더 확장해서 사용하지 않으려면, 결코 간과해서는 안 되는 것이다. 그렇기에 나는 사물 **자체**가 양(量)을, 그것의 실재성이 도(度)를, 그것의 실존이 한 실체에서 우유적인 것들의 연결을 함유한다는 등의 말은 하지 않는다. 아무도 그것을 증명할 수 없으니 말이다. 한편으로는 감성적 직관과 맺는 관계 일체와 다른 한편으로는 가능한 경험에서 이들 직관의 연결 일체가 결여되어 있는 순전한 개념에서 하는 종합적 연결은 단적으로 불가능하기 때문이다. 그러므로 이러한 원칙들에서 개념의 본질적 제한은 다음과 같다. 즉 모든 사물은 단지 **경험의 대상으로만** 언급된 조건들에 필연적으로 아프리오리하게 종속된다.

여기에서 둘째로 이들 원칙 특유의 고유한 증명방식도 뒤따른다. 즉 [여기서] 염두에 둔 원칙들은 현상들이나 그들의 관계와 직접 관련되어 있지 않고, 오히려 현상들은 단지 그 질료만을 이룰 뿐 결코 A 95; IV 309

형식을 이루지 않는 경험의 가능성, 다시 말해 경험판단이 한낱 지각판단과 구별되는 점인 객관적으로 타당하고 보편타당한 종합명제와 관련되어 있다는 사실 말이다. 이런 일은 다음 사실 때문에 생겨난다. 즉 공간과 시간의 한 부분을 차지하는 순전한 직관으로서 현상은 이 직관의 다양을 아프리오리하게 규칙에 따라 종합적으로 통일하는 양 개념에 종속한다는 사실 말이다. [그리고] 지각은 직관 외에 감각도 포함하고, 감각과 감각이 완전히 사라짐을 의미하는 숫자 영 사이에서 언제라도 감소를 통한 이행이 생겨나는 한에서 현상의 실재적인 것에는 도가 있어야만 한다는 사실 말이다. 다시 말해 감각은 스스로 공간이나 시간의 아무런 부분도 차지하지 않지만,* 비어 있는 시
A 96  간이나 빈 공간에서 감각으로 나아가는 이행은 오로지 시간에서만 가능하다는 사실 말이다. 따라서 설령 감각은 경험적 직관의 성질로서 그것이 특별히 다른 감각들과 구별되는 것과 관련해서는 결코 아프리오리하게 인식될 수 없다 하더라도, 가능한 경험 일반에서 감각은 지각의 크기로는 모든 다른 동종의 감각과 강도에서 구별될 수 있다는 점 말이다. 결국 여기에서 자연에 수학을 적용하는 것이 자연을 우리에게 제공하는 감성적 직관과 관련하여 비로소 가능하게 되고, 규정도 가능하게 된다.

---

* 열, 빛 등과 같은 것은 작은 공간에서도 (도의 측면에서는) 큰 공간에서만큼이나 크기가 똑같다. 마찬가지로 내적 표상은, 즉 고통이나 의식 일반은 그것이 짧게 지속되든 길게 지속되든 도[정도]에서는 더 작지 않다. 그러므로 여기서 한 점이나 한순간에서 양은 모든 더 큰 공간에서나 더 긴 시간에서와 마찬가지로 크기가 같다. 따라서 도는 양이긴 하지만 직관의 양이 아니라 순전히 감각에 따른 것이거나 직관의 근거가 되는 양이다. 그리고 도는 오직 1과 0의 관계로만 양으로 평가될 수 있다. 다시 말해 어떤 도라도 무한한 중간 단계의 도를 통해서 사라짐에 이르기까지 [작아지거나] 혹은 영[0]에서 출발해 증가의 무한한 계기를 거쳐 어느 시간에서 특정한 감각에 이르기까지 커질 수 있음으로써 양으로 평가될 수 있다(질의 양이 도다).

그러나 독자는 경험의 유추라는 이름으로 등장하는 원칙의 증명 방식에 가장 주의해야 한다. 경험의 유추는 수학을 자연과학 일반에 적용하는 원칙처럼 직관을 생산해내는 것이 아니라 하나의 경험에서 이들의 현존을 연결하되 이러한 연결은 현존을 시간에서 필연적 법칙에 따라 규정할 뿐이고, 이 법칙 아래에서만 객관적으로 타당한 것, 즉 경험이 되기 때문이다. 그러므로 [여기서] 증명이 문제 삼는 것은 **사물들** 자체를 연결하는 데서 종합적 통일이 아니라 **지각들**을 연결하는 데서 종합적 통일이다. 그것도 이들의 내용과 관련해서가 아니라 시간규정과 관련하여 그리고 보편적 법칙에 따른 시간에서 현존의 관계와 관련해서 그렇다. 그러므로 만약 상대적 시간에서 경험적 규정이 객관적으로 타당해 경험이어야 한다면, 이 보편적 법칙은 시간 일반에서 현존 규정의 필연성을 (결과적으로 지성의 규칙에 따라 아프리오리하게) 포함한다. 여기 이『서설』에서 나는 [독자에게] 다음 외에 더는 제시할 수 없다. 즉 경험을 순전히 지각들의 경험적 합성으로 여기는 오랜 습관에 빠져 있는 독자에게, 경험은 지각이 미치는 범위보다 훨씬 더 멀리 나아가고, 즉 경험이 경험적 판단에 보편타당성을 제공하며 이를 위해서는 아프리오리하게 선행하는 순수 지성의 통일이 필요하다는 것을 전혀 생각하지 못하는 독자에게 내가 지각들의 한갓 집합체와 경험의 이러한 구별에 주의를 잘 기울이고, 이러한 관점에서 증명방식을 평가해야 한다고 권하는 것 말이다.

IV 310

A 97

### § 27

이제 이곳에서 흄의 회의를 근본적으로 제거해야 한다. 그가 옳게 주장했던 바는 우리가 인과율의 가능성을, 다시 말해 한 사물의 현존이 자신에 의해 필연적으로 정해지는 어떤 다른 사물의 현존과 맺는 관계의 가능성을 결코 이성으로 통찰하지 않는다는 점이다. 여기에 나는 다음을 덧붙인다. 즉 우리는 이와 마찬가지로 자립존재[실체]라는 개념도, 다시 말해 사물의 현존 기초는 스스로 다른 사물의 그 어떤 술어도 될 수 없는 주체라는 필연성의 개념도 통찰하지 않는다. 심지어 우리는 (설사 우리가 경험에서 그것을 사용하는 예를 제시할 수는 있다 하더라도) 그러한 사물의 가능성을 전혀 이해할 수 없고, 또한 바로 이러한 이해할 수 없음은 사물들의 상호성에도 해당한다는 것을 말이다. 이는 어떻게 한 사물의 상태에서 그것 바깥에 있는 전혀 다른 사물의 상태를 추론할 수 있고 상호적으로[반대로도] 그럴 수 있는지, 또 어떻게 각기 고유하게 분리된 채 실존하는 실체들이 서로, 그것도 필연적으로 의존해야만 하는지를 결코 통찰할 수 없기 때문이다. 그럼에도 나는 이러한 개념들을 순전히 경험에서 얻은 것으로는 전혀 여기지 않으며, 그들 속에서 표상되는 필연성을 날조된 것으로, 그래서 오랜 습관이 우리에게 거짓으로 꾸며낸 한갓 가상으로도 결코 여기지 않는다. 오히려 나는 이 개념들과 이들에서 생겨난 원칙들이 아프리오리하게 모든 경험에 앞서 확립되어 있고, 물론 경험에 관해서이긴 하지만, 의심할 수 없는 객관적 정당성이 있다는 것을 충분히 제시했다.

A 98

IV 311

### § 28

그러므로 비록 내가 사물들 자체의 이런 연결에 관해서는, 즉 어떻게 그것들이 실체로서 실존할 수 있거나 원인으로서 작용할 수 있는지, 혹은 어떻게 그것들이 (실재적인 전체의 부분으로서) 다른 것과 상호성의 관계에 있을 수 있는지에 관해서는 조금도 이해하지 못하더라도, 게다가 내가 (저 개념은 현상에 놓여 있는 것은 아무것도 포함하지 않고, 오로지 지성만이 사고해야 하는 것을 포함하기에) 현상에서 그와 같은 속성을 현상으로 생각할 수는 없더라도, 그럼에도 우리는 우리 지성에서 표상들의 그와 같은 연결에 관해서는, 더 정확히 말해 판단 일반에서 표상들의 그와 같은 연결에 관해서는 다음과 같이 이해한다. 즉 표상들이 어떤 판단 방식에서는 술어와 관계에서 주어로서, 다른 판단 방식에서는 결과와 관계에서 근거로서 그리고 셋째 방식에서는 함께 하나의 가능한 전체 인식을 형성하는 부분들로서 자리한다고 말이다. 더 나아가 우리는 이들 계기 중 어떤 하나와[10] 관련해 객관의 표상들을 규정된 것으로 여기지 않고는 결코 대상에 타당한 아무런 인식도 가질 수 없음을 아프리오리하게 인식한다. 또 만일 우리가 대상 자체에 관여한다면, 그 대상이 언급된 계기들 중 어떤 하나와 관련해 규정되어 있다는 것을, 다시 말해 실체의 개념이나 원인의 개념 혹은 (다른 실체들에 대한 관계에서) 상호성의 개념 아래에 속한다는 것을 내가 인식할 수 있는 어떤 유일한 징표도 가능하지 않음을 우리는 아프리오리하게 인식한다. 내가 현존의 그와 같은 연결 가능성에 관해 아무런 이해도 갖지 않았기 때문이다. 그렇지만 역시 질문은 어떻게 사물 자체가 언급된 판단 일반의 계기들과 관련해 규정되느냐가 아니라, 어떻게 사물에 대한 경험인식이 언급된 판단 일반의 계기들과 관련해 규정되느냐다. 다시 말해 어떻게 경험 대상으로서 사물이 저 지성개념 아래에 포섭될 수 있고 또 포섭되어야만 하는지에 관한 것이다. 그리고 여기서 명백한 점은 모든 현상을 이러한 개념들 아래에 포섭하는 것, 다시 말해 이 개념들을 경험을 가능하게 하는 원칙으로 사용하는 것의 가능성뿐 아니라 필연성까지도 내가 완전히 통찰했다는 것이다.

A 99

## §29

A 100: IV 312

흄의 문제 있는 개념(그에게는 '형이상학의 고뇌'[11]인), 즉 원인이라는 개념을 조사하려고 첫째로 나에게는 조건판단[가언판단] 일반의 형식, 즉 하나의 주어진 인식을 근거로 그리고 다른 인식을 결과로 사용하는 형식이 논리학을 매개로 아프리오리하게 주어져 있다. 그렇지만 지각에서는 어떤 한 현상에 다른 현상이 영속적으로 뒤따른다는 것을 (비록 반대로는 그렇지 않지만) 말해주는 관계의 규칙을 발견할 수 있다. 그리고 이것이 내가 가언판단을 사용해 예컨대 '만약 하나의 물체가 충분히 오랫동안 햇볕을 쬐게 되면 그것은 따뜻해진다'고 말하는 경우다. 여기에는 물론 연결의 필연성, 즉 원인의 개념은 아직 존재하지 않는다. 하지만 나는 계속해서 "순전히 지각들의 주관적 연결일 뿐인 앞선 명제가 경험명제이고자 한다면 그것은 필연적이고 보편타당한 것으로 간주되어야만 한다"라고 말한다. 그렇지만 그와 같은 명제는 '태양은 자신의 빛 때문에 따뜻함의 원인이 된다'는 것이 될 것이다. 이제 앞선 경험적 규칙은 법칙으로 여겨지는데, 그것도 순전한 현상들에 타당한 것이 아니라 시종일관 그래서 필연적으로 타당한 규칙을 요구하는 가능한 경험을 위해 현상들에 타당한 것으로 여겨진다. 그러므로 나는 원인 개념을 경험의 순전한 형식에 필연적으로 속하는 개념으로서 그리고 그 개념의 가능성을 의식 일반에서 지각들의 종합적 통일로서 확실히 파악하고 있다. 그렇지만 나는 하나의 원인이 되는 사물 일반의 가능성은 전혀 통찰하지 않았는데, [이는] 바로 원인 개념이 결코 사물에 붙어 있는 조건이 아니라 단지 경험에 속해 있는 조건을 의미하기 때문이다. 즉 단지 앞선 현상이 뒤따르는 현상과 가언판단의 규칙에 따라 결합될 수 있는 한에서만, 경험은 현상들과 그들의 시간계기에 대해 객관적으로 타당한 인식이 될 수 있다는 것을 의미하기 때문이다.

§ 30

그러므로 순수 지성개념들이 경험의 대상에서 벗어나 사물 자체

A 101

(지성체[12])와 관계 맺고자 한다면, 그들 역시 절대 아무런 의미를 가질 수 없다. 말하자면 이들 순수 지성개념은 단지 현상을 철자하여 경험으로 읽는 데 사용될 뿐이다. 그리고 순수 지성개념들이 감성세계와 관계 맺음에서 생겨나는 원칙들은 단지 우리 지성의 경험사용을 위해서만 쓰인다. 이를 넘어서면 객관적 실재성이 없는 자의적 결 Ⅳ 313 합이 있을 뿐이고, 사람들은 이들 결합의 가능성을 아프리오리하게 인식할 수 없다. 또 대상과 이들의 관계 맺음을 어떤 사례로 확인할 수도 이해할 수도 없다. 모든 사례는 단지 어떤 가능한 경험에서만 취해 올 수 있어서 저 개념들의 대상도 가능한 경험에서 말고는 그 어떤 곳에서도 마주칠 수 없기 때문이다.

그러므로 흄의 문제를 완전히 해결하는 것이 설령 그 문제를 고안 A 102 한 이의 추측에는 반한다 하더라도, 순수 지성개념들의 아프리오리한 기원과 지성의 법칙들로서 보편적 자연법칙들의 타당성을 구제한다. 그렇지만 이 해결 방법은 이들[지성개념들과 지성법칙들]의 사용을 단지 경험에만 제한하는데, 이는 이들의 가능성이 순전히 경험과 지성의 관계 맺음에 그 근거를 두기 때문이다. 하지만 이들은 경험에서 도출된 것이 아니라 오히려 경험이 이들에게서 파생된 것인데, 전적으로 뒤바뀐 이러한 연결 방식을 **흄**은 결코 생각해내지 못했다.

이제 여기에서 지금까지 수행한 모든 연구 결과가 다음과 같이 뒤따른다. "모든 아프리오리한 종합적 원칙은 가능한 경험의 원리에 지나지 않는다." 그리고 [이 원칙들은] 사물 자체에는 결코 관계될 수 없고, 단지 경험의 대상으로서 현상에만 관계될 수 있다. 그러므로 순수 자연과학뿐 아니라 순수 수학도 결코 순전한 현상 이상의 어떤 것과 상관할 수 없다. 단지 경험 일반을 가능하게 만들어주는 것만을 표상하든지 아니면 이러한 원리에서 이끌어내질 수 있다는 점에서 항상 어떤 가능한 경험에서 표상될 수밖에 없는 것을 표상할 뿐이다.

## § 31

이렇게 해서 사람들은 일단 확정된 것을 가지게 되고, 이제껏 충분 A 103 히 대담하기는 했지만 항상 모든 것에 구별 없이 맹목적이었던 모든 형이상학적 시도에서 확정된 것을 고수할 수 있다. 독단론적인 사상가들은 자신들이 [도달하려고] 노력한 목적지가 그렇게 가까운 곳에 표시될 것이라고는 결코 생각지 못했다. 그리고 이 점에서는 자신들의 이른바 건전한 상식을 고집해서 비록 정당하고 자연적이긴 하지만 순전히 경험에서 사용하도록 정해진 순수 이성의 개념들과 원칙들을 가지고 통찰로 향했던 이들도 마찬가지였다. 그들은 이 개념들 Ⅳ 314 과 원칙들에 정해진 한계를 알지 못했고 알 수도 없었는데, 이는 그들이 그러한 순수 지성의 본성과 그것의 가능성조차 전혀 깊이 생각하지도 또한 생각할 수도 없었기 때문이다.

여러 순수 이성의 자연주의자―이 말에서 내가 의미하는 바는 어떤 다른 학문 없이도 형이상학의 일들을 결정할 수 있다고 믿는 자다 ―는 여기서 이렇게 많은 장치로, 또는 그들이 원하는 대로라면 장황한 현학적 과시로 상술한 것을 이미 자신의 건전한 상식으로 예언하는 정신으로 오랫동안 추측했을 뿐 아니라 알고 있었다. 그래서 "우리는 우리 이성으로는 결코 경험의 영역을 넘어갈 수 없다"라는 점을 통찰하고 있었다고 자처한다. 하지만 사람들이 그에게 그의 이성 원리들에 대해 점차 물어본다면, 그는 이들 중에는 경험에서 가져오지 않아 여기서 독립적이고 아프리오리하게 타당한 것도 많다는 것 A 104 을 인정해야만 한다. 그렇게 된다면 어떻게 그리고 어떤 근거로 그는 이 개념들과 원칙들이 경험에서 독립적으로 인식된다는 이유로 이들을 모든 가능한 경험 너머까지 사용하려는 독단론자들과 자기 자신을 억제하려 하는가? 그리고 이러한 건전한 상식의 대가인 그조차 주제넘게 값싸게 얻은 모든 지혜에도 불구하고 자신도 모르게 경험 대상을 넘어서서 환영의 영역에 빠지는 것에 그렇게 안전하지 못하다. 비록 그가 대중적 언어로 모든 것을 순전히 개연성, 합리적 추측 또는 유비라고 주장함으로써 자기의 근거 없는 주장들을 도색하더라도, 그 역시 대개는 그런 환영 속으로 충분히 깊게 빠져든다.

## § 32

이미 철학의 초창기부터 순수 이성 연구자들은 감성세계를 이루는 감성적 존재나 현상들(현상체[13]) 외에 특별히 지성의 세계를 이루어야 할 지성적 존재(지성체[14])를 생각했다. 그리고 이들은 현상과 가상을 똑같은 것으로 간주했기에 (이것은 아직 성숙하지 못한 시대에는 쉽게 묵과될 수 있었다) 지성적 존재에만 현실성을 인정했다.

사실 우리가 감각 능력의 대상들을 정당하게 순전한 현상들로 여긴다면, 이로써 우리는 현상들에는 사물 자체가 근저에 놓여 있다는 점도 동시에 인정하는 것이다. 비록 우리가 그와 같은 것이 그 자체로 어떠한 성질로 있는지는 알지 못하고, 단지 그것의 현상만, 다시 말해 이 알려지지 않은 어떤 것에 의해 우리 감각 능력들이 촉발되는 방식만 아는 것이긴 하지만 말이다. 따라서 지성은 자신이 현상을 받아들인다는 바로 그 사실로 사물 자체의 현존 역시 인정하는 것이 된다. 그런 한에서 우리는 현상의 근저에 놓여 있는 그러한 존재의 표상이, 즉 순전한 지성적 존재의 표상이 단지 허용될 뿐만 아니라 불가피하다고 말할 수 있다.

A 105; Ⅳ 315

우리의 비판적 연역은 그와 같은 사물(지성체)마저도 결코 배제하지 않으며, 오히려 감성론의 원칙들을 제한하여 이들 원칙이 모든 사물에 미치는 것이 아니라—그로써 모든 것이 한갓 현상으로 변해버리 테지만—단지 가능한 경험의 대상에만 타당하도록 하는 것이다. 이로써 지성적 존재가 허용되지만, 단지 결코 어떠한 예외도 용납하지 않는 다음과 같은 규칙의 엄중한 경고에 따라 허용될 뿐이다. 즉 우리는 이러한 순수 지성적 존재에 관해 결코 그 어떤 확정적인 것도 알지 못하며 알 수도 없다는 규칙 말이다. 우리의 순수 지성개념들뿐 아니라 순수 직관들도 가능한 경험의 대상 외에는, 따라서 순전한 감성적 존재 외에는 그 어떤 것과도 관계하지 않는다. 우리가 감성적 존재에서 벗어나자마자 저 개념들에는 최소한의 의미도 더는 남지 않기 때문이다.

§ 33

A 106 사실 우리의 순수 지성개념들에는 [그것을] 초험적으로 사용하려는 유혹과 관련하여 의심스러운 어떤 것이 있다. 모든 가능한 경험을 넘어가는 것을 나는 초험적이라 하기 때문이다. 실체, 힘, 작용, 실재성 등과 같은 우리 개념은 경험에서 전적으로 독립적인 동시에 감각능력의 어떠한 현상도 결코 포함하지 않았기에 실제로 사물 자체(지성체)와 관계하는 것처럼 보인다. 이뿐 아니라 이러한 추측을 더 강화하는 것으로, 이들 개념은 경험이 결코 필적할 수 없는 규정의 필연성을 자신 안에 포함하고 있다. 원인 개념은 한 상태에서 다른 상태가 필연적으로 잇따른다는 규칙을 포함하고 있다. 하지만 경험이 단지 우리에게 보여줄 수 있는 것은 사물의 한 상태에 다른 상태가 자주이거나 많아봐야 통상적으로 뒤따른다는 사실과 엄밀한 보편성도 필연성도 제공해줄 수 없다는 사실 등이다.

그러므로 지성개념들은 순전한 경험사용이 이들의 전체 용도를 남김없이 이용한다는 것보다 훨씬 많은 의미와 내용이 있는 것처럼 보인다. 그래서 지성은 알지 못하는 사이에 경험이라는 집에 하나의 IV 316 훨씬 광대한 부속 건물들을 짓고, 그렇지 않았으면[사용의 한계를 넘지 않았으면] 정당했을 자기 개념들의 사용 한계를 넘어갔다는 것도 깨닫지 못한 채 그곳을 순전한 사유존재로 가득 채운다.

## §34

그렇기에 『비판』의 137쪽 이하와 235쪽 이하에서[15] 시도했던 매우 무미건조하기는 하지만 정말로 없어서는 안 될 두 가지 중요한 연구가 필요했다. 이들 중 첫째로 밝혀졌던 바는 감각 능력은 순수 지 A 107 성개념들을 구체적으로 제공하는 것이 아니라 단지 그것들을 사용하기 위한 도식만 제공해준다는 것 그리고 거기에 상응하는 대상은 단지 경험에서만 (감성의 재료들에서 나온 지성의 생산물로서) 발견된다는 것이다. 둘째 연구에서는(『비판』, 235쪽) 다음 사실이 밝혀졌다. 우리의 순수 지성개념들과 원칙들이 경험에서 독립했는데도, 아니 이들의 사용 범위 자체는 외관상 [경험보다] 더 광범위한 것으로 보이는데도 경험의 영역 바깥에서 이들을 통해 사고할 수 있는 것은 결코 아무것도 없다는 것이다. 이들은 오로지 판단의 논리적 형식을 주어진 직관들과 관련해 규정하는 것 외에는 아무것도 할 수 없기 때문이다. 그렇지만 감성의 영역을 넘어가서는 어떠한 직관도 결코 존재하지 않으므로 저 순수 개념들은 어떠한 수단으로도 구체적으로 드러날 수 없다는 점에서 전적으로 아무런 의미도 없게 된다. 따라서 모든 이러한 지성체와 이들의 총합인 초감성계*는 하나의 과제의 표 A 108

---

\* (일반적으로 사람들이 표현하는 것과 같은) 지성적[16] 세계를 말하는 것은 아니다. '지성적'이라는 것은 지성을 통한 인식이고, 이와 같은 것은 우리 감성세계와도 관계한다. 그러나 **초감성적**[17]인 것은 순전히 **지성**으로 표상될 수 있고 우리의 어떠한 감성적 직관과도 관계할 수 없는 한에서 **대상**을 말한다. 그렇지

상일 따름이고, 이 과제의 대상 자체는 확실히 가능하지만 그것을 해결하는 것은 우리 지성의 본성상 전적으로 불가능하다. 우리 지성은 직관의 능력이 아니라 순전히 주어진 직관들을 하나의 경험에서 연결하는 능력일 뿐이기 때문이다. 그렇기 때문에 경험은 우리의 개념들을 위한 모든 대상을 포함해야 하지만, 경험 밖에서 모든 개념은 아무런 직관도 이들의 근저에 놓일 수 없기에 의미 없게 될 것이다.

IV 317

## § 35

상상력은 가끔 공상적이게 되더라도, 다시 말해 경험의 한계 안에 조심스럽게 머무르지 않게 된다 하더라도 용서될 수 있을 것이다. 상상력은 그러한 자유로운 날아오름으로 적어도 생동감이 있게 되고 강하게 되며, 상상력의 대담함을 절제하는 것이 그것의 무기력을 회복하는 것보다 언제나 더 쉽기 때문이다. 그러나 **사고해야** 하는 지성이 그것 대신에 **공상적**이게 되는 것은 결코 용서할 수 없다. 상상력의 도취에 필요한 경우 한계를 정해주는 모든 도움은 오로지 지성에 의존하기 때문이다.

그러나 이렇게 해서 지성은 매우 순수하고 정숙하게 공상적으로 된다. 우선 지성은 모든 경험에 앞서 자신에게 내재하지만 그럼에도 항상 경험에서 적용되어야만 하는 기본요소인식들을 정돈한다. [그렇지만] 점차 지성은 이러한 한계를 제거하는데, 지성이 전적으로 자유롭게 자신의 원칙들을 자기 자신에서 취했는데 무엇이 그가 그렇게 하는 것을 방해하겠는가? 그리고 이제 처음에는 자연에 있던 새

A 109

---

만 모든 대상에는 어떤 가능한 직관이 상응해야만 하기에, 사물들을 직접적으로 직관하는 지성을 우리는 생각해야만 한다. 그러나 이러한 지성에 관해 우리는 조금도 이해하지 못하므로 이것이 관계해야 할 **지성적 존재**에 관해서도 마찬가지로 아무런 이해도 하지 못한다.

로 생각해낸 힘들로 나아가며, 그다음에는 바로 자연 바깥에 있던 존재로, 한마디로 말해 하나의 세계로 나아간다. 그 세계를 제작하기 위한 건축 도구가 우리에게 전혀 부족하지 않은 세계로 말이다. 이 건축 도구는 풍성한 허구를 바탕으로 풍부하게 가져올 수 있으며, 비록 경험으로 확인되지는 않지만 결코 반박되지도 않는다. 또 이것이 젊은 사상가가 형이상학을 참으로 독단적인 방식으로 그렇게 좋아하고, 이 형이상학에 종종 자신의 시간과 그렇지 않았으면 유용했을 자신의 재능을 바치는 이유이기도 하다.

그러나 순수 이성의 저 소용없는 시도를 완화하려는 것은 너무 깊게 숨겨진 질문들을 해결하는 어려움에 관한 각종 경고로도, 우리 이성의 한계에 대한 한탄으로도 그리고 주장들을 한갓 추측으로 격하하는 것으로도 전혀 소용없는 일이다. 이와 같은 시도의 불가능성이 명백히 밝혀지지 않는다면 그리고 이성의 자기인식이 참된 학문이 되어 거기서 이성의 올바른 사용 영역이 공허하고 소용없는 사용 영역과 이른바 기학학적 확실성에서 구별되지 않는다면 저 허무한 노력은 결코 완전히 멈추지 않을 것이기 때문이다.

### § 36

### 자연 자체는 어떻게 가능한가?

이 질문은 선험철학이 어떻게든 접촉하게 되고, 자신의 한계와 완성으로서 거기에 도달해야만 하는 최고 지점이다. 이는 원래 두 가지 질문을 포함하고 있다.

첫째, 질료적 의미의 자연, 즉 직관에 따른 현상들의 총체로서 자연은 어떻게 가능한가? [그러니까] 공간과 시간 그리고 이 양자를 채우는 감각의 대상은 도대체 어떻게 가능한가? 그 답은 이렇다. 우리 감성의 특성으로 가능하다. 이 특성에 따라 감성은 그 자체로는 감성에 알려지지 않았지만 저 현상과는 전적으로 구별되는 대상들에 의해 감성의 고유한 방식으로 자극된다. 이 해답은 『순수이성비판』[18]에서는 선험적 감성론에서, 이곳 『서설』에서는 첫째 주요 질문을 해결함으로써 주어졌다.

둘째, 형식적 의미의 자연은 어떻게 가능한가? 즉 모든 현상을 하나의 경험에서 연결된 것으로 생각하도록 자기 아래에 종속시키는 규칙들의 총체로서 자연은 어떻게 가능한가? 그 답은 그것이 단지 우리 지성의 특성으로 가능하다는 것 외에 달리 나올 수 없다. 이 특성에 따라 감성의 저 모든 표상은 한 의식과 필연적으로 관계를 맺으며, 이로써 비로소 우리 사고의 고유한 방식인 규칙을 통한 방식이 가능하다. 또 이 규칙으로 객관 자체를 통찰하는 것과는 전적으로 구별되어야 하는 경험이 가능하다. 이 해답은 『순수이성비판』에서는 A 111 선험적 논리학에서, 『서설』에서는 둘째 주요 질문의 해결 과정에서 주어졌다.

그러나 우리 감성 자체의 이러한 고유한 성질 혹은 지성의 성질이, 지성과 모든 사고의 기초에 놓여 있는 필연적 통각의 성질이 어떻게 가능한지는 더 해결하거나 대답할 수 없다. 모든 대답을 위해서나 대상에 대한 모든 사고를 위해 항상 이 성질들이 우리에게 다시 필요하기 때문이다.

오로지 경험을 수단으로 해서만 우리가 알 수 있는 자연법칙이 많다. 그러나 우리는 현상들의 연결에서 합법칙성을, 즉 자연 일반을 Ⅳ 319 결코 경험으로 알게 될 수는 없다. 경험 자체가 자신의 가능성의 기초에 아프리오리하게 놓여 있는 법칙들을 필요로 하기 때문이다.

따라서 경험 일반의 가능성은 동시에 자연의 보편적 법칙이고, 경험의 원칙들은 그 자신이 자연의 법칙들이다. 우리는 자연을 다만 현상들의 총체로만, 즉 우리 속에 있는 표상들의 총체로만 알 따름이라서 이들의 연결 법칙은 우리 속에 있는 표상들의 연결 원칙 외에는, 즉 하나의 의식에서 필연적 통일의 조건, [그러니까] 경험의 가능성을 이루는 조건 외에는 그 무엇에서도 가져올 수 없기 때문이다.

이 전체 절에서 상세히 설명한 주된 명제, 즉 '보편적 자연법칙들은 아프리오리하게 인식될 수 있다'는 것조차 이미 스스로 다음 명 A 112 제에 이르게 된다. [즉] 자연에 법칙을 부여하는 것은 우리 자신 속에, 즉 우리 지성 속에 놓여 있어야만 한다는 것 말이다. 그리고 우리는 자연의 보편적 법칙들을 경험을 수단으로 해서 자연에서 찾아내야만 하는 것이 아니라, 오히려 반대로 자연을 그것의 보편적인 합법칙성에 따라 오로지 우리 감성과 지성에 놓여 있는 경험 가능성의 조건들에서 찾아내야만 한다. 그렇지 않다면, 이 법칙들은 분석적 인식의 규칙들이 아니라 인식의 참된 종합적 확장인데 어떻게 이 법칙들을 아프리오리하게 인식하는 것이 가능하겠는가? 가능한 경험의 원리들과 자연을 가능하게 하는 법칙들의 이러한 일치, 그것도 필연적 일치는 단지 두 가지 원인에서 생겨날 수 있다. 이 법칙들이 경험을 수단으로 해서 자연에서 취해지거나, 반대로 자연이 경험 일반의 가능성의 법칙들에서 도출되고 경험의 순전한 보편적 합법칙성과 완전히 하나가 되는 경우다. 전자는 그 자체로 모순이다. 왜냐하면 보편적 자연법칙들은 아프리오리하게 (즉 모든 경험에서 독립적으로) 인식될 수 있고 또한 인식되어야만 하며, 지성의 모든 경험적 사용의 기초에 놓여 있어야만 하기 때문이다. 따라서 오로지 후자만이 남게 된다.*

---

* 오로지 **크루지우스**만이 중용[타협점]을 알고 있었다. 즉 잘못에 빠질 수도 기만할 수도 없는 영이 우리에게 이러한 자연법칙들을 근원적으로 심어놓았다는 것이다. 그렇지만 이 사람의 체계가 그에 관한 적지 않은 예를 보여주는 것 A 113 처럼 종종 기만적 원칙들이 섞이기 때문에, 참된 기원을 잘못된 기원과 구별

그러나 우리는 특수한 지각들을 전제하는 자연의 경험적 법칙들을, 특수한 지각들이 그 근저에 놓여 있지 않은 채 순전히 이 지각들을 하나의 경험에서 필연적으로 통일하는 조건들만 포함하는 순수한 자연법칙, 즉 보편적 자연법칙과 언제나 구별해야만 한다. 이 보편적 자연법칙과 관련해서 자연과 **가능한** 경험은 전적으로 동일하다. 그래서 가능한 경험에서 합법칙성은 하나의 경험에서 현상들의 필연적 연결에(이렇게 하지 않고는 감성세계의 어떠한 대상도 우리는 결코 인식할 수 없다), 그러니까 지성의 근원적 법칙들에 근거를 두기 때문에 내가 이 법칙들과 관련하여 지성은 자신의 (아프리오리한) 법칙들을 자연에서 얻어오는 것이 아니라, 오히려 이 법칙들을 자연에 지정한다고 말하면, 처음에는 이상하게 들리겠지만 그럼에도 확실한 것이다.

## § 37

우리는 대담해 보이는 이 명제를 하나의 예를 들어 해명하려고 하는데, 그것은 다음 사실을 보여줄 것이다. 즉 우리가 감성적 직관의 대상들에서 발견해내는 법칙들은 무엇보다도 이들이 필연적인 것으로 인식되는 때에는, 비록 이들 법칙이 다른 모든 면에서는 우리가 경험 탓으로 돌리는 자연법칙들과 유사한데도 지성이 [거기에] 집어넣은 것이라고 이미 우리 자신이 간주한다는 사실을 말이다.

## § 38

만약 누군가가 원의 속성들, 즉 그것들로 이 도형이 자신 속에 있

---

해줄 확실한 기준이 부족한 상황에서 이러한 원칙을 사용하는 것은 매우 곤란한 것으로 보인다. 사람들은 진리의 영이 혹은 거짓의 아버지가 우리에게 무엇을 불어넣었는지를 결코 확실히 알 수 없기 때문이다.

는 공간의 그 많은 임의적 규정을 즉시 하나의 보편적 규칙으로 통합하게 되는 속성들을 고찰해본다면, 그는 이 기하학적 사물에 하나의 본성을 부여하지 않을 수 없다. 그래서 말하자면 서로 교차하면서 동시에 원과 교차하는 두 직선은 아무렇게나 그어지더라도 항상 규칙적으로 나뉘게 되어, 한 직선의 부분들에서 생기는 직사각형은 다른 직선으로부터의 그것과 동일하게 된다. 이제 나는 질문한다. "이 법칙은 원 안에 놓여 있는가, 아니면 지성 안에 놓여 있는가?" 다시 말해 이 도형은 지성에서 독립해서 이 법칙의 근거를 자기 자신 안에 포함하는가, 혹은 지성이 자신의 개념들에(즉 반지름이 같음에) 따라 이 도형 자체를 구성함으로써 동시에 지성이 기하학적 비례로 서로 교차하는 현(弦)의 법칙을 도형 속에 집어넣은 것인가? 만약 우리가 [IV 321] 이 법칙의 증명을 조사한다면, 이 법칙은 단지 지성이 이 도형을 구성할 때 그 근저에 놓았던 조건, 즉 반지름이 같은 데에서만 도출될 수 있다는 사실을 즉시 알게 될 것이다. 만약 우리가 공동의 법칙 아래에서 기하학적 도형들의 다양한 속성의 통일성을 더 추구하려고 [A 115] 이 개념을 확장한다면, 그래서 원을 다른 원뿔곡선들과 구성에서 동일한 근본조건들 아래에 있는 하나의 원뿔곡선으로 간주한다면 우리는 원뿔곡선의 내부에서, 즉 타원·포물선·쌍곡선의 내부에서 교차하는 모든 현은 항상 그것의 부분들에서 생기는 직사각형이 비록 같지는 않더라도 언제나 서로 동일한 비례관계에 있다는 사실을 발견하게 된다. 만약 우리가 여기에서 더 나아가, 요컨대 물리천문학의 기본이론에까지 이른다면 물질적 자연 전체에까지 퍼져 있는 상호적 인력의 물리적 법칙을 제시할 수 있다. 이 법칙의 규칙은 인력이 각각의 끌어당기는 점에서 거리의 제곱에 반비례하여 감소하고, 마찬가지로 이 힘이 퍼져 있는 구면의 증가만큼 감소한다는 것이다. 이 법칙은 사물들 자신의 본성에 필연적으로 놓인 것으로 보이며, 따라서 또한 아프리오리하게 인식될 수 있는 것으로 흔히 설명되곤 한다. 그런데 이 법칙의 원천들은 그것들이 순전히 반지름이 상이한 구면들의 관계에 근거한다는 점에서 너무 단순하지만, 그것의 결과는 이 법칙과 일치하는 것의 다양성이나 규칙성과 관련하여 매우 훌륭하다. 그렇기에 천체의 모든 가능한 궤도가 원뿔곡선이라는 사실뿐 아니라 '거리의 제곱에 반비례 관계'라는 법칙 외에 어떠한 다른 인력의 법칙도 하나의 우주체계에 적합한 것으로 생각될 수 없다는 천체들 간의 관계도 생긴다.

A 116

그러므로 여기서 자연은 지성이 아프리오리하게 인식하는 법칙들에, 그것도 특히 공간을 규정하는 보편적 원리들에서 인식하는 법칙들에 근거를 둔다. 이제 나는 묻는다. 이 자연법칙들이 공간에 놓여 있는지, 그래서 지성은 공간에 놓여 있는 풍부한 의미를 순전히 탐구하려고 애씀으로써 자연법칙을 배우는지, 아니면 이 자연법칙들이 지성에 그리고 지성의 개념들이 결국 모두 도달하게 되는 종합적 통일의 조건에 따라 지성이 공간을 규정하는 방식에 놓여 있는지를 말이다. 공간은 형태가 동일한 어떤 것이고, 모든 특수한 속성과 관련해서는 전혀 규정적이지 않은 어떤 것이기에, 우리는 그 속에서 어떤 자연법칙의 보물도 찾으려 하지 않을 것이다. 반면에 공간을 원형, 원뿔형, 구형으로 규정하는 것은 이들을 구성하는 통일의 근거를 지성이 포함하는 한은 지성이다. 따라서 공간이라고 하는 직관의 순전한 보편적 형식은 특수한 객관에 대해 규정할 수 있는 모든 직관의 기체이고, 당연히 이 공간이라는 보편적 형식 속에 직관들의 가능성과 다양함의 조건이 놓여 있다. 객관의 통일은 오로지 지성에 의해 규정되는데, 그것도 지성의 고유한 본성에 놓여 있는 조건들에 따라 규정된다. 그래서 지성은 모든 현상을 자신의 고유한 법칙들 아래에 포섭하고, 그로써 비로소 경험을 (그것의 형식에 따라) 아프리오리

IV 322

하게 완성한다. 그 결과 단지 경험으로만 인식되어야 하는 모든 것이 A 117
지성의 법칙에 필연적으로 종속되기에, 지성은 자연의 보편적 질서
의 근원이 된다. 우리가 다루어야 할 것은 우리 감성의 조건들에서뿐
만 아니라 지성의 조건들에서도 독립적인 **사물들 자체**의 본성이 아니
라 가능한 경험의 대상으로서 자연이며, 이때에 지성이 경험을 가능
하게 만들기에 감성세계를 아무런 경험의 대상이 되지 않게 하느냐
아니면 하나의 자연이 되게 하느냐를 만드는 것도 동시에 지성이기
때문이다.

## § 39
### 순수 자연과학의 부록−범주들의 체계에 관하여

개념들이나 원칙들의 구체적 사용에서 이전에는 분산되어 나타났
던 다양함을 하나의 원리에서 아프리오리하게 이끌어내고, 이런 방
식으로 해서 모든 것을 하나의 인식으로 통일하는 일보다 철학자에
게 더 바랄 것은 없을 것이다. 이전의 철학자[19]는 일정한 추상작용
이후 그에게 남았던 것과 서로 비교해 특수한 방식의 인식들을 형성
하는 것으로 보였던 것이 완전하게 수집되었다고 믿었지만, 그것은 A 118
단지 하나의 **집합체**일 뿐이었다. 지금의 철학자[20]는 더 많이도 더 적
게도 아닌 오로지 정확히 그 수만큼만이 인식방식을 형성할 수 있다
는 것을 알고 자기 분류의 필연성을 통찰하는데, 이것은 하나의 [개
념적] 파악이며, 이제 비로소 그는 하나의 **체계**를 세우게 된다.

특수한 경험에 기초를 두지는 않지만 모든 경험인식에 등장하는
개념, 말하자면 경험인식에서 연결의 순전한 형식을 구성하는 개념
을 보통의 인식에서 찾아내는 것은 한 언어에서 단어 일반의 실제적 Ⅳ 323
사용 규칙들을 찾아내서 하나의 문법을 이루는 요소들을 수집하는
것보다 결코 더 깊은 숙고나 더 많은 통찰을 전제하지 않는다(사실

이 양자의 연구는 서로 매우 유사하다). 설령 각각의 언어가 바로 이러한 형식적 특성을 지니지만 왜 다른 특성은 결코 지니지 않는지, 더구나 이들 언어의 그러한 형식적 규정들 일반이 왜 더 많이도 더 적게도 아닌 정확히 그만큼만 발견되는지에 대한 근거를 제시할 수는 없더라도 말이다.

아리스토텔레스는 그러한 순수 요소개념 열 개를 범주라는 이름으로 수집했다.* 주술어라고 불리기도 했던 이들에 그는 이후 후주술어를 다섯 개 덧붙이는 것이 필요하다고 생각했다.** 물론 이들의 일부는(앞섬, 동시, 운동 같은 것[21]) 이미 저 술어들에 포함되어 있다. 하지만 이러한 광시곡[임의적 수집]은 규칙에 따라 완성된 이념이기보다는 미래의 연구자를 위한 암시로 여겨질 수 있었기에 칭찬받을 만한 것이었다. 그래서 이것은 철학이 훨씬 더 계몽되었을 때는 전혀 쓸모없는 것으로 배척되었다.

A 119

인간 인식의 (아무런 경험적인 것도 포함하지 않은) 순수한 요소들에 대한 연구에서 나는 오랫동안 깊이 생각한 후 비로소 감성의 순수 요소개념들을(공간과 시간) 지성의 요소개념들과 확실하게 구별하고 분리하는 데 성공했다. 이로써 저 목록에서 제7, 제8, 제9의 범주가 제외되었다. 나머지도 나에게 아무런 도움이 되지 않았는데, 지성을 완전히 측량하고 지성의 모든 기능을 빠짐없이 정확하게 규정할 수 있도록 하는 아무런 원리도 존재하지 않았기 때문이다.

하지만 나는 그러한 원리를 발견하려고 하나의 지성행위를, 즉 모든 나머지 지성행위를 포함하면서도 단지 다양한 표상을 사고 일반의 통일 아래로 보내는 여러 변용 혹은 계기에서만 구별되는 지성행

---

* 1. 실체, 2. 질, 3. 양, 4. 관계, 5. 능동, 6. 수동, 7. 시간, 8. 장소, 9. 위치, 10. 상태.
** 대립, 앞섬, 동시, 운동, 소유.

위를 찾아보았다. 그리고 나는 이런 지성행위는 판단함[판단작용]에 있다는 것을 발견했다. 그런데 여기 내 앞에 이미 완성되었지만 아직 결함에서 완전히 벗어나지는 못한 논리학자의 작업이 놓여 있었고, 이로써 나는 객관과 관련해서는 규정되지 않은 순수한 지성기능 A 120; IV 324 들의 완전한 표를 제시할 수 있었다. 나는 드디어 판단하는 이 기능들을 객관 일반에, 아니 오히려 판단들을 객관적으로 타당하게 규정하는 조건과 관계를 지었고, 그래서 순수 지성개념들이 생겨났다. 이 순수 지성개념들에 관해서 나는 오로지 바로 이것들만이 그리고 더 많이도 더 적게도 아닌 오로지 그 수만큼만 순전한 지성에서 기인한 사물들에 대한 인식 전체를 형성할 수 있다는 사실에 의심할 여지가 있을 수 없었다. 나는 이들을 그들 옛 이름대로 정당하게 **범주**라고 했다. 이때 나는 이들에서—그들을 서로 연결해서든, 현상들의 순수 형식(공간과 시간)과 연결해서든 혹은 아직 경험적으로 규정되지 않은 한에서 현상들의 질료(감각 일반의 대상)와 연결해서든—파생되는 모든 개념을 **파생범주**라는 명칭으로 완전하게 덧붙이기를 유보했다. 그것은 지금 내가 단지 이성비판 자체에만 몰두하는 이유인 선험철학의 체계가 완성되자마자 해야 할 일이다.

그러나 이 범주들의 체계에서 이 체계를 아무런 원리도 없이 진행된 저 오래된 광시곡과 구별하고 또한 그로써 이 체계만으로도 철학으로서 가치를 갖게 해주는 본질적인 것은 이 체계에 따라 순수 지성개념들의 참된 의미와 그것들의 사용 조건이 정확히 규정될 수 있다는 점에 있다. 여기에서 밝혀진 바는, 순수 지성개념들은 그 자체로는 논리적 기능일 뿐이며 그것으로는 객관 자체에 관한 최소한의 이해도 형성할 수 없고, 오히려 감성적 직관들을 기초에 놓을 필요가 A 121 있다는 사실과 순수 지성개념들은 그리고 나서도 단지 경험적 판단들을 판단하는 기능들과 관련하여 규정하는 데만 사용되고,—그렇지 않으면 이 경험적 판단들은 판단하는 모든 기능과 관련해 무규정적이고 아무 상관도 없을 것이다─이로써 경험적 판단에 보편타당성을 제공하고 이 보편타당성으로 **경험판단** 일반을 가능하게 만드는 데만 사용된다는 사실이다.

범주들의 사용을 동시에 순전히 경험에 제한해야 한다는 범주들의 본성에 관한 이러한 통찰을 첫 번째 창시자뿐 아니라 그 이후 어느 누구도 떠올리지 못했다. 그러나 (전적으로 범주를 도출해내는 것, 즉 범주의 연역에 정확히 의존하는) 이러한 통찰이 없으면 범주들은 전혀 무용하고, 그들의 사용에 대한 설명과 규칙도 없는 초라한 명부다. 만약 그와 같은 통찰이 일찍이 그 고대인의 생각에 떠올랐더라면, 형이상학이라는 이름으로 오랫동안 그렇게 많은 좋은 머리를 망치게 만들었던 순수 이성인식의 전체 연구는 의심할 여지없이 완전히 다른 형태로 우리에게 전해졌을 것이다. 그리고 실제로 일어난 것처럼 인간의 지성을 흐릿하고 헛된 생각을 골똘히 하느라 지치게 하고 참된 학문에는 사용할 수 없는 것으로 만들어버리는 대신, 계몽했을 것이라는 데는 의심할 여지가 없다.

Ⅳ 325

범주들의 이 체계는 이제 순수 이성 자신의 온갖 대상에 대한 모든 논의를 다시금 체계적으로 만들고, 어떠한 형이상학적 고찰이든 그것이 완전해야 한다면 어떻게 그리고 연구의 어떤 점으로 수행해야만 하는지에 대한 하나의 확실한 지침 또는 실마리를 제공해준다. 이 체계가 다른 모든 개념을 자신 아래에 종속시키는 지성의 계기들을 완전히 논했기 때문이다. 그래서 원칙들의 표 역시 생겨났으며, 사람들은 오로지 범주들의 체계로만 이 표의 완전성을 확신할 수 있다. 그리고 이 범주들의 체계는 자연학적 지성사용을 넘어서는 개념들을 분류하는 데조차(『비판』, 344쪽, 415쪽)[22] 항상 그것들의 실마리가 된다. 이 실마리는 인간지성 안에 아프리오리하게 규정되어 있는 고

A 122

정된 동일한 점들로 풀어져야만 하기에 [다음 사실에 대해] 아무런 의심도 남기지 않는 하나의 닫힌 원을 언제나 이루게 된다. 즉 순수 지성개념들과 순수 이성개념들의 대상은 그것들이 철학적으로 그리고 아프리오리한 원칙들에 따라 숙고되어야 하는 한에서 이와 같은 방식으로 완전하게 인식될 수 있다는 사실을 말이다. 심지어 나는 가장 추상적인 존재론적 분류의 하나, 즉 어떤 것[있음]과 아무것도 아닌 것[없음]이라는 개념들의 다양한 구별과 관련해서도 이 [실마리의] 인도를 받는 것을 그리고 그것에 따라서 규칙적이고 필연적인 표를 (『비판』, 292쪽[23]) 완성하는 일을 중단할 수 없었다.*

바로 이 체계는 보편적 원리에 근거를 둔 모든 참된 체계가 그렇듯 A 123; IV 326 이 아무리 칭찬해도 충분하지 않을 자신의 유용함을 보여준다. 이는 그렇지 않았으면 저 순수 지성개념들 사이에 몰래 숨어들어 가려고 했을 낯선 개념을 모두 쫓아내고 모든 인식에 자신의 위치를 정해준

---

\* 앞서 제시한 범주표에 대해 각각 다음과 같은 친절한 주석을 달 수 있겠다. 1. 셋째 범주는 첫째와 둘째 범주가 하나의 개념으로 결합된 데서 생겨난다. 2. 양과 질의 범주에서는 단일에서 전체로 혹은 있음에서 없음으로 순전한 진행이 (이를 위해서 성질의 범주는 실재성, 제한성, 완전한 부정성으로 있어야 한다) 상대자나 대립자 없이 이루어지지만, 관계와 양태의 범주는 이러한 것 A 123 들을 동반한다. 3. 논리적인 것에서 정언판단들이 모든 다른 판단의 근저에 놓여 있는 것처럼, 실체 범주는 현실적 사물들에 대한 모든 개념의 근저에 놓여 있다. 4. 판단에서 양태가 아무런 특수한 술어가 아닌 것처럼, 양태개념들은 사물에 대한 어떤 규정도 덧붙이지 않는다. 이와 같은 고찰들은 모두 크게 유익하다. 게다가 만약 우리가 모든 훌륭한 존재론(예를 들어 바움가르텐의)에서 상당히 완전하게 이끌어낼 수 있는 모든 파생범주를 열거하고, 이들을 분류별로 범주들 아래에 정돈한다면, [물론] 이렇게 할 때에 이들 개념의 가능한 완전한 분석을 덧붙이는 것을 태만히 해서는 안 되겠지만, 형이상학의 순전한 분석적 부분이 생겨나게 된다. 이 분석적 부분은 종합명제를 전혀 포함하지 않으며, 둘째 부분(종합적 부분)에 선행할 수 있다. 또 자신의 확실성과 완전성에 따른 유용함뿐만 아니라 자신 속에 있는 체계적인 것으로 어느 정도 아름다움조차 포함하게 될 것이다.

다는 점에서도 마찬가지다. 내가 똑같이 범주를 실마리로 해서 반성 개념이라는 이름으로 하나의 표를 만들었던 그 개념들은 허가나 정당한 권리도 없이 존재론에서 순수 지성개념들에 섞여 있다. 순수 지성개념들은 연결하는 개념이고 이로써 객관 자체의 개념이지만, 반성개념들은 단지 이미 주어진 개념들의 순전한 비교 개념이라서 완전히 다른 본성과 용도가 있는데도 말이다. 이들은 나의 합법칙적인 분류에 따라(『비판』, 260쪽[24)) 이러한 혼합에서 구별된다. 그러나 만약 우리가 이제 곧 이루어지게 될 것처럼, 저 지성개념들과는 본성과 기원이 완전히 다른 (그러므로 또한 다른 형식을 가져야만 하는) 선험적 이성개념들의 표를 저 범주표에서 분리한다면, 이 구분된 범주표의 유용함은 훨씬 더 명백해진다. 그렇지만 이렇게 필연적인 구분이 그 어떤 형이상학의 체계에서도 전혀 이루어지지 않았다. 거기서는 저 이성이념이 지성개념들과 한 가족에 속한 형제자매처럼 구별 없이 뒤죽박죽되어 있었는데, 이러한 혼동은 범주의 특별한 체계가 없었기에 결코 피할 수도 없었다.

A 124

# 제3편
# 형이상학 일반은 어떻게 가능한가?

## § 40

순수 수학과 순수 자연과학은 그들 자신의 안전성과 확실성을 위해서는 지금까지 우리가 이 양자에 관해 달성했던 것과 같은 연역이 필요하지 않았을 것이다. 전자는 그 자신의 명증성에 근거를 두고 있고, 후자는 비록 지성의 순수한 원천에서 생겨났지만 그럼에도 경험과 경험의 철저한 확증에 근거를 두고 있다. 이러한 경험의 보증을 순수 자연과학이 전적으로 밀쳐 내거나 포기할 수 없는 이유는 바로 A 125 자신에게 확실성이 있는데도 철학으로서 순수 자연과학은 수학에 결코 필적할 수 없기 때문이다. 따라서 이 두 학문은 언급된 연구가 자신을 위해서가 아니라 하나의 다른 학문을 위해, 즉 형이상학을 위해 필요하다.

형이상학은 항상 자신의 적용을 경험에서 발견하는 자연개념 외에 그 어떤 가능한 경험에서도 결코 주어지지 않는 순수 이성개념들을 다룬다. 그러니까 형이상학은 그것의 객관적 실재성(그것들이 한갓 환영이 아니라는 점)을 어떠한 경험으로도 확증하거나 발견할 수 없는 개념들을 다루고, 그것의 참 혹은 거짓도 경험으로 확증하거나 발견할 수 없는 주장들을 다룬다. 게다가 형이상학의 이 부분은 그것의 본질적 목적을 이루는 바로 그 부분이고, 모든 다른 것은 이를 위한 수단이 될 뿐이다. 그래서 이 학문은 자기 자신을 위해서 이러한 연역이 필요하다. 따라서 이제 우리 앞에 놓인 이 셋째 질문은 말하자면 형이상학의 핵심과 특유성에 관한 것이다. 즉 [이 질문은] 이성이 순전히 자기 자신에게 종사하는 것에 관한 것이다. 그리고 이성이 자신의 고유한 개념을 숙고함으로써 그것에서 직접적으로 잘못 추측하여 생기는 객관의 앎에 관한 것이다. 이 앎을 위해서 경험의 매개는 필요하지 않으며 심지어 경험으로는 거기에 도무지 도달할 수도 없다.*

A 126

이 질문에 대한 해답이 없으면 이성은 결코 자기 자신에 만족하지 않는다. 이성은 순수 지성을 경험적 사용에 제한하지만, 이 경험적

IV 328

사용은 이성 자신의 고유한 사명 전체를 충족하지는 않는다. 모든 개별적 경험은 그 영역 전체 범위의 단지 한 부분일 뿐이다. 모든 가능한 경험의 절대적 전체 자체는 결코 경험은 아니지만, 그럼에도 이성 자신에는 하나의 필연적 과제다. 가능한 경험의 절대적 전체를 순전히 표상하기 위해 이성에는 오로지 내재적으로만 사용되는, 다시 말해 주어질 수 있는 한에서 경험만을 향하는 순수 지성개념들과는 전적으로 다른 개념들이 필요하다. 그렇지만 이성개념들은 완전성을, 다시 말해 가능한 경험 전체의 집합적 통일성을 향하며, 이로써 모든 주어진 경험을 넘어서고 초험적이 된다.

---

A 126; IV 328

* 하나의 학문으로 이끌어가는 과제가 인간 이성의 본성에 따라 모든 사람에게 제출되어서 결점이 있기는 하지만 그에 관한 많은 시도 또한 항상 불가피하다는 사실이 확정되자마자, 만일 우리가 하나의 학문이 적어도 모든 인간의 이념 중에서는 실재적이라고 말할 수 있다면, 또한 형이상학은 주관적으로 (그것도 필연적인 방식으로) 실재적이라고 말해야 할 것이다. 그리고 그때 우리는 '어떻게 형이상학이 (객관적으로) 가능한가?'라고 정당하게 묻게 될 것이다.

그러므로 경험을 위해 지성에 범주가 필요했던 것처럼 이성은 이념을 위한 근거를 자신 속에 포함하고 있다. 내가 이념이라는 말로 의미하는 바는 어떤 경험에도 그것의 대상은 주어질 수 없지만 필연적인 개념이다. 범주가 지성의 본성에 자리 잡고 있듯이 이념은 이성의 본성에 자리 잡고 있다. 그리고 만약 이 이념이 쉽게 미혹하는 가상을 지니고 있다면, 설사 '가상이 유혹하지 않도록' 아주 잘 예방할 수 있다 하더라도 이 가상은 불가피하다.

모든 가상은 판단의 주관적 근거를 객관적인 것으로 간주하는 데 A 127
서 성립하기 때문에 순수 이성이 초험적으로(과도하게) 사용하는 자신을 인식하는 것이 착오를 막는 유일한 예방책이 된다. 이성이 이 착오에 빠지는 경우는, 이성이 자신의 사명을 오해하고 모든 내재적 사용에서 단지 자신의 고유한 주관과 그것을 인도하는 것과 관련한 것을 초험적 방식으로 객관 자체와 관계 맺게 할 때다.

## § 41

이념, 다시 말해 순수 이성개념을 종류, 기원, 사용에서 완전히 다른 인식으로 범주, 즉 순수 지성개념과 구별하는 것은 이러한 모든 아프리오리한 인식의 체계를 포함해야 하는 학문을 정초하려면 아주 중요한 부분이다. 따라서 이러한 구별이 없는 형이상학은 단적 Ⅳ 329
으로 불가능하거나, 아니면 기껏해야 다루는 재료가 어떤 의도에서 유용한지도 모른 채 공중누각을 쌓으려는 무모하고 서투른 시도다. 『순수이성비판』이 단지 처음으로 이러한 구별을 명백히 보여주는 일만 했다 하더라도, 이것으로 이미 형이상학에 대한 우리 개념을 계몽하는 것과 형이상학 분야의 연구를 이끌어가는 것에서 순수 이성의 초험적 과제를 만족시키기 위한 모든 성과 없는 노력보다는 더 많은 기여를 한 셈일 것이다. 사람들은 자신이 지성의 영역과 전혀 다른 A 128

영역에 놓여 있다는 것은 한 번도 생각하지 않은 채 순수 이성의 초험적 과제를 시도했다. 그래서 지성개념과 이성개념이 마치 한 종류인 것처럼 획일적으로 보았다.

## § 42

모든 순수 지성인식에는 그것의 개념이 경험에서 주어지고 그것의 원칙이 경험으로 확증될 수 있다는 특별한 점이 있다. 반면에 초험적 이성인식은 그것의 **이념**에 관한 것이 경험에 주어질 수도 없고, 그것의 **명제**가 언젠가 경험으로 확증될 수도 반박될 수도 없다. 그러므로 거기서 몰래 숨어들어갈지도 모를 오류는 순수 이성 자신을 통해서만 발견할 수 있다. 하지만 이는 어려운 일이다. 바로 이 이성이 자신의 이념 때문에 자연적으로 변증적이 되고, 이러한 불가피한 가상이 사태를 독단적으로 연구해서가 아니라 오로지 이념의 원천으로서 이성 자신의 주관적 연구로만 억제될 수 있기 때문이다.

## § 43

『비판』에서 항상 내 최대 관심사는 어떻게 내가 인식의 종류들을 조심스럽게 구별할 수 있느냐는 것뿐 아니라, 어떻게 내가 이들 각각에 속하는 모든 개념을 공통의 원천에서 이끌어낼 수 있느냐는 것이

었다. 이는 내가 이들이 어디에서 유래했는지를 앎으로써 이들의 사용법을 확실히 규정할 수 있기 위해서다. 그뿐만 아니라 개념들의 열거, 분류와 항목별 나열에서 완전성을 아프리오리하게, 즉 원리에 따라 인식하는, 아직 전혀 추측하지 못했지만 헤아릴 수 없을 만큼 엄

청난 장점을 얻기 위해서이기도 하다. 이것 없이는 형이상학에서 모든 것은 순전히 광시곡이요, 거기에서 사람들은 자신들이 소유한 것이 충분한지 혹은 빠뜨린 것이 있는지와 어디에서 빠뜨렸는지를 결

코 알지 못한다. 물론 사람들은 이러한 장점을 단지 순수 철학에서만 얻을 수 있지만, 이러한 장점은 또한 순수 철학의 본질을 형성한다.

범주들의 기원을 지성이 행하는 모든 판단의 네 가지 논리적 기능에서 발견했기에 내가 이념들의 기원을 이성추리의 세 가지 기능에서 찾은 것은 전적으로 자연스러운 일이었다. 일단 그러한 순수 이성개념들(선험적 이념들)이 주어졌을 때, 우리가 이것들을 본유적인 것으로 간주하지 않으려 한다면, 이들은 이 같은 이성 활동 외에 다른 곳에서는 발견할 수 없다. 순전히 형식과 관련해서 이 이성 활동은 이성추리의 논리적인 부분을 형성한다. 하지만 지성의 판단들을 이런저런 아프리오리한 형식과 관련하여 규정되는 것으로 표상하는 한에서 이성 활동은 순수 이성의 선험적 개념들을 형성한다.

이성추리의 형식적 차이 때문에 이성추리를 정언적·가언적·선언적인 것으로 분류하는 것은 필연적이다. 따라서 이에 근거를 둔 이성개념들은 첫째로는 완전한 주관의 이념(실체적인 것)을, 둘째로는 조건들에 관한 완전한 계열의 이념을, 셋째로는 가능적인 것에 관한 완전한 총체의 이념에서 모든 개념의 규정을 포함한다.* 첫째 이념은 심리학[영혼론][2]적인 것, 둘째 이념은 우주론적인 것, 셋째 이념은 신학적인 것이었다. 이 세 가지는 모두 각자 고유한 방식으로이긴 하지만 변증론을 유발하기에, 순수 이성에 관한 전체 변증론의 분류 A 130

---

* 선언판단에서 우리는 모든 가능성이 하나의 특정한 개념 각각에 분배된 것으로 간주한다. 사물 일반의 철저한 규정의 존재론적 원리(모든 사물에는 가능한 모든 대립된 술어들 중 하나가 속한다는 원리)는 동시에 모든 선언판단의 원리이기도 한데, 이 원리가 기초로 삼는 것은 각 사물 일반의 가능성을 자신 속에서 규정 가능한[1] 것으로 간주하는 모든 가능성의 총체다. 이것은 위에서 말한 명제, 즉 선언적 이성추리에서 이성 활동은 형식적인 면에서 보면 서로 대립적인 술어의 긍정적인 것을 모두 자기 자신 속에 포함하는 실재성의 총체라는 이념을 완성하는 이성 활동과 동일하다는 명제를 해명하는 데 작은 도움을 준다.

는 여기에 근거를 둔다. 즉 순수 이성의 오류추리, 순수 이성의 이율배반, 마지막으로 순수 이성의 이상으로 말이다. 이러한 구분으로 우리는 순수 이성의 모든 요구가 여기서 완전하게 표시되며, 한 가지도 빠진 것이 있을 수 없음을 전적으로 확신하게 된다. 이 모든 요구의 근원으로서 이성 능력 자신이 이로써 완전히 측량되기 때문이다.

## §44

이러한 고찰에서 일반적으로 더 주목할 만한 것은 이성이념들이 범주들과 달리 우리에게 경험과 관련한 지성사용의 그 어떤 유용함도 주지 않고, 오히려 지성사용과 관련해서는 완전히 불필요하며, 설사 나중에 규정될 다른 의도에서는 필수적이더라도 심지어 자연에 대한 이성인식[지성인식][3]의 준칙들에 어긋나고 방해가 된다는 점이다. 영혼이 단순 실체냐 아니냐는 영혼의 현상을 해명하는 데 우리에게 전혀 중요하지 않다. 우리가 단순 존재라는 개념을 어떤 가능한 경험으로도 감성적으로는, 그러니까 구체적으로는 이해할 수 없기 때문이다. 그래서 이 개념은 현상들의 원인에 대한 모든 기대된 통찰과 관련해서는 전적으로 공허하고, 내적 혹은 외적 경험이 제공해주는 것을 해명하는 원리로는 사용될 수 없다. 마찬가지로 세계 시초에 관한 혹은 (앞선 부분들에서[4]) 세계 영원성에 관한 우주론적 이념들도 세계 속에서 어떤 하나의 사건 자체를 그것으로 설명하는 데 우리에게 도움이 될 수 없다. 마지막으로 자연철학의 올바른 준칙에 따르면 우리는 최고 존재자의 의지에서 얻은 자연설치에 대한 모든 설명을 그만두고 오히려 우리가 그것과 관계를 끝냈다는 것을 인정해야 한다. 이것이 더는 자연철학이 아니기 때문이다. 따라서 이 이념들은 경험 자체를 자신과 그 위에 세워진 원칙으로 비로소 가능하게 했던 저 범주들과는 사용 목적이 전혀 다르다. 그렇지만 우리의 의도가 경험에서 주어질 수 있는 대로 순전한 자연인식에만 향해 있었더라면 수고로웠던 지성의 분석론은 전혀 불필요했을 것이다. 이성이 자신의 업무를 수학과 자연과학에서는 이러한 모든 세심한 연역 없이도 전적으로 확실하게, 잘 수행할 테니 말이다. 그래서 우리의 지성 비판은 지성의 경험사용을 넘어 놓여 있는 하나의 의도를 위해 순수 이성의 이념들과 하나가 된다. 하지만 위에서 이에 관해 우리는 이 점에서 지성의 사용은 전적으로 불가능하고 대상도 의미도 없다고 말했다. 그럼에도 이성의 본성에 속하는 것과 지성의 본성에 속하는 것 사이에는 일치하는 것이 있어야만 한다. 그리고 전자는 후자의 완전성에 기여해야만 하며, 이 완전성을 흐트러지게 할 수는 없다.

이 문제는 다음과 같이 해결한다. 순수 이성은 자신의 이념들 아래에서 경험의 영역을 넘어서는 특수한 대상들을 의도하는 것이 아니라, 오히려 경험의 연관성 속에서 지성사용의 완전성만을 요구한다는 것이다. 그러나 이러한 완전성은 단지 원리들의 완전성일 뿐이지 직관의 완전성이나 대상들의 완전성일 수는 없다. 그럼에도 원리의 완전성을 확실하게 나타내기 위해서 이성은 원리의 완전성을 지성의 규칙들과 관련하여 그 인식이 완전하게 규정되는 하나의 객관에 대한 인식으로 생각한다. 그러나 이러한 객관은 지성인식을 저 이념이 표시하는 완전성에 가능한 한 가까이 가져가기 위한 단지 하나의 이념일 뿐이다.

IV 332

## § 45
### 순수 이성의 변증론을 위한 예비적 주의사항

A 133

우리가 위의 § 33, § 34에서 제시한 것은 모든 감성적 규정과 혼합될 수 없는 범주의 순수성이 이성으로 하여금 범주의 사용을 전적으로 모든 경험을 넘어서서 사물들 자체로 확장하도록 유혹할 수 있다는 점이었다. 그렇지만 범주들 자신은 그들에게 구체적으로 뜻과 의미를 제공해줄 어떠한 직관도 발견할 수 없기에, 순전히 논리적 기능들로서 사물 일반을 표상할 수는 있지만 그 자체만으로는 어떠한 사물에 대해서도 아무런 규정된 개념도 줄 수 없다. 이러한 과장된 객관들은 그동안 우리가 **지성적인 것** 혹은 순수 지성존재(더 적절하게는 사유존재)라고 했던 것들이다. 가령 실체이지만 시간에서 **고정불변성** 없이도 생각되는 실체 혹은 원인이지만 **시간에서** 작용하지 않았던 원인 등이다. 이때 사람들은 이들 객관에 경험의 합법칙성을 가능하게 만드는 데만 도움을 주는 술어를 부여하기도 하지만, 이들에게서 경험을 오로지 자기 아래에서만 가능하게 하는 직관의 모든 조건을 제거했고, 이로써 저 개념들은 다시금 모든 의미를 잃어버린다.

그러나 지성 스스로 낯선 법칙들에 강요되지 않고도 자신의 한계를 넘어서 그렇게 경솔하게 순전한 사유존재들의 영역으로 잘못 들A 134   어설 위험은 없다. 그렇지만 언제나 여전히 조건 지어진 것으로서 지성규칙들을 경험적으로 사용하는 것에 완전히 만족할 수 없는 이성이 이러한 조건들의 사슬이 완결되도록 요구한다면, 지성은 자신의IV 333   영역 바깥으로 내몰릴 것이다. 이는 한편으로는 어떠한 경험도 전혀 파악할 수 없게 아주 멀리 확장된 계열 중에서 경험의 대상들을 표상하려는 것이고, 또 한편으로는 심지어 (계열을 완결하려고) 전적으로 경험의 바깥에서 **지성적인 것**을 찾으려는 것이다. 이성은 이 지성적인 것에 저 계열을 연결해 결국 경험조건들에서 마침내 독립해서 자신의 행태를 완성할 수 있다. 그런데 이것은 선험적 이념들이다. 이 선험적 이념들은 우리 이성에 규정된 본성의 참되지만 숨겨진 목적에 따라 과도한 개념들을 목표로 하지 않고 순전히 경험사용의 무제한적 확장을 목표로 한다. 하지만 그럼에도 불가피한 가상으로 지성에 **초험적** 사용을 하도록 유혹한다. 이 초험적 사용은 기만적이기는 하지만 경험의 한계 안에 머무르겠다는 결단으로 억제되는 것이 아니라 오히려 학문적인 가르침과 수고로만 제한될 수 있다.

## § 46
### I 영혼론적[5] 이념들(『비판』, 341쪽 이하)[6]

사람들은 이미 오래전에 모든 실체에서 원래의 주체, 즉 (술어로  A 135
서) 모든 우유성이 제거된 후에도 남아 있는 실체적인 것 자체는 우리에게 알려지지 않았다는 사실을 깨닫고 있었다. 이러한 우리 통찰의 한계에는 불평이 많았다. 그러나 여기서 꼭 명심해야 할 점은 인간의 지성은 사물의 실체적인 것을 모른다는 것에, 즉 그 자신만으로는 [실체적인 것을] 규정할 수 없다는 것에 대해서가 아니라 순전한 이념으로서 실체적인 것을 하나의 주어진 대상과 똑같이 확실히 인식하고자 요구하는 것에 책임이 있다는 것이다. 순수 이성은 우리에게 한 사물의 모든 술어에 대해 그것에 속하는 주어[주체]를 찾으라고 요구한다. 그리고 필연적으로 다시금 단지 술어일 뿐인 이 주어에서 더 나아가 그것의 주어를 계속해서 무한히(혹은 우리가 다다를 수 있는 한까지) 찾으라고 요구한다. 그러나 이것에서 귀결되는 것은 우리가 도달할 수 있는 것을 최종 주어로 간주하지 말아야 한다는 점, 실체적인 것 자체는 아무리 깊게 침투한 우리 지성으로도, 설령 이 지성에 전체 자연이 드러났다 하더라도 생각할 수 없다는 점이다. 우리 지성의 특수한 본성이 모든 것을 추론적으로, 다시 말해 개념을 매개로 생각하고 또한 순전한 술어로 생각하는 것이라서 여기에 절대적 주어는 항상 결여되어 있을 수밖에 없기 때문이다. 따라서 우리가 물체를 인식하는 데 사용하는 모든 실재적 속성은 그것의 주체[7]가 우리에게 결여되어 있는 순전한 우유성들이고, 심지어 불가입성도 마찬가지여서 우리는 그것을 항상 힘의 결과로만 표상해야 한다.   IV 334

그런데도 마치 우리가 자기의식 속에(사고하는 주체 속에), 그것도 직접적 직관에서 이러한 실체적인 것을 가지고 있는 것처럼 보인다. 내감의 모든 술어는 주체로서 자아[나]와 관계 맺고 이 주체로서 자아는 그 어떤 다른 주체의 술어로 생각될 수 없기 때문이다. 따라서 여기서는 술어로서 주어진 개념들이 하나의 주체와 관계 맺는 완전성이 순전한 이념으로 보이지 않고 하나의 대상, 즉 **절대적 주체** 자체가 경험에 주어져 있는 것처럼 보인다. 하지만 이러한 기대는 좌절되고 만다. 자아는 결코 개념이 아니고* 단지 내감의 대상을 우리가 어떠한 술어로도 더는 인식할 수 없는 한에서 표시하는 것뿐이기 때문이다. 그러므로 자아는 그 자체로 다른 사물의 술어가 될 수 없지만, 마찬가지로 절대적 주체라는 규정된 개념일 수도 없다. 단지 모든 다른 경우에서처럼 내적 현상들과 그것들의 알려지지 않은 주체와 관계를 맺는 것일 뿐이다. 그렇지만 이 이념은 (규제적 원리로서 이 이념은 우리 영혼의 내적 현상들의 모든 유물론적 설명을 폐기하는 데에는 충분히 도움이 된다)[8] 매우 자연스러운 오해로 아주 그럴듯한 논증을

유발해서 사유하는 우리 존재의 실체적인 것에 관한 잘못된 인식에서, 그것의 본성에 대한 인식이 전적으로 경험의 총체 밖으로 벗어나 있는 한에서 [문제가 있는데도] 그것의 본성을 추론하게 한다.

## § 47

그런데 이 사유하는 자기(영혼)는 스스로 더는 다른 사물의 술어

---

\* 만약 통각의 표상, 즉 자아라는 것이 하나의 개념이어서 이로써 어떤 것을 사고할 수 있다면, 그것 역시 다른 사물들의 술어로 사용될 수 있거나 그러한 술어들을 자신 속에 포함할 것이다. 그런데 자아라는 것은 최소한의 개념도 지니지 않은 현존의 감정[정념]일 뿐이다. 그리고 모든 사유가 관계(우유성의 관계)를 맺게 되는 것의 표상일 따름이다.

로 표상될 수 없는 사유의 궁극적 주체로서 실체라고 불릴 수도 있다. 그렇지만 만일 실체라는 개념을 경험에서 유익한 것으로 만들어주는 고정불변성을 이 개념에서 증명할 수 없다면, 이 개념은 전적으로 공허하고 아무런 결과도 없는 것으로 남게 된다.

그러나 고정불변성은 사물 자체로서 실체 개념으로는 결코 증명 $\quad$ IV 335
될 수 없고, 오히려 단지 경험을 목적으로만 증명될 수 있다. 이것은 경험의 첫째 유추에서 충분히 해명되었다(『비판』, 182쪽).[9] 그리고 만약 누군가 이 증명에 따르지 않으려고 한다면, 그는 스스로 시도해보면 된다. 그 자신 다른 사물의 술어로 존재하지 않는 주체라는 개념에서 그것의 현존이 전적으로 고정불변임을 그리고 그 주체는 그 자신에 의해서도 다른 자연원인으로도 생겨나거나 소멸할 수 없다는 것을 증명하는 데 성공할 수 있는지를 말이다. 이와 같은 아프리오리한 종합명제는 결코 그 자체로는 증명될 수 없으며, 언제나 가능한 경험의 대상으로서 사물들과 관계에서만 증명될 수 있다. $\quad$ A 138

## § 48

만약 우리가 실체로서 영혼이라는 개념에서 고정불변성을 추론하려 한다면, 이것은 단지 가능한 경험을 목적으로 해서만 영혼에 타당할 수 있지 사물 자체로서 영혼에도 그리고 모든 가능한 경험을 넘어서서도 타당할 수는 없다. 그런데 우리의 모든 가능한 경험의 주관적 조건은 삶[생명]이다. 따라서 오로지 삶에서 영혼의 고정불변성을 추리할 수 있다. 인간의 죽음이 모든 경험의 끝마침이고, 그 반대가 입증되지 않는다면 바로 이것이 문제가 되긴 하지만, 이것은 경험의 대상으로서 영혼에 관한 것이기 때문이다. 그러므로 영혼의 고정불변성은 단지 인간의 삶 속에서만 입증될 수 있고(사람들은 이에 대한 증명을 우리가 쉽게 면하도록 해줄 것이다), 죽음 이후에는(사실 우리에게는 이것이 관심사다) 입증될 수 없다. 게다가 이것은 실체라는 개념을 고정불변성이라는 개념과 필연적으로 결합한 것으로 간주해야 하는 한에서 가능한 경험의 원칙에 따라서만, 그래서 가능한 경험을 목적으로 해서만 결합할 수 있다는 보편적 근거에 따른 것이다.*

## § 49

우리의 외적 지각들에 우리 바깥의 어떤 현실적인 것이 상응할 뿐 아니라 상응해야만 한다는 사실 역시 사물들 자체의 결합으로는 결코 증명할 수 없지만, 경험을 목적으로 해서는 잘 증명할 수 있다. 이것은 사람들이 어떤 것이 경험적 방식으로, 그러니까 공간에 있는 현상으로서 우리 바깥에 있음을 잘 증명할 수 있다고 말하는 것과 마찬가지다. 우리는 가능한 경험에 속하는 것 외에 다른 대상과는 아무런

---

* 사실 매우 주목할 만한 것은 형이상학자들은 실체 고정불변성의 원칙에 대해 한 번도 증명을 시도하지 않은 채 항상 경솔하게 빠져나갔다는 것이다. 이는 의심할 것도 없이, 이들이 실체 개념으로 시작하자마자 자신들은 모든 증명에서 완전히 벗어난 것으로 여겼기 때문이다. [실체 고정불변성이라는] 이러한 전제 없이는 경험에서 지각들의 어떠한 결합도 가능하지 않다는 점을 너무 잘 A 139 인식한 상식은 이러한 결핍을 하나의 요청으로 대체했다. 경험 자체에서는 상식이 이러한 원칙을 결코 이끌어낼 수 없었기 때문이다. 이는 한편으로는 경험이 물질들[실체들]을, 이들의 모든 변화와 분해에도 여전히 감소되지 않은 [물질의] 재료를 만나는 데까지는 추적할 수 없기 때문이고, 다른 한편으로는 원칙은 항상 아프리오리한 원리의 징표인 **필연성**을 포함하기 때문이다. 그런데 이들[형이상학자들]은 이 원칙을 실체로서 영혼 개념에 자신 있게 적용했고, 인간이 죽은 이후 영혼의 필연적인 지속을 추론했다(특별히 의식의 불가분성에서 귀결된 이 실체의 단순성이 분해로 인한 소멸과 관련하여 영혼을 보호했기 때문이다). 만약 그들이 이 원칙의 참된 원천을 발견했더라면, 이 일은 그들이 이전에 하고 싶어 했던 것보다 훨씬 더 깊은 연구를 요구하는 것이지만, 아마 그들은 저 실체 고정불변성의 법칙은 단지 경험을 목적으로만 생겨나므로 사물들이 경험에서 인식되고 다른 사물과 결합되어야 하는 한에서 사물들에만 타당할 수 있지, 결코 모든 가능한 경험을 고려하지 않은 사물들, 그러니까 죽음 이후 영혼에는 타당할 수 없다는 점을 알게 되었을 것이다.

상관이 없고, 이는 바로 이들이 어떠한 경험에서도 우리에게 주어질 수 없어서 우리에게는 아무것도 아니기 때문이다. 경험적으로 내 바깥에 있는 것은 공간에서 직관되는 것이다. 그리고 이 공간은 자신이 A 140 포함한 모든 현상과 더불어 표상들에 속하고, 내감에서 현상들의 결합이 (내감의 대상으로서) 내 영혼의 현실성을 증명하는 것과 마찬가지로 경험법칙들에 따르는 이 표상들의 결합이 그것의 객관적 진리를 증명한다. 그렇기 때문에 나는 내적 경험에 따라 시간에서 내 영혼의 현존을 의식하는 것과 마찬가지로 외적 경험에 따라 물체의 현실성을 공간에서 외적 현상으로 의식한다. 물론 나는 이 영혼을 내적 상태를 형성하는 현상들을 통해 단지 내감의 대상으로만 인식할 뿐 이 현상들의 근거에 놓인 존재 자체는 나에게 알려져 있지 않다. 그러므로 데카르트의 관념론은 단지 외적 경험을 꿈과 구별하고, 외 Ⅳ 337 적 경험에서 진리의 기준이 되는 합법칙성을 꿈의 무규칙성과 잘못된 가상과 구별할 뿐이다. 이 관념론은 양자[외적 경험과 꿈]에서 공간과 시간을 대상들이 현존하기 위한 조건으로 전제하고, 단지 내감의 대상인 영혼이 시간에서 현실적으로 존재하는 것과 마찬가지로 우리가 깨어 있을 때 공간에 두는 외감의 대상들이 공간에서 만날 수 있는지를 묻는다. 다시 말해 경험에 상상과 구별되는 확실한 기준이 있는지를 묻는다. 그런데 여기서 그 의문은 쉽게 제거할 수 있다. 우리는 언제나 보통 생활에서도 양자에서 현상들의 결합을 경험의 보편적 법칙들에 따라 탐구함으로써 이 의문을 제거한다. 그래서 만약 A 141 외적 사물들의 표상이 그 법칙과 일관되게 일치한다면, 우리는 이들이 참된 경험을 이루지 않을 거라고 의심할 수 없다. 그러므로 질료적 관념론은 매우 쉽게 제거되는데, 이는 현상들은 경험에서 이들의 결합에 따라서만 현상으로 여겨지기 때문이다. 그리고 물체가 우리 바깥에 (공간에서) 실존한다는 사실은 나 자신이 내감의 표상에 따라

(시간에서) 존재한다는 것과 마찬가지로 확실한 경험이다. '우리 바깥에'라는 개념은 단지 공간에서 실존을 의미하기 때문이다. 그러나 "나는 존재한다"라는 문장에서 '나'는 물체가 (공간에서) 외적 직관일 뿐 아니라 이러한 현상의 근저에 놓여 있는 사물 **자체**를 의미하는 것과 마찬가지로, (시간에서) 내적 직관의 대상을 의미할 뿐 아니라 의식의 주체를 의미하기도 한다. 따라서 (외적 감각 능력의 현상들로서) 물체가 내 **사유 바깥에** 자연에 있는 물체로서 실존하느냐는 물음에 아무런 주저 없이 아니라고 대답할 수 있다. 그러나 이 점에서는 내감의 **현상으로서** 나 자신이 (경험적 심리학에 따르면 영혼이) 내 표상 능력 바깥의 시간에서 실존하느냐는 물음도 사정이 다르지 않다. 이 질문에도 마찬가지로 아니라고 대답해야 하기 때문이다. 이런 방식으로 모든 것은 그것의 참된 의미에 이르게 되었을 때 분명해지고 확실해진다. (다른 곳에서는 내가 선험적 관념론이라고 했던) 형식적 관념론이 실제로 질료적 관념론, 즉 데카르트의 관념론을 제거해버린다. 만약 공간이 내 감성의 형식일 뿐이라면 내 안에 있는 표상으로서 공간은 나 자신과 마찬가지로 현실적이고, 이제 단지 이 공간에 있는 현상들의 경험적 진리만이 중요하기 때문이다. 만약 그렇지 않고 공간과 그 속에 있는 현상들이 우리 바깥에 실존하는 그 어떤 것이라면, 우리 지각을 제외한 어떠한 경험의 기준도 우리 바깥에 있는 이러한 대상들의 현실성을 결코 증명할 수 없다.

A 142

## § 50

### II 우주론적 이념들(『비판』, 405쪽 이하)[10]

순수 이성을 초험적으로 사용할 때 생기는 이 산물은 순수 이성에서 가장 주목할 현상으로, 철학을 자신의 독단적 선잠에서 깨워 이성 비판이라는 어려운 업무로 나아가도록 가장 강력하게 작용한다.

내가 이 이념을 우주론적이라 하는 것은 이 이념이 자신의 객관을 항상 감성세계에서 취하고, 또한 자신의 대상이 감각 능력의 대상이 아닌 세계는 필요하지 않기에 그런 한에서 내재적이지 초험적이지 않으며, 결과적으로 이 점까지는 아직 이념이 아니기 때문이다. 그에 반해 영혼을 하나의 단순한 실체로 생각하는 것은 이미 감각 능력에는 전혀 표상될 수 없는 대상(단순한 것)을 생각하는 것과 같은 뜻이다. 그럼에도 우주론적 이념은 조건 지어진 것과 그 조건의 결합을 (그것이 수학적이든 역학적이든 간에) 경험이 결코 그에 일치할 수 없 A 143 을 만큼 확장한다. 이 점에서 언제나 하나의 이념, 즉 자신의 대상이 어떤 경험에도 적합하게 주어질 수 없는 이념이다.

## §51

범주의 체계가 주는 유익이 여기서 처음으로 분명하고 명백하게 제시되기에, 설사 이에 대한 증명이 더는 없더라도 순수 이성의 체계에서 범주의 불가피성은 이것만으로도 충분히 해명된 셈이다. 이러한 초험적 이념은 범주의 항목 수와 마찬가지로 네 개에 지나지 않는다. 그러나 이들 모든 항목에서 그 이념은 주어진 하나의 조건 지어진 것에 대해 조건의 계열이 절대적으로 완전하다는 것에만 관련되어 있다. 이러한 우주론적 이념에 맞추어 단지 순수 이성의 네 가지 변증적 주장만이 존재하는데, 이들 주장은 변증적이기 때문에 각 주장에 모순되는 주장이 똑같은 가상적 순수 이성의 원칙에 따라 대립한다는 것을 스스로 증명한다. 아무리 세심하게 구별하는 형이상학적 기술도 이러한 모순을 방지할 수는 없으며, 오히려 이 모순이[11] 철학자로 하여금 순수 이성 자신의 최초 근원으로 되돌아가길 강요한다. 결코 임의로 고안한 것이 아니라 인간 이성의 본성에 기초해서 Ⅳ 339 불가피하고 결코 끝날 수 없는 이러한 이율배반은 이제 다음과 같은 네 가지 정립과 반정립을 포함한다.

1

**정립**
세계는
시간적·공간적으로
시작(한계)이 있다.

**반정립**
세계는
시간적·공간적으로
무한하다.

2

**정립**
세계 속의 모든 것은
단순한 것으로
되어 있다.

**반정립**
단순한 것은 없고
모든 것은
합성된 것이다.

3

**정립**
세계에는 자유에 의한
원인이 존재한다.

**반정립**
자유는 없고, 모든 것은
자연이다.

4

**정립**
세계 원인의 계열에는
어떤 필연적 존재가 있다.

**반정립**
세계 원인의 계열에는
어떠한 필연적 존재도
없고, 이 계열에서
모든 것은 우연적이다.

## § 52

이제 여기에 인간 이성의 그 어떤 다른 사용에서도 예를 제시할 수 없는 가장 기이한 현상이 있다. 만일 우리가 평소처럼 감성세계의 현상을 사물 자체로 생각한다면, [또한] 우리가 이들을 결합하는 원칙 A 145 을 정말이지 우리의 비판이 없었다면 피할 수 없었기에 역시 평소처 Ⅳ 340 럼 순전한 경험이 아니라 사물 자체에 보편적으로 타당한 원칙으로 받아들인다면, 평소의 독단적 방법으로는 결코 제거할 수 없는 예기치 못한 모순이 드러나게 된다. 정립뿐 아니라 반정립도 동일하게 명백하고 명료하며 반대할 수 없는 증명으로 해명할 수 있으며, ―이 모든 증명의 올바름은 내가 보증하는데― 그렇기에 이성은 자기 자신과 분열된다고 여기기 때문이다. 회의론자라면 환호할 이 상태가 비판철학자를 숙고와 불안에 빠지게 만들어야 한다.

## § 52b

형이상학에서는 사람들이 거짓에 발들일 염려 없이도 여러 방식으로 서툰 행동을 할 수 있다. 왜냐하면 완전히 날조된 것이더라도 종합명제에서는 충분히 가능한 일인 자기모순만 범하지 않는다면, 결합하는 개념이 (그것의 전체 내용에서) 결코 경험에 주어질 수 없는 순전한 이념인 경우에는 우리가 경험으로 반박되지 않을 수 있기 때문이다. 세계는 영원부터 존재하는가 아니면 시초를 갖는가? 물질은 무한히 분할될 수 있는가 아니면 단순한 부분으로 이루어졌는가? 도대체 이런 문제를 어떻게 경험으로 해결하겠는가! 이런 개념은 어떠한 경험으로도, 아무리 최대로 가능한 경험이라 해도 주어질 수 없 A 146 다. 따라서 긍정 명제의 부당성이든 부정 명제의 부당성이든 이런 [경험의] 시금석으로는 발견할 수 없다.

이성이 학설이라고 잘못 공표한 자신의 비밀스러운 변증론을 의도와 달리 드러내게 되는 유일한 예는 이성이 보편적으로 인정된 원칙에 근거를 두어 하나의 주장을 정초하고, 마찬가지로 공인된 다른 원칙에서 최대한 올바른 추론방식으로 정반대 주장을 이끌어내는 경우일 것이다. 그런데 이런 경우가 여기 실제로 있고, 그것도 네 가지 자연스러운 이성이념에 관해서 그렇다. 이것에서 한편으로는 네 주장이, 다른 한편으로는 같은 수의 반대 주장이 각각 보편적으로 인정된 원칙에서 전혀 모순 없이 생겨난다. 이로써 그렇지 않았으면 영원히 숨겨져 있었을 순수 이성의 변증적 가상이 이들 원칙의 사용에서 드러나게 된다.

A 147; IV 341

그러므로 여기에 이성의 전제에 숨겨져 있는 부당성을 우리에게 필연적으로 폭로해줄 결정적 시도가 있다.* 서로 모순되는 두 명제가 모두 틀릴 수 있는 경우는 이들의 기초에 놓인 개념이 스스로 모순될 때뿐이다. 예를 들어 "사각형의 원은 둥글다"와 "사각형의 원은 둥글지 않다"라는 두 명제는 모두 거짓이다. 첫째 명제와 관련해서는, 언급한 원은 사각형이기에 그것이 둥글다는 것은 거짓이고, 또한 그 원은 둥글지 않다는, 다시 말해 각이 졌다는 명제 역시 그것이 원이기에 거짓이다. 한 개념이 논리적으로 불가능할 때 특징은 바로 이 개념의 전제에서는 두 모순되는 명제가 동시에 거짓이 된다는 것이다. 따라서 이들 사이에는 어떠한 제삼의 것도 생각될 수 없으며 그런 개

---

* 그러므로 나는 비판적 독자가 주로 이러한 이율배반을 다루길 바란다. 왜냐하면 이성으로 하여금 자신의 월권에 대해 이상한 생각이 들게 하고 자기 검증을 강요하기 위해, 자연 스스로 이 이율배반을 만들어놓은 것으로 보이기 때문이다. 정립과 반정립에 대해 내가 제시했던 모든 증명에 책임이 있고 이로써 이성의 불가피한 이율배반의 확실성이 해명되었음을 나는 스스로 보증한다. 만약 이제 독자가 이러한 진귀한 현상으로 그것의 근저에 놓인 전제를 시험[검사]하는 데까지 이르게 된다면, 그는 순수 이성의 모든 인식의 첫째 되는 기초를 나와 더불어 더 깊게 연구해야 한다고 느끼게 될 것이다.

념으로는 결코 아무것도 생각되지 않는다는 것이다.

## § 52c

그런데 동종적인 것을 더하거나 나누는 일에 관계한다는 이유로 내가 수학적이라 하는 처음 두 이율배반의 기초에는 그러한 모순 개념이 놓여 있다. 그래서 여기에서 나는 정립과 반정립이 모두 거짓이 되는 일이 이 두 이율배반에서 어떤 식으로 일어나는지를 설명하겠다.

내가 시간과 공간에 있는 대상들을 이야기할 때, 나는 사물들 자체에 관해서는 아무것도 모르기에 그것에 관해 이야기하는 것이 아니라 단지 현상에서 사물들에 관해, 다시 말해 인간에게만 허용된 객관들에 대한 특별한 인식방식인 경험을 이야기하는 것이다. 그런데 내가 시간과 공간에서 [존재한다고] 생각하는 것에 관해, 그것이 그것 자체로 있고, 이러한 내 사고 없이도 공간과 시간에 존재한다고 말해서는 안 된다. 그 경우 나는 자기모순을 범한다. 공간과 시간은 그 속에 있는 현상들과 함께 그것 자체로 실존하고 내 표상 바깥에 실존하는 어떤 것이 아니라 단지 표상방식일 뿐이며, 하나의 한갓 표상방식일 뿐인 것이 우리의 표상 바깥에도 실존한다고 말하는 것은 명백한 모순이기 때문이다. 그러므로 감각 능력의 대상들은 단지 경험에서만 실존한다. 이에 반해 이 경험 없이도 혹은 경험 이전에 이들 대상에 하나의 고유한 그 자체로 존립하는 실존을 부여하는 것은 경험을 경험 없이도 혹은 경험 이전에 실존하는 것으로 생각하는 것과 같은 일이다.

이제 내가 공간과 시간에 따른 세계의 양을 물을 때, 세계의 양은 무한하다고 말하는 것은 세계의 양은 유한하다고 말하는 것과 마찬가지로 나의 모든 개념에 대해 불가능하다. 이들 양자 중 어떤 것

A 148

IV 342

도 경험으로 포함될 수 없으며, [이는] 무한한 공간이나 무한히 지나가 버린 시간에 관해서도, 또한 빈 공간이나 비어 있는 앞선 시간으로 인한 세계의 한계에 대해서도 경험은 불가능하기 때문이다. 이러한 것들은 단지 이념일 뿐이다. 따라서 이들 중 하나의 방식으로 규정된 이러한 세계의 양은 모든 경험에서 격리되어 반드시 자기 자신 속에 놓여 있어야 한다. 그러나 이것은 그 현존과 결합이 표상에서만, 즉 경험에서만 생겨나는 현상들의 총체일 뿐인 감성세계라는 개념에 모순된다. 현상은 사태 자체가 아니라 그 자신 표상방식일 뿐이기 때문이다. 이것에서 귀결되는 바는 그 자체로 존재하는 감성세계라는 개념은 자기 자신에게 모순되기에, 세계의 양에 관한 문제의 해결 또한 사람들이 그것을 오로지 긍정적으로 시도해보든 아니면 부정적으로 시도해보든 간에 항상 거짓이 되고 만다는 점이다. 이와 똑같은 일이 현상들의 분할과 관련된 둘째 이율배반에도 해당된다. 이 현상들은 순전히 표상들이라서 부분들은 순전히 그 부분들의 표상에서만 실존하기 때문이다. 따라서 부분들은 분할에서, 다시 말해 그들이 주어질 수 있는 가능한 경험에서 실존해서 가능한 경험이 미치는 정도까지만 분할된다. 예컨대 물체와 같은 하나의 현상이 오직 가능한 경험만이 도달할 수 있는 모든 부분을 모든 경험에 앞서 그 자체로 포함한다고 가정하는 것은 경험에서만 실존할 수 있는 한낱 현상들에 경험에 선행하는 자신의 고유한 실존을 동시에 부여하는 것을 의미하거나 한낱 표상들이 표상력에서 발견되기도 전에 이미 현존한다고 말하는 것이 된다. [그렇지만] 이것은 자기모순이다. 따라서 오해한 과제를 해결하려고 우리가 물체는 그 자체로 무한히 많은 부분으로 이루어졌다고 주장하든, 유한한 수의 단순한[분할할 수 없는] 부분들로 이루어졌다고 주장하든 이 역시 자기모순이다.

A 149

　이율배반의 첫째 항목(수학적 이율배반)에서 전제의 오류는 스스로 모순되는 것(즉 사태 그 자체로서 현상)이 하나의 개념 속에 결합될 수 있는 것으로 표상된다는 점에 있다. 그러나 이율배반의 둘째 항목, 즉 역학적 항목과 관련하여 전제의 오류는 결합될 수 있는 것이 모순되는 것으로 표상된다는 점에 있다. 따라서 첫째 경우에서는 서로 대립된 두 주장이 모두 거짓이었던 반면에 여기서는 순전한 오해 때문에 서로 대립되었던 두 주장이 모두 참이 될 수 있다.

　수학적 결합은 (양의 개념에서) 결합된 것의 동종성을 필연적으로 전제하는데, 역학적 결합은 이러한 것을 전혀 요구하지 않는다. 만약 연장적인 것의 양이 문제가 된다면 모든 부분은 자기들 간에 같은 종류여야 하며, 전체와도 같은 종류여야 한다. 반면에 원인과 결과의 결합에서는 비록 동종성도 발견할 수 있지만, 이 동종성이 필연적인 것은 아니다. 인과율이라는 개념은 (이 개념을 매개로 하여 어떤 것을 통해 그것과 전혀 다른 어떤 것이 정립된다) 적어도 동종성을 요구하지 않기 때문이다.

　만약 감성세계의 대상들이 사물들 자체로 받아들여지고, 위에서 열거한 자연법칙들이 사물들 자체의 법칙들로 받아들여진다면, 모순은 불가피할 것이다. 마찬가지로 자유의 주체가 나머지 대상과 같 　A 151 이 순전히 현상으로 표상된다면 모순을 피할 수 없을 것이다. 의미가 동일한 한 종류의 대상에 관해 똑같은 것이 동시에 긍정되고 부정될 것이기 때문이다. 그러나 자연필연성은 오로지 현상들과만 관계하고 자유는 오로지 사물들 자체와만 관계한다면, 비록 우리가 동시에 두 종류의 인과성을 전제하거나 인정한다고 하더라도, 어떠한 모순도 생겨나지 않을 것이다. 둘째 종류의 [자유] 인과성을 이해하는 것이 매우 어렵거나 아니면 불가능할지도 모르겠지만 말이다.

현상에서 모든 결과는 하나의 사건, 즉 시간에서 일어나는 어떤 것이다. 결과 이전에 보편적 자연법칙에 따라 그 사건에서 원인(원인의 상태)의 인과성을 규정하는 것이 앞서 있어야만 한다. 결과는 하나의 영구적 법칙에 따라 그것에 뒤따라오는 것이다. 그러나 이러한 인과성으로서 원인의 규정 역시 발생하는 것, 즉 일어나는 어떤 것이어야만 한다. 원인은 작용하는 것을 시작했어야만 한다. 그렇지 않으면 원인과 결과 사이에 어떠한 시간의 잇따름도 생각할 수 없기 때문이다.

Ⅳ 344 [또한] 결과는 원인의 인과성과 마찬가지로 항상 있었던 것이 될 것이다. 따라서 원인을 작용하도록 규정하는 것 역시 현상들 사이에서 생겨나야 하고, 그것의 결과와 마찬가지로 하나의 사건이어야 한다. 그 사건은 다시금 자신의 원인을 가져야만 하고, 이 원인은 다시 그

A 152 것의 원인을 가져야 하는 식이다. 그래서 결과적으로 자연필연성은 작용하는 원인이 이에 따라 규정되는 조건이어야 한다. 반면에 자유가 현상들의 어떤 원인의 특성이어야 한다면, 자유는 사건으로서 현상들과 관련하여 현상들을 스스로(자발적으로) 시작하는 [능력], 즉 원인의 인과성 자신이 시작하지 않아도 되고, 따라서 원인의 시작을 규정하는 그 어떤 다른 근거도 필요하지 않은 능력이어야 한다. 그러나 그렇게 되면 원인은 자신의 인과성에 따라서 자기 상태의 시간규정 아래에서는 결코 현상이어서는 안 된다. 다시 말해 원인은 사물 자체로 여겨져야 하고, 결과만이 현상으로 여겨져야 한다.* 만약 우리가

---

* 자유라는 이념은 오로지 결과로서 현상과 원인으로서 지성적인 것의 관계에서만 생겨난다. 그러므로 자신의 공간을 채우는 물질의 끊임없는 작용과 관련하여 우리는 물질에 이 작용이 설사 내적 원리에서 생긴다 하더라도 자유를 부여할 수 없다. 마찬가지로 우리는 자유라는 개념이 순수 지성존재에 대해, 예컨대 신에 대해서도 그 행위가 내재적인 한에서 적절하다고 생각할 수 없다. 그의 행위는 외적으로 규정하는 원인에는 독립적이지만, 그럼에도 자신의 영원한 이성에서, 따라서 신적인 본성에서 확정되어 있기 때문이다. 단

현상들에 대한 지성존재의 이러한 영향을 모순 없이 생각할 수 있다 A 153
면, 비록 감성세계에서 원인과 결과의 모든 결합에는 자연필연성이
결부되어 있지만, 반면에 (비록 현상의 근저에 놓여 있기는 하지만) 스
스로는 어떠한 현상도 아닌 원인에는 자유가 인정된다. 따라서 자연
과 자유는 동일한 사물에 대해, 즉 서로 다른 관계에서이긴 하지만
한 번은 현상으로, 또 한 번은 사물 자체로 모순 없이 조정될 수 있다.

　우리는 우리 속에 하나의 능력을 가지고 있다. 이 능력은 자기 행 IV 345
위들의 자연원인에 해당하는 주관적 규정근거들과 결합되어 있고,
그런 한에서 그 자신 현상에 속하는 존재의 능력일 뿐 아니라 한갓
이념일 뿐인 객관적 근거들과도, 이들이 이 능력을 규정할 수 있는
한에서 관계 맺고 있다. 이러한 [객관적 근거들과] 결합은 당위라는
말로 표현된다. 이러한 능력이 이성이라는 것이다. 그리고 우리가 (인
간이라는) 하나의 존재를 오로지 이처럼 객관적으로 규정 가능한 이
성에 따라서만 고찰하는 한, 그것은 하나의 감관존재로 여겨질 수 없
다. 오히려 언급된 특성은 사물 자체의 특성이며 그것의 가능성, 즉
아직까지 결코 일어난 적이 없는 당위가 어떻게 그것[사물 자체로서
인간이라는 존재]의 활동을 규정하며, 자신의 결과가 감성세계에 있
는 현상인 행위들의 원인이 될 수 있는지를 우리는 결코 이해할 수
없다. 그럼에도 이성의 인과성은 그 자신 이념에 해당하는 객관적 근 A 154

---

지 하나의 행위로 어떤 것이 시작되어야 하는 경우에만, 그러니까 (예컨대 세계
의 시작처럼) 결과가 시간의 잇따름에서, 결국에는 감성세계에서 발견되어야
하는 경우에만 다음 질문이 제기된다. 즉 원인의 인과성 그 자신 또한 [무엇
인가에 의해] 시작해야만 하는지, 아니면 원인은 그 자신의 인과성 자체를 시
작하지 않은 채 결과를 작동시킬 수 있는지 말이다. 첫째의 경우, 이러한 인과
성의 개념은 자연필연성이라는 개념이고, 둘째의 경우는 자유라는 개념이다.
이것에서 독자는, 내가 자유를 하나의 사건을 스스로 시작하는 능력으로 설
명했기에, 형이상학의 문제에 해당하는 개념을 정확히 건드렸다는 사실을 알
게 될 것이다.

거들이 감성세계에 일어나는 결과들과 관련하여 [이들을] 규정하는 것으로 여겨지는 한에서, 감성세계에서 일어나는 결과들과 관련하여 자유라고 할 것이다. 이 경우 이성의 행위는 주관적 조건, 그러니까 시간조건들에도 의존하지 않아서 이 조건들을 규정하는 데 사용되는 자연법칙들에도 의존하지 않는다. 이성의 근거들은 보편적으로 시간이나 장소의 상황에 영향을 받지 않고, 원리들에서 행위들에 규칙을 제공해주기 때문이다.

내가 여기서 언급하는 것은 단지 이해를 위한 예로만 타당할 뿐 우리가 현실 세계에서 만나게 되는 특성들에서 독립해 순전히 개념들에서 결정해야만 하는 우리 질문에 필연적으로 속하는 것은 아니다.

이제 나는 모순 없이 [이렇게] 말할 수 있다. 이성적 존재의 모든 행위는, 이 행위들이 (어떤 경험에서 마주치는) 현상들인 한에서 자연필연성에 종속하지만, 이 동일한 행위들이 이성적 주체를 고려할 때 그리고 순전히 이성에 따라 행위를 하는 주체의 능력을 고려할 때는 자유롭다고 말이다. 도대체 무엇이 자연필연성을 위해 요구되는가? 그것은 감성세계의 모든 사건을 항구적 법칙에 따라 규정할 수 있는 것, 그러니까 현상에서 원인과 관계 맺는 것일 뿐이다. 여기에서 [현상의] 기초에 놓여 있는 사물 자체와 그것의 인과성은 알려지지 않은 채 남는다. 그러나 내가 말하는 바는 이성적 존재자가 이성에 기인해, 그러니까 자유를 통해 감성세계 결과들의 원인이 되건, 이 결과들을 이성근거들에 기인해 규정하지 않건 간에 **자연법칙은 지속된**다는 것이다. 첫째 경우 행위는 준칙들에 따라 생겨나고 현상에 있는 행위의 결과는 언제나 항구적 법칙들에 적합하게 된다. 둘째 경우라면, [그러니까] 행위가 이성의 원리들에 따라 생겨나지 않는다면, 그 행위는 감성의 경험적 법칙들에 종속하게 된다. 이 두 경우에서 결과는 [모두] 항구적 법칙들에 따라 연결되어 있다. 그렇지만 우리는 자

A 155

Ⅳ 346

연필연성을 위해 더는 요구하지 않을 뿐만 아니라 그것에 대해 더는 알 수도 없다. 그러나 첫째 경우, 이성은 이러한 자연법칙들의 원인이 되므로 자유로운 것이다. 둘째 경우, 결과들은 순전히 감성의 자연법칙들에 따라 흘러간다. 이는 이성이 그 결과들에 아무런 영향도 미치지 않기 때문이다. 그러나 그렇다고 해서 이성은 그 자신의 감성에 따라 규정되는 것은 아니므로(이것은 불가능하다) 이러한 경우에도 이성은 자유로운 것이다. 따라서 자유는 현상들의 자연법칙을 방해하지 않고, 마찬가지로 자연법칙도 규정하는 근거로서 사물들 자체와 결합되어 있는 실천적 이성사용의 자유를 막지 않는다.

따라서 이로써 실천적 자유가 구제된다. 즉 자신 속에서 이성으로 하여금 객관적으로 규정하는 근거들에 따른 인과성을 갖게 하는 자유가, 현상으로서 바로 동일한 결과들에 관한 자연필연성에 최소한의 손상도 주지 않은 채 구제된다. 바로 이것은 (같은 주관에서이긴  A 156 하지만 하나의 동일한 관계에 있는 것으로 여겨지지 않는) 선험적 자유와 그것의 자연필연성의 조화에 관해 우리가 말해야 했던 것을 해명하기 위해서도 유용할 수 있다. 이 선험적 자유에 관해 말하면, 한 존재의 객관적 원인에서 기인한 행위의 모든 시작은 이 규정하는 근거에서 보면 항상 **첫째 시작**이지만, 현상들의 계열에서 이 동일한 행위는 그 행위를 규정하고 자신 역시 마찬가지로 선행하는 원인에 따라 규정되는 원인의 한 상태가 그 앞에 선행해야 하는 **종속적 시작**일 뿐이기 때문이다. 그래서 우리는 이성적 존재자에게서 혹은 통틀어 존재자에게서 그들 속에 있는 자신들의 인과성이 사물들 자체로 규정되는 한에서, 자연법칙들과 모순에 빠지지 않고도 상태들의 계열을 자기 자신에게서 시작할 수 있는 능력을 생각할 수 있다. 객관적인 이성근거들에 대한 행위의 관계는 결코 시간관계가 아니기 때문이다. 여기서는 인과성을 규정하는 것이 시간상으로 행위에 선행하는 것이 아니다. 규정하는 이러한 근거들은 대상들의 감각 능력과 관계 맺음을, 그러니까 현상에서 원인과 관계 맺음을 나타내는 것이 아니라 시간조건 아래에 있지 않은 사물들 자체로서 규정하는 원인들을 나타내는 것이기 때문이다. 그래서 행위는 이성의 인과성과 관련해볼 때는 최초 시작으로 여겨질 수 있다. 그렇지만 현상들의 계열과 관련해볼 때는 동시에 한갓 종속적인 시작으로 여겨질 수 있다. 이성의 인과성은 아무런 모순 없이 전자의 경우에는 자유로운 것으로, 후자의 경우에는 자연필연성에 예속되는 것으로 여겨질 수 있다.

A 157: Ⅳ 347

넷째 이율배반에 관해서 말하면, 그것은 셋째 이율배반에서 이성이 자신과 충돌하는 것과 유사한 방식으로 해결된다. 현상에서 원인이 현상들의 원인과 이들이 **사물 자체**로 생각될 수 있는 한에서, 구별되기만 한다면 [다음] 두 명제는 모두 충분히 병립할 수 있기 때문이다. 즉 감성세계의 어느 곳에서도 그것의 실존이 단적으로 필연적인 (인과성과 유사한 법칙에 따르는) 원인은 생기지 않는다는 명제, 그리고 다른 한편으로 이 세계는 그럼에도 자신의 원인으로서 (하지만 다른 종류의 그리고 다른 법칙에 따르는) 하나의 필연적 존재와 결합되어 있다는 명제 말이다. 이 두 명제가 조화될 수 없음은 오로지 한갓 현상들에만 타당한 것을 사물들 자체 너머까지 확장하고, 통틀어 이 양자를 하나의 개념으로 섞어버리는 오해에 기인한 것이다.

## § 54

이제 이것이 이성의 원리를 감성세계에 적용할 때 빠져들게 되는 이율배반 전체의 목록이고 해결책이다. 그리고 이 중에서 심지어 전자(순전한 목록)만으로도 이미 인간 이성에 대해 아는 것에 상당한 업적이 될 것이다. 물론 이 모순의 해결은 지금까지 항상 참으로 여기다가 한참 후 새롭게 가상으로 나타난 자연적 가상과 싸워야 하는

A 158

독자에게 아직은 완전히 만족스럽지 않을 것이다. 여기에는 한 가지 결과가 불가피하게 따라온다. 즉 우리가 감성세계의 대상들을 사태들 자체로 받아들이고, 사실상 있는 것인 한갓 현상들로 받아들이지 않는 한 이성의 이러한 자기모순에서 빠져나오는 일은 전혀 불가능하기에, 독자는 그 문제를 결정하려면 우리의 모든 아프리오리한 인식에 대한 연역과 내가 그 연역에 관해 제공했던 것을 다시 한번 검토해보지 않을 수 없다. 이제 나는 그 이상을 요구하지 않는다. 단지 독자가 이러한 일에서 충분히 깊게 순수 이성의 본성을 곰곰이 생각했다면, 이성의 모순을 자신을 통해 비로소 가능하게 하는 개념들이 IV 348 이미 그에게 친숙할 것이기 때문이다. 이런 경우가 없다면 가장 주의 깊은 독자의 전적인 동의마저도 나는 기대할 수 없다.

## § 55

### Ⅲ 신학적 이념(『비판』, 571쪽 이하)[12]

가장 중요하기는 하지만, 그것이 오로지 사변적으로 행해지면 과도하게(초험적이게) 되는 그리고 바로 이로써 변증적 이성사용에 재료를 제공하는 셋째 선험적 이념은 순수 이성의 이상이다. 여기서 이성은 영혼론적 이념과 우주론적 이념에서처럼 경험에서 출발하여 근거들을 상승해 가능한 한 그 계열의 절대적 완전성을 의도하도록 미혹되는 것이 아니다. 오히려 경험과 완전히 단절하고 순전히 사물 일반의 절대적 완전성을 이루게 하는 것에 관한 개념에서 출발하여, 그러니까 최상의 완전한 근원존재라는 이념을 매개로 하여 모든 다른 사물의 가능성을 규정하는 것으로, 즉 모든 다른 사물의 현실성을 규정하는 것으로 내려가는 것이다. 그렇기에 여기서는 경험의 계열 중에서는 아니더라도 경험을 목적으로 경험의 결합, 질서와 통일을 이해하기 위해 생각되는 한 존재의 순전한 전제가, 다시 말해 그 존재의 **이념**이 이전의 경우에서보다 더 쉽게 지성개념과 구별될 수 있다. 그러므로 여기서는 우리가 우리 사유의 주관적 조건들을 사태 자체의 객관적 조건들로 여기고, 우리 이성을 만족시키기 위한 필연적

A 160  전제들을 하나의 교의로 여기는 것에서 생겨나는 변증적 가상이 쉽게 분명해질 수 있었다. 그래서 나는 초험적[13] 신학의 월권들에 관해서는 『비판』이 이에 관해 말하는 바가 이해하기 쉽고 명백하며 결정적이기 때문에 [여기서] 더는 지적하지 않았다.

## § 56
### 선험적 이념들에 대한 일반적 주석

경험으로 우리에게 주어지는 대상들은 여러 관점에서 우리에게는 이해할 수 없는 것이다. 그리고 자연법칙이 우리를 거기에 안내하는

IV 349  많은 문제는 어떤 높이까지 이끌고 가면 아무리 그 문제들을 이 자연법칙에 적합하게 해도 결코 해결할 수 없다. 예컨대 물질은 어떻게 해서 서로 끌어당기느냐는 문제처럼 말이다. 하지만 만약 우리가 자연을 전적으로 떠나거나 자연의 결합을 진행하는 중에 모든 가능한 경험을 넘어서서 순전한 이념 속에 깊이 빠진다면, 그때는 우리가 대상이 우리에게 이해되지 않는다든지, 사물의 본성은 우리에게 해결되지 않는 과제를 내놓는다고 말할 수 없다. 그 경우에 우리는 통틀어서 주어진 객관들, 즉 자연이 아니라 우리 이성 속에서 오로지 자신의 기원을 갖는 개념들과 관계해서 한갓 사유존재와 관계하기 때

A 161  문이다. 이 사유존재와 관련하여 그것의 개념에서 생겨나는 모든 과제는 해결해야만 한다. 이성은 자신의 고유한 절차에 관해 물론 온전한 해명을 할 수 있고 또 해야 하기 때문이다.* 영혼론적[15] 이념, 우

---

* 그러므로 플라트너[14]는 자신의 『잠언집』§ 728, § 729에서 통찰력 있게 말했

주론적 이념, 신학적 이념은 어떠한 경험에도 주어질 수 없는 순전한 순수 이성개념들이기에, 이들과 관련하여 이성이 우리에게 내놓은 과제들은 대상을 통해서가 아니라 순전히 이성의 준칙을 통해 이성의 자기만족을 위하여 우리에게 부과된 것이므로 이 과제들은 남김없이 충분하게 대답을 들을 수 있어야 한다. 또 이런 일은 이들 이념이 우리의 지성사용을 철저한 일치, 완전성 그리고 종합적 통일로 이끄는 원칙들이고, 그런 한에서 경험의 **전체**에서이긴 하지만 순전히 경험에 대해서만 타당하다는 사실을 보여주려고 생겨난다. 비록 경험의 절대적 전체는 불가능하지만, 원리들 일반에 따른 인식의 전체라는 이념은 오직 그것만이 인식에 하나의 특별한 종류의 통일, 즉 하나의 체계라는 통일을 제공할 수 있다. 이 통일이 없는 우리의 인식은 불완전한 것일 뿐이어서 최상의 목적으로(이것은 항상 모든 목적의 체계일 뿐인데) 사용될 수 없다. 그러나 내가 여기서 의미하는 바는 실천적 목적뿐 아니라 이성의 사변적 사용에서 최상의 목적이기도 하다.

A 162

IV 350

  그러므로 선험적 이념들은 이성의 고유한 사명, 즉 지성사용의 체계적 통일 원리로서 사명을 표현하는 것이다. 만약 우리가 인식방식

---

다. "만약 이성이 하나의 기준이라면, 인간 이성에 이해되지 않는 개념은 결코 가능하지 않다. 하지만 현실에서는 이해할 수 없는 것이 생긴다. 여기서 이해할 수 없는 것은 획득된 이념의 불충분함에서 생기는 것이다." 따라서 [다음과 같이] 말하는 것은 역설적으로 들리지만 그렇다고 의아한 것은 아니다. [즉] 자연에는 우리가 이해할 수 없는 많은 것이 있는데(예를 들어 생식능력), 우리가 더 높이 올라가서 자연조차 넘어서 버리면 우리에게는 모든 것이 다시 이해할 수 있는 것이 된다고 말이다. 이 경우에 우리는 우리에게 주어질 수 있는 대상들을 전적으로 떠나는 것이고, 순전히 이념들과 관계하는 것이다. 이들 이념에서 우리는 이성이 이념들을 통해 지성에 경험에서 지성사용을 지정해주는 법칙을 충분히 잘 이해할 수 있는데, 이는 이 법칙이 이념의 고유한 산물이기 때문이다.

의 이러한 통일을 마치 그것이 인식의 객관에 결부되어 있는 것처럼 여긴다면, 그래서 우리가 원래 오로지 규제적일 뿐인 이러한 통일을 구성적인 것으로 간주하고, 이러한 이념을 수단으로 우리 인식을 모든 가능한 경험 너머로, 그러니까 초험적 방식으로 확장할 수 있다고 우리 자신을 설득한다면, 그것은 우리 이성과 이성의 원칙들의 고유한 사명을 판정함에서 생긴 순전한 오해일 뿐이고, 한편으로 이성의 경험사용을 혼란하게 하고 다른 한편으로 이성을 자기 자신과 분열시키는 하나의 변증론이다. 왜냐하면 인식방식의 이 통일은 순전히 경험을 자기 자신 속에서 완전성으로 가능한 한 가까이 데려가기 위해서, 다시 말해 경험의 진행을 경험에 속할 수 없는 그 어떤 것으로도 제한하지 않기 위해서 사용될 뿐이기 때문이다.

## 맺는말
## 순수 이성의 한계규정에 관하여

### §57

우리가 위에서 제시한 더할 나위 없이 명백한 증명들에 따르면, 만약 우리가 어떤 대상에 관해 그 대상의 가능한 경험에 속하는 것 이상을 인식하려고 희망한다면, 혹은 우리가 그것은 가능한 경험의 대상이 아니라고 전제하는 어떤 사물에 관해 그 사물 자체의 특성에 따라 규정하는 최소한의 인식만이라도 요구한다면 그것은 불합리한 일이 될 것이다. 도대체 우리는 무엇으로 이러한 규정을 행하려는가. 시간과 공간 그리고 모든 지성개념, 더구나 감성세계에 있는 경험적 직관이나 지각으로 얻은 개념들은 순전히 경험을 가능하게 만드는 것 외에는 다른 용도가 없을 뿐 아니라 있을 수도 없기에 말이다. 그리고 만약 우리 스스로 순수 지성개념들에서 이러한 [제약]조건을 빼버리게 되면, 그 경우에 순수 지성개념들은 전혀 어떠한 객관도 규정하지 않고 도무지 아무런 의미도 갖지 않으니 말이다.

그렇지만 만약 우리가 결코 사물들 자체를 인정하지 않거나 우리    IV 351
경험을 사물에 대한 유일하게 가능한 인식방식으로, 그러니까 공간
과 시간에 있는 우리의 직관을 유일하게 가능한 직관으로 여기면서
도 추론적 지성을 주제넘게 모든 가능한 지성의 원형이라 자처하고    A164
자 한다면, 그래서 경험의 가능성 원리들을 사물들 자체의 보편적
조건들로 여기고자 한다면, 그것은 한편으로 더 큰 불합리가 될 것
이다.

이로써 이성의 사용을 순전히 가능한 경험에 제한하는 우리의 원
리들 자체가 초험적이 될 수 있다. 만약 신중한 비판이 우리 이성의
한계를 그것의 경험적 사용과 관련해서도 감시하지 않고 이성의 월
권에 목적지[한계]를 설정하지도 않는다면, 흄의 『대화』[16]가 예로 사
용될 수 있듯이, 우리 이성의 한계를 사물들 자체의 한계로 잘못 표
시하는 것일 수 있다. 회의론은 원래 형이상학과 감시가 없는 형이상
학의 변증론에서 생겨났다. 처음에는 회의론도 오직 이성의 경험사
용을 위해 이를 넘어서는 모든 것은 아무것도 아니며 기만적인 것이
라 주장하고 싶었다. 그러나 사람들은 점차 그들이 경험에서 사용하
는 바로 동일한 아프리오리한 원칙들이 자기도 모르게, 그리고 겉으
로 보기에 동일한 권리를 가지고 경험이 도달하는 것보다 더 멀리 나
아갔음을 인식하게 되었기에 경험의 원칙들조차 의심하기 시작했
다. 그런데 이것으로 어떤 곤경도 생기지 않는다. 상식은 이 점에서
항상 자기 권리를 주장할 테니 말이다. 하지만 어느 정도까지 이성을
신뢰할 수 있는지 그리고 왜 단지 거기까지고 더는 아닌지를 규정할    A 165
수 없는 학문에서 특별한 혼란이 생겨났다. 이러한 혼란은 오로지 정

식으로 원칙에서 이끌어낸 우리 이성사용에 대한 한계를 규정함으로써만 제거될 수 있고, 앞으로 모든 재발도 예방할 수 있다.

모든 가능한 경험을 넘어서 사물들 자체인 것에 관해 우리가 어떠한 규정된 개념도 만들어낼 수 없다는 것은 참이다. 하지만 그럼에도 우리는 사물들 자체에 대한 탐구에서 벗어나 이들을 전적으로 단념할 수는 없다. 경험은 결코 이성을 완전하게 만족시키지 않기 때문이다. 경험은 우리를 언제나 질문에 대한 대답으로 되돌아가게 해서 질문의 완전한 해명에 만족하지 않게 만든다. 이것은 누구나 순수이성의 변증론에서 충분하게 알아차릴 수 있는 것이고, 바로 이 때문에 변증론은 자신의 적절한 주관적 근거를 갖는다. 우리가 우리 영혼의 본성에 관해 주체의 분명한 의식에까지 도달하게 되고 동시에 주체의 현상들은 **유물론적으로** 설명될 수 없다는 확신에 이르게 될 때,

영혼은 도대체 원래 무엇인지 묻지 않고도 누가 진짜 견딜 수 있겠는가? 그리고 어떠한 경험개념도 거기에는 충분하지 못할 때, 비록 우리가 영혼의 객관적 실재성을 결코 명백히 할 수는 없겠지만, 경우에 따라서 (단순한 비물질적[17] 존재라는) 하나의 이성개념을 오로지 그

것을 위해 가정하지 않고도 누가 진짜 견딜 수 있겠는가? 세계의 지속과 양, 자유 혹은 자연필연성에 관한 모든 우주론적 질문에서 누가 순전한 경험인식에만 만족할 수 있겠는가? 아무리 우리가 원하는 대로 시작하더라도 경험의 원칙들에 따라 주어진 모든 대답은 항상 새로운 질문을 낳고, 이 질문은 마찬가지로 대답을 들을 것이며, 이로써 이 질문은 모든 자연적 설명방식이 이성을 만족시키기에 불충분함을 분명하게 밝혀줄 테니 말이다. 마지막으로 경험의 원리에 따라서만 생각하고 받아들이게 될 것들의 철저한 우연성과 의존성에도 이러한 것들에 머물러 있는 것이 불가능함을 누가 알지 못하겠는가? 그리고 초험적 이념에 빠지지 말아야 한다는 모든 금지에도 그가 경

험으로 정당화할 수 있는 모든 개념을 넘어 한 존재의 개념에서 여전히 휴식과 만족을 구하지 않을 수 없다고 누가 느끼지 않겠는가? 그 존재의 이념은 비록 그 자체로 가능성의 견지에서 보면 파악될 수 없지만 그렇다고 반박될 수도 없다. 이 이념은 순전한 지성존재와 관련되지만, 이 이념이 없으면 이성은 항상 만족하지 못한 채 남을 수밖에 없기 때문이다.

(연장적 존재들에서) 경계[18]는 어떤 특정한 장소 외부에서 발견되고 그 장소를 둘러싼 하나의 공간을 항상 전제한다. 한계[19]는 이와 같은 공간을 필요로 하지 않고, 절대적 완전성을 갖지 않는 한 양을 촉발하는 순전한 부정이다. 비록 이성은 사물들 자체에 관한 규정된 개념들을 가질 수 없고 단지 현상들에 제한되지만, 그럼에도 우리의 A 167 이성은 사물들 자체를 인식하기 위해 말하자면 자기 주위의 공간을 보게 된다.

이성의 인식이 동종적인 한에서 그것의 어떠한 한정된 경계도 생각할 수 없다. 수학과 자연과학에서 인간 이성은 비록 한계를 인식하기는 하지만 경계를 인식하지는 않는다. 다시 말해 인간 이성은 어떤 것이 이성의 바깥에 놓여 있고 거기에는 결코 도달할 수 없음을 인식하지만, 이성이 스스로 자신의 내적 진행에서 어디에선가 완결될 것이라는 점은 인식하지 못한다. 수학에서 통찰의 확장과 항상 새로운 발명의 가능은 무한하게 진행된다. 마찬가지로 새로운 자연특성들, 새로운 힘들과 법칙들의 발견도 계속된 경험과 이성에 따른 이들 경험의 결합을 바탕으로 무한하게 진행된다. 그럼에도 여기서 한계들이 오해되어서는 안 된다. 수학은 오로지 **현상들**과만 관계하고 있고 Ⅳ 353 감성적 직관의 대상이 될 수 없는 것, [그러니까] 형이상학과 도덕의 개념들 같은 것은 전적으로 수학의 영역 바깥에 놓여 있으며 그 영역에 수학은 결코 도달할 수 없기 때문이다. 물론 수학에는 그러한 것이 결코 필요하지도 않다. 그러므로 이러한 학문[형이상학과 도덕]을 향한 [수학의] 연속적 진행이나 접근, 말하자면 [이들 사이의] 접촉점이나 접촉선은 존재하지 않는다. 자연과학은 우리에게 결코 사물들의 내적인 것을, 다시 말해 현상이 아니라 현상들의 최상의 설명근거로 사용될 수 있는 것을 폭로하지 않는다. 그러나 자연과학에는 이러한 것이 자신의 물리적 설명들을 위해 필요하지도 않다. 아

A 168 니 자연과학에 이와 같은 것이 (예를 들어 비물질적 존재의 영향이) 다른 곳에서 제공된다 하더라도 자연과학은 그것을 물리쳐야 하고, 결코 자기 설명들의 진행 속에 끌어들여서는 안 된다. 오히려 이러한 것이 항상 감각 능력의 대상으로서 경험에 속하면서 우리의 현실적 지각과 경험의 법칙에 따라 연결될 수 있는 것에 근거를 두도록 해야 한다.

하지만 형이상학은 순수 이성의 변증적 시도에서(이 시도는 임의적으로나 경솔하게 시작된 것이 아니고, 이성의 본성 자신이 그것으로 몰고 가는 것이다) 우리를 한계로 이끌고 간다. 그리고 선험적 이념들은, 사람들이 그것과 관계를 맺지 않을 수 없다는 점과 그럼에도 이 이념들은 결코 실현될 수 없을 거라는 바로 그 점으로 순수한 이성사용의 한계를 우리에게 실제로 제시하는 데 사용될 뿐 아니라 그 한계를 규정하는 방식을 제시하는 데도 사용된다. 그리고 이것은 형이상학을 사랑하는 자녀로 출산한 우리 이성의 자연적 소질의 목적이며 유익이기도 하다. 이 [형이상학이라는] 자녀의 출산은 세상의 모든 다른 출산과 마찬가지로, 뜻밖의 우연에 그 공을 돌릴 수 있는 것이 아니다. 오히려 큰 목적을 위해 신중하게 조직된 근원적 배아에 그 공을 돌려야 한다. 형이상학은 그것의 기본적 특징에 따르면 본성 자체 때문에 어느 다른 학문보다 아마 더 많이 우리 속에 들어 있고, 임

A 169 의적 선택의 산물이나 경험들(이들 경험에서 형이상학은 전적으로 분

리되어 있다)의 진행에서 우연적 확장으로 여겨질 수 없기 때문이다.

이성은 자신의 모든 개념으로는 그리고 이들을 경험적으로 사용하므로 감성세계 안에서 사용하기에 충분한 지성의 법칙으로는 스스로에 만족하지 못한다. 질문들이 무한하게 항상 다시 생겨나서 이를 완전히 해결할 모든 희망이 이성에서 박탈되기 때문이다. 이러한 완성을 의도하는 선험적 이념들이 이성의 그러한 문제들이다. 그런데 이성은 명백히 알고 있다. 감성세계는 이러한 완성을 포함할 수 없어서 오로지 감성세계를 이해하기 위해서만 사용되는 모든 저 개념 역시도, 즉 공간과 시간 그리고 우리가 순수 지성개념들이라는 이름으로 열거했던 모든 것도 이러한 완성을 포함할 수 없다는 것을 말이다. 감성세계는 보편적 법칙들에 따라 결합된 현상들의 연쇄일 따름이라서 스스로 존립하지 않는다. 감성세계는 본래 사물 자체가 아니기에 이러한 현상들의 근거를 포함하는 것에, [즉] 순전한 현상으로서가 아니라 사물들 자체로 인식될 수 있는 존재와 필연적으로 관계를 맺고 있다. 오로지 이런 사물들 자체의 인식에서만 이성은 조건지어진 것에서 그것의 조건들로 진행을 완성하라는 자신의 요구가 언젠가 받아들여지는 것을 보길 희망할 수 있다. IV 354

위에서(§ 33, § 34) 우리는 순전한 사유존재[지성적인 것]의 모든 인식에 관하여 이성의 한계를 제시했다. 이제 선험적 이념은 그럼에도 사유존재까지 이르는 진행이 우리에게 필수적이게끔 한다. 그래서 우리를 말하자면 빈 공간(그에 관해 우리가 아무것도 알 수 없는 것, 즉 지성적인 것들)과 차 있는 공간(즉 경험)의 접촉에까지 이르도록 했기에, 우리는 순수 이성의 경계도 규정할 수 있다. 모든 경계 속에는 긍정적인 것도 들어 있지만(예를 들어 평면은 입체적 공간의 경계이지만, 그럼에도 그 자신이 하나의 공간이다. 평면의 경계인 선[20]은 하나의 공간이고, 점도 선의 경계이지만 여전히 항상 공간에서 한 장소 A 170

다) 반면에 한계는 순전히 부정만을 포함한다. [앞서] 언급한 절에서 제시한 한계들은 아직 충분하지는 않다. 이 한계를 넘어서 여전히 어떤 것이(비록 그것이 그 자체로 무엇인지 결코 우리가 인식하게 되지는 않겠지만) 밖에 놓여 있다는 것을 우리가 발견했으니 말이다. 이제는 우리가 아는 것과 알지 못할 뿐 아니라 결코 알게 되지도 않을 것의 이러한 결합에서 우리 이성은 어떤 태도를 취할 것이냐는 의문이 생긴다. 여기에 알려진 것과 전혀 알려지지 않은 것(항상 그런 상태로 지속하게 될 것)의 현실적 결합이 존재하는데, 여기에서 알려지지 않은 것이 최소한도 알려지지 않더라도 —그것은 사실 바랄 수도 없지만— 이러한 결합에 관한 개념은 규정될 수 있어야 하고 명료해질 수 있어야 한다.

A 171    따라서 우리는 하나의 비물질적 존재, 하나의 지성계 그리고 모든 존재 중 최상의 것(순전한 지성적인 것들)을 생각해야만 한다. 이성

IV 355 은 오로지 사물들 자체로서 이러한 것들에서만 현상들을 그들과 동종적인 근거들에서 이끌어내는 데서는 결코 바랄 수 없는 완성과 만족을 만나고, 현상들은 항상 사태들 자체를 전제해서 우리가 자세히 인식할 수 있든 없든 간에 사태들 자체를 고시해줌으로써 자신과 구별되는 어떤 것(즉 전적으로 이종적인 것)과 실제로 관계 맺기 때문이다.

그러나 이제 우리가 이러한 지성존재들을 그것들 자체로는, 다시 말해 규정적으로는 결코 인식할 수 없지만 그럼에도 그러한 것을 감성세계와 관계 속에서는 받아들이고 이성을 매개로 감성세계와 결합해야 한다. 그렇기에 우리는 적어도 이러한 결합을 감성세계와 지성존재들의 관계를 표현하는 개념을 수단으로 해서 사고해볼 수 있다. 우리가 지성존재를 순수 지성개념들로만 사고한다면 우리는 그것으로 현실적으로는 규정된 어떠한 것도 사고하지 않는 것이 되어

우리 개념이 무의미한 것이 된다. 만약 우리가 지성존재를 감성세계에서 빌려온 성질들을 바탕으로 사고한다면, 그것은 더는 지성존재가 아니며 현상들 중 하나로 생각되고 감성세계에 속하게 된다. 우리는 최상의 존재라는 개념에서 한 예를 가져오겠다.

  이신론적 개념은 전적으로 순수한 이성개념이다. 그러나 이 개념은 단지 모든 실재성을 포함하는 한 사물을 표상할 뿐이고, 이들 실 A 172 재성 중 단 하나도 규정할 수는 없다. 그것을 [규정하기] 위해서는 감성세계에서 실례를 빌려와야만 하고, 그러한 경우 나는 항상 감각 능력의 대상과 관계하지 감각 능력의 대상이 결코 될 수 없는 완전히 이종적인 어떤 것과 관계하는 것이 아니기 때문이다. 예를 들어 내가 이종적인 어떤 것에 지성을 부가하더라도, 나는 내 지성과 같은 것, 즉 감각 능력에 의해 직관들이 그것에 주어져야만 하고, 직관을 의식의 통일성 규칙 아래로 가져오는 일에 종사하는 그러한 지성 외에는 결코 어떠한 지성개념도 가지고 있지 않다. 하지만 그럴 경우 내 개념의 요소들은 항상 현상들 안에 놓여 있을 것이다. 그러나 나는 바로 현상들의 불충분함으로 이들 현상들을 넘어서 현상에 전혀 의존하지 않는 혹은 그들을 규정하는 조건으로서 이들 현상과 전혀 뒤엉키지 않는 한 존재의 개념으로 나아가도록 강요되었다. 그러나 만약 내가 순수 지성을 얻으려고 지성을 감성에서 분리한다면, 직관 없는 사고의 한갓 형식 외에는 아무것도 남지 않으며, 이 형식만으로는 아무런 규정적인 것도, 즉 아무런 대상도 나는 인식할 수 없다. 결국 나는 [인간의 지성과 달리] 대상들을 직관하는 하나의 다른 지성을 생각해야 하지만 이 지성에 관해 최소한의 이해도 하지 못하고 있다. 인간의 지성은 추론적이고 단지 보편적인 개념으로만 인식할 수 있기 때문이다. 만약 내가 최상의 존재에 의지를 부가한다면, 역시 똑 IV 356 같은 일이 나에게 일어난다. 나는 [의지라는] 개념을 나의 내적 경 A 173

험에서 이끌어냄으로써만 그것을 가지게 되지만 거기에서 내 만족은 그 실존이 필요한 대상들에 달려 있다. 따라서 그 기초에는 감성이 놓여 있으며, 그것은 최상의 존재라는 순수 개념에 전적으로 모순된다.

이신론에 대한 **흄**의 반박들은 빈약해서 [그것은] 증명의 장치들[증명근거들]에만 해당하지 이신론적 주장의 명제 자체와는 결코 맞지 않는다. 그러나 그 반박들은 최상의 존재라는 우리의 순전히 초험적인 개념에 대한 상세한 규정을 바탕으로 완성되는 유신론과 관련해서는 매우 강력하고, 우리가 이 [최상의 존재라는] 개념을 갖추고 나면 어떤 (사실은 모든 보통의) 경우에는 반박할 수 없다. **흄**은 항상 다음과 같이 주장한다. 우리가 존재론적 술어들(영원, 어디에나 언제나 있음, 전능)만을 부여하는 근원존재라는 순전한 개념으로는 현실적으로 아무런 규정적인 것도 사고하지 않으며, 오히려 하나의 개념을 구체적으로 제공할 수 있는 특성들을 덧붙여야만 한다고 말이다. [그리고] '그가 원인이다'라고 말하는 것은 충분하지 않고 오히려 그의 인과성이 어떤 특성인지를, 예컨대 지성과 의지에 따랐는지를 말해야 한다고 말이다. 여기에서 문제 자체에 대한, 즉 유신론에 대한 그의 공격이 시작된다. 그전에는 그가 단지 이신론의 증명근거들만 공격했는데, 그것은 아무런 특별한 위험도 초래하지 않았다. 그의 위험한 논증은 전체적으로 신인동형설과 관계 맺고 있는데, 이에 관해 그는 그것이 유신론과 불가분적이며 유신론을 자기모순에 빠지게 만드는 것이라고 생각했다. 그러나 만약 우리가 신인동형설을 제거해버리면 유신론 역시 무너지게 되고 이신론만 남게 되는데, 이것에서 사람들은 아무것도 만들 수 없고 우리에게 아무런 유익도 되지 않으며 전혀 종교나 도덕의 기초로 사용할 수 없다. 만약 이러한 신인동형설의 불가피성이 확실한 것이라면, 최상의 존재가 현존하는 것

A 174

에 관한 증명이 무엇이든 그리고 그 모두가 용인된다 해도 이 최상의 존재라는 개념은 우리를 모순에 빠지게 하지 않고는 결코 우리가 규정할 수 없을 것이다.

만약 우리가 순수 이성의 모든 초험적 판단을 피[예방]해야 한다는 금지와 그것과는 외관상 다투는 명령, [즉] 내재적(경험적) 사용의 영역 바깥에 놓여 있는 개념들에 이르기까지 나가라는 명령을 결합한다면 이 양자가 함께 양립할 수는 있다. 하지만 단지 바로 허락된 모든 이성사용의 경계에서만 그렇다는 점을 우리는 이해하게 된다. 이 경계는 사유존재의 영역에뿐 아니라 경험의 영역에도 속하기 때문이다. 그리고 우리는 그것으로 동시에 어떻게 저 주목할 만한 이념들이 오로지 인간 이성의 경계규정을 위해서만 사용되는지 배우게 된다. 즉 [우리는] 이념들이 한편으로는 경험인식을 무제한으로 확장하지 않아서 순전히 세계 외에는 아무것도 우리가 인식할 것이 남아 있지 않을 수 있게 [확장하지 않도록] 하려고 사용되고, 다른 한편으로는 그럼에도 경험의 경계 밖으로 넘어가서 경험 바깥에 있는 사물들을 사물들 자체인 것으로 판단하지 않도록 하려고 사용되는 것을 배우게 된다.

그러나 만약 우리가 우리 판단을 순전히 세계 내부에서 가능한 우리의 모든 인식 바깥에 자신의 개념 자체가 놓여 있는 존재와 세계가 가질지 모를 관계로 제한한다면, 우리는 이러한 경계 위에 균형을 잡는 것이다. 그럴 경우 그것으로 우리가 경험의 대상들을 사고하는 특성들 **자체** 중 어떠한 것도 최상의 존재에 부여하지 않으며, 이로써 우리는 독단적인 신인동형설을 피하기 때문이다. 하지만 우리는 그럼에도 이 성질들을 세계에 대한 최상 존재의 관계에 부가하고, 사실은 객관 자체에 관한 것이 아니라 단지 언어와 상관있는 하나의 **상징적** 인 신인동형설을 허용하는 것이다.

IV 357

A 175

만약 내가 우리는 세계를 마치 최상의 지성과 의지의 작품인 것처럼 여기지 않을 수 없다고 말한다면, 실제로 내가 말하는 것은 하나의 시계나 선박, [군대의] 연대가 [각각] 장인, 제작자, 사령관과 맺는 관계는 감성세계(혹은 이러한 현상들의 총체에서 기초를 이루는 것)가 알려지지 않은 것과 맺는 관계와 같다는 것이다. 그래서 이 관계로 나는 이 알려지지 않은 것을, 비록 그것 자체인 바대로는 아니지만 나에 대해 있는 것으로, 즉 내가 그것의 한 부분인 세계와 관련하여 인식하는 것이다.

## § 58

그와 같은 인식은 **유추에 따른** 것이다. 이 유추는 사람들이 이 단어를 보통 사용하는 것처럼 두 사물의 불완전한 유사성을 의미하는 것은 분명 아니며, 전혀 유사하지 않은 사물들 사이에 있는 둘의 관계

의 완전한 유사성을 의미한다.* 설사 우리가 최상의 존재를 완전히 그

---

\* 그렇기에 인간 행위들의 법적인 관계들과 운동하는 힘들의 역학적 관계들 사이에는 하나의 유추[유비]가 있다. 나는 타인에게 동일한 조건들 아래에서는 똑같은 것을 나에게 할 수 있는 권리를 주지 않고는 그에게 결코 아무것도 할 수 없다. 이것은 하나의 물체가 운동하는 힘을 다른 물체에 자신에게 그만큼 반작용을 야기하지 않고서 작용할 수 없는 것과 마찬가지다. 여기에서 법과 운동하는 힘은 전혀 유사하지 않은 사물들이지만, 이들의 관계에서는 그럼에도 완전한 유사성이 있다. 그러므로 이러한 유추로 나는 나에게 전적으로 알려지지 않은 사물들의 관계 개념을 제시할 수 있다. 예를 들어, '어린이의 행복을 촉진함=a'가 '부모의 사랑=b'와 맺는 관계는 '인류의 복지=c'가 '신에게 있는 알려지지 않은 것=x'와 [그러니까] 우리가 사랑이라고 하는 것과 맺는 관계와 같다. 그것[사랑]이 어떤 인간적인 경향성과 최소한의 유사성이 있다는 점으로서가 아니라 오히려 우리가 신의 사랑이 세계와 맺는 관계를 세계의 사물들이 서로 맺는 관계와 유사한 것으로 정립할 수 있기 때문이다. 그러나 여기서 관계 개념은 순전히 범주, 즉 원인의 개념일 뿐 감성과는 아무런 관계도 없다.

자체로 규정할 수도 있을 모든 것을 빼버리더라도, 우리에게는 이러한 유추에 따라 충분하게 규정된 최상의 존재라는 개념이 여전히 남게 된다. 우리는 그 최상의 존재를 세계와 관계하여, 그러니까 우리와 관계하여 규정할 뿐 그것이 더는 우리에게 필요하지 않기 때문이다. 그것을 위한 재료들을 자기 자신과 세계에서 빌려옴으로써 이 [최상의 존재라는] 개념을 절대적으로 규정해보려는 이들에게 가한 흄의 공격이 우리에게는 해당하지 않는다. 흄은 또한 최상의 존재라는 개 A 177 념에서 객관적인 신인동형설이 제거되면 우리에게는 아무것도 남지 않는다고 우리를 비난할 수도 없다.

사람들이 (흄이 자신의 『대화』에서 '크리안티스'에게 대항하는 '파일로'라는 인물로 등장해서 했듯이) 실체, 원인 등과 같은 존재론적 술어들로 근원존재를 생각하는 근원존재의 이신론적 개념을 하나의 필연적 전제로 처음부터 인정한다면 ([물론] 사람들은 그렇게 할 수밖에 없다. 감성세계에서 이성은 항상 [그 자신] 다시금 조건 지어지는 순전한 조건들로 내몰리게 되고, 근원존재 없이는 결코 아무런 만족도 얻지 못하며, 사람들은 감성세계에서 기인한 술어들을 세계와 전적으로 구별되는 한 존재로 전이해버리는 신인동형설에 빠지지 않고도 당연히 그렇게[인정] 할 수 있는데, 저 술어들은 근원존재에 대한 규정된 개념은 주지 않지만, 바로 그로써 감성의 조건들에 제한된 개념도 주지 않는 순전한 범주들이기 때문이다) 아무것도 우리가 이성에 의한 인과성을 세계와 관련하여 이 [근원]존재에게 술어로 부여해서 이러한 이성을 그 근원존재에 달라붙어 있는 성질로서 그 존재 자신에 부여하도록 강요되지 않고도 유신론으로 넘어가는 것을 막을 수 없다. 첫째 것과 관련해서 감성세계에서 모든 가능한 경험과 관련하여 이성의 사용 Ⅳ 359 을 철저하게 자신과 일치시켜 최상 정도로까지 몰고 가는 유일한 방 A 178 법은 우리 자신이 다시금 최상의 이성을 세계 속의 모든 결합의 원인으로 받아들이는 것이기 때문이다. 이러한 원리는 이성에서 철저히 유리되어야 하지만, 이성의 자연사용에서는 어디에서도 이성에 해가 될 수 없다. **둘째** 것에 관해서는 하지만 그로써 이성이 속성으로서 근원존재 자체에 위임되는 것이 아니라 오히려 단지 근원존재가 감성세계와 맺는 관계에 위임되어 신인동형설을 온전히 피하게 된다. 여기서는 오로지 세계 속 어디서나 만나지는 이성형식의 원인만이 고찰되고 최상의 존재가 세계의 이러한 이성형식의 근거를 포함하는 한에서 그에게 이성이 부여되긴 하지만, 그것은 오로지 유추에 따른 것일 뿐이다. 다시 말해 [유추에 따른 것이라는 것은] 이러한 표현이 단지 우리에게 알려지지 않은 최상의 원인이 세계와 맺는 관계를, [그것도] 그 관계 속에서 모든 것을 최상의 정도에서 이성에 맞게 규정하기 위한 관계를 표시하는 한에서다. 이제 이로써 우리는 이성의 성질을 신을 사고하는 일에 사용하기를 피하고, 오히려 하나의 원리에 따라 세계에 관해 가능한 최대의 이성사용이 필연적이도록 세계를 사고하는 데 사용하게 된다. 이로써 우리는 최상의 존재가 그 자체로 무엇인지는 우리에게 전혀 이해될 수 없고, **규정된 방식으로는** 심지어 생각조차 할 수 없음을 인정하게 된다. 그리고 우리가 예방하게 되는 것은 신적인 본성을 언제나 인간의 본성에서 빌려온 성질들로 규정하기 위해 (의지를 수단으로 한) 작용하는 원인으로서 이성이라는 개념들을 초험적으로 사용하다 보니 조잡하거나 공상적인 개념에 빠지게 되는 일이다. 다른 한편으로 우리는 [이로써] 우리가 신에게 이양한 인간 이성의 개념들에 따른 초자연적 설명방식의 세계고찰이 넘쳐나는 것을, 그래서 [이 세계고찰이] 자신의 고유한 사명에서 벗어나는 것을 예방하게 된다. 그 고유한 사명에 따르면 세계고찰은 이성을 통한 순전한 자연의 연구여야지, 최상의 이성에서 자연의 현상들을 주제넘게 이끌어내는 것이어서는 안 된다. [다음은] 우리의 빈약한 개념들에 적합한 표현이 될 것이다. 우리는 세계를 마치 그 세계가 현존에서나 내적 규정에서 하나의 최상의 이성에서 생겨 난 것처럼 생각한다. 이로써 우리는 한편으로는 세계 자체에 속하는 특성을 인식하되, 세계의 원인 자체를 부당하게 규정하려는 월권을 하지 않고도 인식하며, 다른 한편으로는 이러한 특성의 (즉 세계 내에 서 이성형식의) 근거를 최상의 원인이 세계와 맺는 관계 속에 놓는다. 이를 위해서 세계가 그 자체로도 충분하다고 여기지 않고서 말이다.* Ⅳ 360

이런 방식으로 해서 유신론에 모순되는 것으로 보이는 어려움은 사라진다. 이는 [무엇보다도] 이성의 사용을 모든 가능한 경험의 영 역 너머로 독단적으로 몰고 가지 않는다는 **흄**의 원칙과 **흄**이 전적으 로 간과한 하나의 다른 원칙, 즉 가능한 경험의 영역을 우리 이성 자 체의 시야에 제한된 것으로 여기지 않는다는 원칙을 우리가 결합함 으로써 이루어진다. 여기에서 이성의 비판은 흄이 맞서 싸웠던 독단 론과 반면에 그가 도입하려고 했던 회의론 사이의 진정한 중용[타 협]을 표시한다. 이 중용은 사람들을 이를테면 기계적으로(어떤 것 은 여기에서 또 어떤 것은 저기에서) 스스로 정하도록 권하는 그리고 이로써 아무도 더 좋은 것을 배우지 못하는 중용과는 다르고, 오히려 우리가 원리들에 따라 정확히 정할 수 있는 중용이다. A 180

---

\* 나는 최상의 원인의 세계에 대한 인과성은 인간 이성 자신의 제작품에 대한 인과성과 동일하다고 말하고자 한다. 여기에서 최상의 원인의 본성 자체는 나에게 알려지지 않은 것으로 남는다. 나는 단지 나에게 알려진 그것의 결과 (세계질서)와 합리성을 나에게 알려진 인간 이성의 결과들과 비교하고, 그렇 게 해서 전자를 이성이라고 한다. 그렇다고 해서 이 표현으로 내가 인간에게 서 의미하는 것과 똑같은 것이나 혹은 나에게 알려진 어떤 것을 최상의 원인 에 그것의 특성으로 부가하는 것은 아니지만 말이다. A 180

## § 59

　　나는 이 주석의 첫 부분에서 이성 자신에 적합한 사용과 관련하여 이성의 한계를 확정하려고 경계라는 비유를 사용했다. 감성세계는 사물들 자체가 아닌 순전한 현상들을 포함한다. 따라서 지성은 그가 경험의 대상들을 순전한 현상들로만 인식한다는 바로 그 이유 때문에 사물들 자체(지성적인 것들[21])를 전제해야만 한다. 우리 이성 속에서 이 양자는 함께 다루어지는데, [여기서] '이성은 이 두 영역과 관련하여 지성의 경계를 정하는 일을 어떻게 처리하는가?'라는 물음이 제기된다. 감성세계에 속하는 모든 것을 포함하는 경험은 스스로 경계 짓지 않는다. 경험은 언제나 조건 지어진 것에서 오로지 또 다른 조건 지어진 것에 도달한다. 이 경험을 경계 지어야 하는 것은 전적으로 그것 바깥에 놓여 있어야만 하고, 이것이 순수 지성존재의 영역이다. 그러나 이 지성존재의 본성을 규정하는 것이 문제되는 한에서 이 영역은 우리에게는 하나의 빈 공간이다. 그리고 이런 한에서 독단적으로 규정된 개념들을 의도한다면 우리는 가능한 경험의 영역 너머로 나아갈 수 없다. 그러나 하나의 경계는 자기 내부 안에 있는 것에 속할 뿐 아니라 주어진 총체 밖에 놓여 있는 공간에도 속하는 그 자체로 적극적이다. 그러므로 경계는 하나의 현실적이고 적극적인 인식이고, 이성은 순전히 이 경계에까지 자신을 확장은 하지만 거기에서 하나의 빈 공간을 발견한다. 그 안에서는 사물들을 위한 형식들을 사고할 수는 있으나 사물들 자신을 사고할 수는 없기에 그 경계를 넘어가지 않으려고 시도함으로써 이 현실적이고 적극적인 인식에 참여하게 된다. 그러나 경험 영역을 달리는 이성에 알려지지 않은 어떤 것으로 경계 짓는 것은 이런 상황에 있는 이성에는 아직 남아 있는 하나의 인식이다. 이 인식을 바탕으로 이성은 감성세계 내부에 갇혀 있지도 외부에 표류하지도 않고, 오히려 경계에 대한 앎에 어울리게 자신을 오로지 감성세계 바깥에 놓인 것과 그 안에 포함되어 있는 것의 관계로만 제한하게 된다.

자연신학은 인간 이성의 경계 위에 서 있는 것과 같은 개념이다. 인간 이성이 최상의 존재라는 이념을 (그리고 실천적 관계에서는 또한 지성적 세계라는 이념을) 바라보지 않을 수 없는 자신을 발견하기 때문이다. 그것도 이러한 순전한 지성존재와 관련해서, 그러니까 감성세계 바깥의 어떤 것을 규정하기 위해서가 아니라 단지 감성세계 안에서 자신의 고유한 사용을 최대로 가능한 (이론적일 뿐 아니라 실천적) 통일의 원리에 따라 인도하기 위해서다. 그리고 이를 위해 [인간 이성은] 이 모든 결합의 원인으로서 자립적 이성과 감성세계의 관계를 사용하지만, 이로써 순전히 한 존재를 날조해내기 위한 것은 아니다. 오히려 감성세계 바깥에서는 오로지 순수 지성만이 사고하는 어떤 것이 필연적으로 발견되어야 하기에, 이것을 이와 같은 방식으로 순전히 유추에 따른 것이지만 규정하기 위한 것이다.

이렇게 해서 전체 『비판』의 결과인 우리의 상술한 명제가 남게 된다. 즉 "이성은 자신의 모든 아프리오리한 원리로 오로지 가능한 경험의 대상들 외에는 아무것도 우리에게 가르쳐주지 않고, 이들 대상에 관해서도 경험에서 인식할 수 있는 것 외에는 아무것도 가르쳐주지 않는다"라는 명제 말이다. 그러나 이러한 제한이 이성이 우리를 경험의 객관적 경계에까지, 즉 그 자신이 경험의 대상은 아니지만 모든 경험의 최상 근거여야만 하는 것과의 관계에까지 인도하는 것을 방해하지는 않는다. 그렇지만 이성은 그와 같은 것을 우리에게 그 자체로 가르쳐주지는 않고, 가능한 경험의 영역에서 자신만의 완전하고 최상의 목적에 맞추어진 사용과 관계해서만 가르쳐준다. 그러나 이것이 사람들이 여기서 합리적으로 바랄 수 있는 유용함의 전부이며, 이로써 만족할 이유를 갖게 된다.

A 183

Ⅳ 362

## § 60

이렇게 해서 우리는 형이상학을 주관적 가능성에 따라 인간 이성의 **자연성향** 속에 실제 주어진 대로, 말하자면 이성의 작업에서 본질적 목적을 이루는 데서 실제 주어진 대로 상세히 서술했다. 그러는 사이에 우리는 [다음 사실을] 발견했다. 우리 이성의 그와 같은 성향을 순전히 **자연적으로** 사용하는 것은 만약 학문적 비판으로만 가능한 이성의 규율이 이성을 억제하고 제한하지 않는다면 이성을 초험적이어서 일부는 순전히 외양만이지만 일부는 그들 간에도 상충적인 변증적 추리들에 빠지게 한다는 것이다. 게다가 이러한 궤변적 형이상학은 자연인식을 증진하려면 없어도 된다는, 심지어 그것에 불리하다는 것을 말이다. 그렇기에 여전히 연구할 가치가 있는 하나의 과제, [즉] 우리 이성에 있는 초험적 개념의 성향이 목표로 삼고 있을 **자연목적**을 발견하는 과제가 남게 된다. 자연 속에 놓여 있는 모든 것은 근원적으로 어떤 유용한 목적을 겨냥하고 있음이 틀림없기 때문이다.

A 184

이와 같은 연구는 사실 불확실한 것이다. 그렇기에 나는 그것이 자연의 제일 목적에 관해 내가 말할 수 있다고 생각하는 모든 것과 마찬가지로 단지 추측일 뿐이라는 점과 이 경우에만 나에게 허용될 수 있다는 점을 인정한다. 문제는 형이상학적 판단들의 객관적 타당성에 관한 것이 아니라 이들 판단들로 향하는 자연성향에 관한 것이라서 형이상학의 체계 밖에 있는 인간학에 놓여 있다는 것이다.

선험적 이념들 전체는 자연적 순수 이성의 본래적 업무를 이루는데, 이 업무는 이성으로 하여금 순전한 자연고찰을 떠나서 모든 가능한 경험 너머로 나아가고, 이렇게 노력하면서 형이상학이라고 하는 것(그것이 지식이든 궤변이든 간에)을 완성하도록 강요하는 것이다. 만일 내가 이런 모든 선험적 이념을 고찰한다면,[22] 나는 이러한 자연성향이 우리 개념을 경험의 속박에서 그리고 순전한 자연고찰의 제한에서 풀려나도록 하는 것과 적어도 감성은 도달할 수 없는 순수 지성을 위한 대상들만 포함하는 한 영역이 자신 앞에 열리는 것을 그 개념이 보게 되는 것을 목표로 한다는 점을 알게 될 거라고 생각한다. 물론 이것은 이 대상들을 사변적으로 다루려는 우리 의도에서가 아니라 (우리는 그 위에 우리 발을 붙잡아둘 수 있는 지반을 발견하지 못하기 때문에) 오히려 자신의 필연적 기대와 희망을 위한 공간을 자 Ⅳ 363 신 앞에 발견하지 않고는 이성에 도덕적 의도에서 불가피하게 필요 A 185 한 보편성으로 자신을 확장할 수 없는 실천적 원리들이 [⋯][23] 위한 것이다.

이제 나는 여기에서 **영혼론적 이념**이, 내가 그것으로 순수하고 모든 경험개념을 초월한 인간 영혼의 본성에 대해 여전히 통찰하는 바가 거의 없다 하더라도 적어도 이 경험개념들의 불충분함은 아주 명백하게 보여준다는 것을 그리고 이로써 아무런 자연설명에도 유용하지 않고 게다가 실천적 의도에서 이성을 축소하는 영혼론적 개념인 유물론에서 나를 벗어나게 해준다는 것을 알게 된다. 마찬가지로 가능한 모든 자연인식이 이성 자신의 정당한 요구를 만족시키기에는 명백히 불충분하므로 **우주론적 이념**들은 우리를 자연 자체로 충분한 것으로 주장하려는 자연주의에서 떼어놓는 데 기여한다. 마지막으로 감성세계에서 자연필연성은 그것이 항상 다른 사물에 대한 사물의 의존성을 전제한다는 점에서 그리고 무조건적 필연성은 오로지 감성세계와 구별되는 원인들의 통일성에서만 구해져야 한다는 점에서 항상 조건 지어지지만, 원인들의 인과성이 이번에도 순전히 자연일 뿐이라면 결코 우연적인 것의 현존을 우연한 것의 결과로 이해시킬 수 없다. 그래서 이성은 **신학적 이념**을 수단으로 하여 숙명론에서 벗어나게 된다. 즉 제일 원인이 없는 자연 자체와 연관성 속 A 186

에서 맹목적인 자연필연성뿐 아니라 또한 이러한 제일 원인의 인과성에서 맹목적인 자연필연성에서 벗어나게 된다. 그래서 자유를 통한 원인이라는 개념, 그러니까 결국 최상의 지성이라는 개념에 이르게 된다. 그렇게 해서 선험적 이념들은 비록 우리에게 적극적으로 가르쳐주기 위해서 사용되지는 않지만 유물론, 자연주의 그리고 숙명론의 뻔뻔스럽고 이성의 영역을 축소하는 주장들을 제거하고 이로써 도덕적 이념들에 사변의 영역 바깥에 공간을 마련해주기 위해 사용된다. 그리고 이러한 것이 저 자연성향을 어느 정도 설명해줄 거라고 생각한다.

순전히 사변적인 학문에 있을 수도 있는 실천적 유익은 이 학문의 경계 바깥에 놓여 있다. 따라서 하나의 주해로 여겨질 수 있으며, 모든 주해와 마찬가지로 하나의 부분으로서 그 학문 자체에 속하지 않는다. 그럼에도 이러한 관계는 적어도 철학의 경계 안에, 특히 순수한 이성의 원천에서 길어온 철학의 경계 안에 놓여 있고, 이 순수한 이성의 원천에서는 형이상학에서 이성을 사변적으로 사용하는 것이 <sub></sub>

IV 364

도덕에서 이성을 실천적으로 사용하는 것과 통일성이 있어야만 한다. 그러므로 순수 이성의 불가피한 변증론은 형이상학에서 자연성향으로 간주될 때 해소할 필요가 있는 가상으로뿐 아니라, 할 수만

A 187

있다면 자신의 목적에 따르는 **자연시설**로도 설명할 만한 것이다. 물론 이러한 일은 직무 이상의 일로서 당연히 고유한 형이상학에 요구해서는 안 된다.

『비판』647쪽에서 668쪽까지[24])에서 진행된 문제들의 해결을 둘째 주해이긴 하지만 형이상학의 내용에는 더 밀접한 주해로 간주해야 할 것이다. 거기에서는 자연질서를 아프리오리하게 규정하거나, 아니면 오히려 자연질서의 법칙들을 경험으로 찾아야 할 지성을 아프리오리하게 규정하는 특정한 이성원리들이 진술되기 때문이다. 이

이성원리들은 순전한 이성에서 생긴 것이어서 지성처럼 가능한 경험의 원리로 간주되어서는 안 되지만 경험과 관련해서는 구성적이고 입법적인 것처럼 보인다. 그런데 이러한 일치가 다음 사실에 근거를 두는지는, [즉] 자연이 현상들에나 혹은 그들의 원천인 감성에 그 자체로 귀속된 것이 아니라 오로지 지성에 대한 감성의 관계에서만 발견되는 것처럼, (하나의 체계 속에서) 가능한 전체 경험을 위한 지성사용의 철저한 통일성은 오로지 이성과 관계에서만 지성에 속할 수 있고, 따라서 경험도 간접적으로 이성의 법칙제공에 종속한다는 사실에 근거를 두는지는 이성의 본성을 형이상학에서 사용하는 외에서도 추적하려 하고 심지어 자연역사 일반을 체계적으로 만들어 주는 보편적 원리들에서 추적하려는 이들이 계속 숙고할 것이다. 나는 그 책[25] 자체에서 이 과제를 중요한 것으로 소개는 했지만 그것을 A 188 해결하려고 시도하지는 않았기 때문이다.*

이렇게 해서 나는 형이상학의 사용이 현실적으로 주어져 있는, 적 Ⅳ 365 어도 결과에서 주어져 있는 곳에서 출발하여 그것의 가능성의 근거까지 올라감으로써 스스로 제기했던 "형이상학 일반은 어떻게 가능한가?"라는 주요 질문의 분석적 해결을 끝마친다.

---

* 순수 이성의 본성에 대한 연구를 완전함으로 이끌어줄 수 있는 것은 아무리 깊게 숨겨져 있다 하더라도 그 어떤 것도 놓치지 않는다는 것이 『비판』에서 나의 확고한 결단이었다. 어떤 것을 아직 연구해야 할지가 제시되기만 한다면 누가 어디까지 자신의 연구를 추진해갈지는 각자 뜻에 달려 있다. 이런 일은 미래의 증축과 임의적 분배는 다른 이에게 맡기고 순수 이성 전체 영역의 평가를 자기 업무로 삼는 이들에게서 당연히 기대할 수 있는 것이기 때문이다. [언급된 순수이성비판의] 두 가지 주해 역시도 이러한 것에 속한다. 이 주해들은 그것의 무미건조함으로 일반 애호가들에게는 거의 추천할 만하지 않고 단지 전문가들을 위해 제시한 것이다.

# '학문으로서 형이상학은 어떻게 가능한가?'라는 서설의 보편적 질문의 해결

형이상학은 이성의 자연성향으로는 현실적이지만 역시 그것 자체만으로는 (셋째 주요 질문의 분석적 해결이 증명했듯이) 변증적이며 기만적이다. 그래서 이것에서 원칙들을 취하려는 것과 그것을 사용해서 자연적이긴 하지만 잘못된 가상들을 따라가는 것은 결코 어떠한 학문도 생겨나게 할 수 없으며, 오로지 공허한 변증적 기술만 낳는다. 여기에서는 하나의 학파가 다른 학파를 능가할 수 있지만 그 어떤 것도 정당하고 지속적인 동의를 결코 얻을 수 없다.

그런데 형이상학이 학문으로서 기만적인 설득뿐 아니라 통찰과 확신까지도 요구하려면 이성비판 자체가 아프리오리한 개념들의 전체 저장품들을 [하나의 완전한 체계에서 상세히 설명해야 한다] 그러니까 이들 개념들을 감성, 지성, 이성이라는 서로 다른 원천들에 따라 구분하는 것, 더 나아가 이들의 완전한 표와 이 모든 개념과 그것들에서 따라 나올 수 있는 것들을 분석하는 것, 이에 근거를 두어 무엇보다 이들 개념의 연역을 수단으로 한 아프리오리한 종합인식의 가능성과 이들 개념 사용의 원칙들, 마지막으로 이들의 한계까지 모든 것을 하나의 완전한 체계에서 상세히 설명해야 한다. 그렇기에 『비판』은 또한 전적으로 이 『비판』만이 잘 조사되고 확증된 전체 계획을, 심지어 그것을 실행하는 모든 수단을 포함한다. 이 수단에 따라 형이상학은 학문으로 완성될 수 있으며, 다른 방법과 수단으로는 불가능하다. 따라서 여기서 문제가 되는 것은 어떻게 이 일이 가능한지가 아니라 다만 어떻게 이 일을 작동하고 좋은 두뇌들이 지금까지 전도되고 성과 없는 작업에서 확실한 작업으로 옮겨갈 수 있는지, 그리고 어떻게 이러한 협력이 가장 적절하게 공동 목적으로 향할 수 있느지에 관한 것이다.

『비판』을 한번 경험한 사람은 독단적인 모든 공허한 잡담에 언제 Ⅳ 366
나 역겨움을 느끼게 된다는 것만큼은 확실하다. 그가 이전에 이 잡담
들에 부득이하게 만족했던 것은, 그의 이성이 자신을 유지하기 위해
무엇인가 필요했지만 더 나은 것을 발견할 수 없었기 때문이다. 『비
판』이 보통의 강단 형이상학과 맺는 관계는 화학이 연금술과 혹은 천
문학이 예언적 점성술과 맺는 관계와 똑같다. 내가 확실히 보증하는
바는, 비판 원칙들을 단지 이 『서설』에서만이라도 깊이 생각하고 이
해한 사람은 결코 저 오래되고 궤변적인 가상의 학문으로 되돌아가
지 않을 것이며, 오히려 이제야 틀림없이 자기 지배하에 있고 어떠한
준비를 위한 발견마저도 더 필요하지 않아서 비로소 이성에 지속적
인 만족을 제공해줄 수 있는 형이상학을 일종의 즐거움으로 내다보
게 될 것이라는 점이다. 이것이 모든 가능한 학문 중에서 형이상학만
이 확신을 가지고 기대할 수 있는 이점, 즉 형이상학은 그것이 더는
변경될 필요가 없으며, 또한 새로운 발견을 통한 증대도 가능하지 않
기에 완성과 고정불변적 상태에 이를 수 있다는 이점이다. 여기에서
이성은 자기 인식의 원천을 대상들 속에서나 대상들에 관한 직관들
속에서가 아니라 (이 직관에 의해 이성이 계속해서 더 많은 것을 깨우
치게 될 수는 없다) 자기 자신 속에서 가진다. 만약 이성이 자기 능력
의 근본법칙들을 완전하게 그리고 모든 오해에 맞서 명백하게 나타 A 191
내 보였다면 순수 이성이 아프리오리하게 인식하는 것뿐 아니라 이
성이 근거를 가지고 질문할 수 있는 것조차 아무것도 남지 않을 것이
다. 이렇게 하나의 명백하고 완결된 앎에 대한 확실한 전망은 (나중
에 내가 다시 언급할) 모든 효용을 무시한다고 하더라도 특별한 매력
을 지닌다.

모든 거짓된 기술, 모든 공허한 지혜는 자신의 시대만큼만 지속된

다. 결국 이들은 스스로 파괴하며 이들의 최상의 문명이 동시에 쇠퇴하는 순간이기 때문이다. 형이상학에서도 이러한 순간이 지금 여기와 있다는 사실은 다른 각종 학문이 열정으로 작업하는데도 형이상학은 학식 있는 모든 무리 사이에서 쇠퇴해가는 상태가 증명해준다. 대학연구에서 오래된 관행은 여전히 형이상학의 그림자를 보존하고 있고, 유일한 학술원은 여전히 때때로 현상공모를 실시해 이런저런 시도를 형이상학 속에서 하도록 만든다. 그러나 형이상학은 더는 근본적 학문에 속하지 않으며, 예를 들어 사람들이 한 명민한 사람을 위대한 형이상학자라 부르고자 해도, 그가 좋은 의도이지만 누구도 부러워하지 않는 이 찬사를 어떻게 받아들일지는 각자 판단해보면 된다.

IV 367 모든 독단적 형이상학이 붕괴하는 시기는 의심할 여지없이 다가와 있다. 이에 반해 하나의 근본적이고 완성된 이성의 비판으로 형이

A 192 상학이 재탄생하는 시기가 이미 출현했다고 말하기에는 여전히 많은 것이 부족하다. 하나의 경향에서 그것에 반대되는 경향으로 이행하는 모든 것은 무관심 상태를 지나가게 된다. 그리고 이러한 시기는 저자에게는 가장 위험한 순간이지만, 내가 생각하기로는 학문에는 가장 유리한 시기다. 만약 이전 연합들이 완전히 결별해 당파심이 소멸된다면 인간의 마음이 다른 계획에 따른 연합의 제안에 점차 귀 기울이기에 최상의 상태가 되기 때문이다.

만일 이『서설』에 대해 내가 희망하는 바가 "그것이 비판 영역에서 연구를 정말로 활기차게 만들어주고 사변적 부문에서 양분이 부족한 것으로 보이는 철학의 보편적 정신에 새롭고 많은 것을 약속하는 부양의 대상을 제공하는 것이다"라고 말한다면, 내가 비판에서 그들을 이끌고 갔던 가시덤불 길에 짜증나고 넌더리났던 사람들은 누구나 도대체 내가 무엇에 근거를 두고서 이러한 희망을 갖는지 물을 것

이라는 사실을 나는 이미 앞서 생각할 수 있다. 이에 대해 나는 저항할 수 없는 필연성의 법칙에 근거를 두고서라고 대답한다.

인간의 정신이 형이상학적 연구를 언젠가는 완전히 포기하게 될 것이라는 점은 깨끗하지 않은 공기를 더는 들이마시지 않으려고 우리가 언젠가 호흡을 차라리 완전히 중지하게 될 거라는 것과 마찬가지로 기대할 수 없는 일이다. 따라서 세상에는 항상 형이상학이 존재 A 193 할 것이고, 특히 깊이 사고하는 인간에게는 더더욱 공적인 표준이 결여된 채 각자가 자기 방식으로 재단하게 되는 형이상학이 존재하게 될 것이다. 그런데 지금까지 형이상학이라고 불렸던 것은 엄격히 평가하는 두뇌에는 아무런 만족도 줄 수 없었다. 그렇지만 그것을 전적으로 자진해 포기하기도 불가능하다. 그렇기에 결국에는 순수 이성 자체에 대한 비판이 **시도되든지** 혹은 그러한 비판이 이미 있다면 그 비판이 **연구되어** 보편적 시험을 거쳐야 한다. 그렇지 않으면 순전한 지식욕 이상의 것인 이러한 절박한 요구를 채워줄 어떠한 수단도 존재하지 않기 때문이다.

내가 비판을 알게 된 이후로는 형이상학적 내용을 담은 책을 통독한 끝에 이 책이 그들의 개념들을 규정함으로써 그리고 다양성과 질서, 쉬운 설명으로 나를 즐겁게 해주었을 뿐 아니라 계발했어도, 결국 나는 "이 저자가 정말 형이상학을 한 발짝이라도 더 전진시켰는가?" IV 368 라고 묻지 않을 수 없었다. 나는 그들의 저술들이 다른 목적에서는 나에게 유익했고 정서적 힘을 연마하는 데는 언제나 기여했던 학자들에게 용서를 구한다. 나는 그들의 시도들에서나 나의 [이전의] 보잘것없는 시도들에서나 (이기심은 나의 것들에 유리하게 말하겠지만) 그것으로 학문이 최소한이라도 더 나아갔다는 것을 발견할 수 없었 A 194 기 때문이다. 그리고 이것은 아주 자연스러운 이유에서 그러한데, 이 학문[형이상학]은 아직 존재하지도 않았고 단편적으로 모을 수도 없으며 싹이 비판에서 미리 충분히 조성되어야만 하기 때문이다. 그러나 모든 오해를 방지하기 위해서 앞서 말한 것에서 우리가 우리 개념들을 분석적으로 다룸으로써 지성에는 물론 정말 많이 유익하겠지만, 그러나 (형이상학이라는) 이 학문은 그것으로써 최소한의 진보도 이루지 못한다는 것을 기억해야만 한다. 저 개념의 분석들은 단지 학문이 그것으로 비로소 조립되는 재료이기 때문이다. 그렇기에 우리가 실체와 우유성이라는 개념을 아무리 잘 분석하고 규정하더라도 그것은 장래의 그 어떤 사용을 위한 준비로서 참으로 좋은 것이다. 하지만 만약 내가 현존하는 모든 것 중에서 실체는 고정불변이고 오로지 우유성들만이 바뀐다는 사실을 결코 증명할 수 없다면, 저 모든 분석으로도 학문은 최소한으로도 진보하지 않는다. 그런데 형이상학은 이 명제뿐 아니라 충족이유율, 더 나아가 예컨대 영혼론이나 우주론에 속하는 명제와 같은 어떤 합성된 명제도, 그 어떠한 종합적 명제도 지금까지 아프리오리하게 타당함을 증명할 수 없었다. 그러므로 저 모든 분석으로는 아무것도 달성되지 않았고, 어떤 것도 이루어지거나 발전한 것이 없다. 그리고 학문은 그렇게 많은 혼란과 잡음이 있은 후에도 여전히 **아리스토텔레스** 시대에 있었던 그곳에 머무르고 있다. 만약 사람들이 처음부터 종합적 인식의 실마리를 발견하기만 했더라면, 그 학문을 위한 채비가 그렇지 않았던 것보다 이론의 여지없이 훨씬 더 잘되었겠지만 말이다.

A 195

　만약 누군가가 이로써 모욕감을 느낀다고 생각한다면, 그가 독단적인 방식으로 아프리오리하게 증명하겠다고 자청하는 단 하나의 종합적이면서 형이상학에 속하는 명제만이라도 열거한다면, 그는 이러한 비난을 쉽게 무너뜨릴 수 있다. 나는 단지 그가 이렇게 할 때만, 설령 이러한 명제가 그렇지 않더라도 대개 보통의 경험으로 충분히 확증된다 하더라도 그가 실제로 학문을 진보시켰다고 인정할 터이기 때문이다. 어떠한 요구도 [이보다] 더 적절하고 더 정당할 수 없으며, 이 요구가 (필연적으로 확실히) 아무런 성과가 없는 경우에는 "학문으로서 형이상학은 아직까지 결코 존재하지 않았다"라는 것보 IV 369 다 더 정당한 발언은 없다.

이 도전이 받아들여지는 경우 나는 두 가지만은 거절해야 한다. 첫째는 **개연성**과 추측이라는 장치인데, 이것은 기하학과 마찬가지로 형이상학에도 잘 어울리지 않는다. 둘째는 이른바 **건전한 상식**이라는 마술지팡이를 이용한 결정인데, 이 결정은 모든 사람에게 맞아떨어지는 것이 아니라 개인적 속성에 따르는 것이다.

**첫째**에 관해서는 순수 이성으로 말미암은 철학인 형이상학에서 자 A 196 기 판단을 개연성과 추측에 근거 지으려고 하는 것보다 더 불합리한 것은 발견할 수 없다. 아프리오리하게 인식되어야 하는 모든 것은 바로 그것으로써 자명하게 확실한 것으로 주장되고, 또한 그러한 것으로 증명되어야만 한다. 우리가 기하학이나 산술을 추측에 근거 지으려고 해도 되겠는가. 산술에서 확률 계산[26]에 관해 말하면, 그것은 개연적 판단들을 포함하는 것이 아니라 주어진 동종의 조건들 아래에서 확실한 경우들의 가능성 정도에 관한 전적으로 확실한 판단들을 포함하기 때문이다. 이 판단들은 모든 가능한 경우의 총합에서 규칙에 맞게, 비록 이 규칙이 개별적 우연과 관련해서는 충분하게 규정되어 있지 않지만, 완전히 틀림없이 들어맞아야만 한다. 오로지 경험적 자연과학에서만 추측들이 (귀납과 유추로) 허용될 수 있지만, 그렇다고 해도 내가 가정하는 것의 가능성은 적어도 완전히 확실해야만 한다.

개념들과 원칙들이 경험과 관련하여 타당해야 한다는 것이 아니라 이들이 경험의 조건들 밖에서도 타당한 것으로 주장하려는 한에서 이들에 관해 말할 때, 건전한 상식에 호소하는 일은 아마도 더 나쁜

A 197 상황이 될 것이다. 도대체 건전한 상식은 무엇인가? 그것은 옳게 판단하는 한에서 **보통의 지성**이다. 그렇다면 보통의 지성은 무엇인가? 규칙들을 추상적으로[27] 인식하는 능력인 **사변적 지성**과 달리 그것은 규칙들을 구체적으로[28] 인식하고 사용하는 능력이다. 그렇기에 보통의 지성은 "일어나는 모든 일은 자신의 원인에 의해 규정되어 있다"라는 규칙을 간신히 이해하더라도 결코 보편적으로 통찰할 수는 없다.

IV 370 그러므로 보통의 지성은 경험에서 실례를 요구한다. 그래서 만약 창유리가 깨지거나 가재도구가 사라져버렸다면, 그것은 자신이 언제나 생각했던 것을 의미할 뿐이라는 사실을 보통의 지성이 듣게 된다면, 보통의 지성은 원칙을 이해하는 것이고 또한 원칙을 인정하는 것이다. 따라서 보통의 지성은 자기 규칙들이 (이것들은 실제로는 그 속에 아프리오리하게 내재하는 것이기는 하지만) 경험에서 확증되는 것을 자신이 볼 수 있는 한에서만 사용된다. 따라서 이 규칙들을 아프리오리하게 그리고 경험에 독립해서 통찰하는 것은 사변적 지성에 속하는 일이고, 전적으로 보통의 지성의 시야 밖에 놓여 있는 것이다. 그러나 형이상학은 오로지 사변적 지성의 인식종류와만 상관하므로, 여기에서 결코 어떠한 판단도 하지 않는 사람을 증인으로 삼는 것은 분명 상식의 나쁜 징표다. 우리가 곤경에 빠졌음을 알고 자신의 사변 속에서는 조언도 도움도 구할 수 없음을 깨닫게 되는 경우를 제외하고는, 보통은 그 증인을 아마도 멸시하기만 했을 것이다.

A 198 이러한 보통 상식의 거짓 친구들이 (이들은 보통 상식을 경우에 따라서는 찬양하지만 대개는 경멸한다) 흔히 사용하곤 하는 익숙한 평계는 직접적으로 확실해서 그것에 관해 증명하는 일뿐만 아니라 변명하는 것도 언제나 필요치 않은 약간의 명제가 결국에는 존재해야 한다고 말하고, 그렇지 않으면 자신의 판단 근거들에서 결코 결말에 이르지 못하기 때문이라고 말하는 것이다. 그러나 이러한 권한을 증

명하려고 그들이 (종합판단의 진리성을 해명하는 데는 충분하지 않은 모순율을 제외하고) 수학적 명제, 예를 들어 "둘에 둘을 곱하면 넷이다", "두 점 간에는 단지 하나의 직선만이 존재한다" 등과 같은 수학적 명제 외에는 보통의 인간지성에 직접 부여해도 되는 확실한 것으로 어떠한 다른 것도 결코 언급할 수 없다. 그러나 이들 판단은 형이상학의 판단들과는 천양지차다. 수학에서는 내가 개념을 통해 가능하다고 표상하는 것을 모두 내 사고만의 힘으로 만들어낼 수 (구성할 수) 있기 때문이다. 즉 나는 둘에 또 다른 둘을 차례로 덧붙여 넷이라는 숫자를 직접 만들거나 생각 속에서는 하나의 점에서 다른 점으로 온갖 선을 긋고, (같은 것이든 같지 않은 것이든 간에) 모든 부분에서 자기와 닮은 오로지 하나의 선만 그을 수 있기 때문이다. 그러나  A 199
사고 능력 전부로도 나는 한 사물의 개념에서 자신의 현존이 저 개념과 필연적으로 결합해 있는 어떤 다른 사물의 개념을 산출해낼 수 없고, [이를 위해서는] 오히려 경험과 상의해야만 한다. 그리고 비록 나에게 내 지성이 아프리오리하게 (하지만 언제나 오로지 가능한 경험과의 관계 속에서만) 그러한 결합의 (인과성) 개념을 제공해주지만, 나는 그것을 수학의 개념들처럼 아프리오리하게 직관에서 나타낼 수  Ⅳ 371
없다. 따라서 그것의 가능성을 아프리오리하게 설명할 수 없다. 오히려 이 개념이 아프리오리하게 타당해야 한다면, ―형이상학에서 요구하는 것처럼― 이 개념은 자신을 적용하는 원칙들과 함께 언제나 자신의 가능성에 대한 정당화와 연역이 필요하다. 그렇지 않다면 우리는 그것이 어느 정도까지 타당한지, 그것이 경험에서만 사용될 수 있는지 아니면 경험 밖에서 사용될 수 있는지를 알지 못한다. 따라서 순수 이성의 사변적 학문으로서 형이상학에서는 우리가 보통의 상식을 결코 근거로 내세울 수 없다. 그러나 우리가 형이상학을 떠나지 않을 수 없어서 항상 하나의 수단이어야만 하는 모든 순수 사변적

인식을, 그러니까 형이상학 자체와 그것의 가르침을 (그 어떤 사정에서) 포기하지 않을 수 없고, 이성적 신앙만이 우리에게 가능하며, 또한 우리의 필요에 충분하다고 (어쩌면 앎 자체보다 더욱 유익할 것이다) 판단되는 때는 보통의 상식을 근거로 내세울 수 있을 것이다. 이럴 경우에는 문제의 형태가 완전히 변하기 때문이다. 형이상학은 전체에서뿐 아니라 그것의 모든 부분에서도 학문이어야만 한다. 그렇지 않으면 형이상학은 아무것도 아니다. 순수 이성의 사변으로서 형이상학은 일반적 통찰 외에 다른 어떤 곳에서도 [유지할] 자리를 가질 수 없기 때문이다. 그러나 형이상학 밖에서는 개연성과 건전한 상식이 유용하고 정당하게 사용될 수 있지만, [이 경우] 그 중요성이 항상 실천적인 것과 관계 맺음에 의존하는 전적으로 고유한 원칙들에 따라서 사용될 수 있다.

A 200

이상이 내가 학문으로서 형이상학의 가능성을 위해 정당하게 요구하는 것이라 여기는 것이다.

# 부록

## 학문으로서 형이상학을 실현하려면
## 생겨날 수 있는 일에 관하여

사람들이 지금까지 걸어온 모든 길은 이 목적에 도달하지 못했고, 또한 순수 이성의 비판이 선행하지 않고는 그러한 목적에 결코 도달하지 못할 것이기에 여기서 지금 눈앞에 제시된 시도가 정확하고 조심스러운 검사를 받도록 하라는 요구는 차라리 형이상학에 대한 모든 요구를 전적으로 포기하는 것을 사람들이 더 현명하게 여기지 않는 한에서는 부당하지 않은 것으로 보인다. 이런 경우에 사람들이 [형이상학에 대한 모든 요구를 전적으로 포기하는 것이 더 현명하다고 여기는] 자신의 결심에 충실히 머무르기만 한다면 그것에 어떠한 이의도 없을 것이다. 만약 우리가 사물들의 진행이라는 것을 반드시 그렇게 되어야만 하는 것으로가 아니라 실제로 되어가는 것으로 생각한다면, 두 가지 판단이 존재하게 된다. 하나는 연구에 앞서 하는 판단인데, 이와 같은 판단은 우리 경우에는 독자가 자신의 형이상학에 기인해서 (맨 먼저 형이상학의 가능성을 탐구해야 하는) 『순수이성비판』에 대해 하나의 판단을 내리는 경우다. 그리고 또 다른 하나는 연

A 201

IV 372

구에 뒤따라 나오는 판단이다. 이 경우 독자는 이전에 자신이 받아들였던 형이상학을 상당히 강하게 배척할 수도 있는 비판적 연구들에서 생겨난 결과들을 한동안 옆으로 제쳐놓을 수 있으며, 먼저 그 결과들이 도출된 근거들을 검토하게 된다. 만약 보통의 형이상학이 설명하는 바가 (예를 들어 기하학처럼) 확실하게 정해져 있다면, 첫째의 판단 방식이 타당하게 된다. 어떤 원칙들에서 기인한 결과들이 이미 정해진 진리들에 모순되는 경우에는 저 원칙들은 거짓이 되고 더는 연구도 없이 버려질 수 있기 때문이다. 그러나 형이상학이 논쟁할 여지없이 확실한 (종합적) 명제들을 저장해놓은 상태가 아니라면, 심지어 다수 명제는 그들 중 최상의 것들과 마찬가지로 그럴듯하지만 그럼에도 자신들의 결과에서는 서로 논란이 되어 고유한-형이상학적 (종합적) 명제들의 진리성에 대한 확실한 기준을 형이상학에서는 어디서도 전혀 만날 수 없는 상태라면, 앞에 나온 [첫째] 판단 방식은 생길 수 없다. 오히려 『비판』 원칙들에 관한 연구가 이 원칙의 가치 유무에 대한 모든 판단에 선행해야만 한다.

## 『비판』에 대한 판단이 연구에 앞서 행해진 실례

이러한 판단은 1782년 1월 19일자 『괴팅겐 학술지』[1] 부록 제3부 40쪽 이하에서 발견된다.

만약 자기 작품의 대상을 잘 알고 있고 철저하게 고유한 자기 사색을 그 작품의 작업에 몰두하는 데에 전력을 다한 한 저자가 저작의 가치 유무의 근거가 되는 요인들을 찾아낼 만큼 충분히 영민하고, 단어들에 매이지 않으며, 오히려 본래 문제에 몰두하여 순전히 저자가 그것에서 출발한 원리들만을 알아보고 검토하는 한 서평자의 손

아귀에 놓이게 된다면, 저자는 판단의 엄격함이 마음에 들지 않을 수   IV 373
있지만 독자는 거기에서 이익을 얻기에 도리어 개의치 않게 된다. 그   A 203
리고 저자 자신도 전문가가 미리 검토한 자신의 논문을 교정하거나
해명할 수 있어서 근본적으로 정당하다고 믿는 경우에는 저서에 결
과적으로 불리하게 될 수 있는 방해의 돌을 제때 치워버릴 기회를 얻
는다는 사실에 만족할 수 있을 것이다.

　나는 나의 [저서에 대한] 서평자에 관하여 전혀 다른 사정에 놓여
있다. 내가 다루었던 연구에서 (성공적이었든 성공적이지 못했든 간
에) 무엇이 실제로 중요한지 그는 전혀 이해하지 못한 것으로 보인
다. 그것이 방대한 작품을 숙고하는 데 참을성이 없기 때문이든 혹은
이미 오랫동안 모든 것을 해명했다고 믿었던 학문을 개혁하라는 협
박에 따른 불쾌한 기분 때문이든 혹은 별로 내키지 않는 추측이지만
그가 자신의 강단 형이상학을 넘어서서는 생각할 수 없는 현실적으
로 제한된 이해 때문이든 간에 말이다. 간단히 말해 서평자는 그 전
제들을 알지 못하고는 아무것도 이해할 수 없는 일련의 명제를 거칠
게 훑고 지나간 뒤 비난을 여기저기에 퍼뜨리지만, 독자는 비난 대상
이 된 그 명제들을 이해하지 못하는 것과 마찬가지로 그 비난의 근거
도 알지 못한다. 그래서 서평자는 독자가 [책에 관한] 정보를 얻는 데
도움이 될 수 없으며, 전문가 판단에서는 최소한의 해도 나에게 끼칠
수 없다. 그러므로 이 서평이 몇 가지 경우에서 『서설』의 독자들을   A 204
오해에서 보호할 수 있는 해명 기회를 나에게 약간 제공하지 않았다
면, 나는 이 서평을 전적으로 무시했을 것이다.

　그러나 서평자는 특별한 연구를 위한 노력은 하지 않은 채 가장 쉽
게 저자에게 불리한 방식으로 전체 작품을 명백히 보여줄 수 있는 하
나의 관점을 취하려고 "이 작품은 선험적[2] (혹은 그가 달리 번역했듯
이 더 높은*) 관념론의 체계다"라는 말로 시작하고 끝을 맺는다.

나는 이 한 구절을 보고도 어떤 비평이 그것에서 나오게 될지를 즉시 알아보았다. 아마도 그것은 예컨대 기하학에 관해 결코 아무것도 듣지도 보지도 못했던 누군가가 유클리드 책을 발견하게 되고, 책장

을 넘기면서 많은 도형을 마주친 후 그것에 관해 판단을 내려달라고 요청받게 될 때, "이 책은 도형을 그리기 위한 체계적 설명서다. 저자는 모호하고 이해할 수 없는 규칙들을 수립하려고 특별한 언어를 사용하지만, 그 규칙은 결국에는 적절한 자연스러운 눈대중으로 누구나 완성할 수 있는 것 이외에는 달성할 수 없는 것이다. 등등"이라 말하는 것이다.

나의 전체 작품을 관통하는 관념론이 비록 [전체 작품의] 체계에서 중심을 이루지는 않지만 그것이 어떤 종류인지는 알아보자.

엘레아학파에서 버클리 주교에 이르는 모든 전형적 관념론자의 명제는 "감각 능력과 경험을 통한 모든 인식은 순전한 가상일 따름이고, 진리는 오로지 순수한 지성과 이성의 관념들에서만 존재한다"라는 문구에 담겨 있다.

이와 반대로 나의 관념론을 일관되게 지배하고 규정하는 원칙은 "사물에 관해 순전히 순수 지성이나 순수 이성에서 기인한 모든 인

---

\* '더 높은' 관념론이라는 말은 결코 맞지 않는다. 높은 탑들과 그것과 유사한 위대한 형이상학자들, 이들 양자 주위에는 공통적으로 바람이 많이 불지만 이 말이 나에게는 해당하지 않는다. 내 자리는 경험이라는 낮고 비옥한 땅에 있다. 그리고 '선험적'이라는 단어, [즉] 그렇게 여러 번 내가 알린 그 의미가 서평자에게는 한 번도 이해되지 않았던 이 단어는(서평자는 모든 것을 이렇게 피상적으로 바라보았다), 모든 경험을 넘어가는 어떤 것을 의미하는 것이 아니다. 오히려 경험에 (아프리오리하게) 선행하지만, 그럼에도 오로지 경험인식을 가능하게 만드는 것만을 위해 규정되어 있는 것을 의미한다. 만약 이러한 개념들이 경험을 넘어가 버린다면 그것을 사용하는 것을 초험적이라 말하고, 이것을 내재적 사용, 즉 경험에 제한된 사용과 구별한다. 이와 같은 오해가 작품에서는 충분히 예방되어 있는데, 오로지 서평자만이 이러한 오해에서 자기 이익을 찾아냈다.

식은 순전한 가상일 따름이고, 진리는 오로지 경험에서만 존재한다"라는 것이다.

그러나 이것은 저 본래의 관념론과 정반대되는 것이다. 그렇다면 A 206
어떻게 나는 이러한 [관념론이라는] 표현을 전혀 반대되는 의도로
사용하게 되었고, 어떻게 서평자는 [저 본래의] 관념론을 도처에서
보게 되었는가?

이러한 어려움은 사람들이 하고자 했다면 저서의 맥락에서 아주
쉽게 통찰할 수 있었을 것에 근거해서 해결된다. 공간과 시간은 자
신 속에 포함하는 모든 것과 더불어 사물도 아니고 사물 자체의 속성
도 아니며 오히려 순전히 사물 자체의 현상에 속할 뿐이다. 내가 저
관념론자들과 동일한 고백을 하는 것은 바로 여기까지다. 하지만 이
들 관념론자 그리고 그들 중 특히 버클리는 공간을 한갓 경험적 표상
으로 간주했다. 경험적 표상은 공간에 있는 현상과 마찬가지로 단지
경험이나 지각으로만 공간의 규정들과 함께 우리에게 알려질 수 있
다. 이와 달리 나는 공간이 (버클리가 주목하지 않았던 시간도 마찬가    IV 375
지지만) 자신의 모든 규정과 더불어 아프리오리하게 우리에게 인식
될 수 있다는 것을 처음으로 제시했다. 공간과 시간은 모든 지각이나
경험에 앞서서 우리 감성의 순수 형식으로서 우리에게 내재하고 감
성의 모든 직관을, 따라서 모든 현상 역시도 가능하게 해주기 때문이
다. 여기에서 생겨나는 결과는 다음과 같다. 진리가 자신의 기준으로
서 보편적이고 필연적인 법칙에 근거를 두었다는 점 때문에 버클리    A 207
에게 경험은 어떠한 진리의 기준도 소유할 수 없게 한다. (그에게는)
경험의 현상들 근저에 아프리오리하게 놓여 있는 것이 아무것도 없
다. 이것에서 경험은 한갓 가상에 불과하다는 주장이 생겨난다. 반면
에 우리에게 공간과 시간은 (순수 지성개념과 결합해서) 모든 가능한
경험에 그 자신의 법칙을 아프리오리하게 지시해주고, 이 법칙은 동

시에 진리와 가상을 구별하는 확실한 기준을 제공해준다.*

그러므로 나의 이른바 (원래는 비판적인) 관념론은 매우 독특하다. 즉 이 관념론은 통상적인 관념론을 전복하고 이 관념론으로 모든 아프리오리한 인식이 비로소 또한 기하학의 인식들조차 객관적 실재성을 얻는다. 이 객관적 실재성은 내가 증명한 공간과 시간의 관념성 없이는 가장 열성적인 실재론자조차 결코 주장할 수 없었던 것이다.

문제가 되는 사정이 이러하기에 오해를 피하려고 나는 이러한 [관념론이라는] 내 개념을 다르게 명명할 수 있기를 바랐다. 그러나 그것을 완전히 변경하는 일은 잘되지 않을 것이다. 그래서 나의 관념론을 앞으로는 **버클리**의 독단적 관념론이나 **데카르트**의 회의적 관념론과 구별하려고 앞서 언급했듯이 형식적 관념론, 더 적절하게는 비판적 관념론이라 하도록 허락해주길 바란다.

이 책[『순수이성비판』]에 대한 서평에서 더 주목할 만한 것은 찾

지 못하겠다. 서평자는 처음부터 끝까지 대략[3] 판단하는데, 이 방식으로 하면 그 자신만의 고유한 앎이나 무지가 폭로되지 않기에 현명한 선택일 수 있다. 하나의 장황한 판단이 상세히는[4] 당연히 주요 문제에 해당하는 것이었다면, 그것은 아마 내 오류와 또한 이러한 방식의 연구에서 서평자의 통찰 정도 역시 드러내주었을 것이다. 오로지 신문의 책 소개에서만 이해를 얻는 데 익숙한 독자들에게서 책 자체

---

\* 본래의 관념론은 항상 광신적인 의도를 가질 뿐 다른 의도는 갖지 못한다. 그러나 내 관념론은 오로지 경험의 대상들에 관한 우리의 아프리오리한 인식의 가능성을 이해하기 위한 것이다. 이것은 지금까지 해결되지 않은, 아니 한 번도 제기되지 않았던 문제. 이로써 광신적 관념론 전부는 넘어지게 되는데, 이러한 광신적 관념론은 (플라톤에게서 이미 볼 수 있듯이) 항상 우리의 아프리오리한 인식들에서 (기하학의 인식들에서도) 감각 능력의 직관과는 다른 (즉 지성적) 직관을 추리했다. 감각 능력 역시 아프리오리하게 직관할 수 있다는 사실을 사람들이 전혀 생각해내지 못했기 때문이다.

를 읽고 싶은 마음을 빠른 시기에 뺏어버리려고 그 증명근거들이나 해명들과 연관성이 끊어져버리면 (특히 이들은 모든 강단 형이상학과 관련해서 정반대에 있기에) 필연적으로 불합리한 것으로 들릴 수밖에 없는 많은 명제를 단숨에 줄줄 읊어대고, 구역질 날 정도로 독자의 A 209 인내심을 괴롭히는 것은 물론 나쁜 의도로 고안해낸 서평자의 책략은 아니었다. 그리고 "변치 않는 가상은 진리다"라는 의미심장한 명제를 나에게 알게 한 후 "일반적으로 받아들여지는 언어를 반대하는 것은 도대체 무엇 때문인가?", "관념론은 도대체 무엇 때문에 구별하며, 또한 무슨 근거에서 구별하는가?"라는 거칠지만 아버지처럼 자상하기도 한 질책으로 끝을 맺는 것도 나쁜 의도로 고안해낸 책략은 아니었다. 내 책의 특별함이 처음에는 형이상학적으로 이단적인 것에 있다고 했다가 결국 순전히 새로운 용어에 있다는 판단은 나에 대한 부당한 재판관 역시 책의 특별함에 관해 최소한도 이해하지 못했으며, 게다가 자기 자신도 올바르게 이해하지 못했음을 명백히 증명한다.*

그럼에도 서평자는 마치 더 중요하고 더욱 탁월한 통찰을 알지만 숨기는 사람처럼 말한다. 이는 내가 요즘의 형이상학과 관련하여 아무것도 알지 못하기 때문이라는 것이고, 이것이 [서평자에게] 이와 같은 어조로 말할 자격을 줄 수 있었다. 그러나 자신의 발견을 세상

---

* 서평자는 대부분 자기 자신의 그림자와 싸운다. 내가 경험의 진리를 꿈과 대립시키는 경우, 여기서 이야기되는 것은 단지 잘 알려진 볼프 철학의 '객관적으로 여겨지는 꿈'⁵⁾이라는 것을 서평자는 전혀 생각하지 않았다. 이러한 꿈은 순전히 형식적이고, 여기에서는 잠자는 것과 깨어 있는 것의 구별은 전혀 고려하지 않으며, 선험철학에서도 이 구별은 찾을 수 없다. 그 외에도 서평자는 내 범주의 연역과 지성의 원칙들의 표를 '관념론적인 방식으로 표현된, 일반적으로 알려진 논리학과 존재론의 원칙들'이라고 한다. 이 문제에 관해 [이 A 210 보다] 더 궁색하고 역사적으로도 더 부당한 판단을 할 수 없다는 점을 독자는 『서설』을 검토해보면 확신하게 될 것이다.

에 감추고 제공하지 않는다는 점에서 그는 아주 잘못 행동하는 것이다. 형이상학은 오래전부터 이 분야에서 저술된 모든 훌륭한 저작에도, 이 학문이 그로써 한 손가락 넓이만큼도 더 진보한 점을 발견할 수 없었다는 사실은 나뿐만 아니라 더 많은 이에게도 의심할 여지가 없기 때문이다. 그뿐 아니라 정의(定義)를 날카롭게 하는 것, 절름발이 증명에 새로운 버팀목을 갖추어주는 것, 형이상학의 누더기에 새로운 천 조각이나 변화된 스타일의 재단을 제공하는 것을 우리는 쉽게 발견하지만 세상이 그것을 요구하지는 않는다. 형이상학적 주장들에 세상은 진저리가 나 있다. 사람들은 이 학문의 가능성과 그것에서 이 학문의 확실성이 도출될 수 있는 원천을 원하며, 순수 이성의 변증적 가상을 진리와 구별하는 확실한 기준을 원한다. 이에 대한 열쇠를 서평자는 가지고 있어야만 한다. 그렇지 않고야 단연코 그가 그렇게 강한 어조로는 말하지 않았을 것이다.

그러나 나는 이러한 학문의 요구들이 그의 마음에는 결코 떠오르지 않았을지도 모른다는 의심을 하게 된다. 그렇지 않았다면 그가 이점에 자기 비평을 집중했을 테고, 이렇게 중요한 문제에서 하나의 실패한 시도만으로도 그의 존경을 받았을 테니 말이다. 만약 그렇게 된다면 우리는 다시 좋은 친구가 될 것이다. 그는 자신이 좋다고 여길

만큼 깊게 자기 형이상학을 숙고해도 좋으며, 이에 대해서는 아무도 그를 방해하지 말아야 한다. 다만 형이상학의 바깥에 놓여 있는 것에 관해서, [그러니까] 이성 속에 있는 형이상학의 원천에 관해서 그는 판단할 수 없다. 그러나 내 의심이 근거가 없지 않다는 점을 증명할 수 있는 것은 그가 아프리오리한 종합명제의 가능성[6]에 관해 한마디도 언급하지 않았다는 사실 덕분이다. 이 아프리오리한 종합명제의 해결 가능성은 형이상학의 운명이 전적으로 달려 있는 진정한 과제였고, 나의 『비판』은 (여기서는 내 『서설』도 마찬가지로) 전적으로 거

기로 귀결하게 된다. 서평자가 부딪쳤고 또한 거기에 매달려 있던 관념론은 단지 저 과제를 해결하기 위한 유일한 수단으로만 학설에 수용되었다(물론 관념론은 다른 근거에서도 인정을 받았다). 그렇기에 그는 저 과제는 내가 그것에 (지금 『서설』에서도 마찬가지로) 부여한 중요성을 갖지 않거나 현상들에 관한 내 이론으로는 결코 해결할 수 없거나 아니면 다른 방식으로 더 잘 해결할 수 있다는 점을 제시했어야만 한다. 그러나 나는 서평에서 그것에 관해 한마디도 발견하지 못했다. 그러므로 서평자의 성급함이, 차라리 나는 이렇게 받아들이고 싶지만, 너무 많은 장애를 뚫고 나가야 하는 어려움에 격분하여 자기   A 212 앞에 놓인 책에 불리한 그림자를 던져서 그것이 그로 하여금 그 책의 근본특징을 알지 못하게 만든 것이 아니라면, 서평자는 내 저서에 관해 아무것도 이해하지 못했고, 형이상학 자체의 정신과 본질도 아무것도 이해하지 못했다.

　학술 신문이 기고자를 아무리 신중하게 잘 선택하여 구했다 할지   Ⅳ 378 라도, 자신이 이전에 다른 곳에서 얻었던 명망을 마찬가지로 형이상학 분야에서도 유지하기에는 여전히 많은 것이 부족하다. 다른 학문들과 지식들은 자신의 척도를 가지고 있다. 수학은 척도를 자기 자신 속에 가지고 있으며, 역사와 신학은 세상의 책들이나 성경 속에, 자연과학과 약제학은 수학과 경험 속에, 법학은 법전 속에 그리고 취미 문제까지도 고대인들의 모범 가운데 척도를 가지고 있다. 하지만 형이상학을 비평하려면 척도를 먼저 찾아야만 한다(나는 이러한 척도와 그것의 사용을 규정하려고 시도했다). 이러한 종류의 책들에 관해 판단이 내려지려면, 이 척도를 찾아낼 때까지 도대체 무엇을 해야 하는가? 만약 그 책이 독단적 방식의 것이라면, 사람들은 그들이 원하는 대로 그것을 다루어도 괜찮다. 여기에서는 아무도 다른 이를 위에 군림하는 대가의 역할을 오래하지 못하고, 다시금 그에게 대항하는 사람이 나타날 테니 말이다. 그러나 그 책이 비판적 방식의 것이라면, 그것도 다른 책들을 목적으로 하는 것이 아니라 이성 자체를 목적으로 한다면, 그래서 비평의 척도가 이미 받아들여질 수 있는 것이 아니고 오히려 비로소 찾아져야 한다면, 비록 반대나 비난은 금지되지 않더라도 타협이 근저에 놓여 있어야만 한다. 요구는 공통의 것이며, 필요한 통찰의 결핍은 재판관이 결정하는 권위를 정당하지 않은 것으로 만들어버리기 때문이다.

그러나 이러한 내 변명을 동시에 철학하는 공동체의 관심과 연결하려고 나는 모든 형이상학적 연구의 공동 목적이 지향해야 할 방식에 하나의 결정적인 시도를 해보라고 제안한다. 그것은 다름 아닌 옛날에 수학자들이 경합에서 자신들의 방법이 우수함을 알아내려고 했던 일이다. 말하자면 그것은 나의 서평자에게 그가 참이라고 주장한 형이상학적 명제들, 즉 종합적이면서 개념에서 아프리오리하게 인식되는 명제들 중에서 어떤 하나라도, 가령 실체 고정불변성의 원칙이나 원인에 의한 세계사건의 필연적 규정의 원칙과 같은 가장 필수불가결한 명제들 중 하나라도 자기 방식에 따라, 또한 당연한 일이지만 아프리오리한 근거들에 따라 증명하라고 요구하는 것이다. 만약 그가 이렇게 할 수 없다면 (그런데 침묵은 인정하는 것이다) 그는 다음 사실을 인정해야만 한다. 형이상학이라는 것은 이런 명제들의 자명한 확실성 없이는 전혀 아무것도 아니기에, 형이상학의 가능성

여부는 모든 것에 앞서 순수 이성의 비판에서 먼저 확정되어야만 한다는 사실을 말이다. 따라서 그에게는 『비판』에 있는 내 원칙들이 옳다는 점을 인정하든지, 아니면 그것들이 타당하지 못하다고 증명할 의무가 있다. 그러나 나는 그가 지금까지도 자기 원칙들의 확실성을 경솔하게 믿어왔지만, 그럼에도 엄격한 검토가 문제된 경우에 그가 형이상학의 어느 범위에서도 대담히 가지고 나설 수 있는 단 하나의

원칙도 찾아내지 못할 것을 이미 알고 있었다. 그래서 나는 경합에서 사람들이 기대할 수 있는 가장 유리한 조건, 즉 '증명의 책임'[7]을 그에게서 인수해 나에게 부과하는 것을 그에게 허락하려고 한다.

　요컨대 서평자는 이『서설』과 내『비판』426쪽에서 461쪽까지에서[8] 여덟 개 명제를 발견하는데, 이들의 한 쌍씩은 서로 항상 모순되지만 이들 각자는 이들을 받아들이거나 반박해야만 하는 형이상학에 필연적으로 속한다(물론 이들 중 그 당시 어떤 철학자도 받아들이지 않았던 명제는 하나도 없다). 이제 서평자는 이 여덟 개 명제 가운데 마음에 드는 하나를 골라 내가 그 명제에 제공했던 증명 없이도 이를 받아들일 자유를, [그러니까] 단지 하나만을 받아들이고 (시간 허비는 나에게와 마찬가지로 그에게도 이익이 되지 않기 때문이다) 난 다음 반대명제에 대한 내 증명을 공격할 자유를 갖는다. 그렇지만 만약 내가 그럼에도 이 반대명제를 구해낼 수 있다면 그리고 이러한 방 　A 215 식으로 해서 모든 독단적 형이상학이 필연적으로 인정해야만 하는 원칙들에 따라서 그에게 채택된 명제와 반대되는 것도 똑같이 마찬가지로 명백하게 증명할 수 있다는 사실을 제시할 수 있다면, 이로써 형이상학에는 하나의 유전적 결함이 있어서 그것의 출생지, 즉 순수 이성 자체에까지 [거슬러] 올라갈 때까지는 설명될 수도 없고, 더욱이 제거될 수도 없다는 사실이 확정된다. 그렇기에 내『비판』이 받아들여지거나, 아니면 그 대신에 더 나은 것이 자리 잡아야 하기에, 적어도 내『비판』은 연구되어야만 한다. 이것이 내가 지금 유일하게 요구하는 것이다. 반면에 만약 내가 내 증명을 구해낼 수 없다면 독단론적 원칙들에서 생겨난 하나의 아프리오리한 종합명제가 반대자 편에서 확립된 것이며, 그렇기 때문에 보통의 형이상학에 대한 내 고발은 부당한 것이었고, 그렇기에 내『비판』에 대한 그의 비난을 (비록 이런 결과는 도저히 생기지 않겠지만) 정당한 것으로 인식하라고

나 자신에게 요청한다. 그러나 이를 위해서는 [서평자가] 익명에서 빠져나올 필요가 있다고 생각한다. 그렇지 않고는 이름도 모르고 자격조차 없는 반대자가 하나도 아닌 많은 문제로 존경하든 괴롭히든 내가 어떻게 이를 예방할 수 있는지 알 수 없기 때문이다.

## 연구 다음에 판단이 따라 나올 수 있는
## 『비판』 연구를 제안함

오랜 시간 계속 침묵함으로써 나의 『비판』에 경의를 표한 것에 대해서도 나는 학술적 독자들에게 감사를 드려야겠다. 이 침묵은 판단의 유예를 증명하는 것이라서 모든 익숙한 길을 버리고 사람들이 곧바로 발견할 수 없는 새로운 길을 걸어가는 작품에는 아마도 어떤 것이 들어 있어서 인간 인식의 중요하지만 지금은 죽어버린 가지가 새로운 생명과 생산력을 얻을 수 있게 해줄 것이라는 몇몇 추측을 증명해주기 때문이다. 그러니까 침묵은 접붙여 아직 연약한 가지를 성급한 판단으로 꺾어 파괴해버리지 않는 신중함을 증명해준다. 이러한 이유에서 늦어진 판단의 한 실례를 나는 바로 지금 『고타 학술지』[9]에서 본다. 그 판단의 철저함은 (여기에서 나의 의심스러울 수 있는 칭찬은 고려하지 않더라도) 내 작품의 첫째 원리에 속하는 부분에 대한 알기 쉽고 거짓 없는 진술에서 모든 독자가 스스로 알게 될 것이다.

그래서 이제 나는 하나의 광대한 건물은 피상적인 어림 계산으로 바로 전체를 평가할 수 없기 때문에 그 건물의 토대에서부터 조각조각 검토할 것을 그리고 이렇게 할 때 현재의 이 『서설』을 전반적인 약도로 사용할 것을 제안한다. 그러면 경우에 따라 저서[『순수이성비판』] 자체가 이것과 비교될 수 있다. 만약 이러한 요구가 허영심이 자신의 고유한 생산물에 습관적으로 부여하는 중요성을 내가 공상해낸 것에만 근거를 둔다면, 이러한 요구는 불손한 것이며 불만스럽게 거절당할 만한 것이다. 그러나 지금 전체 사변철학의 사정은 그것이 완전히 사라져버릴 지점에 와 있다. 그럼에도 인간의 이성은 결코 사라지지 않는 애착을 가지고 사변철학에 매달려 있고, 인간의 이성은 끊임없이 기만당한다는 단지 그 이유로 헛되기는 하지만 무관심한 상태가 되려고 노력하는 것이다.

생각하는 우리 시대에 공적 있는 많은 사람은 목적에 도달할 수 있는 조금의 희망이라도 보인다면 점점 더 계몽되어가는 이성의 공동 관심사를 위해 협력할 좋은 계기를 이용하지 않을 리가 없다. 수 <sup>Ⅳ 381</sup> 학, 자연과학, 법률, 예술 심지어 도덕 등도 아직까지 영혼을 온전하게 채우지는 못한다. 영혼에는 여전히 순전한 순수 사변적 이성을 위해 구별된 공간이 남아 있다. 그리고 비어 있는 이 공간은 우리가 가 <sup>A 218</sup> 면을 쓰고 놀이에 빠지거나 도취에 빠져 외견상으로는 일과 즐거움을 구하도록 강요하는 것처럼 보이지만, 근본적으로는 이성의 괴로운 외침을 듣지 못하게 단지 오락거리만 구하도록 강요한다. 이성은 그저 다른 의도들을 위해서나 경향성의 이익을 위해 종사하는 어떤 것을 요구하지 않고, 이성의 사명에 맞게 자기 자신을 만족시키는 어떤 것을 요구한다. 그러므로 자신의 개념을 이렇게 확장하기만을 시도했던 모든 이에게는 자기 스스로 존립하는 이성의 범위만 다루는 고찰이 내가 근거를 갖고 추측했듯이 커다란 매력이다. 바로 이 범위 안에서 모든 다른 지식과 목적까지도 함께 부딪쳐 하나의 전체로 통일되어야만 하기 때문이다. 그래서 사람들이 다른 것과 쉽게 바꾸려 하지 않을 이 고찰이 어떤 다른 이론적 지식보다 더 큰 매력을 갖는다고 말해도 좋을 것이다.

하지만 연구를 위한 설계도나 실마리로 나는 저서[『순수이성비판]] 자체가 아닌 이『서설』을 제안한다. 이 저서와 관련해서 비록 내가 내용, 차례, 논의방식 그리고 모든 문장을 제시하기 전에 정확히 숙고하고 검토하려고 기울인 세심함은 지금도 전적으로 크게 만족

A 219  하지만(전체에 관해서뿐만 아니라, 가끔 단지 몇몇 문장에 관해서도 그것의 근원과 관련하여 내가 완전하게 만족하는 데 몇 년이 걸렸다), 그러나 요소론의 몇몇 절에서 나의 진술, 예컨대 지성개념의 연역 혹은 순수 이성의 오류추리에 대한 진술에 완전하게 만족하지는 못하기 때문이다. 이는 이들 절에서 약간의 방대함이 명확성을 방해했기 때문인데, [하지만] 그 대신에 사람들은 이들 절과 관련해 여기『서설』에서 말하는 바를 검토 근거로 삼을 수 있다.

　　사람들은 독일인이 끈기와 지속적인 노력이 요구되는 것에서 다른 민족보다 더 많은 것을 이룰 수 있다고 칭찬한다. 만약 이러한 의견이 근거가 있다면, 일의 성공적 결과는 의심할 여지가 없고 모든 사색적인 사람이 동일하게 그 일에 참여했지만 지금까지 성공하지 못했던 그 일을 완성하고 저 [독일인에게] 호의적인 의견을 확증할 기회가 이제 여기에 나타난 것이다. 무엇보다 이와 관계된 학문은 특

IV 382  별한 종류라서 한 번 만에 자신의 온전한 완전성에 이를 수 있고, 조금의 진보도 없고 이후 발견으로 더 증가하거나 변화할 수도 없는 고정불변적인 상태에 이를 수 있다(여기저기 더 큰 명확성으로 손질하는 것이나 여러 가지 의도에서 추가하는 유용함을 나는 여기에 포함시키지

A 220  않는다). 이것은 다른 어떤 학문도 갖고 있거나 가질 수 없는 장점이다. 어떠한 학문도 이렇게 완전히 고립되어 있고 다른 것에 독립적이어서, 다른 인식 능력과 섞이지 않는 인식 능력과 관련된 것은 없기 때문이다. 지금 시기는 이러한 내 기대도 불리하지 않은 것처럼 보인다. 지금 독일에서 사람들은 이른바 실용적인 학문들을 제외하고는 도대체 어떤 학문에 종사할 수 있는지, 그래서 한갓 유희가 아니면서

동시에 그것으로 지속적인 목적이 실현되기도 하는 학문에 종사할 수 있는지를 거의 알지 못하기 때문이다.

학자들의 노력들이 어떻게 이러한 목적을 위해 모일 수 있을지, 그 수단을 고안해내는 것은 다른 사람들에게 맡겨야만 한다. 그렇지만 그 어떤 사람에게나 순전히 내 명제들만 따르라고 부당하게 요구하거나 단지 그러할 것에 대한 희망으로 우쭐해하는 것은 내 생각이 아니다. 오히려 당연한 일이지만 공격, 반복, 제한 혹은 확증, 보충과 확장이 거기에서 생겨나야 한다. 만약 문제되는 것을 근본에서부터 연구만 한다면, 비록 내 것은 아니더라도 하나의 학문체계가 이로써 완성되지 않는 일은 이제 더는 없을 것이고, 그것은 후손들이 그로써 감사할 이유가 될 하나의 유산이 될 수 있다.

무엇보다 비판 원칙들이 옳다면 어떤 형이상학을 그것에서 기대할 수 있는지 그리고 어떻게 이 형이상학이 잘못된 날개들을 뽑힘으 A 221
로써 결코 초라하거나 작은 형상으로 격하되어 보이지 않고 오히려 다른 관점에서 풍성하고 단정한 차림으로 보일 수 있는지를 여기서 제시하는 것은 너무 장황할 수 있다. 하지만 이와 같은 개혁이 가져다주게 될 또 다른 큰 효용은 당장 눈에 띄게 될 것이다. 보통의 형이상학도 순수 지성의 요소개념들을 분석해 명확히 하고 설명으로 규정하려고 찾아냄으로써 이미 효용을 만들어냈다. 이로써 보통의 형이상학은 나중에 이성이 어느 방향으로 향하는 것이 좋다고 여기든지 간에 이성을 위한 수련이 되었다. 하지만 그것이 보통의 형이상학이 행한 좋은 것의 전부였다. 보통의 형이상학은 이러한 자신의 업적을 다음과 같이 함으로써 다시 없애버렸기 때문이다. [즉] 보통의 형이상학은 무모한 주장들로 자만을 조장하고, 교묘한 핑계와 변호로 궤변을 그리고 작은 학교 지식으로 가장 어려운 과제에서 벗어나려 Ⅳ 383
는 경박성으로 천박함을 조장했다. 형이상학이 한편으로는 학문의 용어에서, 다른 한편으로는 대중의 용어에서 어떤 것을 받아들일 선택권을 더 많이 가질수록, 그래서 모두에게 모든 것이 되지만 사실은 아무것도 아닌 것이 되면 될수록 이 천박함은 더욱더 유혹적이 된다. 반면에 비판으로는 가상의 앎과 참된 앎을 확실히 구별하게 해주는 기준이 우리 판단에 부여된다. 그리고 비판은 형이상학에서 자신을 완전히 실행함으로써 하나의 사유방식을 확립하는데, 이 사유방식은 자신의 유익한 영향을 이후 모든 다른 이성사용에 확장하고 비로소 참된 철학적 정신을 불러일으킨다. 그러나 비판이 신학을 독단적 사변의 판단에서 독립적으로 만들고, 바로 이로써 신학을 반대자들의 모든 공격에서 온전히 안전하게 함으로써 비판이 신학에 제공한 봉사 또한 분명 과소평가될 수 없다. 보통의 형이상학은 신학에 많은 후원을 약속했음에도 그 후 이 약속을 이행할 수 없었으며, 게다가 사변적 교의학에 도움을 청함으로써 자신을 대항하는 적들을 무장시키는 것 외에는 아무것도 하지 않았기 때문이다. 계몽된 시대에는 단지 강단 형이상학의 뒤에 숨어 형이상학의 보호 아래 마치 이성을 가지고 미쳐 날뛰는 것을 감행해도 되는 때만 등장할 수 있는 광신적 상태가 비판철학 때문에 자신의 최후 은신처에서 추방되게 된다. 그리고 무엇보다 형이상학의 교사들에게는, 그가 해설하는 것이 결국 학문이며 이로써 일반 사람들에게 실재적인 유익이 될 것이라고 언젠가 보편적 동의를 얻으며 말해볼 수 있는 것보다 중요한 일은 없다.

# 자연과학의 형이상학적 기초원리

# 차례

머리말 ································································ 195

## 제1장 운동학의 형이상학적 기초원리 ···························· 211

설명 1 ············································································ 211

설명 2 ············································································ 214

설명 3 ············································································ 218

설명 4 ············································································ 221

원칙 ·············································································· 222

설명 5 ············································································ 224

정리 ·············································································· 226

## 제2장 동역학의 형이상학적 기초원리 ································ 235

설명 1 ······················································· 235

정리 1 ······················································· 236

설명 2 ······················································· 238

정리 2 ······················································· 239

설명 3 ······················································· 240

정리 3 ······················································· 241

설명 4 ······················································· 242

설명 5 ······················································· 244

정리 4 ······················································· 245

정리 5 ······················································· 252

정리 6 ······················································· 256

설명 6 ······················································· 257

정리 7 ······················································· 258

설명 7 ······················································· 263

정리 8 ······················································· 264

동역학에 대한 일반적 보충 ································ 272

동역학에 대한 일반적 주석 ································ 273

**제3장 역학의 형이상학적 기초원리** ···················· 291

　설명 1 ················································ 291

　설명 2 ················································ 292

　정리 1 ················································ 293

　정리 2 ················································ 298

　정리 3 ················································ 300

　정리 4 ················································ 302

　역학에 대한 일반적 주석 ····················· 311


**제4장 현상학의 형이상학적 기초원리** ················· 315

　설명 ·················································· 315

　정리 1 ················································ 316

　정리 2 ················································ 318

　정리 3 ················································ 320

　현상학에 대한 일반적 주석 ·················· 321

## 일러두기

1. 『자연과학의 형이상학적 기초원리』(*Metaphysische Anfangsgründe der Naturwissenschaft*)는 1786년 발표된 원전을 대본으로 사용했고, 학술원판(*Kant's gesammelte Schriften*, Bd. Ⅳ, hrsg. von der Königlich Preußischen Akademie der Wissenschaften, Berlin, 1911)과 바이셰델판(*Kritik der Urteilskraft und Schriften zur Naturphilosophie* in *Immanuel Kant Werk in Zehn Bänden*, Bd. Ⅷ, hrsg. von Wilhelm Weischedel, Darmstadt, 1983), 펠릭스 마이너판(Immanuel Kant, *Metaphysische Anfangsgründe der Naturwissenschaft*, hrsg. von Konstantin Pollok, Hamburg, 1997)을 참조했다.

# 머리말

    자연이라는 단어를 순전히 형식적 의미로 사용한다면, 그것은 한 사물의 현존에 속하는 모든 것의 첫째 되는 내적 원리를 뜻한다.* 따라서 자신의 현존에 속하는 규정들의 고유한 내적 원리를 각기 포함한 다양한 특성의 사물이 존재하는 만큼의 다양한 자연과학이 존재할 수 있다. 반면에 자연이라는 단어는 **질료적** 의미로도, 즉 하나의 성질로서가 아니라 모든 사물의 총체로도 사용된다. [이 경우] 모든 사물은 우리 감관 능력의 대상, 즉 경험의 대상이 될 수 있으므로 그런 한에서 자연은 모든 현상의 전체, 다시 말해 감성적이지 않은 모든 객관은 배제된 감성세계를 의미한다. 자연이라는 단어를 이러한 [질료적] 의미로 사용한다면, 그것은 우리 감관 능력의 주된 차이에 따라 두 가지 주요 부분을 갖게 된다. 이들 중 하나는 **외감**의 대상을, 또 다른 하나는 내감의 대상을 포함하게 된다. 그러므로 여기에서는 '물리학'과 '심리학'이라는 이중의 자연학이 가능한데 이들 중 전자는

---

  \* 본질은 한 사물의 가능성에 속하는 모든 것의 첫째 되는 내적 원리다. 그러므로 우리는 기하학적 도형들에 (이 개념들에서는 하나의 현존을 표현하는 어떠한 것도 생각되지 않기에) 오로지 하나의 본질만 부여할 수 있을 뿐 하나의 자연[본성]을 부여할 수는 없다.

연장적인 자연을, 후자는 사유하는 자연을 고찰한다.

하나의 이론을 학문이라고 하는 것은 그것이 하나의 체계, 다시 말해 원리들에 따라 분류된 하나의 전체로 인식되는 것이다. 그리고 저 원리들은 하나의 전체에서 인식들을 경험적으로 연결하는 원칙이거나 이성적으로 연결하는 원칙일 수 있기에 자연과학 역시 그것이 물리학이든 심리학이든 역사적 자연과학 또는 이성적 자연과학으로 분류해야 한다. [하지만 이러한 분류가 가능한 것은] 자연이라는 단어가 (이것은 사물의 현존에 속하는 다양을 그들의 내적 원리에서 이끌어내는 것을 나타내기 때문에) 사물들의 연관성에 대한 인식을 이성을 매개로 해서 필연적인 것으로 만드는 경우가 아닐 때이므로, 그때에 한에서만 그 인식은 자연과학이라는 명칭에 부합하게 된다. 그러므로 자연학은 차라리 자연 사물들이 체계적으로 분류된 사실만 포함한 역사적 자연학과 (이것은 또다시 유사성에 따른 자연 사물들의 분류 체계로서 자연서술 그리고 상이한 시대와 장소에서 자연 사물들의 체계적 서술로서 자연사로 이루어질 텐데) 자연과학으로 나눌 수 있다. 이제 다시금 자연과학은 이른바 엄밀한[1] 자연과학이 되거나 엄밀하지 않은 자연과학이 될 것인데, 이 중에서 전자는 자신의 대상을 전적으로 아 프리오리한 원리에 따라, 후자는 경험법칙에 따라 다룬다.

엄밀한 학문이라 할 수 있는 것은 오로지 그것의 확실성이 자명한 경우뿐이다. [반면에] 단순히 경험적 확실성만 포함할 수 있는 인식은 단지 이른바 하나의 엄밀하지 않은 지식[2]일 뿐이다. 체계적인 [것으로서] 인식 전체는 이미 그 때문에 학문이라 할 수 있는데, 만약 이러한 체계에서 인식의 연결이 원인과 결과의 연관관계인 경우에는 이성적 학문이라고까지 할 수 있다. 그러나 만약 예컨대 화학에서처럼 자신 속에 있는 이러한 근거나 원리가 결국 여전히 한갓 경험적인 것이라면 그리고 주어진 사실들을 이성을 바탕으로 설명해야 하는 법칙이 순전히 경험법칙이라면, 이들은 자신의 필연성에 대한 어떠한 의식도 지니지 못하게 된다. (이들은 자명하게-확실하지 않다) 그렇게 되면 [이들 인식의] 전체는 엄격한 의미에서 학문이라는 이름의 자격이 없으므로 화학은 학문이라기보다 차라리 체계적 기술[3]이라 해야 할 것이다.

그러므로 이성적 자연학의 기초에 있는 자연법칙이 아프리오리하 A Ⅵ 게 인식될 뿐 한낱 경험법칙이 되지 않는 경우에만 이성적 자연학은 자연과학이라는 이름으로 불릴 자격이 있다. 사람들은 첫째 종류의 자연인식을 순수 이성인식이라고 하지만 둘째 종류의 자연인식은 응용 이성인식이라고 한다. 자연이라는 단어에는 이미 법칙이라는 개념이 있고, 법칙에는 한 사물의 현존에 속하는 모든 규정의 필연성이라는 개념이 있기에, 우리는 왜 자연과학이 이 명칭의 정당성을 단지 Ⅳ 469 자신의 순수 부분에서, 즉 모든 나머지 자연설명의 아프리오리한 원리를 포함하는 부분에서 이끌어내야만 하는지는 물론 왜 이러한 순수 부분의 힘으로만 엄밀한 학문이 되어야 하는지를 쉽게 알아차리게 된다. 마찬가지로 우리는 법칙의 필연성이 자연의 개념과 불가분하게 결부되어 있으니 [그 필연성이] 온전하게 이해되어야 하기에, 이성의 요구에 따른 모든 자연학은 결국 자연과학으로 귀결되고 종결되어야만 한다는 것을 쉽게 알아차리게 된다. 그러므로 특정한 현상을 화학적 원리로 완전히 설명하는 것 역시 여전히 불만족스럽다. 우연적 법칙들로서 순전히 경험이 가르쳐준 원리에서는 그 어떤 아프리오리한 근거도 내세울 수 없기 때문이다.

그러므로 모든 엄밀한 자연과학에는 순수 부분이 필요하고 이성이 엄밀한 자연과학에서 찾고자 하는 자명한 확실성은 이 순수 부분에 A Ⅶ 근거해야만 한다. 그리고 순수 부분의 원리는 단지 경험적일 뿐인 것과 비교해 전혀 동종적이지 않기에 저 순수 부분은 자신의 온전한 완전성을 설명하는 최상의 유용성에서도, 아니 사태의 본성에서 보면 방법론과 관련한 불가피한 의무에서도 분리되어 다른 것과 전혀 뒤섞이지 않게 된다. 이는 이성이 자신을 위해 무엇을 성취할 수 있고, 이성의 능력은 어디에서 경험원리의 도움을 요구해야 하는지를 정확히 규정하기 위해서다. 순전한 개념에서 기인한 순수 이성인식은 순수 철학 또는 형이상학이라고 하는 반면에 대상을 아프리오리한 직관에서 나타냄으로써 자신의 인식을 단지 개념의 **구성**에 근거를 두는 것은 수학이라고 한다.

　이른바 **엄밀**하다고 하는 자연과학은 무엇보다 먼저 자연형이상학을 전제로 한다. 왜냐하면 법칙은, 다시 말해 한 사물의 **현존**에 속하는 것의 필연성 원리는 구성될 수 없는 개념을 다루고, 현존은 어떠한 직관에서도 아프리오리하게 현시될 수 없기 때문이다. 그러므로 엄밀한 자연과학은 자연형이상학을 전제로 한다. 자연형이상학[4]은 이제 경험적이지 않은 순전한 원리를 언제나 포함해야 하지만(바로

A Ⅷ

이 이유로 자연형이상학이 형이상학이라는 이름을 지니는 것이기에), 그럼에도 자연형이상학은 자연 일반이라는 개념을 가능하게 만드는 법칙을 어떤 특정한 경험객관과 관계를 맺지 않고도 감성세계의 이런저런 사물의 본성과 관련해서는 규정하지 않은 채 다루거나—그

Ⅳ 470

럴 때 이것이 자연형이상학의 **선험적 부분**이다—혹은 그에 관한 경험적 개념이 주어지는 이런저런 사물의 특수한 본성을 다루게 된다. 그렇지만 [후자의 자연형이상학에서도] 이 경험적 개념에 놓여 있는 것 외에는 자신의 인식을 위한 그 어떤 다른 경험적 원리도 사용되지 않는다는 점 때문에(이런 자연형이상학은 예컨대 물질 혹은 사유하는 존재라는 경험적 개념을 자신의 기초에 놓고, 이 대상에 관해 이성이 아프리오리하게 인식할 수 있는 범위를 찾는다), 여기에서도 그와 같은 학문을 여전히 자연형이상학이라고, 즉 물체적 자연의 형이상학 혹

은 사유하는 자연의 형이상학이라고 해야 한다. 하지만 그럴 경우 그 것은 결코 일반 형이상학적 자연과학이 아니라 그 속에서 선험적 원리가 우리 감각 능력 대상의 두 종류에 적용되는 **특수** 형이상학적 자연과학(물리학과 심리학)이다.

그러나 나는 모든 특수 자연학에서 **엄밀한** 학문을 만날 수 있는 것은 거기서 수학이 적용될 수 있는 한도만큼이라고 주장한다. 왜냐하면 앞서 설명한 바에 따르면 엄밀한 학문, 특히 엄밀한 자연과학 A IX 은 경험적 부분의 근저에 놓인 그리고 자연 사물에 대한 아프리오리한 인식에 근거한 순수 부분을 요구하기 때문이다. 그런데 어떤 것을 아프리오리하게 인식한다는 것은 그것을 자신의 순전한 가능성에서 인식함을 뜻한다. 그러나 특정한 자연 사물의 가능성은 그들의 순전한 개념에서는 인식할 수 없다. 순전한 개념에서는 사유의 가능성이 (그것이 자기 자신에게 모순되지 않는다는 사실이) 인식될 수는 있지만, 사유의 바깥에 (실존하는 것으로) 주어질 수 있는 자연 사물로서 객관의 가능성은 인식될 수 없기 때문이다. 그러므로 특정한 자연 사물의 가능성을 인식하려면, 그러니까 그것을 아프리오리하게 인식하려면 개념에 상응하는 **직관**이 아프리오리하게 주어질 것, 즉 개념을 구성할 것이 여전히 요구된다. 그런데 개념의 구성에 따른 이성 인식은 수학적이다. 따라서 자연 일반의 순수 철학은, 다시 말해 자연 개념 일반을 형성하는 것만 탐구하는 순수 철학은 비록 수학 없이 가능할 수도 있겠지만, **특정한** 자연 사물에 관한 순수 자연학(물리학과 심리학)은 오로지 수학을 매개로 해서만 가능하다. 그리고 모든 자연학 중에서 단지 그 속에 아프리오리한 인식이 존재하는 만큼의 엄밀한 학문을 만나게 되기에, 자연학은 단지 거기에 수학이 적용될 수 있는 만큼만 엄밀한 학문을 포함하게 될 것이다.

따라서 아직은 물질들 간의 화학적 작용에 대해 구성할 수 있는 어 A X

떠한 개념도 발견되지 않은 한에서, 다시 말해 가령 공간에서 밀도에 비례해서나 혹은 운동과 결과를 함께 아프리오리하게 직관하고 서술할 수 있게 해주는(이것은 거의 실현하기 어려운 요구인데) 부분들의 합성과 분해의 어떠한 법칙도 명시할 수 없는 한에서, 화학은 체계적 기술이거나 실험이론일 뿐이지 결코 엄밀한 학문은 될 수 없다. 왜냐하면 이 [화학의] 원리는 순전히 경험적이어서 직관적인 어떠한 아프리오리한 서술도 허용할 수 없기 때문이다. 결과적으로 화학적 현상의 원칙에 수학을 적용할 수 없기에 이 원칙을 파악할 개연성은 거의 없다.

하지만 경험적 심리학은 이른바 엄밀한 것으로 불리는 자연과학의 지위에서 언제나 화학보다 훨씬 멀리 떨어져 있어야 한다. 첫째 이유는 수학이 내감의 현상과 그 법칙에는 적용될 수 없고, 그럴 경우 우리는 오로지 그들의 내적 변화의 흐름에서 **연속성의 법칙만** 고려하게 될 것이기 때문이다. 물론 이것이 하나의 인식 확장은 되겠지만, 인식의 확장과 수학이 물리학을 위해 제공하는 것의 관계는 마 치 선분의 성질에 관한 이론이 기하학 전체에 제공하는 것과 거의 비슷할 정도다.[5] 왜냐하면 영혼-현상을 자신 안에서 구성해야 하는 순수 내적 직관은 단지 일차원만 있는 **시간**이기 때문이다. 그러나 또한 체계적 분석기술로나 실험이론으로나 경험적 심리학은 결코 화학에 근접할 수 있었던 적이 없다. 그 속에서는 내적 관찰의 다양이 단지 한낱 사유에서 분할로만 서로 분리될 수 있을 뿐 [그럼에도] 분리된 채 유지할 수 없고 임의적으로 다시금 연결될 것이기 때문이다. 물론 하나의 다른 사유하는 주체라면 우리 의도에 맞추는 실험에 훨씬 덜 따를 수 있겠지만, 이미 관찰 자체만으로도 관찰된 대상의 상태를 바꾸어놓는다. 그러므로 경험적 심리학은 결코 하나의 역사적 자연학 이상의 것이 될 수 없고, 그것만으로는 가능한 체계적인 내감의 자연학, 즉 영혼에 대한 자연서술은 되겠지만 영혼학, 아니 분명 심리학적 실험이론은 결코 되지 못한다. 이것이 우리가 물리학의 원칙을 실제로 포함하는 이 책의 제목으로 일상적 용법에 맞게 자연과학이라는 일반적 이름을 사용한 이유이기도 하다. 이는 진정한 의미에서 자연과학이라는 명칭은 오로지 물리학에만 해당하고 이렇게 함으로써 그 어떤 모호함도 생겨나지 않기 때문이다.

그러나 수학을 적용해야만 자연과학이 될 수 있는 물리학에 수학 A XII: IV 472 을 적용하는 것이 가능하려면 물질 일반의 가능성에 속하는 개념의 **구성 원리**를 먼저 제시해야만 한다. 따라서 물질 일반이라는 개념의 완전한 분해가 기초되어야만 한다. 이것은 순수 철학의 업무인데, 이러한 목적을 이루려고 순수 철학은 어떤 특수한 경험도 사용하지 않고, 오히려 (비록 그 자체로는 경험적이긴 하지만) 격리된 개념 자체 속에서 만나는 것만 공간과 시간에서 순수 직관과 관계해서 (즉 자연 일반이라는 개념에 이미 본질적으로 부속되어 있는 법칙에 따라) 사용하며, 그렇기에 진정한 **물체적 자연형이상학**이다.

그러므로 자기 업무를 수학적으로 다루길 원했던 모든 자연철학자는 (비록 의식하지는 못했어도) 항상 형이상학적 원리를 사용했고 또 사용했어야만 했다. 비록 그들이 이를 의식했다면 자신의 학문에 대한 형이상학의 모든 요구에 저항해서 점잖게 자신을 지켜냈겠지만 말이다. 자연철학자들은 틀림없이 후자[형이상학의 요구]를 임의로 가능성을 고안해내고, 직관에서는 어쩌면 결코 나타날 수 없어서 순전히 자기 자신과 모순되지 않는다는 것 외에는 자신의 객관적 실 A XIII 재성에 대한 다른 아무런 확증도 없는 개념을 가지고 유희하는 얼빠진 짓으로 이해했다. 모든 참된 형이상학은 사유 능력 자체의 본질에서 이끌어낸 것일 뿐 경험에서 빌려온 것이 아니기에 결코 날조되지 않는다. 오히려 참된 형이상학은 사유의 순수 행위를, 그러니까 **경험**

적 표상의 다양을 비로소 합법칙적으로 결합하고, 이로써 이 경험적 표상이 경험적 인식, 즉 경험이 될 수 있게 하는 아프리오리한 개념과 원칙을 포함하고 있다. 그렇기에 저 수학적 물리학자들은 결코 형이 상학적 원리를 포기할 수 없었다. 그중에서도 역시 자신에게 고유한 대상, 즉 물질이라는 개념을 아프리오리하게 외적 경험에 적용하는 데 유용한 것들, [즉] 운동, 공간을 채움, 관성 등의 개념을 포기할 수 없었다. 그러나 그들은 정당하게도, 이러한 것들에 한갓 경험적 원칙을 통용하는 것은 자신들이 자연법칙에 부여하려고 했던 자명한 확실성에는 결코 적합하지 않은 것으로 여겼다. 그러므로 그들은 아프리오리한 원천은 탐구하지 않은 채 그와 같은 것을 오히려 요청했다.

IV 473
A XIV
그러나 학문들의 이익을 위해 동종적이지 않은 원리를 서로 분리하고, 각각을 하나의 특별한 체계로 만드는 것은 엄청나게 중요한 일이다. 이는 학문들이 자신의 고유한 학문을 형성하도록 함으로써 혼합으로 생기는 불확실성에서 그들을 보호하기 위한 것이다. 왜냐하면 사람들은 이들 중 어느 것을 때론 한계로, 때론 이들을 사용하는 데서 생겨날 수도 있는 과오로 지정해야 할지 잘 구별할 수 없기 때문이다. 이를 위해서 나는 형이상학적 개념[6]과 수학적 구성이 통상적으로 서로 뒤섞여 작용하는 자연과학의 순수 부분(일반 자연학[7])에서 형이상학적 개념을 [분리하는 것이][8] 필요하고 그것과 함께 개념의 구성 원리를, 그러니까 수학적 자연학 자체의 가능성의 원리를 하나의 체계에서 서술하는 것이 필요하다고 여겼다. 이러한 분리는 앞서 언급한 그것이 가져다줄 효용 외에도 우리가 학문들의 경계가 서로 섞이지 않고 각각이 구별된 영역을 갖도록 예방한다면 인식의 통일성에 이르게 하는 특별한 매력도 있다.

이렇게 작업하는 것[비동종적 원리들을 서로 분리하는 것]의 둘째 추천근거는, 형이상학이라 부르는 모든 것에서는 다른 종류 인식에서는 기대하면 안 될 학문의 절대적 완전성을 희망할 수 있고, 따라서 자연형이상학 일반에서와 마찬가지로 여기에서도 물체적 자연형이상학의 완전성을 자신 있게 기대할 수 있다는 점이다. 형이상학에서는 대상이 순전히 사유의 보편적 법칙을 따르는 것으로만 간주되지만 다른 학문에서는 [대상이] (경험적일 뿐 아니라 순수한) 직관의 자료에 따라 표상되어야 하는 것으로 간주된다는 것이 그 원인이다. 그런데 형이상학은 대상을 거기에서는 항상 사유의 모든 필연적 법칙과 비교해야만 한다는 이유로 완전히 구명된 특정한 수의 인식을 제공해야 한다. 그렇지만 다른 학문들은, 그것이 (순수하든지 경험적이 A XV 든지 간에) 직관의 무한한 다양을, 즉 사유의 객관을 제공하므로 절대적 완전성에는 결코 도달하지 못하고, 순수 수학과 경험적 자연학에서처럼 무한히 확장될 수 있다. 또 나는 이 형이상학적 물리학을 그것이 미칠 수 있는 범위 안에서 완전히 구명했다고 생각하지만, 이것으로 거대한 작품을 완성했다고는 생각하지 않는다.

그러나 자연 일반의 체계이든 특수한 물체적 자연의 체계이든, 형이상학적 체계를 완전성 있게 하는 도식은 범주표다.* 왜냐하면 [이   Ⅳ 474

---

\* 나는 『일반문헌지』[9] 제295호에 실린 「논리학과 형이상학의 체계」[10]라는 울리히 교수의 서평에서 이러한 순수 지성개념의 표에 대해서는 아니더라도, 이 범주표에서 도출된 전체 순수 이성능력의 한계규정이라는 결론에 대한 의심을, 즉 모든 형이상학에 대한 의심을 발견하게 된다. 비록 깊게 탐구한 서평자가 자신이 확실히 조사해본 저자와 [생각이] 일치한다고 설명은 하지만 말이다. 이 의심이 바로 『순수이성비판』에서 제시된 내 체계의 근본토대와 관련   A XVI 되었기에, 그것이 이 근본토대가 자신의 주된 목적과 관련해 무조건적 승인을 강요하는 데 필요한 자명한 확신은 아직 지니지 못했다고 생각하는 원인이 될 수도 있다. 이 근본토대는 부분적으로는 『순수이성비판』에서, 부분적으로는 『학문으로 등장할 수 있는 미래의 모든 형이상학을 위한 서설』에서 이루어진 순수 지성개념의 **연역**을 말한다. 그러나 이 연역은 하필이면 가장 명쾌해야만 했던 비판 부분에서는 대부분 모호하거나 심지어 순환논법에 빠질 수도 있다. 이 반박에 대한 내 답변은 단지 다음과 같은 요지만을, 즉 **전적으로**

명료하고 충분한 범주의 연역 없이는 순수 이성비판의 체계가 근본에서 흔들린다는 [반박의] 요지만 겨냥하고 있다. 이 반박에 반대해 내가 주장하는 바는, 비판 체계가 우리 이성의 온전한 사변적 사용은 가능한 경험의 대상을 결코 넘어갈 수 없다는 명제 위에 세워져 있는 까닭에, 모든 직관의 감성적임과 판단 일반의 논리적 기능에서 취한 우리 의식의 규정으로서 범주표의 충분함에 대한 내 명제들을 (서평자가 그렇게 했듯이) 승인하는 누구에게서나 [비판 체계는] 자명한 확실성을 지녀야만 한다는 것이다. 만일 이성이 자신의 모든 인식에서 사용해야 하는 범주는 순전히 경험의 대상과 관계에서 맺을 수 있는 것 외의 다른 용도를 결코 갖지 않는다는 사실이 (여기서 범주는 순전히 사유의 형식을 가능하게 만든다는 사실 때문에) 증명될 수 있다면, '어떻게 범주가 그러한 경험을 가능하게 만드는가?'라는 물음에 대한 답은 이 연역이 가능한 곳에서

A XVII  그것을 완성하려면 상당히 중요할 것이다. 하지만 이 물음에 대한 답은 체계의 주된 목적과 관련해서, 즉 순수 이성의 한계규정과 관련해서는 결코 필수적이지 않고 기껏해야 칭찬할 만한 업적이 될 뿐이다. 왜냐하면 범주가 (우리에게는 항상 오로지 감성적인) 직관에 적용되지만 이로써 비로소 객관이 주어지고 인식이 성립되는 한에서, 사유된 범주는 한갓 판단의 형식일 뿐이라는 사실이 제시된다면, 이러한 목적에서 볼 때 연역은 이미 너무나도 충분히 이루어졌고, 그것이 고유한 비판의 전체 체계를 완전한 확실성에서 정초하기에 이미 충분하기 때문이다. 그렇기에 뉴턴의 일반 중력 체계가 확립되는 것이고, 비록 어떻게 원거리 인력이 가능한지를 설명할 수 없는 어려움이 이 체계에 있지만, 그렇다고 그 어려움이 의심은 아니다. 이제 나는 저 근본토대 역시 범주의 완전한 연역 없이도 확립된다는 사실을 다음 가정[11]에서 증명할 것이다.

IV 475  가정 1: 범주표는 모든 순수 지성개념을 완전히 포함하고 있고, 마찬가지로 판단에서 모든 형식적 지성활동을 포함하고 있다. 범주는 이 형식적 지성활동에서 도출되고 또한 하나의 객관은 지성개념을 통해 판단의 이런저런 기능과 관련하여 **규정된** 것으로 사고된다는 점 외에는 그 어떤 것과도 구별되지 않는다(예컨대 '돌은 **딱딱하다**'라는 정언판단에서 돌은 주어로, **딱딱하다**는 술어로 사용된다. 그렇기에 '어떤 딱딱한 것은 돌이다'라고 이 개념의 논리적 기능을 서로 바꾸어 말하는 것을 지성에서 빼앗을 수 없다. 반면에 만일 내가 돌을 한갓 개념에서가 아니라 대상에 대한 가능한 규정에서 단지 주어로만, 딱딱함은 단지 술어로만 생각해야 한다는 점을 [하나의] **규정된** 것으로서 객관에서 표상한다면,

A XVIII  이와 같은 논리적 기능은 이제 객관에 관한 **순수 지성개념**이, 즉 **실체와 우연성[속성]**으로서 순수 지성개념이 된다).

가정 2: 지성은 자신의 본성 때문에 아프리오리한 종합적 원칙을 지닌다. 이 원칙을 바탕으로 지성은 자신에게 주어질지 모르는 모든 대상을 저 범주들 아래 종속시킨다. 따라서 순수 지성개념을 적용하기 위해 필요한 조건을 포

함하는 아프리오리한 직관이 존재해야만 한다. 왜냐하면 직관이 없이는 논리적 기능이 자신과 관련하여 범주로서 규정될 수 있는 객관도 [존재할 수] 없으며, 따라서 어떤 한 대상에 대한 인식 역시 생겨날 수 없어서 이런 목적에서 그것[12]을 아프리오리하게 규정하는 아무런 원칙도 생겨날 수 없기 때문이다. 가정 3: 이 순수 직관은 외감 또는 내감의 현상에 대한 순전한 형식(공간과 시간) 외에 결코 다른 것일 수 없고, 따라서 단지 **가능한 경험 대상의 형식**일 수밖에 없다.

여기에서 다음의 결과가 생겨난다. 모든 순수 이성의 사용은 경험의 대상 외에 결코 다른 것을 목표로 하지 않는다는 것 그리고 그 어떤 경험적인 것도 아프리오리한 원칙에서 조건이 될 수 없기에 아프리오리한 원칙은 경험의 가능성 일반의 원리일 수밖에 없다는 것 말이다. 이것만으로도 순수 이성의 한계 규정의 충분한 근거가 되지만, 어떻게 저 범주를 매개로 그리고 단지 그것만으로 경험이 가능한가 하는 과제는 해결되지 않는다. 비록 이 과제를 해결하지 못해도 [비판의 체계라는] 건물은 확고히 서 있겠지만, 그럼에도 이 과제는 매우 중요하며, 내가 지금 그것을 파악할 정도로 [해결하기에도] 매우 용이하다. 왜냐하면 이 과제의 해결은 판단 일반을 정확히 규정한 정의에서 (그 것으로 주어진 표상이 비로소 하나의 객관에 관한 인식이 되는 활동[이라는 정의에서]) 기인한 단 하나의 결론으로 거의 성취될 수 있기 때문이다. 연역 부분에 관한 나의 이전 토의에 붙어 다니는 모호성은, [물론] 나는 이 모호성을 부정하지 않는데, 가장 짧은 길이 보통 지성이 알게 되는 최초의 길은 아니라고 탐구하는 지성의 통상적 운명으로 여겨질 수 있다. 그러므로 나는 이 결함을 (이 결함은 단지 서술 방식과 관련된 것이지, 거기서 이미 올바르게 제시된 설명 근거와 관련된 것은 아니다) 보완할 다음 기회가 있을 것이다. [그렇게 되면] 명민한 서평자가, 현상과 지성법칙의 기원이 서로 완전히 다른데도 이들에서 기인하는 일치를 위해, 분명 자신에게 달갑지 않지만 예정조화설로 도피해야 하는 필연성에 빠지지 않아도 될 것이다. 이 [도피라는] 구제책은 그것이 제거하려는 해악보다 훨씬 더 나쁜 것일 수도 있고, 실제로도 아무런 도움이 되지 않을 수도 있다. 왜냐하면 이렇게 해서는 순수 지성개념(그리고 이들을 현상에 적용하는 원칙)을 특징짓는 객관적 필연성이, 예컨대 결과와 결합된 원인 개념에서는 생겨나지 않기 때문이다. 또 오히려 [여기서] 모든 것은 순전히 **주관적-필연성**으로 남게 되고, [그것은] 객관적으로도 이를 한갓 습관에서 생긴 착각이라 칭했을 때 바로 흄이 의미했던 우연적 조합이 될 뿐이기 때문이다. 또 세상에 있는 어떤 체계도 이러한 필연성을 사유 자체의 가능성의 근저에 아프리오리하게 놓인 원리 외의 다른 곳에서 이끌어낼 수 없다. 이 원리로만 그것의 현상이 우리에게 주어지는 [그런] 객관의 인식이, 다시 말해 경험이 가능하게 되는데, 어떻게 그것으로 경험이 비로소 가능한지, 그 방식은 결

A XIX

IV 476

A XX

범주표 외에] 사물의 본성과 관계될 수 있는 순수 지성개념이 더는 없기 때문이다. 양, 질, 관계, 마지막으로 양상이라는 순수 지성개념의 네 항목 아래에 물질 일반이라는 보편적 개념의 모든 규정이 포섭될 수 있어야만 한다. 따라서 이 순수 지성개념에 따라 아프리오리하게 사고되는 모든 것도, [그리고] 수학적 구성에서 나타날 수 있는 것 혹은 경험에서 경험의 특정한 대상으로 주어질 수 있는 것들도 [네 항목 아래에] 포섭될 수 있어야만 한다. 여기에서 더는 [새로운 것을] 발견하거나 덧붙이는 일은 있을 수 없고, 기껏해야 명확성이나 철저함이 부족한 경우 그것을 향상하는 일이 있을 뿐이다.

그러므로 물질[13]개념은 언급한 네 가지 지성개념의 기능에 따라 (네 개 장에서) 완성되어야만 했고, 여기서 이들 각각에 하나의 새로운 규정이 추가되었다. 외감의 대상이어야 하는 어떤 것의 근본규정은 운동이어야만 했다. 외감은 운동으로만 촉발될 수 있기 때문이다.

또 지성은 물질의 본성에 속하는 나머지 모든 술어까지도 이 운동의 결과로 돌린다. 그렇기에 자연과학은 철저하게 순수 **운동론**이거나 응용 **운동론**이다. 따라서 자연과학의 형이상학적 기초원리는 네 장으로 이루어진다. 첫째는 움직일 수 있는 것의 모든 질적인 것을 제외하고 운동을 그것의 합성에 따른 순수 분량으로 고찰하는 것으로, **운동학**[14]이라고 할 수 있다. 둘째는 근원적으로 운동하는 힘이라는 이름

아래 물질의 성질에 속하는 것으로서 운동을 고찰하는 것으로, **동역학**[15]이라고 한다. 셋째는 이러한 성질이 있는 물질을 자신의 고유한 운동으로 서로 맺는 관계 속에 있는 것으로 고찰하는 것으로, **역학**[16]

---

코 충분히 설명될 수 없다고 가정하더라도, 그것은 순전히 저 개념으로만 가능하다는 사실과 역으로 저 개념 역시 경험의 대상과 관계에서만 의미가 있을 수 있고 어떻게든 사용될 수 있다는 사실은 반박할 여지없이 확실한 것으로 남는다.

이라는 이름으로 등장한다. 그렇지만 **넷째**는 물질의 운동이나 정지를 순전히 표상방식과 관계에서 양상, 즉 외감의 현상으로 규정하는 것으로, **현상학**[17]이라고 한다.

물리학의 형이상학적 원리를 경험적 원리를 사용하는 물리학뿐 아니라 수학의 사용과 관련된 물리학의 이성적 전제에서 격리해야 할 내적 필연성이 존재하지만, 이외에도 물리학의 상세한 작업을 형이상학의 보편적 체계에서 분리하고 그것을 하나의 특별한 전체로서 체계적으로 서술해야 할 외적 이유가, 비록 우연적이긴 하지만 그럼에도 중요한 이유가 있다. 만일 한 학문의 한계를 객관들의 특성이나 이들에 대한 인식방식의 종류에 따라 표시하는 것뿐 아니라 학문 자체를 사람들이 다른 곳에서 사용할 때 염두에 두는 목적에 따라 표시하는 것도 허용된다면, 그래서 지금껏 형이상학의 그 많은 두뇌가 이로써 자연인식을 확장하는 일(이러한 일은 관찰이나 실험 그리고 수 A XXII 학을 외적 현상에 적용함으로써 훨씬 더 쉽고 안전하게 이루어지는데) 이 아니라 경험의 모든 한계에서 완전히 벗어나 있는 신, 자유, 불멸성의 인식에 도달하는 일에 종사했고 앞으로도 그럴 것이라는 사실을 발견하게 된다면, 우리는 이러한 목적을 증진하는 데에 성공한 것이 된다. [즉] 만일 우리가 형이상학의 뿌리에서 싹트긴 했지만 정상적인 성장을 방해하는 가지를 제거하고, 특별하게 [따로] 심었는데도 그것의 기원은 형이상학이라는 사실을 알아챌 수 있으며, 일반 형이상학의 체계에서 온전한 성장도 멈추지 않게 한다면 말이다. 이것은 일반 형이상학의 완전성을 결코 손상하지 않으며, 만일 우리가 일 IV 478 반적 물리학이 필요한 모든 경우에도 이로써 더 큰 체계로 팽창하지 않은 채 고립된 체계만 동원해도 된다면, 자기 목적으로 향하는 이러한 학문의 한결같은 진행을 손쉽게 해준다. 일반 형이상학이, 자신의 순수 지성개념에 의미를 제공하기 위해 실례(직관)가 필요한 모든 경우에 이 실례들을 항상 일반 물리학, 즉 외적 직관의 형식과 원리에서 취해야만 한다는 점 또한 실제로 매우 주목할 만한 일이다(그러나
여기서 상세히 제시할 수는 없다). 그리고 만일 이들이 완전하게 제시되지 않는다면, 일반 형이상학은 단지 의미 없는 개념들 사이에서 불안전하게 이리저리 헤매게 된다는 점도 주목할 만한 일이다. 그러므로 잘 알려진 논쟁들이, [아니] 적어도 실재성의 충돌 가능성이나 내포량의 가능성 등에 관한 질문의 난해함이 [생겨나는데][18) 여기서 지성은 저 개념들이 객관적 실재성, 즉 의미와 진리성을 가질 수 있게 되는 조건인 물체적 자연의 실례로만 배우게 된다. 그렇기에 하나의 분리된 물체적 자연형이상학은 일반 형이상학보다 탁월하고 필수불가결한 역할을 한다. 이는 일반 형이상학(실제로는 선험철학)의 개념과 명제를 현실화하는, 즉 순전한 사유형식에 뜻과 의미를 부가하는 실례(구체적 사건)를 그것[분리된 물체적 자연형이상학]이 제공해주기 때문이다.

이 논문[책]에서 나는 수학적 방법론을 비록 아주 엄격히 준수한 것은 아니지만 (그렇게 하려면 내가 여기에서 사용했던 것보다 더 많은 시간이 필요했을 것이다) 그럼에도 그것을 모방했다. 이는 철저함을 과시해 이 논문[책]이 더 많이 수용되도록 하려는 것이 아니다. 이와 같은 체계에는 실제로 수학적 방법론이 가능하고, 만약 이러한 구상
에 자극되어 수학적 자연탐구자들이 결코 그들에게서 빼놓을 수 없는 형이상학적 부분을 자신의 일반 자연학의 특별한 기초부분으로 다뤄서 그것을 수학적 운동론과 통일하는 것이 중요함을 깨닫게 된다면, 이것의 완전성도 시간이 지나면 숙련된 손에 의해 분명 얻어질 것이라고 믿기 때문이다.

뉴턴은 자신의『자연과학의 수학적 원리』[19) 머리말에서 (기하학에는 그것이 요청하는 기계론적 작업 중에서 단지 두 가지, 즉 직선을 그리

는 것과 원을 그리는 것만 필요하다는 점을 언급한 후) 다음과 같이 말했다. 기하학은, 자신이 다른 곳에서 취해온 것은 그렇게 조금임에도 이렇게 많은 것을 성취할 수 있었다는 것에 자부심을 가진다.* 반면에 우리는 형이상학에 대해 이렇게 말할 수 있겠다. 형이상학은 순수 수학이 형이상학에 제공해주는 그렇게 많은 것을 가지고도 달성할 수 있는 것이 그렇게 조금이라는 것에 놀라고 있다. 그럼에도 이 조금은 실로 수학이 자신을 자연과학에 적용하면서 불가피하게 필요한 그 어떤 것이다. 그리고 수학은 여기서 필연적으로 형이상학에서 빌려와야 하기에 형이상학은 자신이 수학과 교류하는 것처럼 보이는 것을 부끄러워할 필요가 없다.

---

* "기하학은 다른 곳에서 가져온 적은 원리를 가지고 그렇게 많은 것을 성취할 수 있음을 자랑스러워한다"(뉴턴, 『자연과학의 수학적 원리』 머리말).[20]

# 제1장
## 운동학의 형이상학적 기초원리

## 설명 1

물질은 공간에서 움직일 수 있는 것이다. 그 자신이 움직일 수 있는
공간을 물질적 공간 또는 상대공간이라고도 한다. 모든 운동이 최종
적으로 자신 안에 있다고 생각되어야만 하는 것(따라서 그 자신이 절
대적으로 움직일 수 없는 것)을 순수공간 혹은 절대공간이라 한다.

## 주석 1

운동학에서는 운동 외에 그 어떤 것도 이야기할 수 없기 때문에 여
기서 가동성 외에는 그 어떤 성질도 운동의 주체, 즉 물질에 부여되지
않는다. 그러므로 물질 자신은 그런 한에서 하나의 점으로 여겨질 수
도 있으며, 운동학에서 우리는 모든 내적 상태를 도외시하고, 따라서
움직일 수 있는 것의 크기 역시 도외시한다. 그래서 그것은 단지 운
동에만 그리고 이 운동에서 크기로 고찰될 수 있는 것(속도와 방향) A 2
에만 관여한다.—만약 물체라는 표현을 그럼에도 여기서 때로 사용
해야 한다면, 그것은 오로지 앞으로 나올 물질의 특정 개념에 운동학
의 원리를 적용하는 것을 일정 부분 선취하고, 이로써 설명이 덜 추

상적이며 더 잘 이해되도록 하기 위해서뿐이다.

## 주석 2

만일 내가 물질개념을, 객관으로서 그 자신에게 속하는 술어가 아니라 단지 표상이 내게 처음으로 그 속에서 줄 수 있는 인식 능력과 관계에서만 설명해야 한다면, 물질은 모두 외감의 대상일 것이고, 이것은 물질에 대한 순전한 형이상학적 설명이 될 것이다. 또 공간은 모든 외적인 감성적 직관의 한갓 형식이 될 것이다(과연 이 형식이 우리가 물질[1])이라고 하는 외적 객관에 그 자체로 속하는지, 아니면 단지 우리 감각 능력의 성질로 남는지는 여기서 전혀 문제되지 않는다). 형식과 반대로, 물질[질료]은 외적 직관에서 감각의 대상이 될 것이므로 감성적이며 외적인 직관에서 고유하게 경험적인 것이 될 터이다. 감각의 대상은 결코 아프리오리하게 주어질 수 없기 때문이다. 모든 경험에서는 어떤 것이 감각되어야만 한다. 그리고 그것은 감성적 직관의 실재적인 것이라서 그 안에서 우리가 운동에 관한 경험을 작동시키는 공간 역시 감각될 수 있는 것이어야 한다. 다시 말해 감각될 수 있는 것으로 표시되어야만 한다. 그래서 이러한 공간은 모든 경험 대상의 총체로서 그리고 그 자신 경험의 객관으로서 경험적 공간이라 불린다. 그러나 경험적 공간은 물질적인 것으로서 그 자신이 움직일 수 있는 것이다. 하지만 하나의 움직일 수 있는 공간은 만일 자신의 운동이 지각될 수 있다면 그 안에서 자신이 움직일 수 있는 하나의 다른 확대된 물질적 공간을 다시 전제하게 된다. 이 공간도 마찬가지로 하나의 다른 공간을 전제하며, 그렇게 해서 무한히 계속된다.

그러므로 경험의 대상이 되는 모든 운동은 순전히 상대적이다. [그리고] 운동이 그 안에서 지각되는 공간은 하나의 상대공간이다. 이 상대공간은 그 자신이 다시 하나의 확대된 공간에서는 그리고 아

A 3

마도 반대 방향에서는 움직인다. 따라서 첫째 공간과 관계에서 움직이는 물질은 둘째 공간과 관계에서는 정지하는 것으로 여겨질 수 있으며, 이러한 운동 개념은 상대공간의 변화와 함께 무한히 변화된다. 하나의 절대공간이, 즉 물질적인 것이 아니기에 경험의 대상 역시 될 수 없는 것이 그 자체로 주어져 있다고 전제하는 것은 그 자신도 지각될 수 없고, 자신의 결과(절대공간에서 운동)도 지각될 수 없는 어떤 것을 경험의 가능성을 위해 전제함을 의미한다. 그렇지만 [실제로는] 경험[2]은 항상 이것[지각될 수 없는 어떤 것] 없이 다루어져야 함에도 말이다. 그러므로 절대공간은 그 자체로 아무것도 아니어서 그 어떤 객관도 아니다. 오히려 절대공간은 내가 주어진 공간 외에도 항  A 4
상 그것을 생각할 수 있는 하나의 또 다른 상대공간을 의미할 뿐이고, 나는 이 또 다른 상대공간을 단지 주어진 모든 공간을 넘어 이것을 포함하며 그 안에서 움직인다고 가정할 수 있는 무한으로 내쫓아버리는 것이다. 나는 확대된 공간을 여전히 물질적이긴 하지만 단지 사고에서만 가지고 있으며, 이것[확대된 공간]을 표시할 물질에 관한 어떤 것도 나에게 알려져 있지 않기에 이 확대된 공간을 도외시할 것이다. 그러므로 확대된 공간은 내가 모든 경험적 공간을 그것과 비교하고 그 안에서 이 경험적 공간은 움직일 수 있는 것으로 표상할 수 있다. 따라서 자신은 항상 움직일 수 없는 것에 해당하는 하나의 순수하고 경험적이지 않은 절대공간으로 표상될 것이다. 이 절대공  Ⅳ 482
간을 현실적 사물로 만드는 것은 그 속에 포함된 것으로서 모든 경험적 공간과 비교할 수 있는 어떤 한 공간의 **논리적 보편성**을 현실적 외연의 **물리적 보편성**으로 뒤바꿔버리는 것을 의미하고, 이성을 그것의 이념으로 오해하는 것을 의미한다.

끝으로 덧붙여 나는 다음 사실을 언급하고자 한다. 공간에서 대상의 **가동성**은 아프리오리하게는, 즉 경험의 가르침 없이는 인식될 수 없기에『순수이성비판』에서도 그것을 순수 지성개념에 포함시킬 수 없었다는 점을 말이다. 그리고 경험적인 것으로서 이 개념은 오로지 아프리오리한 원리에 따르기는 하지만 경험으로 주어진 개념을 다루는 응용 형이상학으로서 자연과학에서만 [자신의] 자리를 찾을 수 있다는 점을 말이다.

A 5

## 설명 2

한 사물의 운동은 그 사물이 주어진 공간과 맺게 되는 외적 관계가 변하는 것이다.

### 주석 1

앞서 나는 운동 개념을 물질개념의 기초에 놓았다. 왜냐하면 물질개념 자체를 연장 개념과 무관하게 규정하려 했고, 따라서 하나의 점에서 물질을 고찰할 수도 있었기에 여기서 **위치 변화로서 운동**이라는 일반적 설명이 사용되는 것을 받아들일 수 있었기 때문이다. 이제 물질개념은 일반적으로, 그러니까 움직이는 물체에 적합하게 설명되어야 하기에 저 [위치 변화로서 운동이라는] 정의는 충분하지 않다. 모든 물체의 위치는 하나의 점이기 때문이다. 만일 지구에서 달까지 거리를 확정하려 한다면, 우리는 이들 위치의 간격을 알려고 할 것이다. 이 목적을 이루기 위해서 지구 내부 또는 표면 임의의 한 점에서 달의 임의의 한 점을 측정하지 않고 오히려 지구 중심점에서 달 중심점까지 직선을 취할 것이다. 따라서 이들 물체에는 자신의 위치를 정하는 유일한 하나의 점만 존재할 것이다. 그런데 하나의 물체는 지구가 자기 축을 중심으로 회전하는 것과 마찬가지로 자기 위치를 변경

하지 않고도 움직일 수 있다. 그러나 여기서 그것이 갖는 외적 공간
과 관계는 변경된다. 지구는 예컨대 24시간 자신의 상이한 면을 달    A 6
로 향해서 달이 지구에 미치는 갖가지 가변적 영향이 여기에서 생겨
나기 때문이다. 우리는 단지 움직일 수 있는 하나의 점, 즉 **물리적 점**
에 대해서만 '운동은 항상 위치가 변화하는 것이다'라고 말할 수 있
다. 이 설명에 반하여 내적 운동, 예컨대 발효와 같은 것은 거기에 포    Ⅳ 483
함되지 않음을 우리는 기억할 수 있다. 그러나 우리가 움직이는 것이
라 칭하는 사물은 그런 한에서 단일한 것[3]으로 간주되어야만 한다.
그러므로 예컨대 한 통의 맥주라는 물질이 움직인다는 것이 의미하는
바는 맥주가 통 속에서 움직인다는 것과는 다르다. 한 사물의 운동은
이 사물 내부에서 일어나는 운동과 같지 않지만 여기서는 앞의 것[4]
만이 문제된다. 하지만 그 이후 이 [운동] 개념을 뒤의 것에 적용하는
것은 쉬운 일이다.

## 주석 2

  운동은 (위치 변화가 없는) 회전운동이거나 진행운동일 수 있다. 진
행운동은 다시 공간을 확장하는 운동이거나 주어진 공간에 제한된
운동일 수 있다. 첫째 종류[공간을 확장하는 운동]에는 직선운동 또
는 자기 자신으로 **되돌아오지 않는** 곡선운동이 있다. 둘째 종류[주어
진 공간에 제한된 운동]는 자기 자신으로 **되돌아오는** 운동이다. 자기
자신으로 되돌아오는 운동은 순환하는 운동이거나 **왕복하는** 운동, 즉
원형운동이거나 진자운동이다. 앞의 것은 정확히 똑같은 공간을 항
상 같은 방향으로 지나는 것이고, 뒤의 것은 흔들리는 진자처럼 항상    A 7
교대로 반대 방향으로 되돌아가는 것이다. 이들 두 가지에는 **진동**(떨
림운동)[5]도 포함된다. 이는 물체의 진행운동은 아니지만, 그럼에도
자명종의 울림이나 음향에 따라 운동하는 공기의 진동과 같이 자신

의 전체 위치는 변하지 않는 물질의 왕복운동이다. 나는 이러한 상이한 운동의 종류를 순전히 운동학에서 언급했는데, 우리가 속도라는 단어를 다음 주석이 보여주듯이 비전진운동에서는 전진운동과는 보통 다른 의미로 사용하기 때문이다.

## 주석 3

만일 움직일 수 있는 것의 다른 모든 성질을 도외시한다면, 모든 운동에서 고려해야 할 운동의 두 계기는 방향과 속도다. 여기서 나는 이 둘의 통상적 정의를 전제한다. 하지만 방향에는 여전히 다양한 제한이 필요하다. 원형으로 움직이는 하나의 물체는 자기 방향을 연속적으로 변화시키고, 그렇게 해서 자신이 출발했던 지점으로 되돌아올 때까지 하나의 평면에서 오로지 가능한 방향으로만 움직인다. 하지만 우리는 예컨대 행성이 서쪽에서 동쪽으로 움직이는 것처럼 그 물체는 항상 같은 방향으로 움직인다고 말한다.

그런데 여기서 '운동이 향하는 쪽은 어디일까?'라는 질문은 다음과 같은 질문과 유사하다. 즉 '어떤 종은 오른쪽으로, 다른 종은 왼쪽으로 휘어 있음을 제외하고 닮았거나 심지어 똑같은 달팽이들을 내적으로 구별하는 근거는 무엇인가?' 혹은 '어떤 선원은 태양에 맞서 있다고 말하고 다른 선원은 태양을 등지고 있다고 표현할 때 또는 코르크 따개처럼 콩이나 호프의 휘어짐에서 어느 것이 자기 줄기를 처음 두르는가?'라는 질문과 말이다. 그리고 이[쪽이라는] 개념은 비록 구성될 수는 있지만 하나의 개념으로는 그 자신 보편적 특징으로 그리고 추론적 인식방식으로는 결코 분명해질 수 없다. 그래서 사물 자체에서는 생각해낼 수 있는 내적 결과에서 아무런 차이도 (예를 들어, 모든 부분을 해부했을 때 다른 사람과 생리학적 규준에서는 일치하지만, 단지 모든 장기가 보통의 위치와 달리 왼쪽으로나 오른쪽으로 바

A 8

Ⅳ 484

뀌어 있는 것만이 발견된 희귀한 사람의 경우에) 제공할 수 없기에 하나의 진정한 수학적 차이, 정확히 말하면 내적 차이에 해당하는 개념이다. 이 내적 차이는 상이한 방향을 제외하고는 모든 면에서 같은 두 원의 운동 차이와 비록 완전히 동일하지는 않지만, 그럼에도 연관되어 있는 것과 같다. 나는 다른 곳에서 이 [내적] 차이가 비록 직관에서는 주어지지만 결코 분명한 개념에 도달할 수 없고, 따라서 명백히 설명할 수는 없기에(주어지지만 이해되지는 않는)[6] 이 차이는 다음 명제를 확증하는 하나의 좋은 증명근거를 제공한다는 점을 제시했다. [즉] 공간은 결코 필연적으로 객관적 개념에 도달할 수 있어야   A 9
만 하는 **사물들 자체**의 성질이나 관계에 속하지 않고, 오히려 그 자체로 그것이 무엇인지는 우리에게 전적으로 알려지지 않은 채로 남아 있는 사물이나 관계에 대한 우리의 감성적 직관의 한갓 형식에 속한다는 점이 그것이다. 하지만 이것은 지금 우리 일에서 이탈하는 것이다. 지금의 일에서 우리는 공간을 필연적으로 [여기서] 고찰하는 사물, 즉 **물체**[7]의 성질로 다루어야만 하는데, 물체 자체는 오로지 외감의 현상이고, 여기서는 단지 그렇게만 설명될 필요가 있기 때문이다.

속도 개념과 관련해서는, [운동에 관한] 이러한 표현이 때로 [상식에서] 벗어난 의미로도 사용된다. 우리는 지구가 자신의 축 주위를 태양보다 더 빨리 돈다고 말한다. 태양의 운동이 훨씬 더 빠르기는 하지만 지구가 [태양보다] 더 짧은 시간에 자신의 축을 돌기 때문이다. 작은 새의 혈액 순환은 인간의 혈액 순환보다 훨씬 더 빠르다. 물론 새는 [혈액의] 유속운동이 명백히 더 느리다. 그렇기에 탄성 물질에서 진동도 마찬가지다. 순환운동이든 왕복운동이든 간에 되돌아오는 시간이 짧다는 것이 우리가 오해를 피하려 한다고 가정하면, 이러한 어법도 틀리지 않았다는 근거가 된다. 왜냐하면 공간적 속도를 증가하지 않고도 순전히 되돌아옴에서 신속해지는 것이 자연에서는 자신만의 고유하고도 매우 중대한 효력이 있기 때문이다. [물론] 동물 체액의 순환에서 이러한 효력은 아직 충분히 고려되지 않았을지 몰라도 말이다. [하지만] 우리는 운동학에서 속도라는 단어를 순전히 공간적 의미인 $C=S/T$[8])로 사용한다.

## 설명 3

정지는 동일한 위치에서 영속적 현존(영속하는 현존)[9])이다. 여기서 영속적이라는 것은 시간 내내 존재함, 즉 지속함이다.

### 주석

운동에서 물체는 그것이 지나가는 하나의 선에서 [지나가는] 그 순간에 각각의 점 위에 있다. 이제 문제는 그 [각각의] 점에서 물체가 정지하고 있는지, 아니면 움직이는지에 관한 것이다. 의심할 여지없이 우리는 움직인다고 말할 것이다. 물체는 단지 그것이 움직이는 한에서 이 점에 현존하기 때문이다. 하지만 다음과 같은 물체의 운동을 가정해볼 수 있다.

A        B     a

o ——— o ··· o

하나의 물체가 선분 AB를 균등한 속도로 [A에서 B로] 전진했다가 B에서 A로 되돌아온다고 하자. 그래서 물체가 B에 있는 순간은 두 운동에 공통적이기 때문에, A에서 B로 운동하는 데 2분의 1초, B에서 A로 이동하는 데 역시 2분의 1초 그리고 이들이 합쳐서 1초가 걸리게 되고, B에서 물체가 현존하는 데에는 최소한의 시간도 걸리지 않는다고 하자. 그렇다면 이들 [두] 운동을 조금도 증가시키지 않은 채, BA의 방향에서 생겨나는 되돌아오는 운동을 선분 AB와 직선으로 연결된 Ba 방향으로 변형할 수 있다. 그렇게 했을 때 B에서 물체는 그곳에 정지해 있지 않기에 움직이는 것으로 여겨야만 한다. 그러므로 [전진하고 난 후] 자신에게 되돌아오는 첫째 운동에서도 물체는 점 B에서 움직이는 것으로 여겨야 하지만 이것은 불가능하다. 가정한 바에 따르면, 운동 AB에도 속하고, 이 운동에 반대 방향이면서 그것과 같은 하나의 순간에 연결되어 있는 운동 BA에도 동시에 속하는 바로 그 순간에는 운동이 완전히 결여되어 있기 때문이다. 따라서 만일 이것이 정지라는 개념을 형성한다면, Aa로 균등한 운동에서도 모든 지점에서, 예컨대 B에서 물체의 정지가 증명되어야 하는데, [하지만] 이것은 위의 주장과 모순된다. 반면에 우리는 선분 AB가 점 A 위에 직립해 있어서 물체가 A에서 B로 올라가고, 점 B에서 무게 때문에 자신의 운동을 잃어버린 후 다시금 B에서 A로 떨어지는 경우를 생각해볼 수 있다. 그렇다면 내가 묻고자 하는 바는 B에서 물체가 움직이는 것으로 간주해야 할지, 아니면 정지한 것으로 간주해야 할지 하는 것이다. 의심할 것도 없이 우리는 [물체가] 정지해 있다고 말할 것이다. 왜냐하면 물체가 이 지점[B]에 도달하고 난 후 그에서 모든 이전 운동은 사라질 테고, 이렇게 한 후에야 비로소 되돌아오는 균등한 운동이 뒤따를 텐데, 결국 [이 지점에서는 되돌아오는 운동이] 아직은 없지만 우리는 운동의 결여가 정지라고 덧붙이게 될 것이기 때문이다. 하지만 균등한 속도로 운동하는 것으로 가정한 첫째 경우에서, 운동 BA는 앞서의 운동 AB가 끝나지 않고는 생겨날 수 없으며 B에서 A로 가는 운동은 아직 거기에는 없다. 따라서 [지점] B에서는 모든 운동의 결여를, [그러니까] 통상적 설명에 따르면 정지를 가정

A 11

A 12

Ⅳ 486

해야만 한다. 그러나 우리는 이렇게 가정할 수 없다. 주어진 속도에서 물체는 자신의 균등한 운동의 어떠한 지점에서도 정지한 것으로 여겨서는 안 되기 때문이다. 그렇다면 마찬가지로 상승과 추락이 단지 한순간에 서로 결별하는 둘째 경우에서 정지라는 개념의 자격[10]은 무엇에 근거하는가? 그것의 근거는 이 둘째 운동은 주어진 속도에서 한결같지 않고, 처음에는 균등하게 감속하고 난 다음에 균등하게 가속하는 것으로 여겨진다는 점, 따라서 B 지점에서 속도가 완전히 사라진 것은 아니지만 단지 그 정도가 표시할 수 있는 어떤 속도보다도 더 작다는 점에 있다. 이러한 [표시할 수 없이 작은] 속도로 물체는 만일 아래로 떨어지는 대신 추락하는 선분 BA가 Ba 방향으로 [직립하도록] 설정되어 있고, 따라서 물체가 여전히 상승하는 것으로 간주한다면, 순전한 속도의 순간에서(무게에 따른 저항은 무시하고) 모든 표시할 수 있는 시간보다는 더 긴 시간을 균일하게 이동하지만 모든 표시할 수 있는 공간보다는 더 작은 공간을 이동하게 될

A 13 것이다. 따라서 (그 어떤 가능한 경험에도) 영원히 자신의 위치를 결코 변화시키지 않을 것이다. 그러므로 물체는 그 위치에서 **지속적 현존**의 상태, 즉 정지 상태에 놓이게 된다. 비록 무게의 연속적 영향으로, 즉 이 상태의 변화로 정지는 곧바로 폐기되어버리겠지만 말이다. **영속적 상태에 있음**과 그 **상태로 영속함**은 (만일 다른 것은 아무것도 바꾸지 않는다면) 양립 가능한 두 가지 다른 개념이다. 따라서 정지는 '=0'으로[완전한 없음으로]는 결코 구성할 수 없는 운동의 결여로 설명할 수 없고, 동일한 위치에서 영속적 현존으로 설명해야 한다. 왜냐하면 [영속적 현존이라는] 이 개념은 무한히 더 작은 속도로 유한한 시간 내내 이루어지는 운동이라는 표상으로도 구성할 수 있고, 따라서 이후에 수학을 자연과학에 적용하는 데 이용할 수 있기 때문이다.

# 설명 4

합성된 운동 개념을 **구성한다**는 의미는 하나의 운동이 둘 이상의 주어진 운동에서 하나의 움직일 수 있는 것에 통합되어 발생하는 한에서, 그 운동을 직관에서 아프리오리하게 나타내는 것이다.

## 주석

개념을 구성하기 위해 필요한 바는 그것을 나타내는 조건이 경험에서 빌려온 것이 아니어야 한다는 것, 따라서 그것의 실존을 단지    A 14
경험에서만 이끌어낼 수 있는 특정한 힘을 전제하지 않는다는 것, 혹    Ⅳ 487
은 일반적으로 구성 조건 자체가 예컨대 원인과 결과, 작용과 저항
등과 같이 전혀 직관에서 아프리오리하게 주어질 수 없는 개념이어
서는 안 된다는 것이다. 여기에서 이제 다음 사실을 우선 깨달을 수
있다. 운동학은 맨 먼저 운동 일반의 구성을 크기로 규정한다는 것 그
리고 운동학이 대상으로 삼는 것은 한갓 움직일 수 있는 어떤 것으로
물질이라서 거기에서 이 물질의 크기는 전혀 고려되지 않기에, 단지
방향과 속도에 따른, 정확히 말해 이들의 조합에 따른 크기로서 운동
을 아프리오리하게 규정해야만 한다는 것이다. 온전히 아프리오리
하게, 그것도 수학을 적용할 수 있도록 직관적으로 이루어져야 하는
것은 거기까지이고 물리적 원인, 즉 힘을 매개로 한 운동들의 연결
규칙은 이들의 결합 일반의 원칙이 미리 순수 수학적으로 기초 되기
전에는 결코 철저히 설명될 수 없기 때문이다.

# 원칙

가능한 경험의 대상으로서 모든 운동은 정지된 공간에서 물체가 운동하는 것으로든, 물체는 정지한 반면에 공간이 반대 방향에서 동일한 속도로 운동하는 것으로든 임의로 여겨질 수 있다.

## 주석

물체 운동에 관한 경험을 [만들기] 위해서 필요한 바는 물체뿐 아니라 그 안에서 물체가 움직이는 공간 역시 외적 경험의 대상이 되어야 한다는 것, 즉 물질적인 것이 되어야 한다는 것이다. 그러므로 하나의 절대운동, 즉 비물질적 공간과 관계된 운동은 결코 경험할 수 없다. 따라서 (설사 절대공간이 그 자체로 어떤 것이라 인정한다고 하더라도) 우리에게는 아무것도 아닌 것이다. 하지만 모든 상대운동에서 공간 자신은 물질적인 것으로 가정되기에, 그것은 다시 정지해 있거나 움직이는 것으로 표상될 수 있다. 첫째 경우는 (내가 선실에서 책상 위의 원이 움직이는 것을 볼 때처럼) 내가 하나의 물체를 그것과의 관계에서 움직이는 것으로 여기는 공간을 넘어서 더 확장되고, 그것을 포괄하는 공간이 나에게 주어지지 않을 때 생겨난다. 둘째 경우는 나에게 이 공간을 넘어서서 그것을 포괄하는 또 다른 공간(앞에서 언급한 경우에 강의 기슭)이 주어질 때 발생하는데, 이 경우 나는 후자 [또 다른 공간]와 관련하여 가장 가까운 공간(선실)을 움직이는 것으로 그리고 물체 자체는 기껏해야 정지하고 있는 것으로 간주할 수 있기 때문이다. 이제 경험적으로 주어진 하나의 공간에 대해서, 그것이 아무리 더 확장되든, 자신을 포괄하는 더 큰 범위의 공간과 관련하여 그것 자신이 다시 움직이는지 그렇지 않은지를 결정하는 일은 전적으로 불가능하기에, 하나의 물체를 움직이는 것으로 여길지, 아니면 정지해 있지만 공간이 반대 방향에서 같은 속도로 움직이는 것으로 여길지는 모든 경험에서 그리고 경험에서 나오는 모든 결과에서 완전히 동일해야 한다. 게다가 모든 가능한 경험에서는 절대공간이 아무것도 아니기에, 하나의 물체가 주어진 이 공간과 관련해서 이 방향에서 이 속도로 움직인다고 내가 말하든, 아니면 이 물체가 정지해 있다고 생각하고, 이 모든 것을 다만 반대 방향에서이긴 하지만 공간에 부여하든 그것은 동일한 개념이다. 왜냐하면 하나의 개념은 그 어떤 실례로도 자신과 구별이 가능하지 않은 개념과는 완전히 같고, 우리가 지성에서 그 개념에 제공하려는 연결과 관계할 때만 구별되기 때문이다.

또 우리는 그 어떤 경험에서도, [어떤 것이] 절대적으로 운동이나 정지라고 그것과 관련하여 규정되도록 하는 하나의 고정된 점을 결코 제시할 수 없다. 이런 방식으로 우리에게 주어지는 모든 것은 물질적이라서 움직일 수 있으며, (우리는 공간에서 경험 가능한 가장 바깥 한계를 알지 못하기에) 우리가 거기에서 이 운동을 지각할 수는 없어도 아마도 실제로는 움직이기 때문이다.―경험적 공간에서 한 물체의 이러한 운동에서 나는 주어진 속도의 단지 한 부분만 물체에, 다른 것[부분]은 반대 방향에서이지만 공간에 제공할 수 있고, 연결 A 17 된 이 두 운동의 결과를 고려할 때 가능한 전체 경험은 내가 물체만이 전체 속도로 움직인다고 생각하든지, 아니면 물체는 정지해 있고 공간이 동일한 속도에서 반대 방향으로 움직인다고 생각하든 완전히 똑같다. 하지만 여기에서 나는 모든 운동을 직선으로 가정한다. 왜냐하면 곡선과 관련해서는 내게 물체는 (예를 들어 매일 공전하는 지구) 움직이고 있고, 주변의 공간(별이 빛나는 하늘)은 정지한 것으로 여길 권한이 있는지 혹은 후자가 움직이고 전자가 정지한 것으로 여길 권한이 있는지가 모든 점에서 똑같지는 않기 때문이다. 이것에 관해서는 특별히 다음에 다루겠다. 그러므로 물체의 운동을 (물체의 정지나 운동에 아무런 영향을 미치지 않는) 단지 공간과 관계에서만 고찰하는 운동학에서는 속도를 주어진 운동에서 물체에 부여할지 공간에 부여할지와 어느 정도 속도를 부여할지는 전혀 결정할 수 없고, 임의적이다. 하지만 이것은 움직이는 물체를 자신이 운동하는 공간의 다른 물체와의 활동적 관계에서 고찰해야 하는, 나중에 나오는 역학[11]에서는 더는 그렇게 완전히 똑같지 않다. 이는 [앞으로] 적절한 곳에서 제시할 내용과 같다.

# 설명 5

A 18    운동의 합성은 한 점의 운동을 그 점의 둘 혹은 그 이상의 운동을 함께 결합한 것과 동일하다고 표상하는 것이다.

## 주석

운동학에서는 물질을 그것의 가동성이라는 성질로만 알게 되고, 따라서 물질 자신을 단지 하나의 점으로만 고찰해야 하므로 운동을 단지 한 공간의 기술로만 고찰할 수 있다. 그렇다 하더라도 [운동학에서] 나는 기하학에서처럼 기술되는 공간뿐 아니라 그 안에 있는 시간, 즉 하나의 점이 공간을 기술하게 해주는 속도에도 주목한다. 그러므로 운동학은 운동의 순수 분량이론[12]([산술][13])이다. 양[14]으로 규정된 개념은 한 대상에 대한 표상을 동종적인 것의 결합으로 산출해내는 개념이다. 그런데 운동에 동종적인 것은 다시금 운동 외에는 아무것도 없기에 운동학은 하나의 동일한 점에서 그것의 방향과 속도에 따른 운동들의 합성에 관한 이론이다. 즉 운동학은 둘 혹은 그 이상의 운동이 동시에 그 속에 포함되는 것으로서 유일한 운동 또는 동일한 점에서 두 운동이 **함께** 하나의 운동을 형성해서, 즉 이 하나의 운동과 동일하게 되는 것으로서 유일한 운동에 관한 표상이지 원인이 결과를 산출해내듯 이 하나의 운동을 산출하는 운동에 관한 표상이 아니다. 그 수가 얼마이든 다수 운동의 합성에서 생겨나는 운동을 발견하려면 양을 생성하는 모든 경우에서처럼 맨 먼저 단지 주 A 19어진 조건에서 두 개로 합성된 것을 찾으면 된다. 그리고 이것에 근거해 이 합성된 것이 셋째 것과 결합된 것 등등을 그렇게 계속 찾으면 된다. 따라서 운동들의 모든 합성이론은 두 [운동의] 합성으로 환원된다. 그러나 같은 곳에서 동시에 발견되는 하나의 동일한 점의 두 운동은 이중적인 방식에서는 구별될 수 있다. 그 자체로는, [즉] 삼중적인 방식에서는 그 점에서 결합될 수 있다. 첫째로 이들은 하나의 **동일한 선**에서 생겨나거나 **서로 다른 선**에서 동시에 생겨나는데, 후자는 각도를 만들어내는 운동이다. 그렇기에 하나의 **동일한 선**에서 생겨나는 운동은 방향에서 서로 대립해 있든지 **동일한 방향**을 유지하게 된다. 이 모든 운동은 동시에 생겨난다고 간주되기에 선들의 [비례]관계, 즉 같은 시간에 운동을 기술하는 공간들의 [비례]관계에서 곧바로 속도의 [비례]관계도 생겨나게 된다. 따라서 세 경우가 존재한다. ① 두 운동이 (이들은 동일한 속도일 수도 있고 서로 다른 속도일 수도 있는데) 동일한 방향에 있는 한 물체에서 합성된 하나의 운동으로 결합되는 경우. ② (속도가 서로 같은 혹은 서로 다른) 동일한 점에서 Ⅳ 490두 운동이 반대 방향에서 결합하고, 그들의 합성으로 동일한 선에서 제삼의 운동을 만들어내는 경우. ③ 속도가 서로 같은 혹은 서로 다른 한 점의 두 운동이 합성된 것으로 간주되지만, 서로 다른 선에서 A 20하나의 각도를 만들어내는 경우.

제1장 운동학의 형이상학적 기초원리 225

# 정리

하나의 동일한 점의 두 운동을 합성하는 것은 그들 중 하나는 절대 공간에서 표상되지만 다른 하나는 같은 속도로 반대 방향에서 생겨나는 상대공간의 운동이 자신과 동일한 것으로 표상됨으로써만 생각될 수 있다.

## 증명

첫째 경우. 하나의 동일한 선과 방향에서 두 운동은 하나의 동일한 점에 동시에 귀속된다.

〈그림 1〉

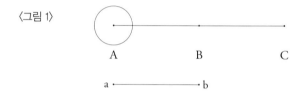

AB와 ab라는 두 속도는 운동의 한 속도에 포함된 것으로 표상해야 한다. 이들 속도를 이때 동일한 것으로, 즉 AB=ab라고 가정하면 이들은 하나의 동일한 공간에서 (절대공간에서든 상대공간에서든) 동시에 동일한 점에서 표상될 수 없다. 왜냐하면 속도를 나타내는 선분 AB와 ab가 원래는 이들 운동이 동일한 시간에 통과한 공간을 뜻하기에, 이들 공간 AB와 ab=BC[BC와 같은 ab]의 합성, 그러니까 공간들의 총합으로서 선분 AC는 두 속도의 총합을 표현해야 하기 때문이다. 그러나 부분[선분] AB와 BC 각각은 속도 ab를 표상하지는 않는다. 이들은 동일한 시간에 ab와 같이 이동하지[지나가지] 않기 때문이다. 따라서 선분 ab와 동일한 시간에 지나가는 두 배의 선분 AC는 설령 후자[선분 ab]의 두 배로 가정되었다 하더라도 후자의 두 배 속

A 21

도를 뜻하는 것을 표현하지는 못한다. 따라서 한 방향에서 두 속도의 합성은 동일한 공간에서 직관적으로는 표시할 수 없다.

반면에, 물체 A가 절대공간에서 AB라는 속도로 움직이는 것으로 Ⅳ 491 표상된다면, 더욱이 AB와 똑같은 거리 ab[ab=AB]의 상대공간에 반대 방향에서 CB와 똑같은 ba[ba=CB]라는 속도를 부여한다면, 이것은 마치 내가 후자의 속도를 물체에 AB라는 방향에서 나눠준 것과 정확히 같아질 것이다(원칙 1). 그러나 물체는 그 경우 동일한 시간에 선분 AB와 BC=2ab의 총합으로 움직였고, 여기에서 물체는 선분 ab=AB만을 지나간 것이다. 하지만 자신의 속도는 두 동일한 속도 AB A 22 와 ab의 총합으로 표상되고, 이것이 바로 요구된 바다.

둘째 경우. 정반대 방향에서 두 운동은 하나의 동일한 점에서 결합된다.

〈그림 2〉

B      A      C

AB는 이들 운동 중 하나이고, AC는 반대 방향으로 가는 또 다른 운동으로 그것의 속도는 여기서 첫 번째 것과 동일하다고 가정하자. 그렇다면 이와 같은 하나의 같은 공간에서 두 운동을 동일한 점에서 동시에 표상한다고 하는 생각 자체는, 그러니까 운동 자체를 그와 같이 합성하는 경우는 불가능할 테니 이것은 가정과 모순된다.

반면에 절대공간의 운동 AB를, 동일한 절대공간의 운동 AC 대신에 속도가 똑같은 상대공간의 운동 CA라고 생각한다면, 그것은 (원칙 1에 따라) 운동 AC와 동일한 것에 해당해서 운동 AC의 자리를 완전히 대신할 것이다. 그렇게 되면 정확히 반대 방향으로 향하는 동일한 점의 같은 두 운동을 완전하게 동시에 표시할 수 있다. 그런데 상대공간은 점 A에서 보면 동일한 방향에서 동일한 속도 CA=AB로 움직이기 때문에, 이 점이나 거기에서 발견되는 물체는 상대공간을 고려할 때 자기 위치를 변화시키지 않는다. 즉 동일한 속도로 정반대 방향으로 움직이는 물체는 정지해 있다. 아니면 일반적으로 말하면 그것의 운동은 속도가 더 빠른 방향으로 속도의 차이만큼 움직이는 것과 같다(이것은 증명된 것에서 쉽게 추론할 수 있다).

셋째 경우. 동일한 한 점의 두 운동은 하나의 각을 이루는 방향에서 결합한 것으로 표상된다.

〈그림 3〉

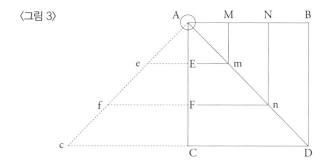

주어진 운동 두 개가 AB와 AC이고, 이들의 속도와 방향은 이들 선분으로, 이들 선분이 이루는 각은 BAC로 표시되었다(여기서는 직각이지만 임의의 빗각일 수도 있다). 그런데 이 두 운동이 방향 AB와 AC로 동시에, 그것도 하나의 동일한 공간에서 생겨난다면 그 운동은 이 선분 AB와 AC에서 동시에 생길 수 없고, 이들과 평행하게 지나가는 선분에서만 생길 수 있다. 따라서 비록 양쪽 다 방향은 같은 채 남지만, 이들 운동 중 하나는 다른 운동에 변화를 일으킨다는 것(즉 주어진 진로에서 이탈)을 가정해야 한다. 그러나 이것은 정리[정리 1]에 반한다. 이 명제는 합성이라는 단어로 주어진 두 운동이 제삼의 운동에 포함되어서 이것과 동일하게 되는 것을 의미할 뿐, 하나가 다른 것을 변화시켜 제삼의 운동을 만들어내는 것을 의미하지 않기 때문이다.

반면에 운동 AC를 절대공간에서 전진하는 것으로, 하지만 운동 AB 대신에는 반대 방향으로 [움직이는] 상대공간의 운동을 가정해 보자. 선분 AC는 동일한 세 부분인 AE, EF, FC로 나누어 보자. 이제 물체 A가 절대공간에서 선분 AE를 지나는 동안 상대공간은 점 E와 함께 공간 Ee=MA[MA와 같은 공간 Ee]를 지나게 되고, 물체가 두 부분을 합친 것과 같은 AF를 지나는 동안 상대공간은 점 F와 함께 선분  Ⅳ 493
Ff=NA를 표시한다. 마지막으로 물체가 전체 선분 AC를 지나는 동안 공간[상대공간]은 점 C와 함께 선분 Cc=BA를 표시하게 된다. 그  A 25
러나 이는 모두 마치 물체 A가 세 개의 부분 시간에서는 [각각] AM, An, AB와 같은 선분 Em, Fn 그리고 CD[Em, Fn, CD=AM, AN, AB]를, 물체가 AC를 지나간 전체 시간에서는 AB와 같은 선분 CD[선분 CD=AB]를 지나간 것과 정확히 똑같다. 그러므로 물체는 마지막 순간에는 점 D에 그리고 연속하는 전체 시간에는 대각선 AD의 모든 점에 있다. 따라서 이것은 합성된 운동의 방향뿐 아니라 속도도 [함께] 나타낸다.

## 주석 1

기하학적 구성이 요구하는 바는 하나의 분량이 다른 하나와 같아지거나 합성된 두 분량이 제삼의 것과 같아지는 것이지, 이들 분량이 원인으로서 제삼의 것을 산출해내는 것이 아니다. 그것은 역학적[15] 구성이 될 테니 말이다. 단지 직관에서 인식할 수 있는 한에서 완전한 닮음과 같음이 합동이다. 완전한 동일성의 모든 기하학적 구성은 합동에 근거한다. 합성된 두 운동과 (합성운동[16] 자체로서) 제삼의 운동과 합동은 만일 저 [합성된] 두 운동이 하나의 동일한 공간에서, 예컨대 상대공간에서 표상될 때에는 결코 생겨날 수 없다. 그러므로 위의 명제를 그것의 세 경우에서 증명하려는 모든 시도는 항상 단지 역학적으로 분석하는 것이었다. 왜냐하면 우리가 하나의 주어진 운동과 다른 것을 결합해 제삼의 것을 산출하는 운동 원인을 허용할 때, 그것은 합성된 운동이 제삼의 운동과 동일하다는 것 그리고 그 자체로 직관에서 아프리오리하게 표시할 수 있다는 것을 증명하는 것이 아니기 때문이다.

A 26

## 주석 2

예컨대 만일 속도 AB가 두 배라고 불린다면, 이것이 단일하고 동일한 속도 AB와 BC 두 개로 이루어져 있다는 사실(〈그림 1〉을 보라) 외에 다른 것을 의미할 수는 없다. 그러나 만일 우리가 두 배의 속도를 동일한 시간에 두 배 크기의 공간을 지나가는 운동이라고 말함으로써 설명한다면, 여기서 그 자체로 명확하지 않은 어떤 것, 즉 동일한 속도 두 개가 동일한 공간 두 개와 똑같은 방식으로 결합되어 있다고 가정하는 것이 된다. 그러니까 하나의 주어진 속도는 더 작은 속도로 이루어져 있어서 하나의 공간이 더 작은 공간으로 되어 있는 것과 마찬가지로 하나의 빠름이 느림으로 이루어져 있다는 것은 그 자체로 명확하지 않다. 왜냐하면 속도의 부분은 공간의 부분처럼 서로 외부적이지 않고, 만일 속도가 크기[분량]로 간주된다면, 속도의 크기 개념은 내포적이라서 공간의 외연적 크기와는 다른 방식으로 구성되어야만 하기 때문이다. 그러나 이러한 구성은 동일한 운동 두 개를 간접적으로 합성하는 방식 외에는 가능하지 않다. [즉] 이들 중 하나인 물체의 운동과 다른 하나인 반대 방향이지만 바로 이 때문에 물

IV 494

체의 동일한 원래 방향으로 운동과 완전히 동일한 상대공간의 운동
을 간접적으로 합성하는 방식 외에는 가능하지 않다. 오로지 움직이 A 27
는 외적 원인에 의한 경우를 제외하고는 **동일한 방향**에서 동일한 속
도 두 개가 하나의 물체에서 결코 합성될 수 없기 때문이다. 예컨대
동일한 속도 둘 중 하나로 배가 물체를 운반하고, 그러는 사이 배와
는 움직이지 않은 채 결합된 다른 움직이는 힘이 앞의 것과 동일한
속도로 물체에 작용하는 경우[를 제외하고] 말이다. 그러나 이 경우
물체는 첫째 속도로는 **자유로운** 운동을 유지하고 있고, 여기에 둘째
속도가 더해진다는 점을 항상 전제해야 한다. [하지만] 이것은 움직
이는 힘에 관한 자연법칙이고, 만일 문제가 단지 크기로서 속도 개념
이 어떻게 **구성**될 수 있는지에 관한 것이라면 [여기서는] 그것을 다
룰 수 없다. [그것은] 서로 속도를 합하는 것에 지나지 않기 때문이
다. 하지만 다른 것에서 하나를 **빼는** 것이 문제라면, 이것은 크기로
서 속도의 가능성이 합산으로 용인되기만 하면 쉽게 **생각될 수 있겠**
지만, 그 [크기로서 속도] 개념은 그렇게 쉽게 **구성**될 수는 없다. 이것
을 위해서는 두 반대 방향으로 향하는 운동이 하나의 물체에서 결합
되어야만 하는데, 이런 일이 어떻게 생겨날 수 있겠는가? 간접적으
로는, 즉 정지해 있는 정확하게 같은 공간과 관련해서는 하나의 물체
에서 반대 방향으로 향하는 동일한 두 운동을 생각하는 것은 불가능
하다. 그러나 한 물체에서 이 두 운동의 불가능성이라는 표상은 운동
의 **정지**에 관한 개념은 아니다. 반대 방향으로 가는 두 운동의 이러한 A 28
합성을 **구성**하는 것의 불가능성에 관한 것이다. 물론 이것은 정리에서
는 가능한 것으로 전제되었다. 하지만 이러한 구성은 이미 제시한 바
와 같이, 물체의 운동을 **공간의 운동**과 결합하는 것 외에는 달리 가능
하지 않다. 결국 자신의 방향이 각을 이루게 되는 두 운동의 합성에
관해 말하면, 그것[이러한 합성]은 하나의 물체에서 동일한 공간과

맺은 관계에서는 마찬가지로 생각될 수 없다. 만일 우리가 이들 [운동] 중 하나는 (예컨대 물체를 앞으로 실어 나르는 차량처럼) **외적으로** 연속해서 영향을 미치는 힘을 바탕으로 유발된 것으로, 다른 하나는 여기서 변하지 않은 채 보존되는 것으로 가정하지 않는다면 말이다. 아니면 우리는 아예 움직이는[운동하는] 힘을 그리고 결합하는 두 힘에서 제삼의 운동이 산출됨을 기초로 삼아야 한다. [그러나] 이것은 하나의 개념이 포함한 것을 역학적으로 실행한 것이지만 그 개념을 수학적으로 구성한 것은 아니다. 수학적 구성은 어떻게 그 개념이 특정한 도구나 힘을 수단으로 자연이나 기술에 의해 **산출될 수 있는지**가 아니라, 단지 (분량으로서) 객관은 무엇이어야 **하는지**를 직관할 수 있게 해주어야 한다.―크기에서 다른 것과 비례를 정하려면, 운

동의 합성은 합동의 규칙에 따라야만 한다. [그런데] 이것은 세 가지 모두에서 오로지, 주어진 두 운동이 하나와 일치해서 이 둘이 합성된 하나의 운동과 일치하는 공간의 운동을 수단으로 해서만 가능하다.

## 주석 3

　순수 운동이론으로서가 아니라 단지 운동의 순수 분량이론으로서 운동학은 물질을 순전히 가동성이라는 성질에 따르는 것으로 생각한다. 따라서 상술한 세 경우에서 다룬 운동의 합성에 관한 하나의 유일한 정리만, 그것도 곡선운동이 아닌 오로지 **직선운동**의 가능성에 관한 정리만 포함한다. 곡선운동에서 운동은 (방향에서) 연속적으로 변화되기에 이 변화의 원인을 끌어들여야 하지만 그것이 단순히 공간일 수는 없기 때문이다. 그러나 우리가 일상적으로 합성된 운동이라는 명칭으로, 운동 방향이 각을 만들어내는 유일한 경우만을 뜻해도 물리학에서는 전혀 문제되지 않지만, 순수 철학적 학문 일반을 분류하는 원리에서는 어느 정도 문제가 될 것이다. 물리학과 관련해서

는 위의 정리에서 다룬 세 경우 모두 **셋째 경우만으로도** 충분히 표현할 수 있다. 만일 주어진 두 운동이 만들어내는 각이 무한히 작다고 생각된다면 그것은 첫째 경우를 포함한다. 하지만 그것이[두 운동이 만들어내는 각이] 하나의 유일한 직선과 단지 무한히 작은 양에서만 차이나는 것으로 표상된다면, 이는 둘째 경우를 포함하게 된다. 그렇기에 우리가 언급한 세 가지 모두는 잘 알려진 합성된 운동의 정리에서 하나의 보편 정식으로 주어질 수 있다. 그러나 우리는 이런 방식 A 30 으로 운동의 분량이론을 그것의 부분들[다른 세 경우]에 따라 아프리오리하게 이해하도록 배울 수는 없었지만, 이것에도 여러 용도에서 유용성이 있다.

만일 누군가가 운동학의 보편 정리의 앞선 세 부분[경우]을 순수 지성개념을 분류하는 도식과 [그러니까] 여기서는 말하자면 **분량** 개념과 연결해볼 생각이 있다면, 그는 [다음을] 알아차리게 될 것이다. 분량 개념은 항상 동종적인 것의 합성이라는 개념을 포함하기에, 운동의 합성이론은 동시에 운동의 순수 분량이론이다. 그것도 공간이 제공해주는 세 계기[경우], 즉 선과 방향의 단일성, 하나의 동일한 선에서 방향의 다수성, 선뿐 아니라 방향의 **총체성**에 따른다. 이 세 계기에 따라 운동은 생겨나고, 비록 (하나의 움직일 수 있는 점에서) 운동의 분량은 순전히 속도에서 성립한다 해도, 이 계기들은 모든 가능한 운동을 하나의 분량으로 규정하는 것을 포함한다. [하지만] 이러한 주의사항은 단지 선험철학에서만 유용성이 있다.

# 제2장
# 동역학의 형이상학적 기초원리

## 설명 1

물질이 공간을 채우고 있는 한 물질은 움직일 수 있는 것이다. 공간을 채우고 있다는 것은 자신의 운동으로 특정한 공간에 침투하려는 모든 움직일 수 있는 것에 저항한다는 것을 말한다. 채워지지 않은 공간은 하나의 빈 공간이다.

## 주석

이제 이것이 물질개념에 대한 동역학적 설명이다. 이것은 운동학적 설명을 전제하지만, 결과에 대한 원인의 관계인 하나의 성질을 덧붙인다. 즉 하나의 일정한 공간 내부에서 운동에 저항하는 능력을 덧붙이는데, 앞서의 학문[운동학]에서는 이 능력을 결코 언급할 수 없었고, 만일 우리가 반대 방향으로 향하는 하나의 동일한 점의 운동을 다룬다면 당연히 그럴 수 없다. 공간을 이렇게 채우는 일은 움직일 수 있는 다른 어떤 것이 이 공간의 어떤 장소로 움직일 때 그것의 A 32 투과에서 이 특정한 공간을 비워두는[지키는] 일이다. 그런데 모든 방향으로 향하는 물질의 저항은 무엇에 근거하는지 그리고 그 저항이 무엇인지는 이제 탐구해야만 한다. 하지만 우리는 이미 위의 설명에서 다음 사실을 충분히 알게 되었다. [즉] 여기서는 물질이 자신의 위치에서 쫓겨나게 되어 그 자신이 움직여야 할 때 저항하는 것으로 간주하지 않고(이 경우는 역학적 저항으로서 나중에 고찰한다), 오히려 자신의 고유한 연장이 갖는 공간이 축소되어야 할 때 저항하는 것으로 간주한다. 우리는 공간에서 한 사물의 연장을 나타내기 위해 그 공간의 모든 점에 직접 현존하는 것을 뜻하는 '공간을 차지함'이라는 표현을 사용한다. 하지만 이러한 현존에서 어떤 결과[1]가 생겨나는지, 아니 도대체 결과라는 것이 생겨나기는 하는지는 이 개념에서 규정하지 않는다. [즉] 이러한 현존은 내부로 투과하려는 성향이 있는 다른 것에 저항하는 것인지, 아니면 마치 우리가 공간이 다수 공간의 복합체인 한에서 모든 기하학적 도형이 공간을 차지한다(그것은 연장이다)고 말할 수 있듯이 물질 없는 한갓 공간만을 의미하는지, 아니면 다른 움직이는 것을 더 깊게 자기 자신 속으로 투과하지 않을 수 없게 하는 (다른 것을 끌어당기는) 어떤 것이 공간에 존재하는지는 이 개념에서 규정하지 않는다. 따라서 내가 공간을 차지한다는 개념으로는 이 모든 것이 규정되지 않는다고 말하기에 '공간을 채움'은 '공간을 차지함'이라는 개념보다 더 상세한 규정이다.

# 정리 1

물질은 자신의 순전한 실존으로가 아니라 움직이게 하는 특별한 힘으로 공간을 채운다.

## 증명

공간으로 투과하는 것은 (처음 순간에는 이것을 투과하려는 성향이 있다고 하는데) 하나의 운동이다. 이 운동에 저항하는 것은 운동을 감소시키거나 정지하도록 변화시키는 원인이다. 그런데 반대 방향으로 정확히 똑같이 움직이는 것의 운동 외에 다른 어떠한 운동도 자신을 감소하거나 상쇄하는 어떤 것과 결합할 수 없다(운동학의 정리). 따라서 하나의 물질이 자신이 채우고 있는 공간으로 투과하는 다른 모든 것에 만들어내는 저항이 이 투과하려는 것을 반대 방향으로 향하게 하는 운동의 원인이다. 이 운동의 원인을 동력[2]이라고 한다. 따라서 물질은 자신의 순전한 실존으로가 아니라 동력으로 자기 공간을 채운다.

## 주석

람베르트와 또 다른 이들은 공간을 채운다는 물질의 특성을 (상당히 다의적 표현인) **고체성**이라 했다. 우리는 모든 사물에서 이러한 특성, [즉] **무엇이 실존함**(실체)을 적어도 외적 감성세계에서는 가정해야 한다고 요구했다. 이들의 이해에 따르면 공간에 **실재적인 어떤 것**이 현존한다는 것은 이미 그 자신의 개념에 따라, 즉 모순율에 따라 이러한 저항을 포함하는 것이다. 그래서 그와 같은 사물이 현존하는 공간에는 다른 어떤 것도 동시에 있을 수 없다는 데 이르게 한다. 하지만 다른 것이 이미 발견되는 하나의 공간으로 투과하려 접근하는 어떠한 물질도 모순율이 쫓아내지는 않는다. 공간을 차지하는 것에다 외적으로 움직일 수 있는 모든 것의 접근을 막아내는 힘을 부여하는 오직 그때에만, 한 사물이 차지하는 공간으로 종류가 같은 다른 사물이 투과하는 것이 어떻게 모순인지 이해하게 된다. 여기서 수학자가 물질개념을 구성하는 최초 데이터로 가정했던 것은 그 자신이

A 34; IV 498

더는 구성할 수 없는 어떤 것이었다. 물론 수학자는 모든 임의의 데이터에서 이를 다시금 설명하지 않고도 하나의 개념을 구성할 수 있다. 그렇다고 해서 자연과학의 최초 원리로 되돌아가는 것을 막으려고 그것은 수학적 구성이 전적으로 불가능하다고 공언할 자격이 수학자에게 있지는 않다.

## 설명 2

A 35　　인력은 그 힘으로 하나의 물질이 자신에게 다른 것이 접근하는 원인이 되게 하는 동력이다(혹은 이것과 동일한데, 그 힘을 바탕으로 자기 자신에게서 다른 것이 멀어지는 것에 저항하는 것이다).

척력은 그 힘으로 하나의 물질이 자신에게서 다른 것을 멀어지도록 하는 원인이 되게 하는 동력이다(혹은 이것과 같은 것인데, 그 힘으로 자신에게 다른 것이 접근하는 것에 저항하는 것이다). 때론 전자를 우리가 끌어당기는 힘이라고 하듯 후자를 배척하는 힘이라고도 한다.

### 보충

오로지 물질의 움직이게 하는 이 두 힘만 생각할 수 있다. 하나의 물질이 다른 것에 영향을 미칠 수 있는 모든 운동은 이러한 이유에서 이들 각자가 오직 하나의 점으로 고찰되는 한에서 항상 두 점 사이 직선에서 배분되었다고 간주해야 하기 때문이다. 그런데 이 직선에서는 오로지 두 가지 운동만이 가능하다. 첫째는 그것으로 그 점이 다른 점에서 **멀어지는** 운동이고, 둘째는 그것으로 서로 **가까워지는** 운동이다. 첫째 운동의 원인이 되는 힘은 **척력**, 둘째 운동의 원인이 되는 힘은 **인력**이라고 한다. 따라서 물질적 자연에서 모든 운동이 거기

Ⅳ 499

로 소급되어야만 하는 것으로는 오로지 이 두 가지 힘만 생각할 수 있다.

## 정리 2

A 36

물질은 자신의 공간을 자기 모든 부분의 척력으로, 즉 자신의 고유한 확장력[3]으로 채운다. 이 고유한 확장력에는 그보다 더 작거나 더 큰 정도를 무한하게 생각할 수 있는 하나의 특정한 도(度)가 있다.

### 증명

물질은 오로지 동력으로만 공간을 채운다(정리 2). 더 정확히 말하면 다른 것의 투과, 즉 접근에 저항하는 힘으로 공간을 채운다. 그런데 이 힘은 척력이다(설명 2). 따라서 물질은 오로지 척력으로만, 그것도 자신을 이루는 모든 부분의 척력으로 자신의 공간을 채운다. 그렇지 않으면 (전제와 상반되게) 자기 공간의 부분이 채워지지 않고, 단지 둘러싸이게 되기 때문이다. 하지만 하나의 연장적인 힘은 자신의 모든 부분의 척력에서 오는 확장력(팽창력)이다. 따라서 물질은 자신에게 고유한 확장력으로만 자기 공간을 채운다는 것, 이것이 [정리 2가 말하는] 첫째였다. 주어진 모든 힘에 대해서는 그보다 더 큰 힘을 생각할 수 있다. 왜냐하면 그보다 더 큰 힘이 가능하지 않다는 것은 그러한 힘으로 유한한 시간에 무한한 공간을 지나가는 것과 같기 때문이다(이것은 불가능하다). 그뿐만 아니라 모두 주어진 동력 아래에는 그보다 더 작은 동력을 생각할 수 있어야만 한다(가장 작은 동력이 있다 A 37 면, 자기 자신에게 이 힘을 무한히 덧붙인다 해도 하나의 주어진 시간에 그 어떤 유한한 속도도 만들어낼 수 없을 터인데, 이것은 모든 동력의 결핍을 의미하기 때문이다). 따라서 주어진 동력의 도보다 항상 더 작은 도가 주어질 수 있어야만 하는데, 이것이 [정리 2가 말하는] 둘째 것이다. 그러므로 모든 물질이 자기 공간을 채우는 힘인 확장력에는 도가 있는데, 이 도는 결코 최대이거나 최소일 수 없어서 그보다 더 크거나 더 작은 도를 무한히 발견할 수 있다.

## 보충 1

물질의 팽창력을 사람들은 탄성이라고도 한다. 그런데 모든 물질의 본질적 특성으로서 공간을 채우는 것이 근거로 삼는 것이 팽창력이기 때문에 이 탄성을 근원적이라고 해야 한다. 왜냐하면 이것은 물질의 어떤 다른 성질에서 파생될 수 없기 때문이다. 따라서 모든 물질에는 근원적으로 탄성이 있다.

## 보충 2

모든 물질에 대해 그 물질이 채운 공간에서 그 물질을 더 좁은 공간으로 몰아내 압축하는 힘 또한 발견할 수 있어야 한다. 왜냐하면 그 어떤 확장력에서도 더 큰 동력을 발견할 수 있고, 이 더 큰 동력이 확장력에 대립적으로 작용할 수 있기 때문이다. 이 대립하는 힘으로 확장하려는 성향이 있는 물질의 공간은 축소될 것이고, 이 경우 그 힘을 압축하는 힘이라 할 것이다.

A 38

## 설명 3

하나의 물질이 압축해서 다른 물질의 확장 공간을 완전히 소멸시켰을 때, 이 물질은 자신의 운동에서 다른 물질로 **투과한다.**

## 주석

기체로 채워진 공기펌프 통에서 피스톤이 점점 바닥으로 향할 때 기체 물질은 압축된다. 그런데 (최소한의 공기도 빠져나가지 않은 채) 피스톤이 바닥에 완전히 닿을 만큼 압축이 계속된다면, 이 기체물질 은 투과된 것이다. 이 기체를 둘러싼 물질들이 기체를 위한 어떤 공 간도 남겨놓지 않아서 기체가 공간을 전혀 차지하지 않은 채 피스톤 과 바닥 사이에서 발견될 것이기 때문이다. 만일 누군가 외부 압축력 을 통한 물질의 이러한 투과성을 받아들이려고 하거나 단지 생각만 하려 해도 이와 같은 것을 **역학적 투과성**이라 할 수 있을 것이다. 이 러한 [역학적이라는] 제한으로 물질의 투과성을 다른 투과성과 구별 A 39 할 이유가 나에게는 있다.[4] 어쩌면 다른 투과성 개념도 역학적 투과 성 개념과 꼭 마찬가지로 불가능하겠지만, 이 다른 투과성에 관해서 는 내가 나중에 의견을 덧붙일 기회가 있을 것이다.

## 정리 3                                                IV 501

물질은 무한히 **압축**될 수는 있지만, 다른 물질의 압축력이 아무리 크다 해도 그 다른 물질에 의해 결코 **투과**되지는 않는다.

### 증명

하나의 물질이 자신이 차지한 주어진 공간을 넘어 도처로 확장하 려 애쓸 때 보이는 근원적 힘[5]은 더 작은 공간에 둘러싸여 있을 때보 다 크다. 그래서 무한히 작은 공간으로 압축될 때에는 [확장력이] 무 한히 더 커진다. 그런데 물질에 주어진 확장력에 대하여 이 물질을 더 좁은 공간으로 밀어 넣는 더욱 큰 압축력을 발견할 수 있으며, 이는 무한히 진행된다. 이것이 [정리 3이 말하는] 첫째 사항이다. 그러나 물질이 투과하려면 물질을 하나의 무한히 작은 공간으로 몰아넣는 것, 즉 무한한 압축력이 필요하지만 그것은 불가능하다. 따라서 물질은 어떤 다른 물질을 압축해도 투과되지 않는다. 이것이 [정리 3이 말하는] 둘째 사항이다.

## 주석

A 40   확장력은 더 좁은 공간으로 내몰리면 내몰릴수록 더 강하게 반작용한다는 점을 위의 증명에서 처음부터 전제했다. 그런데 이것이 순전히 파생된 탄성력의 모든 종류에도 해당하는 것은 아니다. 그럼에도 공간을 채우고 있는 물질 일반으로서 자신에게 탄성이 본질적으로 귀속되는 물질에는 이것이 요청될 수 있다. 모든 점에서 전체 방향으로 가해지는 팽창력이 [물질이라는] 이 개념조차 형성하기 때문이다. 그러나 같은 양의 확장력이 더 좁은 공간으로 내몰렸을 때, 그 확장력은 이 일정량의 힘이 작용하는 공간이 좁으면 좁을수록 그 공간의 모든 점에서 더욱 강하게 반발해야 한다.

## 설명 4

Ⅳ 502   압축 정도에 비례해서 저항이 커지는 것에 근거를 둔 물질의 **불가입성**을 나는 **상대적 불가입성**이라고 한다. 하지만 물질은 그 자체로 전혀 압축될 수 없다는 가정에 근거를 둔 불가입성을 **절대적 불가입성**이라고 한다. 절대적 불가입성으로 **공간**을 **채우는** 것은 수학적 공간 채움이라 할 수 있고, 단지 상대적 불가입성으로 공간을 채우는 것은 **동역학적 공간 채움**이라 할 수 있다.

## 주석 1

순전한 수학적 불가입성 개념에 따르면(이 개념은 물질에 근원적으로 속하는 것으로서 그 어떤 동력도 전제하지 않는데), 물질은 자기 자신 속에 빈 공간을 포함한 경우를 제외하고는 압축될 수 없다. 따라서 물질은 모든 투과에 전적으로 그리고 반드시[6] 물질로서 저항한다. 하지만 이 성질에 관한 우리 해명에 따르면, 불가입성은 하나의 물리적 근거에 기초를 두었다. 왜냐하면 맨 먼저 물질 자체를 자신의 공간을 채우는 연장적인 것으로 만드는 것은 확장력이기 때문이다. 하지만 이 힘[확장력]은 [일정한] 정도가 있어서 다른 것이 이를 제압할 수 있고, 따라서 외연의 공간은 축소된다. 즉 주어진 압축력에 일정 정도까지는 투과될 수 있다. 하지만 완전히 투과하는 것은 무한한 압축력을 요구하므로 불가능하다. 그러므로 공간을 채운다는 것은 단지 상대적 불가입성으로 간주해야 한다.

## 주석 2

절대적 불가입성은 사실 신비한 성질[7]에 지나지 않는다. 왜냐하면 물질이 자신의 운동에서 서로 투과할 수 없는 원인이 무엇인지를 누군가 묻는다면, 그들이 불가입적이라서 그렇다는 답을 얻을 테니 말이다. 배척력에 호소하는 것은 이러한 비난에서 자유롭다. 왜냐하면 비록 이 [배척력이라는] 힘은 그것의 가능성에 관한 것은 더 설명할 수 없어서 근본적인 힘으로 간주해야 하지만, 배척력이 작용하는 원인 개념을 제공해서 결과적으로 채워진 공간에서 저항을 정도에 따라 측정할 수 있는 법칙을 제공하기 때문이다.

# 설명 5

**물질적 실체**는 그 자체로 움직일 수 있는, 즉 공간에서 그것 외부에 존재하는 모든 다른 것에서 분리되어 움직일 수 있는 공간에 있는 실체다. 물질의 부분이 운동으로 부분이 되길 멈추게 되는 운동이 **분리**다. 물질의 부분들이 분리되는 것은 **물리적 분할**이다.

## 주석

실체 개념은 실존하는 것의 궁극적 주어를 의미한다. 즉 그 자신이 다시금 한갓 술어로서 다른 것의 실존에 속하지 않는 궁극적 주어를 의미한다. 그런데 물질은 공간에서 사물의 실존에 속하는 것으로 간주될 수 있는 모든 것의 주어다. 그렇지 않고 물질을 제외한다면 공간 자체 외에 그 어떤 주어도 생각될 수 없기 때문이다. 하지만 공간은 실존하는 것은 아무것도 포함하지 않고, 순전히 가능한 외감의 대상들이 갖는 외적 관계의 필연적 조건만 포함하는 개념이다. 따라서 공간에서 움직일 수 있는 것으로서 물질이 공간에 있는 실체다. 그러나 우리가 물질의 부분에 대해 그 자체가 주어이고 다른 물질의 한갓 술어가 아니라고 말할 수 있는 한에서 물질의 모든 부분은 마찬가지로 실체라고 해야 한다. 따라서 다시 그 자신이 물질이라 해야 할 것이다. 하지만 이 부분들이 자체로 움직일 수 있어서 다른 인접부분과 결합 밖에서도[없이도] 공간에 실존한다면, 이들 자신이 주어가 된다. 따라서 물질의 고유한 운동성이나 그것의 어떤 부분은 동시에 이 운동하는 것과 그들의 운동하는 모든 부분이 실체라는 것에 대한 하나의 증거다.

# 정리 4

물질은 무한대로 분할 가능하고, 그것도 [분할된] 부분이 다시금 물질이 되는 부분으로 분할 가능하다.

## 증명

물질은 불가입적이다. 그것도 자신의 근원적 확장력으로 그러하다(정리 3). 하지만 이것은 단지 물질로 채워진 하나의 공간에서 각점에 배척력이 있는 것의 결과일 뿐이다. 그런데 물질이 채우는 공간은 수학적으로 무한대로 분할될 수 있다. 즉 비록 자신의 부분이 움직일 수는 없어서 (기하학의 증명에 따라) 분할될 수도 없지만, 이들은 무한대로 구별될 수 있다. 하지만 물질로 채워진 하나의 공간에서는 공간의 각 부분이 배척력을 포함해서 이 배척력이 모든 방향에서 나머지 부분에 반작용하게 한다. 따라서 나머지 부분을 쫓아내기도 하고 마찬가지로 그것에 쫓겨나기도 하는, 즉 나머지 부분과 거리를 두고 움직이게 한다. 그러므로 물질로 채워진 공간의 모든 부분은 그 자체로 움직일 수 있고, 물리적 분할을 거쳐 나머지 것에서 물질적 실체로 분리될 수 있다. 따라서 공간을 채우는 실체의 가능한 물리적 분할 역시 물질이 채우는 공간의 수학적 가분성의 정도까지 이르게 된다. 하지만 수학적 가분성은 무한대로 진행되고, 결과적으로 물리적 가분성, 즉 모든 물질 역시 무한대로 분할 가능하다. 그것도 [분할된] 모든 부분 자신이 다시금 물질적 실체가 되는 부분으로 분할 가능하다.

A 44

IV 504

## 주석 1

만일 공간의 모든 부분에는 물질적 실체가 존재한다는 사실, 즉 그 자체로 움직일 수 있는 부분들을 [그곳에서] 발견할 수 있다는 사실이 먼저 입증되지 않는다면, 공간의 무한 가분성의 증명은 아직 물질의 무한 가분성을 증명하지 못한다. 왜냐하면 어느 **모나드주의자**[8]가 물질은 물리적 점으로 이루어져 있고 이들 각각은 (바로 그 때문에) 움직일 수 있는 아무런 부분도 소유하지 않았지만 그럼에도 단순히 배척력으로 공간을 채운다고 가정하고자 한다면, 그는 다음과 같은 사실을 인정할 수 있기 때문이다. 즉 비록 이 공간은 분할될 수 있지만, 공간에서 활동하는 실체는 분할될 수 없다는 사실, 따라서 비록 이 실체의 활동 영역은 분할될 수 있지만, 활동하는 움직일 수 있는 주체 자체는 공간의 분할과 동시에 분할될 수 없다는 사실을 말이다. 그렇기 때문에 그는 물리적으로 불가분적인 부분들로 물질을 합성하겠지만, **동역학적 방식으로** 이 부분들이 공간을 차지하도록 할 것이다.

A 45

그러나 위의 [정리 4에 대한] 증명은 모나드주의자에게서 이러한 탈출구를 완전히 빼앗아버린다. 이 증명에서는 다음과 같은 사실이 분명해지기 때문이다. 즉 자신이 반발되는[밀쳐지는] 것과 마찬가지로 모든 방향으로 반발[척력]을 행사하지 않는 점은 [물질로] 채워진 하나의 공간에서는 존재할 수 없고, 따라서 [이 채워진 공간에서 모든 점은] 모든 다른 반발하는 점 외부에 현존하는 반작용하는 주체로서 스스로 움직일 수 있으며, 다른 것의 동일하게 반발하는 힘을 통하지 않고서 단순히 배척하는 힘만으로 하나의 공간을 채우는 점을 가정하는 것은 전혀 불가능하다는 사실이 분명해진다. 이런 사실과 앞선 정리[정리 4]의 증명을 분명히 보여주기 위해, [아래 그림에서] A는 공간에서 한 모나드[단자]의 위치이고, ab는 이 모나드의 배척력이 미치는 영역의 지름이므로 aA는 그 영역의 반지름이라고 가정해보자.

〈그림 4〉

그렇다면 저 영역이 차지한 공간으로 외부의 한 모나드가 투과하는 것에 저항하는 위치 a와 그것의 중심점인 A 사이에 (공간의 무한 분할 가능성에 따라서) 한 점 c를 표시할 수 있다. 그런데 만일 A가 a 안으로 투과하려는 성향이 있는 어떤 것에 저항한다면, c 역시 두 점 A와 a에 저항해야만 한다. 이렇게 하지 않으면 이 두 점은 방해받지 A 46 않고 서로 접근하게 되고, 결과적으로 A와 a가 점 c에서 만나게 되는, 즉 공간이 투과될 것이기 때문이다. 그러므로 c에는 A와 a의 투과에 Ⅳ 505 저항하는 어떤 것이 있어야만 한다. 이것이 모나드 A를 자신이 이 모나드에 밀쳐내지는 것과 마찬가지로 밀쳐내게 된다. 그런데 밀쳐냄은 하나의 운동이므로 c는 공간에서 가동적인 것, 즉 물질이고 A와 a 사이에 있는 공간은 하나의 유일한 모나드의 활동영역으로 가득 차 있을 수 없다. 따라서 c와 A 사이의 공간 역시 이와 마찬가지며, 이는 무한대로 계속된다.

수학자가 탄성적인 물질의 부분들을 더 많이 압축하거나 덜 압축하는 데에서 이 부분들의 배척력을 서로 거리에 어느 정도 비례해서 증가하거나 감소하는 것으로 표상할 때, 예컨대 기체의 가장 작은 부분은 그들의 탄성이 그 속으로 압축되는 공간과 반비례 관계에 있어서 거리에 반비례해서 서로 밀쳐낸다고 표상할 때, 만일 한 개념을 구성하는 절차에 필연적으로 속하는 것을 객관 자신 속에 있는 개념에 부과한다면, 우리는 그들의 의미를 완전히 잃어버리고 그 말을 곡해하게 된다. 전자[한 개념을 구성하는 절차]에 따르면 그 어떤 접촉도 무한하게 가까운 거리로 표상될 수 있기 때문이다. 그러므로 이런 일은 더 크거나 더 작은 공간이 물질의 동일한 분량으로, 다시 말해 배척력의 동일한 양으로 완전히 채워진 것으로 표상되는 경우에도 필연적으로 일어나야만 한다. 그러므로 무한히 분할 가능한 그 어떤 것에서도 전체라는 공간의 모든 확장에서 항상 하나의 연속체를 형성하는 부분들의 실재적 거리를 전제해서는 안 된다. 비록 이러한 확장 가능성은 단지 무한하게 가까운 거리라는 이념 아래에서만 직관적일 수 있지만 말이다.

## 주석 2

수학자는 자신의 내적 사용에서는 빗나간 형이상학의 농간에 전적으로 무관심할 수 있고, 공간의 무한 가분성이라는 명백한 주장에 반대하는 어떤 반박이 하나의 한갓 개념에서 주워 모은 궤변에 길을 내주려 할지라도, 그 주장의 확실한 소유를 고수할 수 있을 것이다. 그렇지만 공간에 대해 타당한 이 명제를 공간을 채운 실체에 적용하는 데 수학자는 순전한 개념에 따른 검사에 응해야 하고, 그렇게 해서 형이상학에 관여해야만 한다. 위의 정리[정리 4]가 이미 이에 관한 하나의 증명이다. 왜냐하면 물질은 물리적으로 무한대로 분할 가능하다는 사실이 비록 수학적 관점에서는 그럴 수 있고, 공간의 모든 부분이 다시금 공간이 되며, 부분들은 항상 서로 바깥으로 둘러싸이게 되겠지만, [이 사실은] 필연적으로 귀결되는 것은 아니기 때문이다. 또 이런 한에서 이 채워진 공간의 모든 가능한 부분 속에도 실체가 존재해서 이 실체가 독자적으로 움직일 수 있는 것으로서 모든 나머지 것에서 분리되어 존재한다는 사실이 증명될 수는 없기 때문이다.

그러므로 지금까지 수학적 증명에는 이를 자연과학에 확실히 적용할 수 있게 해주는 어떤 것이 여전히 결여되어 있었고, 이는 위의 정리에서 채워지게 되었다. 그렇지만 물질의 무한 가분성이라는 이제부터는 물리적 정리로 보아야 할 정리에 대한 형이상학의 남은 공격에 대해 수학자는 전적으로 철학자에게 위임해야만 한다. 그렇지 않아도 철학자는 이 반박으로 헤어 나오기 어려운 미궁과 그와 직접 연관된 질문에 빠지게 될 것이다. 그렇기에 수학자가 이 업무에 얽혀들지 않아도 충분히 철학자와 관계있는 일이다. 요컨대 만일 물질이 무한대로 분할 가능하다면, (독단적 형이상학자는 [이렇게] 추론한다) 물질은 부분들의 무한한 집합으로 이루어져 있다. 전체는 부분으로 나눌 수 있는 모든 부분을 이미 자신 속에 전부 포함해야 하기 때문이다. 이 마지막에 나오는 명제가 사물 자체로서 모든 전체에 관한 것이라는 점은 의심할 여지없이 확실하다. 그렇지만 우리가 물질이, 심지어 공간마저도 무한히 많은 부분으로 이루어져 있다는 점을 용인할 수는 없기에(왜냐하면 하나의 무한한 집합이라는 것은 이미 그것의 개념이 결코 완결될 수 없는 것으로 표상되는데, 이 무한한 집합을 전부 완결된 것으로 사유하는 것은 하나의 모순이기 때문에), 우리는 [다음 중] 하나를 결정해야만 한다. 기하학을 무시하고 공간은 무한대로 분할 가능한 것이 아니라고 말할지, 아니면 [독단적] 형이상학을 모독해서 공간은 A 49 사물 자체의 속성이 아니고 물질은 사물 자체가 아니며, 공간이 우리 외감의 본질적 형식인 것과 마찬가지로 우리 외감 일반의 순전한 현상이라고 말할지 결정해야 한다.

그런데 여기서 철학자는 위험한 딜레마의 외침 사이에서 궁지에 빠지게 된다. 공간이 무한대로 분할 가능하다는 첫째 명제를 부정하는 것은 하나의 공허한 감행이다. 수학은 어떤 것도 궤변으로 강변할 수 없는 것이기 때문이다. 하지만 물질을 사물 자체로, 따라서 공간을 사물 자체의 속성으로 간주하는 것도 저 [첫째] 명제를 거부하는 것과 같다. 그러므로 철학자는 부득이하게 둘째 명제[9]가 아무리 상식이고 상식에 적합하다 해도 포기해야 한다고 생각한다. 물론 이것은 오로지 다음과 같은 조건에서 [그러니까] 그가 물질과 공간을 단지 현상으로(따라서 공간은 우리의 외감적 직관의 형식에 지나지 않아서 이 양자[물질과 공간]는 사물 자체가 아니라 단지 우리에게 그 자체로는 알려지지 않은 대상에 대한 주관적 표상방식에 속하는 것으로) 만들었을 때 물질은 무한히 분할 가능하다. 그렇지만 물질은 무한히 많은 부분으로 이루어져 있지 않은 어려움에서 우리가 그를 벗어나게 해준다는 조건에서만 그럴 것이다. 그런데 이 후자를 직관적이게 만들고 구성하는 것은 불가능할지라도 이성을 통해서는 아주 잘 사유할 수 있다. 표상에 주어짐으로써만 실재하는 것에 관해서는 표상에서 마주칠 수 있는 정도, 다시 말해 표상의 진행이 도달할 수 있는 정도 이상은 주어지지 않기 때문이다. 그러므로 자신의 분할이 무한대로 진행되는 현상에 관해 단지 말할 수 있는 것은 현상의 부분은 우리가 오로지 그것에 제공할 수 있는 것만큼, 즉 단지 우리가 매번 분할해도 되는 만큼이라는 사실이다. 현상의 실존에 속하는 것으로서 부분들은 오로지 사유에서만, 말하자면 분할 자체에서만 실존하기 때문이다. 그런데 분할은 무한대로 진행되지만, 결코 무한한 것으로 주어지지는 않는다. 그러므로 여기에서, [즉] 분할 가능한 것의 분할이 무한대로 진행된다는 이유로, 분할 가능한 것이 자신 속에 부분들의 무한한 집합을 그 자체로, 그것도 우리 표상 바깥에 포함한다는 사실이 따라 나오지는 않는다. 그것은 사물이 아니라 단지 사물의 표상일 뿐이고, 그것의 분할은 비록 무한대로 진행될 수 있으며, 이를 위한 근거 역시 객관(그 자체로는 알려지지 않은 것) 속에 존재하겠지만, 그럼에도 완결되지는 않는다. 따라서 완전하게 주어질 수는 없으므로 이것이 객관에서 실재적인 무한한 집합을 (이것은 명백한 모순일 터인데) 증명하지는 않는다. 아마 그 누구보다 독일에서 수학의 명성을 유지하는 데 더 많이 기여한 위대한 사람이 공간의 무한 가분성에 관한 기하학의 정리를 뒤엎으려는 형이상학의 월권을, **공간은 단지 외적 사물의 현상에 속한다**는 근거 있는 사실을 환기함으로써 여러 번 거부했다. 하지만 그는 이해받지 못했다. 사람들은 마치 이 명제가 공간은 스스로 우리에게 현상하는[모습을 나타내는] 것이고, 그 A51 게 아니라면 공간은 사물[10]이든지 사물 자체의 관계인데, 수학자는 공간을 단지 그것이 현상하는 대로 간주했다고 말하려는 것으로 받아들였다. 그 대신에 이 명제는, 공간은 결코 우리 감각 능력 바깥의 어떤 사물에 그 자체로 붙어 있는 속성이 아니라 오히려 우리 감성의 주관적 형식이어서 그것 자체로는 어떤 상태인지 알 수 없는 외감의 대상이 이 형식 아래에서 우리에게 현상하게[모습을 나타내게] 되는 것이고, 그럴 때 이 현상을 우리가 물질이라 한다고 이해되었어야 했다. 사람들은 이러한 오해에서 여전히 공간을 우리 표상 능력 밖의 사물에 붙어 있는 성질로, 다시 말해 혼란스러운 것으로 (사람들이 일반적으로 현상을 그렇게 설명했기에) 생각했지만, 수학자는 단지 일반적 개념에 따라 그렇게 생각했다. 따라서 사람들은 물질의 무한 분할 가능성에 관한 명제, 즉 공간 개념에서 최상의 명료성을 전제하는 명제를 기하학의 기초를 이루는 공간에 관한 혼란된 표상의 탓으로 돌렸다. 그렇게 되면 여기에서는 점으로 공간을 그리고 단순한 부분들로 물질을 합성하는 것, 그렇게 해서 (자신의 견해에 따라) 명료성을 이 개념에 도입하는 것은 형이상학자의 재량에 달려 있게 된다. 이렇게 탈선하는 이유는 잘못 이해된 **단자론**에 있다. 단자론은 결코 자연 현상을 설명하기 위한 것이 아니라 라이프니츠가 수행한 그 자체로 정돈된 플라톤적 세계 개념이다. 이런 한에서 그 세계는 감각 능력 A52 의 대상이 아닌 사물 자체로 간주되지만 감각 능력 현상의 근저에 있는 순전한 지성의 대상이다. 그런데 **사물 자체가 합성된** 것은 당연히 단자[단순한 것]로 이루어져 있어야만 한다. 여기서 부분들은 반드시 모든 합성에 앞서 주어져야 하기 때문이다. 그러나 현상에서 합성된 것은 단자로 이루어져 있지 않다. 오로지 합성된 것으로서 (연장적으로) 주어질 수밖에 없는 현상에서 부분들은 단지 분할로만, 즉 합성된 것에 앞서가 아니라 오히려 단지 합성된 것에서만 주어질 수 있다. 그러므로 라이프니츠의 견해는, 내가 이해한 한에서, 공간을 서로 이웃한 단순 존재들의 질서로 설명한 것이 아니라 오히려 공간에 [이 공간에] 상응하는 것으로서 이 질서, 그렇지만 순전히 초감성적인 (우리에게는 알려지지 않은) 세계에 속하는 것으로서 이 질서를 지원했다. 그래서 그의 견해는 다른 곳에서 이미 제시되었던 바를 주장하는 것과 다를 바가 없다. 즉 물질과 그 물질의 형식인 공간은 사물 자체의 세계가 아닌, 오로지 이들의 현상만 포함할 뿐이라서 그 자신은 우리의 외감적 직관의 형식일 뿐이라고 말이다.

## 정리 5

물질의 가능성은 물질의 둘째 본질적 근본힘으로서 인력을 요구한다.

### 증명

물질을 공간에서 실재적인 것으로 우리 외감에 처음 나타나게 만드는 물질의 근본속성으로서 불가입성은 물질의 확장 능력과 다름없다(정리 [2]). 그런데 물질의 부분들을 서로 멀어지게 하는 본질적 동력은 첫째, 자기 자신을 통해서는 제한될 수 없다. 물질에는 오히려 이 동력으로 자신이 채운 공간을 연속적으로 확장하려는 성향이 있기 때문이다. 둘째, 저 동력은 공간을 통해서도 연장의 특정한 한계로만 정해질 수 없다. 비록 후자[연장의 특정한 한계]가 확장력이 자신을 확장하는 물질의 부피 증가에 반비례해서 약화되는 것에 대한 특정한 근거를 포함할 수는 있지만, 모든 동력에 대해 더 작은 정도가 무한대로 가능해서 확장력이 어디에선가 끝나는 것에 대한 근거는 결코 포함할 수 없기 때문이다. 그러므로 물질은 자신의 배척력을 (이것이 불가입성의 근거를 포함하는데) 통해서만은 그리고 만일 자신에 대해 또 다른 동력이 반작용하지 않는다면 그 어떤 연장의 한계 안에도 멈춰 있지 않을 것이다. 즉 자신을 무한대로 분산할 것이다. 그리고 어떤 정해진 공간에서도 물질의 정해진 분량을 발견할 수 없을 것이다. 따라서 물질의 순전히 배척하는 힘에서는 모든 공간이 비게 될 테고, 원래는 물질이 전혀 현존하지 않게 될 것이다. 그러므로 모든 물질은 자신이 실존하려고 확장력에 대립적인 힘, 즉 압축하는 힘을 요구한다. 그러나 이것[압축하는 힘]을 다시 다른 물질의 반대작용에서 근원적으로 찾을 수는 없다. 다른 물질에는 자신이 물질이 되기 위해 그 자신에게 압축하는 힘이 필요하기 때문이다. 그러므로 그 어딘가에 배척력에 반대 방향으로 작용해서 접근을 유발하는 물질의 근원적 힘, 즉 인력이 전제되어야만 한다. 그런데 이 인력은 물질 일반으로서 한 물질의 가능성에 속하고 물질의 모든 차이에 선행하므로 순전히 물질의 특수한 종류에 부여해서는 안 되고 모든 물질 일반에, 그것도 근원적으로 부여해야만 한다. 그러므로 근원적 인력은 물질의 본질에 속하는 근본힘으로서 모든 물질의 속성이다.

A 54

IV 509

### 주석

물질의 한 속성에서 그와 고유하게 구별되는 또 다른 속성으로 이행하는 것, [그러니까] 물질개념 속에 포함되어 있지는 않더라도 물질개념에 마찬가지로 속하는 또 다른 속성으로 이행하는 것에서 우리

지성은 반드시 더 상세히 숙고하는 태도를 취해야 한다. 만일 인력마

저도 물질의 가능성을 위해 근원적으로 필요하다면, 왜 우리는 물질의 첫째 식별기준으로 이 인력을 불가입성과 달리 이용하지 않을까? 왜 불가입성은 물질개념과 함께 직접적으로 주어지고, 반면에 인력은 [물질이라는] 개념에서는 생각되지 않고 단지 추론으로 그 개념에 부가될까? 우리 감각 능력이 이 끌어당김[인력]을 불가입성의 밀쳐냄과 저항처럼 직접 지각하도록 허용하지 않는다는 사실이 아직까지는 이 [질문의] 어려움에 대한 충분한 대답일 수는 없다. 설령 우리에게 그와 같은 능력이 있다 해도 우리는 다음 사실을 쉽게 이해할 수 있기 때문이다. 즉 우리 지성은 공간에서 실체인 물질을 표시하기 위해 공간을 채우고 있음을 선택하게 될 것이라는 사실과 어떻게 물질의 특징을 공간과 구별되는 사물로서 바로 이 채우고 있음에서나 혹은 달리 고체성이라 불리는 것에서 정립하는지를 말이다. 끌어당김[인력]은 비록 우리가 그것을 아무리 잘 수용[감각]한다 해도 결코 우리에게 일정한 부피와 형태의 물질로 드러나지 않는다. 오히려 우리 바깥의 한 점으로 (끌어당기는 물체의 중심점으로) 접근하려는 우리 감각 능력의 수고일 뿐이다. 왜냐하면 지구의 모든 부분의 인력은 우리에게 더는 아무런 작용도 하지 않고, 만일 인력이 지구 중심점에서 완전히 통합될 수 있다면 이것만이 유일하게, 마치 산악이나 어느 바위 등의 인력처럼 우리 감각 능력에 영향을 미치게 될 것이기 때문이다. 그런데 우리는 그것으로 공간에서 어떤 객관에 관한 아무

런 규정된 개념도 얻지 못하는데, 이는 형태도 크기도, 심지어 그것이 발견되는 장소도 우리 감각 능력에 주어질 수 없기 때문이다(끌어당김의 순전한 방향은 무게처럼 지각될 것이다. 하지만 끌어당기는 점은 알려지지 않을 것이다. 그리고 어떻게 이것을, 물질이 공간을 채우는 한에서 이 물질을 지각하지 않고 추론으로 찾아낼 수 있는지를 나는 이

해조차 잘하지 못할 것이다). 그러므로 크기라는 우리의 개념을 물질에 첫째로 적용하는 것, [그러니까] 우리의 외적 지각을 대상 일반으로서 물질이라는 경험개념으로 변환하는 것을 우리에게 비로소 가능하게 해주는 첫째 적용은 오로지 물질이 공간을 채우기 위해 지니는 속성에만 근거를 둔다는 점은 분명하다. [그리고] 이 속성이 감각을 매개로 해서 우리에게 연장적인 것의 크기와 형태를 제공해준다는 점과 공간에서 특정한 대상에 관한 개념, [그러니까] 이 사물에 관해 우리가 말할 수 있는 모든 나머지 것의 기초가 되는 개념을 제공해준다는 점은 분명하다. 바로 이것이 끌어당김[인력]은 밀쳐냄[척력]과 마찬가지로 물질의 근본힘에 속해야만 한다는 다른 이들의 명백한 증명에도 왜 우리가 인력에 대해서는 그렇게 반대하는지, 그리고 충돌과 압력이(이 둘은 불가입성을 매개로 하는데) 통하지 않는 그어떤 움직이게 하는 힘[동력]도 인정하려 하지 않는지에 대한 틀림없는 이유다. 사람들은 공간을 채우는 것은 실체라 말하는데, 이것은 또 아주 정확한 것이다. 그러나 실체는 우리가 그것의 불가입성을 지각하게 되는 감각 능력으로만, 즉 감각으로만 현존을 우리에게 드러 A 57낸다. 따라서 단지 접촉과 관계해서만 (한 물질이 다른 물질로 접근하는 데) 그 접촉의 시작은 충돌이라 하고 [접촉의] 지속은 압력이라 한다. 따라서 다른 물질에 대한 한 물질의 모든 직접적 작용은 마치 압력이나 충돌, 즉 우리가 오로지 직접 감각할 수 있는 두 가지 영향밖에 없는 것처럼 보인다. 반면에 우리에게 그 자체로 아무런 감각이 아니거나 감각의 특정한 대상을 결코 제공할 수 없는 인력을 우리가 근본힘으로 생각하는 것이 어려워 보인다.

# 정리 6

척력 없는 순전한 인력만으로는 어떤 물질도 [성립] 가능하지 않다.

## 증명

인력은 물질의 동력이고, 이로써 하나의 물질은 다른 물질을 자신에게 접근하도록 추동한다. 그러므로 물질의 모든 부분 사이에서 이 인력이 발견된다면, 물질은 이를 수단으로 자신의 부분들 간의 거리가 서로 축소되도록 해서 이 부분들이 함께 차지하는 공간 역시 축소되도록 하려는 성향이 있다. 그런데 자신에게 대립적인 다른 동력을 제외하고는 그 어떤 것도 [인력이라는] 동력의 작용을 방해할 수 없다. 하지만 인력에 대립하는 이런 힘은 척력이다. 그러므로 척력이 없는 순전한 접근으로는 물질의 모든 부분이 아무런 방해 없이 서로 가까워질 것이고, 이들이 차지하는 공간 또한 축소될 것이다. 그런데 [이렇게] 가정된 경우에는 인력으로 인한 더 많은 접근이 배척력 때문에 불가능해지는 부분들 사이의 어떤 거리도 존재하지 않는다. 따라서 이 부분들은 자신들 사이에 거리가 전혀 발견되지 않을 때까지, 즉 이들이 하나의 수학적 점으로 수렴될 때까지 서로 움직이게 될 것이고, 그래서 공간은 비고 어떠한 물질도 없게 될 것이다. 그렇기에 척력 없는 순전한 인력만으로 물질은 [성립] 불가능하다.

## 보충

한 사물의 내적 가능성이 근거로 둔 조건으로서 속성은 그것의 본질적인 부분이다. 그러므로 척력은 인력과 마찬가지로 물질의 본질에 속하고, 물질개념에서 이 중 어느 하나도 다른 하나에서 분리될 수 없다.

## 주석

공간 어디에서나 단지 두 동력, 즉 척력과 인력만 생각할 수 있기에 물질 일반이라는 개념에서 이 양자의 통일을 아프리오리하게 증명하려면 다음 사실이, [즉] 물질을 표현하기 위해 각각 그것만 놓고 볼 때 무엇이 발휘될 수 있는지 보려면 각자가 단독으로 고려된다는 A 59 사실이 미리 필요했다. 이제 이들 중 어떤 것도 기초로 삼지 않는 경우뿐 아니라 이들 중 순전히 하나만 가정하는 경우에도 공간은 언제나 비어 있고, 그 안에서 어떤 물질도 발견되지 않는다는 사실이 명백해진다.

## 설명 6

물리적 의미에서 접촉은 **불가입성**의 직접적 작용과 반작용이다. 접촉이 없는 한 물질의 다른 물질에 대한 작용은 먼 거리 작용(원격작용)[11]이다. 내부에 놓인 물질들의 매개 없이도 가능한 이런 먼 거리 Ⅳ 512 작용을 직접적 먼 거리 작용 또는 **빈 공간**을 통한 물질 상호 간의 **작용**이라고 한다.

## 주석

수학적 의미에서 접촉은 두 공간의 공통 경계다. 따라서 이 경계는 [이 중] 한 공간의 내부에도, 또 다른 공간의 내부에도 존재하지 않는다. 그러므로 직선들은 서로 접촉할 수 없다. 만일 이들이 공통의 한 점을 소유한다면, 이 직선들이 계속 진행될 때 그 점이 내부에서 한 직선뿐 아니라 다른 직선에도 속한다. 즉 이 직선들은 서로 교차한다. 하지만 원과 직선, 원과 원은 하나의 점에서 접촉하고, 평면은 선분에서 그리고 물체는 평면에서 접촉한다. 수학적 접촉은 물리적 접촉의 기초가 되지만 이것만이 물리적 접촉을 형성하지는 않는다. 그것을 위해서는, 즉 물리적 접촉이 수학적 접촉에서 생겨나려면 하나의 동역학적 관계, 더 정확히 말해 인력의 관계가 아닌 척력의 관계, 불가입성의 관계를 덧붙여 생각해야만 한다. 물리적 접촉은 두 물질의 공통 경계에서 척력들이 상호작용하는 것이다.

## 정리 7

모든 물질에 본질적인 인력은 한 물질이 빈 공간을 통해 다른 물질에 직접 작용하는 것이다.

### 증명

근원적 인력은 특정한 정도로 공간을 채우고 있는 사물로서 물질의 가능성 근거마저 포함한다. 따라서 심지어 그것의 물리적 접촉의 가능성 근거조차 포함한다. 그러므로 근원적 인력은 후자[물리적 접촉]에 선행해야만 하고, 그것의 작용은 접촉의 조건에 독립적이어야 한다. 그런데 모든 접촉에 독립적인 동력의 작용은 또한 움직이게 하는 것과 움직이는 것 사이의 공간을 채우는 데도 독립적이다. 즉 그

것은 이들 사이 공간이 채워지지 않아도 발생하고, 빈 공간을 통한 작용으로도 발생한다. 그러므로 모든 물질에 본질적인 근원적 인력은 한 물질이 빈 공간을 통해 다른 물질에 직접 작용하는 것이다.

　　우리가 근본힘의 가능성을 이해시켜야 한다는 것은 전적으로 불가능한 요구다. 왜냐하면 그것은 다른 힘에서 파생될 수 없고 결코 이해될 수 없기에 근본힘이라 불리기 때문이다. 그러나 근원적 인력이 근원적 척력보다 더 이해하기 어려운 것은 전혀 아니다. 단지 근원적 인력은 공간에서 특정한 객관에 관한 개념을 우리에게 제공하는 불가입성처럼 그렇게 직접적으로 감각 능력에 생겨나지 않을 뿐이다. 근원적 인력은 감각되지 않고 단지 추론될 뿐이므로 그런 한에서 마치 척력을 통한 동력의 숨겨진 유희인 것처럼 파생된 힘의 외양을 갖는다. 더 상세히 숙고해보면, 그것[근원적 인력]은 이제 더는 다른 것에서 파생될 수 없다는 것을, 적어도 불가입성을 통한 물질의 동력에서는 파생될 수 없다는 것을 우리는 알게 된다. 그것의 작용은 바로 후자[불가입성을 통한 물질의 동력]의 반작용[12]이기 때문이다. 직접적 먼 거리 작용에 대한 가장 일반적 반론은 하나의 물질은 그것이 존재하지 않는 곳에서는 직접 작용할 수 없다는 점이다. 지구가 달을 자신에게 접근하도록 직접 추동한다면 지구는 자신에게서 수천 킬로미터 떨어진 사물에, 그것도 직접 작용한 것이며 지구와 달 사이 A 62 의 공간 역시 완전히 비어 있다고 간주될지 모른다. 왜냐하면 이들 두 물체 사이에 물질이 놓여 있다 하더라도, 이 물질이 저 끌어당김을 위해 어떤 것도 하지 않았기 때문이다. 그러므로 지구는 자신이 존재하지 않는 장소에서 직접 작용한 것인데, 이것은 외견상 모순적이다. 하지만 공간에서 모든 사물은 오로지 작용하는 것[사물]이 존재하지 않는 장소에서만 다른 사물에 작용한다고 말할 수 있다는 것은 전혀 모순이 아니다. 만일 한 사물이 자신이 존재하는 동일한 장소에서 작용해야 한다면, 그것이 작용을 가한 사물은 결코 **자기 외부에** 존재하지 않을 것이고, 이러한 '외부에 있음'이 의미하는 바는 다른 것이 전혀 존재하지 않는 장소에 현존하는 것이기 때문이다. 만일 지구와 달이 서로 접촉하게 된다면, 접촉의 점은 지구도 달도 존재하지 않는 장소가 될 것이다. 이 양자는 자신의 반지름의 총합만큼 서로 떨어져 있기 때문이다. 더군다나 접촉의 점에서는 지구의 부분도 달의 부분도 전혀 발견할 수 없다. 이러한 [접촉의] 점은 이 양자가 채워진 공간의 경계에 놓여 있고, 이 경계는 이들 어떤 것의 부분도 아니기 때문이다. 따라서 서로 떨어져 있는 물질들이 직접 작용할 수 없다는 것은 불가입성이라는 힘의 매개 없이는 이들이 서로 직접적으로 작용할 수 없다고 말하는 것이다. 그런데 이것은 마치 내가 척력은 물

A 63 질이 작용을 일으킬 수 있는 유일한 것이라고 혹은 척력은 적어도 그 조건 아래에서만 물질이 서로 작용할 수 있는 필연적 조건이라고 말하는 것과 같은 것이었다. 그것[이렇게 말하는 것]은 인력을 완전히 불가능한 것으로나, 아니면 척력의 작용에 항상 의존적인 것으로 설

Ⅳ 514 명하는 것이 되지만, 이 둘 다 전혀 근거 없는 주장일 뿐이다. 공간의 수학적 접촉과 밀쳐내는 힘을 통한 물리적 접촉의 혼동이 여기서 오해의 이유가 되고 있다. 접촉 없이 서로 직접 끌어당기는 것은 척력이 이를 위한 조건을 포함하지 않은 채 항구적 법칙에 따라 서로 접근하는 것을 뜻한다. 이것은 마찬가지로 서로 직접 밀쳐냄, 즉 거기에서 인력이 어떤 역할도 하지 않은 채 항구적 법칙에 따라 서로 멀어지는 것도 생각할 수 있어야 한다는 말이다. 이 두 동력이 서로 완전히 다른 종류이고, 그들 중 하나를 다른 것에 의존적이게 만들어서 다른 것이 매개하지 않고는 그것의 가능성을 의문시해야 할 최소한의 근거도 없기 때문이다.

## 주석 2

접촉에서는 끌어당김에서 전혀 아무런 운동도 생겨날 수 없다. 접

촉이 불가입성의 상호작용이라서 모든 운동을 방해하기 때문이다. 따라서 어떤 직접적 끌어당김은 접촉 없이 서로 떨어진 곳에서 발견되어야만 한다. 그렇지 않다면 물질의 배척력에 반대 방향으로 작용함으로써 접근하려는 성향을 만들어내는 압력과 충돌력조차도 아무런 원인, 아니 적어도 물질의 본성 속에 근원적으로 놓인 원인은 갖지 않을 것이기 때문이다. 우리는 배척력의 매개 없이 생겨나는 인력은 **참된** 인력이고, [반면에] 단순히 저런 방식으로 일어나는 인력은 **가상의** 인력이라 할 수 있다. 왜냐하면 원래 어딘가 다른 곳에서 생겨난 충돌로 자신에게 향하도록 추동된 다른 물체가 접근하려 애쓰는 물체는 이 다른 물체에 아무런 인력도 행사하지 않기 때문이다. 그러나 이러한 가상의 인력조차도 결국에는 참된 인력을 근저에 가지고 있어야만 한다. 자신의 압력과 충돌이 인력을 대신해야 하는 물질은 인력이 없기에 결코 물질이 아니게 될 것이며(정리 5), 따라서 한갓 가상의 인력에 의한 접근으로 모든 현상을 설명하는 방식은 순환적이기 때문이다. 사람들은 일반적으로 뉴턴이 자신의 체계를 위해 물질의 직접적 인력을 가정할 필요를 전혀 찾지 못했고, 오히려 수학에 대한 극도의 엄격함 안에서 물리학자들에게 인력의 가능성을, 그들의 가설유희를 자신의 명제와 뒤섞지 않고도 그들이 옳다고 여기는 대로 설명할 완전한 자유를 허락한 것으로 생각한다. 하지만 자기 주위의 동일한 거리로 물체들이 행사하는 보편적 인력은 이들의 [물체를 이루는] 물질의 분량에 비례한다는 명제를, 만약 뉴턴이 모든 물질은 순전히 물질로서 그러니까 자신의 본질적 속성으로 이러한 동력을 행사한다는 점을 전제하지 않았다면, 어떻게 그가 [이 명제를] 근거 지을 수 있었을까? 한 물체가 다른 물체를 끌어당길 때, 이들의 물질이 동일한 종류이든 아니든, 당연히 이 두 물체 사이에서 상호접근은 (상호작용 균등의 법칙에 따라) 언제나 물질의 분량에 반비례해

A 64

A 65

IV 515

서 생겨나야 하지만, 그럼에도 이 법칙은 동역학의 원리를 만들지 않고 단지 역학의 원리만 만들기 때문이다. 즉 그것은 끌어당기는 힘[인력]에서 생겨나는 **운동**의 법칙이지 인력 자체에 비례하는 운동의 법칙은 아니다. 그래서 모든 동력 일반에 타당한 운동의 법칙은 아니다. 그러므로 만일 하나의 자석이 한 번은 똑같은 다른 자석에 끌어당겨지고, 다른 한 번은 똑같기는 하지만 두 배 더 무겁게 나무상자에 둘러싸인 다른 자석에 끌어당겨진다면, 첫째 경우보다 둘째 경우에서 후자[끌어당기는 자석]가 전자[끌어당겨지는 자석]에 상대적으로 더 많은 운동을 나누어줄 것이다. 비록 둘째 경우에서 물질의 분량을 늘려준 나무는 자석의 인력에 결코 아무것도 덧붙이지 않아서 상자의 자기적 끌어당김을 전혀 증명하지 않는데도 말이다. 뉴턴은 이렇게 말했다. "만일 에테르나 무게 없는 그 어떤 다른 물체가 존재한다면, 그것은 오로지 형식에서만 다른 모든 물질과 구별되기에, 그 물체는 점차 이러한 형식의 점진적 변화로 지구에서 최대 무게를 갖는 것과 같은 종류의 물질로 변화할 수 있을 것이다. 따라서 이 변화된 물질은 반대로도, 이들 형식의 점진적 변화로 그들의 모든 무게를 잃어버릴 수 있는데, 이것은 경험에는 반하는 것이다 등등."(『자연과학의 수학적 원리』 제Ⅲ권, 정리 6, 보충 2)[13] 그러므로 뉴턴 자신은 에테르를 (다른 물질은 말할 것도 없고) 인력의 법칙에서 배제하지 않았다. 그렇다면 물체들이 충돌함으로써 서로 접근하는 것을 한갓 가상의 인력으로 간주하기 위해 도대체 그에게는 어떤 종류의 물질이 남을 수 있었겠는가? 따라서 만일 우리가 마음대로 그가 주장했던 참된 인력을 가상의 인력에 전가하고 접근 현상을 설명하려고 **충돌**을 통한 자극의 **필연성**을 전제한다면, 우리는 인력이론의 이 위대한 창시자를 그 이론의 선임자로 내세울 수 없을 것이다. 그는 물질의 보편적 인력의 원인에 관한 질문에 대답하려는 모든 가정은 정당

A 66

하게도 도외시했다. 이 질문은 물리적 혹은 형이상학적 질문이지 수학적 질문이 아니기 때문이다. 그래서 비록 뉴턴이 자신의『광학』재판 주의사항에서 "**중력을 물체의 본질적 속성으로 여기지 않는다는 것**을 보이기 위해 나는 그것의 원인에 관한 한 가지 질문을 추가했다"[14]라고 말했지만, 근원적 인력이라는 개념에 대한 동시대인들의, 그리고 어쩌면 뉴턴 자신의 반감이 자신을 자기 자신과 모순되게 한다는 점은 분명하다. 왜냐하면 만일 그가 천체는 순전히 물질로서 물질의 보편적 속성에 따라 다른 물질을 끌어당긴다고 가정하지 않았다면, 그는 두 행성의 인력이, 예컨대 목성과 토성이 (그것의 질량은 모르는) 자신들의 위성에서 같은 거리에 있음을 증명하는 이들의 인력이 이 천체 물질의 분량에 비례한다고 절대 말할 수 없었을 것이기 때문이다. A 67

## 설명 7

Ⅳ 516

물질이 단지 공통의 접촉표면에서만 서로 직접 작용할 수 있도록 해주는 동력을 나는 **표면력**이라 한다. 반면에 물질이 접촉표면을 넘어서서 다른 물질의 부분에도 직접 작용할 수 있게 해주는 동력을 나는 **투과력**이라 한다.

### 보충

물질은 척력을 수단으로 공간을 채우게 되는데, 이런 척력은 하나의 단순 표면력이다. 서로 접촉하는 부분들은 다른 것의 작용공간을 제한하고, 배척력은 떨어져 있는 부분들 사이에 놓인 것을 수단으로 삼지 않고는 이들을 움직이게 할 수 없으며, 확장력으로 이를 가로질러 가는 한 물질의 다른 물질에 대한 직접적 작용은 불가능하기 때문이다. 반면에 인력을 수단으로 물질은 **공간을 채우지 않고도** 공간을 차지하게 된다. 그렇게 하여 물질은 다른 떨어져 있는 것에 대해 빈 **공간을 통과해서** 작용하는데, 이 인력의 작용에 대해 그 사이에 놓인 어떠한 물질도 한계를 정하지 않는다. 그렇기에 이제 물질 자체를 가능하게 만드는 근원적 인력을 생각해야만 하는데, 이것이 투과력이다. 그리고 이것으로만 항상 물질의 분량과 비례관계에 있다.

A 68

## 정리 8

물질 자체로서 가능성조차 근거를 두는 근원적 인력은 물질의 모든 부분에서 다른 부분까지 우주 전체에 직접적으로 무한대로 뻗쳐 있다.

### 증명

근원적 인력은 물질의 본질에 속하기 때문에 물질의 모든 부분, 즉 직접적인 먼 거리 작용에도 귀속된다. 그런데 만일 이 근원적 인력이 거기 너머까지는 도달하지 않는 거리가 있다고 가정한다면, 작용영역의 이러한 **제한**은 이 영역 내부에 놓인 **물질**에 기인한 것이거나 아니면 단순히 **공간의 크기**, 즉 거기로 이러한 영향을 확산하는 공간의 크기에 기인한 것이다. 첫째 경우는 일어나지 않는다. 이러한 인력은 투과력이고, 그 사이에 놓인 모든 물질에 상관없이 빈 공간으로서 모든 공간을 지나서 먼 거리에 **직접적으로** 작용하기 때문이다. 둘째 경우도 마찬가지로 일어나지 않는다. 모든 인력은 항상 그보다 더 작은 정도가 무한대로 생각할 수 있는 정도를 갖는 하나의 동력이기 때

Ⅳ 517

A 69

문에, 비록 더 먼 거리가 인력의 정도를 힘의 확장 치수에 반비례해서 줄어들게 하는 근거는 되겠지만, 그것을 완전히 사라지도록 하는 근거는 아니기 때문이다. 그러므로 이제 아무것도 물질 각 부분들의 근원적 인력이 작용하는 영역을 어디로 제한할 수 없기에 그 영역은 모든 명시된 한계를 넘어 모든 다른 물질, 즉 우주에 무한대로 뻗쳐 있다.

## 보충 1

이제 밀쳐내는 힘의 제한, 그러니까 특정한 정도로 채워진 공간의 가능성은 자기에게 반작용하는 힘, 즉 밀쳐내는 힘과 결합하여 이런 근원적 인력에서 도출될 수 있어야만 한다. 즉 하나의 투과력으로서 모든 물질이 가하는, 따라서 가능한 모든 거리의 물질에 자신의 작용을 분량에 비례해 뻗치는 힘에서 도출될 수 있어야만 한다. 그렇기에 물질의 동역학적 개념은 자신의 공간을 (특정한 정도에서) 채우는 가동적인 것으로 구성된다. 그러나 이를 위해 우리에게는 물질과 이 부분들 간의 상이한 거리에서 근원적 인력뿐 아니라 척력과 비례 법칙 A70 이 필요한데, 이것은 이제 단순히 이 두 힘의 방향 차이에만 의존하고(여기에서 한 점은 다른 점에 접근하거나 멀어지도록 추동되기에), 이들 힘 각각이 상이한 방식으로 펴져나가는 공간의 크기에 의존하기 때문에 더는 형이상학에 속하지 않는 순수 수학적 과제이고, 만에 하나 물질개념을 이러한 방식으로 구성하지 못한다 해도 책임과는 관련이 없다. 왜냐하면 이것은 우리 이성인식에 허락된 구성 요소의 올 IV 518 바름에 대해서만 책임이 있고, [그것을] 실행할 때 이성의 불충분함과 한계에 관해서는 책임이 없기 때문이다.

## 보충 2

하나의 특정한 물질적 사물을 형성하려고 주어진 모든 물질은 자신의 공간을 배척력의 특정한 정도로 채워야만 하기에 오로지 근원적 인력은 근원적 척력과 충돌해서만 공간을 채우는 특정한 정도를, 즉 물질을 가능하게 만들 수 있다. 그런데 어쩌면 전자[근원적 인력]는 압축된 물질의 부분들 상호 간의 고유한 인력에 기인했거나 그것과 모든 우주물질의 인력과 통일하는 데서 기인했는지도 모른다.

A 71

근원적 인력은 물질의 분량에 비례하고 무한대로 뻗쳐 있다. 따라서 물질이 자신의 치수에 따라 공간을 특정하게 채우는 것은 결국에는 무한대로 뻗쳐 있는 물질의 인력에 의해 유발될 수 있고, 자신의 척력 치수에 따라 모든 물질에 할당될 수 있다.

모든 물질이 모든 물질에 행사하는 그리고 모든 거리에서 직접 행사하는 보편적 인력의 **작용**을 **중력**이라고 한다. 더 큰 중력의 방향으로 자신을 움직이려는 성향은 **무게**다. 모든 주어진 물질 부분의 예외 없는 배척력의 작용을 이들의 **근원적 탄성**이라 한다. 따라서 근원적 탄성과 무게는, 전자는 내적으로 후자는 외적 관계에서 유일하게 아프리오리하게 파악될 수 있는 물질의 보편적 특성을 이룬다. 물질의 가능성조차 이 양자의 토대 위에 근거를 두기 때문이다. 응집력은 만일 오로지 접촉이라는 조건에만 제한되는 물질의 상호인력으로 설명된다면, 물질 일반의 가능성에 속하지 않으므로 물질과 결합된 것으로 아프리오리하게 인식될 수는 없다. 그러므로 이 속성은 형이상학적이 아닌 물리적인 것이다. 따라서 현재 우리의 고찰에는 속하지 않는다.

A 72

## 주석 1

하지만 나는 어쩌면 가능할지 모를 이러한 구성을 시도하려고 간단한 주의사항을 덧붙이지 않을 수 없다.

1) 상이한 거리에서[15] 직접 작용하는 모든 힘에 관해 그리고 그것  IV 519
이 특정한 거리에서 주어진 모든 점에 동력을 행사하는 정도를 고려
할 때, 모든 점에 작용하기 위해 그것이 퍼져나가야만 하는 공간의
크기만으로 제한되는 모든 힘에 관해 우리는 이렇게 말할 수 있다.
크든 작든 힘이 확산되는 모든 공간에서 그것은 항상 동일한 양을 형
성하지만, 이 공간에서 모든 점에 대한 자신의 작용 정도는 그 점에
작용할 수 있기 위해 그것이 확산되어야만 했던 공간과 항상 반비례
관계에 있다고 말이다. 그렇기에 예컨대 빛은 하나의 발광하는 점에
서 거리의 제곱만큼 점점 커지는 구면의 모든 곳으로 퍼져나가고, 이
무한대로 커지는 구면으로 향하는 전체 발광의 양은 항상 동일하다.
하지만 여기에서 생기는 결과는 이 구면에 용인된 동일한 부분은 바
로 같은 양의 빛이 확산되는 면이 커질수록 정도에서는 더 적게 발광
된다는 것이다. 그래서 [이것은] 모든 다른 힘과 법칙에서도, 즉 떨  A 73
어져 있는 대상에 그것의 본성에 맞게 작용하기 위해서 빛을 평면 아
니면 물체적 공간으로 확산하게 하는 법칙에서도 마찬가지다. 한 점
에서 모든 거리로 동력이 확장되는 것을 이렇게 표상하는 것이 특히
광학에서 하나의 중점에서 사방으로 뻗어가는 원형광선으로 생기는
통상적 방식보다 더 낫다. 이러한 발산의 불가피한 결과로 선이 아무
리 많이 그어지거나 만들어지더라도 그와 같은 방식으로 그어진 선
은 결코 자신이 지나가는 공간, 즉 자신이 만나는 평면 역시 채울 수
없다. 따라서 그것은 단지 곤란한 결론만 유발하지만 이 결론은 우리
가 순전히 전체 구면의 크기만 고려해서는 결코 피할 수 없는 가정
을 유발한다. [즉] 전체 구면은 동일한 양의 빛으로 **균등하게** 발광되
어야 한다는 것 그리고 모든 위치에서 빛의 발광 정도는 당연히 전체
에 대한 자신의 크기와 반비례 관계에 있어서 [이것은] 크기가 다양

한 공간을 지나는 힘의 모든 다른 확장에서도 그러하다는 가정을 말이다.

2) 만일 힘이 직접적 먼 거리 인력이라면, 인력의 방향선은 마치 광선처럼 끌어당기는 점에서 분산되는 것이 아니라, (그것의 반지름이 주어진 거리가 되는) 자기 주위 구면의 모든 점에서 끌어당기는 점으로 수렴되는 것으로 훨씬 더 표상되어야만 한다. 운동의 원인이자 목적인 점을 향하는 운동의 방향선 자신이 이미 어디에서 그 선이 출발해야 하는지에 관한 기점[16]을 표시하기 때문이다. 즉 표면의 모든 점에서 [출발해야 한다는 것을], [그러니까] 끌어당기는 중심점을 향하는 곳에서 출발해야지 그 반대가 아니라는 것을 말이다. 저 표면의 크기만이 선들의 집합을 규정하고, 중심점은 이를 규정하지 않기 때문이다.*

A 74

---

IV 520

A 75

\* 하나의 점에서 광선의 방식으로 뻗어나가는 선들에 상응해서, 주어진 거리에 있는 평면을 발광이든 끌어당김이든 그것의 작용으로 완전히 채워졌다고 표상하는 것은 불가능하다. 그렇기에 이 뻗어나는 광선에서 멀리 있는 평면의 발광이 더 적은 근거는, 단지 평면이 멀리 떨어지면 떨어질수록 발광되는 장소 중 발광되지 않는 곳이 더 많아진다는 사실이다. 오일러의 가정은 이러한 부적절함은 피할 수 있지만 빛의 직진운동을 이해하는 데에는 훨씬 더 큰 어려움이 있다. 그러나 이 어려움은 불가피하게 빛 물질을 작은 구면의 축적으로 여기는 수학적 표상에서 기인한다. 물론 이것은 충돌 방향을 향해 자신의 다양한 기울기를 맞추는 빛의 측면운동을 제시하는 것이다. 왜냐하면 그 대신에 이 물질을 근원적 액체로, 그것도 고체 조각으로 나뉘지 않는 철두철미한 액체로 생각하는 것을 막을 수 있는 것은 아무것도 없기 때문이다. 만일 수학자가 증가하는 거리에서 빛의 감소를 분명히 보여주고자 한다면 번져나가는 원형광선을 사용할 텐데, 이는 광선이 퍼져나가는 구면에서 공간의 크기를, [그러니까] 이 원형광선 사이에서 빛의 동일한 양이 거기로 균등하게 퍼져나가야 하는 공간의 크기를 표상하기 위한 것이고, 발광 정도가 감소하는 것을 표상하기 위한 것이다. 그러나 그는 마치 거리가 멀어질수록 더 커지는 무광의[빛 없는] 장소가 항상 그 사이에서 발견될 것처럼 우리가 이 광선을 유일한 발광으로 간주하는 것은 원하지 않는다. 만일 우리가 그러한 모든 평면이 어느 곳이나 발광되는 것으로 표상한다면, 더 작은 면을 덮고 있는 발광

3) 만일 힘이 직접적 척력이고 그것으로 (순전히 수학적 표현에서) A 75; IV 520
한 점이 **동역학적으로** 한 공간을 채운다면, 그래서 근원적 배척력이
(따라서 이것을 제한하는 것은 오로지 그것이 확장되는 공간에만 근거
를 둔다) 무한히 짧은 거리에 대한 어떤 법칙에 따라 (여기서 이것은
접촉에도 마찬가지로 해당하는데) 다양한 거리에서 작용하는지가 문
제가 된다면, 우리가 가정한 배척하는 점에서 발산되는 척력광선으 A 76
로 이 힘을 표상할 수 있는 것은 비록 운동의 방향이 이 점을 기점으
로 한다 해도 훨씬 적을 것이다. 떨어진 곳에 작용하기 위해 힘이 확
산되어야 하는 공간은 채워진 것으로 생각되어야 하는 체적이고(한
점이 동력으로 이렇게 할 수 있는 방식, 즉 동역학적으로 체적을 채울 수
있는 방식은 당연히 더는 수학적 표현일 수 없다), 하나의 점에서 발산
하는 광선은 물체적으로 채워진 공간의 배척하는 힘을 표상하게 만
들 수 없기 때문이다. 오히려 우리는 척력을 서로 밀어내는 이 점들 IV 521
의 무한히 짧은 다양한 거리에서 구성할 수는 없더라도, 단순히 그것
을 이 점들 각각이 동역학적으로 채운 체적에 반비례해서, 따라서 서
로 간 거리의 세제곱으로 계산하게 될 것이다.

4) 그러므로 물질의 근원적 인력은 모든 거리에서 거리의 제곱에
반비례해서 작용하고, 근원적 척력은 무한히 짧은 거리의 세제곱에
반비례해서 작용한다. 그리고 이와 같은 두 근본힘의 작용과 반작용
으로 자신의 공간을 특정한 정도로 채우는 물질이 가능하게 된다. 왜
냐하면 척력은 부분들의 접근에서 인력보다 더 큰 정도로 증가하기

의 동일한 양이 더 큰 면에 균등하게 퍼져 있는 것으로 생각해야만 하고, 직선
[직진] 방향을 표시하려면 평면과 그들 모든 점에서 발광된 곳으로 직선을 그
어야만 한다. 결과와 결과의 크기는 미리 생각해야 하고, 그에 대한 원인은 명
기해야만 한다. 만일 우리가 그것을 인력광선이라 부르고자 한다면 이 인력
광선에도 이것은 똑같이 해당한다. 그뿐 아니라 이것은 하나의 점에서 시작
되어 공간을 채우고, 체적 역시 채우는 힘들의 모든 방향에도 해당한다.

에, 주어진 인력으로 넘어설 수 있는 접근이 더는 가능하지 않은 접근의 한계가 규정되고, 공간을 집중적으로 채우는 정도를 형성하는 저 압축의 정도 역시 규정되기 때문이다.

## 주석 2

나는 물질 일반의 가능성에 대한 이런 설명방식의 어려움을 잘 알고 있는데, 이 어려움은 다음 사실에서 생긴다. 즉 만일 한 점이 자신의 힘으로 주어진 거리까지 전체 체적을 채우지 않고는 다른 어떤 점도 배척력으로 직접 몰아낼 수 없다면, 여기에서 이 체적은 몇몇 몰아내는 점을 포함해야 한다는 것으로 귀결되는 것처럼 보이는데, 이는 전제에 모순되며 위에서(정리 4에서) 공간에서 단자의 척력 영역[활동 영역]이라는 이름으로 반박되었다는 사실 말이다. 그러나 주어질 수 있는 현실적 공간의 개념과 오직 주어진 공간들의 비례를 규정하기 위해 생각되지만 실제로는 공간이 아닌 순전한 공간의 이념 사이에는 차이가 있다. 앞서 제시한 이른바 물리적 단자론에는 하나의 점에 의해 동역학적으로, 즉 척력으로 채워지는 현실적 공간이 있어야 했다. 왜냐하면 이 공간은 그것으로 가능한 물질의 산출에 앞서 점으로 존재했고, 자신에게 고유한 활동 영역을 매개로 귀속할 수 있는 채워야 할 공간의 부분을 규정했기 때문이다. 그러므로 이 가정

에서는 물질 역시 무한대로 분할 가능한 것으로 간주될 수 없고, 양의 연속체[17]로 간주될 수도 없다. 서로 직접 밀쳐내는 부분들은 상호 특정한 거리를 갖기 때문이다(자신들의 밀쳐내는 영역의 반지름의 총합). 반면에 실제로 일어나는 경우에서처럼, 만일 우리가 물질을 연속적 양으로 생각한다면, 서로 직접 밀쳐내는 부분들 사이에는 전혀 거리가 생겨날 수 없고, 커지거나 작아지는 그들의 직접적 활동성 역

시 생겨날 수 없다. 그런데 물질은 확장되거나 (공기처럼) 압축될 수

있고, 거기에서 우리는 그들 인접한 부분들의 증가하거나 감소할 수 있는 거리를 표상한다. 하지만 **연속적 물질의 인접한 부분들**은 서로 접촉하므로 그것이 계속 더 확장되거나 압축될지라도, 우리는 상호 간의 저 거리를 무한히–가까움으로 생각하고, 이 무한히 작은 공간이 더 크거나 더 작은 정도의 척력으로 채워졌다고 생각한다. 그러나 무한히 좁은 간격은 접촉과 결코 구별되지 않는다. 따라서 단지 순전한 공간의 이념만이, 비록 그것이 현실적이지 않아서 결코 파악할 수 없더라도, 연속적 양으로서 물질의 확장을 직관적으로 만드는 데 기여한다. 만일 서로 직접 밀쳐내는 물질에서 부분들의 척력은 그들 거리의 제곱에 반비례한다고 말하면, 그것은 단지 이들이 부분들 사이에서 우리가 생각하는 체적[용적]에 반비례하는 것을 의미한다. 그럼 A 79 에도 이 부분들은 서로 직접 접촉하고 있고, 바로 그렇기에 그것의 거리는 모든 현실적 거리와 구별하려면 무한히 가까움이라고 해야겠지만 말이다. 따라서 우리는 하나의 개념을 구성하는 어려움 때문에 혹은 오히려 그것을 구성하는 데에서 있을 법한 오해 때문에 그 개념 자체에 이의를 제기해서는 안 된다. 그렇지 않으면 확장되거나 압축되는 물질 전체에서 모든 점을 서로 직접 배척하는 표상과 마찬가지로, 다양한 거리에서 생겨나는 인력과 비례한다는 수학적 표상을 사용하게 될 것이다. 동역학의 보편적 법칙은 이 두 경우에 다음과 같다. 즉 하나의 점이 자기 외부의 모든 다른 점에 행사하는 동력의 작용은 특정한 거리에서 이 점에 직접 작용하기 위해 동일한 동력이 퍼져나가야만 하는 공간에 반비례한다는 것이다.

그러므로 공기에 대한 마리오트[18] 법칙과 전혀 다른 물질의 확장과 압축의 법칙이 서로 근원적으로 배척하는 물질의 부분들은 자신의 무한히 짧은 거리의 세제곱과 반비례 관계에 있다는 법칙에서 필연적으로 귀결되어야 한다. 왜냐하면 뉴턴이 입증했듯이(『자연과학의 수학적 원리』제Ⅱ권, 정리 23, 증명), 후자[공기]는 자신의 거리에 반비례해서 멀어지는 인접한 부분들의 힘을 증명하기 때문이다. 하지만 우리는 후자[공기]의 확장력도 근원적 배척력의 작용으로 간주할 수 없다. 오히려 그것은 열에 근거한다. 이 열은 공기 속으로 투과하는 물질로서뿐 아니라 외관상으로는 자신의 진동으로 고유한 공기의 부분들을 (더욱이 우리는 이들에게 상호 간의 현실적 거리를 인정할 수 있는데) 서로 멀어지도록 강요한다. 그러나 서로 인접한 부분들의 전음[진동]이 그들의 거리에 반비례하는 원심력을 부여해야 한다는 사실은 탄성이 있는 물질의 진동을 이용한 운동전달 법칙에 따라 잘 이해될 수 있다.

나아가 내가 밝히고자 하는 바는 근원적 척력의 법칙에 대한 지금의 설명이 물질에 대한 나의 형이상학적 논의방식의 목적에 필수적으로 속한다고 여겨지거나 후자[물질의 형이상학적 논의방식]가 (여기에서는 공간의 채움을 물질의 동역학적 속성으로 표현하는 것으로 충분하다) 전자[근원적 척력의 법칙에 대한 설명]와 마주칠 수 있는 분쟁이나 의심과 뒤섞이는 것을 원하지 않는다는 것이다.

## 동역학에 대한 일반적 보충

만일 우리가 동역학에 대한 모든 토의를 뒤돌아본다면, 다음과 같은 사실을 깨닫게 될 것이다. [즉] 첫째 척력으로 공간을 채우면서 공간에 실재하는 것(그렇지 않으면 고체라고 불리는 것), 둘째 우리 외적 감각의 고유한 대상으로서 첫째 것에서 보면 **부정적인 것**, 즉 자신에게서조차 모든 공간을 관통하게 해서 고체가 완전히 폐기되도록 하는 인력, 셋째 둘째 힘[인력]을 이용한 첫째 힘[척력]의 제한 그리고 거기에 기인해서 공간을 채움 정도를 규정하는 것이 동역학에서 고찰되었다는 것이다. 따라서 물질의 질[성질]은 실재성, 부정성, 제한성이라는 제목 아래 그것이 형이상학적 동역학에 귀속되는 한에서 동역학에서 완전히 논구되었다는 것이다.

## 동역학에 대한 일반적 주석

물질적 자연의 동역학에서 보편적 원리는 외감의 대상에서 모든 실재적인 것은, [다시 말해] 한갓 공간의 규정(위치, 연장 그리고 도형)이 아닌 것은 동력으로 간주되어야만 한다는 것이다. 그러므로 이 원리로 이른바 고체 혹은 절대적 불가입성은 하나의 공허한 개념으로서 자연과학에서 추방되고 그 대신에 배척하는 힘이 자리 잡게 된다. 이에 반해 참된 직접적 인력은 그것을 오해하는 형이상학의 모든 A 82 궤변에 대항하여 옹호된다. 그래서 근본힘으로서 물질개념의 가능성 자체를 위해서는 필수적인 것으로 설명된다. 그런데 여기에서 생겨나는 결과는, 만일 우리가 필요하다고 여긴다면 물질 내부의 빈 간격을 흩트리지 않고도 경우에 따라 정도는 서로 다르지만 완전하게 채워진 공간을 가정할 수 있다는 것이다. 왜냐하면 물질의 첫째 속성이 [근거를 두는] 즉 공간을 채우는 속성이 근거를 두는 배척력의 근원적으로 상이한 정도에 따라, 근원적 인력에 대한(모든 물질 그 자체의 인력이든 아니면 우주에서 모든 물질의 통합된 인력이든 간에) 물질 Ⅳ 524 의 관계는 무한히 상이한 것으로 생각될 수 있기 때문이다. 이는 인력은 주어진 공간에서 물질의 집합에 근거를 두지만 물질의 확장력은 특수성에 따라 매우 상이할 수 있는 (예컨대 동일한 부피에서 동일한 양의 공기가 가열[19]의 증가나 감소에 따른 탄성의 증가나 감소를 증명하듯이) 공간을 채우는 정도에 근거를 두기 때문이다. 이에 대한 일반적 근거는, 참된 인력을 통해서는 물질의 **모든 부분**이 다른 물질의 **모든 부분**에 직접 작용하지만 확장력을 통해서는 단지 **접촉면의 물질**에만 작용하는데, 이 경우에 접촉면의 배후에서 발견되는 물질의 많고 적음은 아무 상관이 없다는 것이다. 그런데 자연과학에는 단지 여기에서 이미 중대한 이득이 생긴다. 왜냐하면 이로써 자연과학에

A 83 는 가득 차 있음과 텅 비어 있음에서 세계를 한갓 공상에 따라 조립하는 부담이 덜어지고, 오히려 모든 공간은 상이한 정도에서이긴 하지만 가득 채워져 있는 것으로 생각될 수 있으며, 이로써 빈 공간[진공]은 적어도 자신의 필연성을 잃고 가정이라는 가치로 강등되기 때문이다. 그렇지 않으면 그것[빈 공간]이 공간을 채우는 상이한 정도를 설명하기 위한 필연적 조건이 된다는 구실로 원칙이라는 명칭을 넘볼 수 있었을 것이다.

이러함에도 여기서 방법론적으로 사용된 형이상학의 이득은, 형이상학적이기는 하지만 비판의 시험에는 제출되지 않은 원리에서 떨어져 나오게 된 형이상학의 이득은 확실히 **부정적**일 뿐이다. 그럼에도 이로써 간접적으로는 자연과학자의 영역이 확장된다. 왜냐하면 그가 이전에는 자신을 제한했던 조건, 모든 근원적 동력을 철학적인 것에서 격리했던 조건은 이제 그 타당성을 잃어버리기 때문이다. 그러나 물질 일반이라는 보편적 개념을 가능하게 하는 데서 벗어나는 것을 그리고 물질의 특별하거나 심지어 어떤 종류에만 특수한 규정과 상이성을 아프리오리하게 설명하려는 것을 우리는 경계한다. 물질개념은 순전히 동력으로 소급되는데, 우리는 그것을 다른 것에서 기대할 수도 없다. 공간에서는 순전한 운동 외에 그 어떤 활동성이나 변화도 생각할 수 없기 때문이다. 하지만 누가 근본힘의 가능성

A 84 을 이해한다고 자처할 수 있겠는가? 만일 근본힘이 (공간을 채움이라

는 개념처럼) 다른 개념에서 도출할 수 없는 근본개념임이 명백한 개념에 어쩔 수 없이 속한다면, 그것은 오로지 가정될 수 있을 뿐이고 척력 그리고 척력에 반작용하는 인력 일반이다. 모순 없이 생각할 수 있는 이 힘들의 관계가 무엇이든지, 우리는 이 힘들의 결합과 결과에 관해서는 경우에 따라 아프리오리하게 판단할 수도 있다. 하지만 우리는 이들 중 하나를 현실적인 것으로 가정한다고 자처하지는 않는다. 하나의 가정을 세울 자격이 있으려면 우리가 가정하는 것의 **가능성**은 전적으로 확실한 것이지만, 그것의 가능성을 근본힘에서 결코 이해할 수 없다는 점은 어쩔 수 없이 요구되기 때문이다. 그리고 이 점에서 수학적-역학적 설명방식에는 형이상학적-동역학적 설명방 IV 525 식에서는 찾아볼 수 없는 장점이 있다. 즉 철저히 동종적인 재료[질료]에서, 부분들의 다양한 형태와 그 사이에 퍼져 있는 빈 간격을 통해 밀도에서뿐 아니라 (만일 외래의 힘이 더해진다면) 작용방식에서도 매우 특수한 물질의 다양성을 완성하는 장점이 있다. 형태의 가능성뿐 아니라 빈 간격의 가능성도 수학적으로 명증하게 입증할 수 있기 때문이다. 반면에 만일 재료[질료] 자체가 근본힘으로 변환된다면(우리가 이들 법칙을 아프리오리하게 규정할 수는 없고, 더욱이 물질의 특수한 상이성을 설명하기에 충분한 힘들의 다양성을 확실히 명시할 A 85 수도 없는데), 우리에게는 물질이라는 이 개념을 **구성하는** 모든 수단과 우리가 보편적으로 생각하는 것을 직관에서 가능한 것으로 나타내는 모든 수단이 없어지게 된다. 하지만 이와 반대로 순전한 수학적 물리학은 다른 측면에서 이중으로 저 장점을 잃게 된다. 첫째로는 순전한 수학적 물리학이 (절대적 불가입성이라는) 하나의 공허한 개념에 근거를 두어야만 하고, 둘째로는 물질에 고유한 모든 힘을 포기해야 하기 때문이다. 그리고 이것 외에도 근본재료[근본물질]의 근원적 구성배열과 산재한 빈 공간에 관해 설명할 필요가 요구될 때, 순전한 수학적 물리학은 철학 영역에서 상상력에 철학의 경고에 잘 부합할 수 있도록 허용하는 것보다 더 많은 자유를, 심지어 정당한 권리를 허용해야 하기 때문이다.

저 근본힘으로 물질의 가능성과 특별한 차이를 충분히 설명하는 일은 내가 감당하기 어려우므로 그 대신에 이들의 특별한 차이가 모두 아프리오리하게 환원되어야 할 계기를 (비록 그것의 가능성은 그렇게 파악되지 않더라도) 내 바람대로 완전히 명시할 것이다. 정의들 사이에 삽입한 주석이 이들의 적용에 관해 설명해줄 것이다.

1. 물체는 물리학적 의미에서는 정해진 경계 사이의 물질이다(그러므로 형태가 있다). 이 경계 사이의 공간을 크기에 따라 고찰할 때 그 경계 사이의 공간이 체적(부피)이다. 정해진 용적으로 공간을 채우는 정도를 밀도라고 한다. 그렇지 않다면 절대적으로 밀집된[밀도 있는]이라는 표현 역시 비어 있음(기포가 많음, 구멍이 많음)이 아닌 것에 사용하게 될 것이다. 이러한 의미에서 절대적 불가입성의 체계에는 절대적 밀도가 존재하는데, 더 정확히 말하면 물질이 그 어떤 빈 간격도 전혀 포함하지 않을 때 절대적 밀도가 존재한다. 우리는 공간을 채움이라는 개념에 따라 [물질을] 비교하고, 한 물질이 다른 물질보다 비어 있음이 더 적을 때 그것의 밀도가 더 높다고 말하며, 결국 공간의 그 어떤 부분도 비어 있지 않을 때에 이르면 완전한 밀도[완전히 밀집되어 있음]라고 한다. 우리는 완전한 밀도라는 표현을 오로지 물질의 수학적 개념에 따라서만 사용할 수 있다. 하지만 한갓 상대적 불가입성의 동역학적 체계에서는 밀도의 극대량과 극소량은 존재하지 않는다. 그래서 [밀도가] 희박한 물질이라 하더라도, 물질이 자신의 공간을 빈틈없이 완전히 채웠다면, 우리는 그것을 여전히 완전한 밀도라 할 수 있고, 그렇기에 물질은 연속체이지 단절체가 아니다. 그렇지만 한 물질이 비록 자기 공간을 전부 채웠더라도 균일한 정도로 채

우지 않았다면, 그 물질은 동역학적 의미에서는 다른 물질과 비교해서 덜 밀집되어 있다. 하지만 우리가 물질을 서로 특별히 같은 종류로, 하나가 다른 것에서 순전히 압축해서 생겨날 수 있는 것으로 표상하지 않는다면, 물질들의 관계를 밀도에 따라 생각하는 것은 동역학적 체계에서도 적절하지 않다. 그런데 후자[하나의 물질이 다른 물질에서 순전히 압축으로 생겨나는 것]가 물질 자체의 본성에 필연적으로 요구되는 것으로 보이지는 않기에 같은 종류가 아닌 물질 간에는, 예컨대 물과 수은 간에는 밀도와 관련한 그 어떤 비교도 당연히 있을 수 없다. 비록 그런 비교가 관례적으로 행해지더라도 말이다.  A 87

2. 인력을 순전히 접촉에서 작용하는 것으로 생각하는 한에서 인력은 응집[응집력]이라고 불린다. (우리가 매우 좋은 실험을 해서 입증한 바는 접촉에서 응집력이라 불리는 것과 동일한 힘이 아주 가까운 거리에서도 작용하는 것이 발견된다는 사실이다. 하지만 내가 인력을 짧은 거리에서는 거의 지각되지 않는 일반적 경험에 맞게 순전히 접촉에서만 생각하는 한에서 인력은 여전히 응집력이라 불린다. 대개는 응집력을 전적으로 물질의 보편적 특성이라 여기는데, 이는 마치 물질개념이 이미 우리를 응집력으로 인도하는 것처럼 여긴다는 것이 아니라, 오히려 경험이 그것을 도처에서 입증하기 때문이다. 하지만 이런 보편성을 **집합적으로**, [즉] 마치 모든 물질이 이런 종류의 인력으로 우주의 다른 모든 물질에 **동시에** 작용하는 것처럼 이해해서는 안 되고,—이와 같은 것은 중력의 보편성이다—오히려 순전히 **선언적으로**, 즉 어떤 종류의 물질이든 자신과 접촉하는 하나의 물질이나 또 다른 물질에 작용하는 것으로 이해해야 한다. 다양한 증명근거가 입증할 수 있듯이, 이 인력은 투과하는 [뚫고 들어가는] 힘이 아니라 단지 표면력일 뿐이다. 그리고 그 자체로서 인력조차도 어디에서나 밀도에 맞춰져 있는 것은 결코 아니다. 응집  A 88
력이 온전하게 견고해지려면 물질의 앞선 액체 상태와 바로 이후의 응고 상태가 요구되고, 동일한 평면에서 깨진 딱딱한 물질[고체]은 예컨대 균열된 거울처럼, 이전에 강하게 결합되어 있던 부분과 아무리 정확하게 접촉해도 액체에서 응고로 얻게 되는 것보다 훨씬 더 강한 인력의 정도를 갖지는 않는다. 나는 이러한 이유로 이런 접촉에서 인력을 물질의 근본힘으로 간주하지 않고 단지 파생된 힘으로 간주한다. 이에 대해서는 아래에서 더 자세히 설명할 것이다) 한 물질의 부분들이 아무리 강한 응집력으로 결합되어 있더라도 작은 동력에도 서로 전위될 때, 그 물질은 유동적[액체]이다. 하지만 한 물질의 부분들이 서로 전위되는 때는 이들

부분이 접촉하는 양은 감소하지 않은 채 단지 서로 접촉을 교환하도록 강요되는 경우다. 접촉이 서로 교환될 뿐 아니라 사라지게 될 때, 아니면 접촉하는 양이 줄어들 때, 부분들은 물론 물질도 분리된다. 하나의 단단한 —더 정확히는 굳은—물체(고체)는 어떠한 힘으로도 부분들이 서로 전위될 수 없는—따라서 전위에 맞서 특정한 정도의 힘으로 저항하는

—것이다. 물질 간의 전위를 방해하는 것이 마찰이다. 접촉하고 있는 물질이 분리되는 것에 맞서 저항하는 것이 응집력이다. 그러므로 유동적 물질[액체]은 자신을 부분으로 나눌 때 마찰을 겪지 않는다. 오히려 마찰이 있는 곳에서는 물질을 적어도 자신의 더 작은 부분에서는 굳은 것으로—그 정도가 크든 작든—간주하는 것이고, 이 중에서 굳음의 정도가 작은 것을 점성이라고 한다. 만일 굳은 물체[고체]의 부분이 균열되지 않고는 서로 전위될 수 없다면, 응집력이 동시에 없어지지 않고는 변화될 수 없다면, 굳은 물체[고체]는 부서지기 쉽다. [20]우리가 유동적 물질[액체]과 단단한 물질[고체]의 차이를 이들 부분의 응집력 차이에 두는 것은 아주 잘못된 것이다. 왜냐하면 하나의 물질을 유동적이라고 하기 위해 중요한 것은 균열에 대항하는 저항 정도가 아니라 이들 부분들 간의 전위에 대항하는 저항 정도이기 때문이다. 전자[균열에 대항하는 저항의 정도]가 아무리 크다 할지라도 유

동적 물질에서 후자[전위에 대항하는 정도]는 언제나 0이다. 물방울을 고찰해보자. 만일 물방울 내부의 작은 부분[입자]이 그것이 접촉하고 있는 이웃한 부분의 인력 때문에 한편으로 끌어당겨진다면, 바로 이 이웃한 부분 역시 똑같은 만큼 반대편으로 끌어당겨진다. 그래서 양방향에서 작용하는 인력은 자신들의 작용을 상쇄하기 때문에 그 입자는 마치 빈 공간에 있는 것처럼 아주 가볍게 움직인다. 즉 그 입자를 움직이는 힘은 극복해야 할 응집력을 지닌 것이 아니라 단 A 90 지 이른바 말하는 관성만 가질 뿐이다. 비록 관성은 물질과 결합되어 있지 않지만 모든 물질에서 극복해야만 하는 것이 바로 관성이다. 아주 작은 생물체는 물방울 속에서 마치 분리할 응집력이 전혀 없는 것처럼 가볍게 움직인다. 그것은 실제로 물의 응집력을 상쇄하지도, 물 사이의 접촉을 줄이지도 않으며, 단지 접촉을 변화시킬 뿐이다. 그러나 만일 이 작은 생물체가 물방울의 외부 표면을 횡단하여 활동하려는 것으로 생각한다면, 이 물방울의 작은 부분이 서로 최대한 접촉할 때까지, 빈 공간과 접촉하는 것이 최소가 될 때까지, 즉 하나의 구형을 이룰 때까지 이 물방울의 작은 부분에 있는 상호인력이 이들 부분을 움직이도록 만든다는 것을 먼저 인지해야만 한다. 하지만 만일 앞서 말한 곤충이 물방울의 표면을 넘어서서 [내부로] 활동하려 애쓴다면 구형을 변화시켜야 하므로 결과적으로 물과 빈 공간의 접촉은 더 많게, 물의 부분들 간의 접촉은 더 적게, 즉 응집력은 줄어들게 만 Ⅳ 528 들어야 한다. 그리고 여기서 물은 처음에는 자신의 응집력으로 그것 [곤충의 침입]에 저항하지만, 물방울 내부에서는 저항하지 않는다. 이곳 내부에서는 부분들 간의 접촉은 전혀 줄어들지 않고, 단지 다른 부분과 접촉의 변화만 생긴다. 따라서 이들은 조금도 분리되지 않고 단지 전위될 뿐이다. 뉴턴이 광선에 관해 말했듯이 광선은 밀도가 높은 물질에 의해서가 아니라 빈 공간을 통해서만 되돌아온다는 것을

A 91 우리는 작은 생물체에 대해서도, 그것도 유사한 근거에서 적용할 수 있다. 그러므로 물질의 부분에 있는 응집력의 증대가 유동성을 전혀 해치지 않는다는 것은 분명하다. 물의 부분[입자]들은 사람들이 물의 표면을 갈라지게 하는 금속판의 실험에 기대어 일반적으로 생각하는 것보다 훨씬 더 강하게 응집하고 있다. 이 실험은 아무것도 결정해주지 않는다. 여기서 물은 처음 접촉한 전체 면에서가 아니라 훨씬 더 작은 면에서 찢어지기 때문이다. 그러니까 예컨대 부드러운 밀랍 막대가 매달린 추에 의해 처음에는 더 가늘게 늘어났다가 나중에는 우리가 처음 생각했던 것보다 훨씬 더 작은 면에서 찢어져버리는 것처럼, 물도 자기 부분들의 전위를 통해 마침내 도달하게 되는 훨씬 더 작은 면에서 찢어진[갈라진]다. 하지만 유동성 개념과 관련하여 정말 중요한 사실은 다음과 같은 것이다. 유동적 물질을 그것의 모든 점이 어떤 다른 것에 향하도록 압력을 받은 것과 똑같은 힘을 가지고 모든 방향을 향해 움직이려 애쓰는 것으로도 설명할 수 있다는 것이다. [또] 유체역학[유체 정역학][21] 제1법칙에 근거를 둔 성질이, 설사 이 성질이 운동의 합성 법칙에 따른 매우 쉬운 압력의 계산이 보여줄 수 있듯이 결코 매끄럽고 딱딱한 입자의 축적[응집] 탓은 아니더라도,

A 92 유체성이라는 성질의 특이성을 증명한다는 것이다. 만일 유동적 물질이 전위할 때 최소한의 방해라도 만나게 된다면, 즉 아무리 작은 마찰이라도 겪게 된다면, 이 마찰은 그 물질의 부분이 서로 가하는 압력의 크기에 따라 증가해서 마침내 하나의 압력이 생기게 되는데, 이 압력에서는 어떤 작은 힘으로도 물질의 부분이 서로 전위될 수 없다. 예를 들어 [연결된] 두 다리가 달린 [U자 형의] 굽은 관에서, 이 중 하나는 임의의 넓은 관이고 다른 하나는 모세관이 아닌 한에서 임의의 좁은 관이라고 할 때, 만일 우리가 [이 관에서] 두 다리의 높이가 몇백 미터라고 생각한다면, 유체 정역학의 법칙에 따라 좁은 관

에서 유동적 물질의 높이는 넓은 관에서 높이와 같을 것이다. 그러나 이 관의 바닥에서 이 관을 공통으로 연결하는 부분에 가해지는 압력은 높이에 비례해서 무한히 증가한다고 생각할 수 있기 때문에, 만일 유동적인 부분들 사이에 마찰이 최소한 생겨난다면, 좁은 관에 넣은 적은 양의 물이 넓은 관으로 위치를 옮기지 않게 되는, 좁은 관의 물기둥이 넓은 관의 것보다 더 높아지게 되는 관의 높이를 발견할 수 있어야만 한다. 서로 아주 강한 압력을 행사하는 아랫부분은 더해진 Ⅳ 529 물의 무게와 같이 작은 동력으로는 더 전위될 수 없기 때문이다. 하지만 이것은 경험에도 배치되고 심지어 유동적인 것의 개념에도 배치된다. 설사 우리가 무게를 이용한 압력 대신에 부분의 응집력을 가져다놓더라도 그리고 이 응집력이 아무리 크다 할지라도 이것은 똑 A 93 같이 해당된다. 유체 정역학의 근본법칙이 기초하고 있는 [앞서] 인용한 유동성의 둘째 정의, 즉 유동성은 물질의 각 부분이 주어진 방향으로 자신에게 가해지는 압력과 같은 힘으로 모든 방향으로 움직이려고 애쓰는 물질의 속성이라는 정의는 우리가 이 정의를 모든 물질은 근원적으로 탄성적이라는 동역학의 보편적 원칙과 결합할 때, 첫째 정의에서 따라 나온다. 이 물질은 그것이 압축되는 공간의 모든 방향으로 동일한 힘으로 확장하려고 애써야만 하기 때문이다. 즉 이 물질은 (만일 물질의 부분이 유동적 물질에서 실제로 그렇듯이 어떤 힘을 통해서든 저항 없이 서로 전위될 수 있다면) 어떤 방향이든 간에 모든 방향에서 압력이 생겨나게 하는 것과 동일한 힘으로 움직이려고 애써야만 한다. 그러므로 우리가 마찰을 부여해도 되는 것은 원래 굳은 물질뿐이고(이것이 가능하려면 부분의 응집력 외에도 다른 설명 근거가 필요하다), 마찰은 이미 딱딱함이라는 성질을 전제한다. 그러나 왜 어떤 물질은 비록 그것이 다른 유동적 물질보다 더 큰 응집력을 갖지 않거나 심지어 더 작은 응집력을 가지는데도 그들 부분의 전위에 그렇게 강력히 저항하는지, 주어진 표면에서 모든 부분의 응집력을 한번에 없애버리는 것 외에 달리 분리될 수 없는지,—그렇다면 이것은 더 완벽한 응집력의 모습이 될 터인데—어떻게 굳은 물체가 가능한지는 보통의 자연학이 이것을 아무리 쉽게 해결했다 믿더라도 여전히 풀리지 않는 문제다.

A 94

3. 탄성(반발력)은 다른 동력으로 변화된 자신의 크기 혹은 형태를 그 동력이 완화되었을 때 되찾는 물질의 능력이다. 그것은 팽창적 탄성이거나 수축적 탄성이다. 전자는 압축 후에 이전의 큰 부피를, 후자는 확장 후에 이전의 작은 부피를 되찾기 위한 것이다. (수축적 탄성은 이 용어가 이미 보여주는 것처럼 명백히 파생적이다. 매달린 추에 의해 늘어난 철사는 우리가 [추가 달린] 끈을 자르면 [원래] 자기 크기로 되돌아간다. 자신의 응집력의 원인이 되는 그 동일한 인력 때문에 혹은 유동적 물질에서는, [예컨대] 수은은 열을 갑자기 빼앗기게 되면 서둘러 이전의 작았던 부피를 되찾게 된다. 구부러진 칼날처럼 순전히 이전 형태의 복원으로 성립하는 탄성은 항상 수축적이다. 왜냐하면 볼록한 표면 위에서 서로 잡아당겨진 부분은 이전의 자기 근접으로 되돌아가려 애쓰고, 그렇기에 작은 수은 한 방울 역시 탄성적이라고 할 수 있기 때

Ⅳ 530

문이다. 팽창적 탄성은 근원적일 수 있지만, 이것 역시 파생적일 수도 있

A 95

다. 그렇기에 공기는 자신과 가장 밀접하게 결합되어 있는 열이라는 물질 때문에 파생된 탄성을 갖고 있다. 그래서 그것[공기]의 탄성은 아마도 근원적일 것이다. 반면에 우리가 공기라고 하는 유동적인 것의 원소는 그럼에도 물질 일반으로서 이미 그 자체로 근원적이라고 하는 탄성을 가져야 한다. 실제 발생하는 사례에서 지각되는 탄성이 어떤 종류인지 확실히 결정하는 것은 불가능하다)

4. 움직이는 물체가 자신의 운동을 전달함으로써 서로 작용하는 것을 역학적이라고 한다. 하지만 정지 상태에서도 물질이 서로 자신의 고유한

힘으로 자기 부분의 결합을 변화시키는 한에서, 이런 물질의 작용을 화학적이라고 한다. 화학적 영향이 물질의 부분을 분리하는 결과를 낳는 한에서, 이 화학적 영향은 용해다(예컨대 물질의 부분 사이에 박힌 쐐기를 통한 역학적 분리는 화학적 분리와 전혀 다르다. 쐐기는 자신의 고유한 힘으로 작용하지 않기 때문이다). 하지만 서로 용해된 두 물질을 분리하는 결과를 가져오는 화학적 영향은 분해다. 특유의 다른 물질 간의 용해는, [그러니까] 그 안에서 자신과 특유하게 다른 물질의 부분과 전체로서 같은 비율로 결합되지 않고 [남아] 있는 물질의 부분은 발견할 수 없는 용해는 절대적 용해이고, 이를 또한 화학적 투과라 할 수 있다. 자연에서 실제로 발견하게 되는 용해력이 완전한 용 A 96 해를 만들어낼 능력이 있는지는 확정되지 않을 수도 있다. 여기서는 단지 그와 같은 용해를 생각할 수 있는지만 문제가 된다. 이제 명백한 것은 용해된 물질의 부분이 여전히 작은 덩어리(분자)인 동안, 이것의 용해가 더 큰 덩어리의 용해와 마찬가지로 가능하다는 점이다. 게다가 용해력이 남아 있다면, 전체를 이루는 용매와 용질에 비례해서 이들이 화합되지 않은 부분이 더는 존재하지 않을 때까지 이러한 용해는 계속 진행되어야 한다. 따라서 이와 같은 경우 용해의 부피 중 용질의 부분을 포함하지 않았던 부분은 존재할 수 없기 때문에, 이 용질이 하나의 연속체로서 그 부피를 완전히 채워야 한다. 마찬가지로 용해의 부피 중 용질에 비례하는 부분을 포함하지 않았던 부분은 존재할 수 없기 때문에, 이것[용질에 비례하는 부분]도 하나의 연속체로서 혼합의 부피를 이루는 전체 공간을 채워야 한다. 그러나 만일 두 물질이 하나의 공간을 채우되, 그것도 이들 각자가 동일한 공간을 완전히 채운다면, 그들은 서로 투과한 것이다. 그러므로 완전한 화학적 용해는 물질의 투과이지만, 그럼에도 그것은 역학적 투과와 전혀 다른 것이다. 왜냐하면 역학적 투과에서 생각할 수 있는 것은 움직인 물질이 더 가까이 접근할 때 한 물질의 반발력이 다른 물질의 반발력을 완전히 압도했다는 것이고, 그래서 하나의 물질 혹은 두 물질 모두 점점 줄어든 연장을 가질 수 있기 때문이다. 반면에 여기서는[화학적 투과에서는] 연장은 남아 있고, 물질은 서로 외부에서가 아니라 내부로, 즉 (우리가 평소에 부르듯이) **동화**[22]를 거쳐 그들의 밀도 총합에 상응하는 공간을 함께 차지할 뿐이다. 이런 완전한 용해의 가능성, 즉 화학적 투과의 가능성에 무언가 이의를 제기하기는 어렵다. 비록 완전한 용해는 무한히 진행되는 **완벽한 분리**를 포함하지만, 이 경우 완벽한 분리는 아무런 모순도 지니지 않는다. 용해는 일정 시간 내내 지속적으로 이루어져 일련의 무한한 순간에도 마찬가지로 가속적으로 진행된다. 게다가 분리로 아직 분리될 수 있는 물질 표면의 총합이 증가하는 데 용해력이 지속적으로 작용하기 때문에 하나의 **지정된** 시간에서 완전한 용해가 완결될 수 있다. 이 같은 두 물질 간의 화학적 투과를 납득할 수 없는 것은 어느 연속체 일반에 대해서도 무한한 분리[분할] 가능성은 납득할 수 없기 때문이다. 만일 우리가 이런 완전한 용해에서 물러선다면, 왜 마찬가지로 분리 가능한 물질인 작은 덩어리는 여전히 용해되지 않는지에 관해 아무런 근거도 제시하지 못한 채 단지 용매 속에 정해진 거리에서 서로 부유하는 용질의 특정한 작은 덩어리까지만 이 용해가 진행된다고 가정해야 한다. 경험이 미칠 수 있는 자연에서는 용매가 더는 작용하지 않는 것이 항상 진실일 수도 있기 때문이다. 하지만 여기서는 용해가 완결될 때까지 이 작은 덩어리뿐 아니라 아직 남아 있는 다른 모든 것도 용해하는 용해력의 가능성만 문제 삼았다. 용해가 차지하는 부피는 인력과 척력의 비율에 따라 혼합 이전 서로 용해될 물질이 차지하는 공간의 총합과 같을 수도 있고 더 작거나 더 클 수도 있다. 모든 물질은 용해될 때 단독으로나 둘이 통합되어 하나의 탄성적 매질을 형성한다. 이것 하나만으로도 왜 용질이 자신의 중량으로는 다시 용매에서 분리되지 않는지에 대한 충분한 이유를 제공할 수 있다. 후자[용매]의 인력은 모든 방향을 향해 동일한 크기로 발생하기에, 이 인력이 용질의 저항마저 상쇄하기 때문이다. 그리고 유동적인 것에서 모종의 점성을 가정하는 것은 예컨대 물로 희석한 산과 같이 용해된 물질이 금속체에 미치는 커다란 힘에 결코 부합하지 않는다. 그와 같이 용해된 물질은 단순히 매질에서 부유할 때처럼 금속체에 순전히 자신을 붙여놓는 것이 아니라, 커다란 인력으로 금속체를 분리한 뒤 매체의 전체 공간으로 퍼져나간다. 비록 우리가 인공적인 것은 완전히 용해되게 하는 화학적 용해력을 갖지 않았다고 가정하더라도, 자연은 식물과 동물의 작용에서 완전히 A 99 용해되게 하는 용해력을 증명할 수 있을 것이다. 그렇기에 이를 통해 혼합되어 있지만 그 어떤 인공적인 것으로도 다시 분리할 수 없 Ⅳ 532 는 물질을 산출해낼 것이다. 두 물질 중 하나가 다른 하나로 분리되지 않고 문자 그대로 용해되는 곳에서도 이러한 화학적 투과를 발견할 수 있다. 예컨대 열소가 물체에 투과하는 경우가 그러하다. 만일 열소가 [물체에 투과하지 않고] 물체의 빈 틈새로만 퍼진다면, 단단한 실체는 그것에서 아무것도 받아들일 수 없기에 그 자신이 차가운 상태로 남을 것이다. 물론 우리는 심지어 어떤 물질이 다른 물질을 이와 같은 방식으로 외관상 자유롭게 통과하는 것도 생각할 수 있다. 예를 들어 자성을 띤 물질이 이를 위한 열린 통로와 빈 틈새를 밀도가 가장 높은 물질에서조차 자신에게 마련해주지 않은 채 외관상 자유롭게 통과하는 것을 말이다. 하지만 여기서는 특수한 현상에 대한 가정이 무엇인지 밝히려는 것이 아니라 그 현상 모두를 판단하게 하는 원리를 밝히려는 것이다. 빈 공간[진공]으로 도피할 필요를 우리에게서 덜어주는 모든 것은 자연과학에 실제적 이득이 된다.

이것[빈 공간]은 자연에 대한 내적 지식의 부족을 허구로 대체하도
록 상상력에 너무 많은 자유를 제공하기 때문이다. 자연학에서 절대
적 진공, 절대적 밀집[꽉 차 있음]은 형이상학적 학문에서 맹목적 우
연, 맹목적 운명과 유사하다. 즉 그것은 군림하는 이성에 대한 차단

기다. 이 차단기가 있기에 이성은 자신을 허구로 대체하거나 신비한
성질에 기대어 자신을 진정시키게 된다.

　　그러나 자연과학의 모든 과제 중 으뜸이 되는 것을 고려할 때 자연
과학에서 절차와 관련하여, 즉 무한대로 가능한 물질의 특수한 상이성
을 설명하는 것과 관련하여 우리는 단지 두 가지 길만 택할 수 있다.
즉 절대적 밀집과 절대적 진공을 결합한 역학적 길을 택하거나 이와
반대로 순전히 인력과 척력이라는 근원적 힘을 결합하는 데서의 상
이성으로 물질의 모든 차이를 설명하는 동역학적 길을 택하는 것이
다. 첫째[역학적] 길이 자신을 도출하는 재료로 삼는 것은 원자와 진
공이다. 원자는 분할되지 않는 물질의 작은 부분이다. 하나의 물질은
그것의 부분이 자연에 있는 그 어떤 동력으로도 제압될 수 없는 힘
으로 응집되어 있을 때 물리적으로 분할될 수 없다. 하나의 원자가 외
형에서 다른 것과 특수하게 구별되는 한에서 그것을 첫째[제일] 입자
라고 한다. 물체(또는 입자)의 동력이 자신의 외형에 의존할 때 그것
을 기계라고 한다. 물질의 특수한 상이성을 그것의 가장 작은 부분들
의 성질과 조합해 하나의 기계로 설명하는 방식이 역학적 자연철학이

다. 하지만 외적 동력의 단순한 도구, 즉 기계로서 물질이 아니라 인
력과 척력이라는 물질에 고유한 근원적 동력에서 물질의 특수한 상
이성을 도출하는 설명방식을 동역학적 자연철학이라 할 수 있다. 역학

적 설명방식은 수학을 가장 잘 따르기에 거의 변경 없이 고대의 데모
크리토스부터 데카르트에 이르기까지 그리고 우리 시대에조차 원자론
혹은 입자철학이라는 이름으로 자연과학의 원리에 언제나 권위와 영

향력을 행사해왔다. 이것의 본질은 원초적 물질의 절대적 불가입성을 전제하는 것이다. [즉] 형태에서만 차이가 남아 있는 이러한 재료[소재]의 절대적 동종성과 이 근본입자 자체에서 물질의 응집력을 절대적으로 극복할 수 없음이 이것의 본질이다. 이것이 특수하게 구별되는 물질을 산출하기 위한 재료였다. 즉 [이것은] 유와 종의 불가변성을 설명하기 위해 가변적이진 않지만 상이한 형태의 근본재료를 마련하기 위한 것일 뿐만 아니라 첫째 부분[제일 입자]의 형태에서 다양한 자연작용을 기계로서(거기에는 외적 압력 외에는 아무것도 결여된 것이 없었던), [다시 말해] 역학적으로 설명하기 위한 것이기도 했다. 그러나 이 체계의 첫째이자 으뜸가는 자격[공증]은 물질의 밀도가 갖는 특정한 차이를 위해 비어 있는 공간이 필요한 외관상 불가피한 필연성에 근거를 두고 있다. 우리는 이 공간이 필요하다고 여기는 만큼의 비율로, 심지어 몇몇 현상을 위해서는 가장 조밀한 물질에서도 체적의 채워진 부분이 비어 있는 부분에 비하면 사실상 무시해도 좋을 만큼 큰 비율로, 물질의 내부와 입자들 사이에 분포되어 있다고 여겼 A 102 다.―이제 동역학적 설명방식을 도입하기 위해(실험철학의 동역학적 설명방식은 훨씬 더 적절하고 유용하다. 어떠한 실험으로도 규정하거나 발견할 수 없는 빈틈과 특정한 형태의 근본입자를 가정하는 자유는 제한하는 반면, 물질에 고유한 동력과 그들의 법칙을 발견하도록 직접 안내하기 때문이다), 새로운 가정을 궁리해낼 필요는 전혀 없다. [이를 위해서는] 오히려 단지 역학적 설명방식의 요구[명제], 즉 진공을 개입하지 않고 물질의 밀도에 있는 특수한 차이를 생각하는 것은 불가능하다는 요구[명제]를 모순 없이 생각할 수 있는 방식의 순전한 언급만으로 반박하면 된다. 왜냐하면, 만일 순전한 역학적 설명방식의 근거가 되는 문제의 요구[명제]가 원칙으로는 무가치한 것으로 설명된다면, 모든 빈틈 없이도 밀도의 특수한 차이를 생각할 가능성이 여전히 남아 있는 한 우리가 그것을 자연과학에서 하나의 가정으로 받아들이지 말아야 하는 것은 자명하기 때문이다. 하지만 이러한 필연성이 근거를 두는 것은, 물질은 (순전한 역학적 자연탐구가 가정하듯이) 절대적 불가입성으로 자신의 공간을 채우는 것이 아니라 상이한 물질에서는 상이한 도[정도]를 갖는 척력으로 공간을 채운다는 사실이다. 그리고 도 자체는 물질의 분량에 상응하는 인력과 아무것도 공유하지 않기에 동일한 인력의 상이한 물질에서도 도(度)에서는 **근원적으로 상이**할 수 있다. 따라서 동일한 분량에서 이런 물질이 팽창하는 도[정도]와 반대로 동일한 부피에서 물질의 분량, 즉 물질의 밀도는 매우 큰 특별한 차이를 근원적으로 허용한다. 이런 방식에 근거해서 우리는 (우리가 예컨대 에테르를 생각하듯이) 자신의 공간을 아무런 진공 없이 채우면서도 우리가 실험해볼 수 있는 모든 물체보다 동일한 부피에서 비교할 수 없이 분량이 더 작은 하나의 물질을 생각하는 것이 불가능하다고 여기지 않을 것이다. 에테르에서는 척력이 우리에게 알려진 어떤 물질에서보다 자신의 고유한 인력에 비례해서 비교할 수 없을 정도로 더 크다고 생각해야 한다. 그렇다면 이것은 그와 같은 것은 진공 없이는 **생각할 수 없다**는 핑계에만 의존하는 (진공에 대한) 가정을 단순히 반박하기 위해서 순전히 그것이 **생각될 수 있다**는 이유 때문에 우리가 받아들이는 유일한 것이다. 이것 외에도 인력의 법칙과 척력의 법칙 어느 것도 아프리오리한 추측을 감행해서는 안 되고, 모든 것을 경험 자료에서, [그러니까] 무게의 원인으로서 보편적 인력조차 이들의 법칙과 더불어 경험 자료에서 도출해야만 하기 때문이다. 아직도 화학적 친화에서는 그와 같은 것[법칙]이 실험이라는 방식에 따른 것보다 훨씬 적게 시도될지 모른다. 근원적 힘을 그것의 가능성과 관련하여 아프리오리하게 파악하는 일은 우리 이성의 지평을 전적으로 넘어서기 때문이다. 오히려 모든 자연철학은 외관상 상이한 것으로 주어진 힘들의 작용을 설명해주는 소수의 힘과 능력으로 환원하는 데에서 성립한다. 그렇지만 이 환원은 우리의 이성이 다다를 수 없는 근본힘에 이를 때까지 계속된다. 그래서 형이상학의 탐구는 물질이라는 경험적 개념의 근저에 있는 것의 배후에서 단지 동역학적 설명근거에 대한 탐구로 가능한 한 자연철학을 인도하는 목적에만 유용할 뿐이다. 왜냐하면 이것만이 규정된 법칙을 희망할 수 있게 하고, 진정 합리적으로 일관된 설명을 희망할 수 있게 해주기 때문이다.

이제 이것이 물질개념을 구성해서 자연과학에 수학을 적용하려고 특정한 정도로 공간을 채울 수 있게 되는 물질의 성질과 관련해 형이상학이 일찍이 성취할 수 있었던 모든 것이다. 다시 말해 이것이 [물질의] 이런 성질을 동역학적인 것으로 간주해서 예컨대 순전히 수학 A 105 적으로 다루는 것이 요구하듯 근원적 견지로 무조건 간주하지 않으려고 형이상학이 성취할 수 있었던 모든 것이다.

진공을 세계[우주]에서 허용할 수 있을지에 관한 잘 알려진 질문으로 [지금까지 논의를] 끝맺을 수 있겠다. 진공의 **가능성**은 논란이 될 수 없다. 물질의 모든 힘에는 공간이 필요하고, 공간은 이런 힘을 전파하는 법칙의 조건을 포함하기에 공간을 모든 물질에 앞서 필연 IV 535 적으로 전제해야 하기 때문이다. 그렇기에 물질이 공간을 **채우지** 않고도 인력으로 자기 주위의 공간을 **차지하는** 한에서, 인력은 물질의 속성이다. 그러므로 이런 공간은 물질이 작용하는 곳에서조차 비어 있는 것으로 생각될 수 있다. 여기에서 물질은 척력을 매개로 작용하지도 않고 이 공간을 채우지도 않는다. 하지만 그 어떤 경험이나 그것에서 추론한 것 또는 그것을 설명하기 위한 필연적 가정도 우리가 진공을 **현실적인 것으로** 가정하는 것을 정당화할 수 없다. 모든 경험은 단지 상대적-진공에 대한 인식만 제공하고, 이런 상대적-진공은 그 어떤 임의의 정도에서도 더 커지거나 무한히 작아지는 확장력으로 공간을 채우는 물질의 성질로, 진공을 요구하지 않고도 완전히 설명될 수 있기 때문이다.

# 제3장
## 역학의 형이상학적 기초원리

A 106; IV 536

### 설명 1

물질은 그와 같은 것으로서 [다른] 물질이 움직이게 하는 힘을 갖는 한에서 움직일 수 있는 것이다.

### 주석

이제 이것이 물질에 관한 셋째 정의다. 순전한 동역학적 개념은 물질을 정지해 있는 것으로도 간주할 수 있다. 거기서 다루었던 동력은 공간을 채우는 물질 자체를 움직이는 것으로 간주할 필요 없이, 오로지 특정한 공간을 채움과만 관계있었기 때문이다. 그러므로 척력은 운동을 **부여해주기** 위한 근원적-동력이었다. 반면에 역학에서는 운동 중인 물질이 이 운동을 다른 것으로 **전달하기** 위해 갖는 힘을 고찰한다. 그러나 만일 움직일 수 있는 것이 근원적-동력을, [그러니까] 그것이 존재하는 모든 장소에서 그것의 고유한 모든 운동에 앞서 작용할 수 있게 하는 근원적 동력을 소유하지 않는다면, 움직일 수 있는 것이 **자신의 운동**으로는 아무런 동력도 갖지 않으리라는 점은 분명하다. 그리고 만일 두 물질 모두 척력이라는 근원적 법칙을 소유하 A 107

제3장 역학의 형이상학적 기초원리 291

지 않았다면, 어떠한 물질도 **자신 앞에서** 직선운동으로 가로막는 다른 물질에 대등한 운동을 전달하지 않을 것이라는 것, 또 두 물질 모두 인력을 소유하지 않았다면 하나의 물질이 자신의 운동을 매개로 다른 물질을 직선으로 **자신을 뒤따르게** (그것이 끌려갈 수 있게) 강요할 수 없다는 것도 분명하다. 그러므로 모든 역학적 법칙은 동역학적 법칙을 전제한다. 그리고 움직이는 하나의 물질은 자신의 척력이나 인력에 따르지 않고는 어떠한 동력도 가질 수 없다. 물질은 인력과 척력에 근거해서 그리고 그 힘을 가지고 자신의 운동에서 직접 작용하게 되고 이로써 자신의 고유한 운동을 다른 물질에 전달한다. 내가 여기서 인력을 통한 운동의 전달을 더 다루지 않고(예컨대 혜성이 지구보다 더 강한 끌어당기는 능력으로 자기를 추월하려는 지구를 자기 뒤로 끌고 갔을 때) 단지 척력을 매개로 한, 따라서 압력이나 (팽팽한 용수철에 의한 경우처럼) 충돌에 따른 운동의 전달을 다룬다 해도 사람들은 눈감아줄 것이다. 여하튼 한쪽의 법칙을 다른 쪽의 법칙에 적용하는 것이 운동 방향에서만 차이가 나고 나머지는 같기 때문이다.

IV 537

## 설명 2

**물질의 분량**은 정해진 공간에서 움직일 수 있는 것의 집합이다. 물질의 모든 부분이 운동에서 동시에 작용하는(운동하는) 것으로 간주되는 한에서 물질의 분량을 **질량**이라 한다. 그리고 물질의 모든 부분이 하나의 방향으로 움직이고, **동시에** 자신의 동력을 자기 외부로 행사한다면, 우리는 하나의 물질이 **질량을 갖고 작용한다**고 말한다. 일정한 형태의 질량을 (역학적 의미에서) **물체**라고 한다. (역학적으로 측정된) 운동의 크기는 움직인 물질의 분량과 속도로 동시에 측정된 것

A 108

이다. 운동학적으로는 운동의 크기가 순전히 속도의 정도에서 성립한다.


# 정리 1

  물질의 분량은 다른 것과 비교할 때 오로지 주어진 속도에서 운동의 분량으로 측정된다.

## 증명

  물질은 무한하게 분할될 수 있으므로 물질량은 자기 부분의 집합으로 직접 규정될 수 없다. 이렇게 하는 것이 주어진 물질을 동종의     IV 538
다른 물질과 비교하는 데에서 생겨난다고 해도, [그래서] 이 경우에
물질량이 부피의 크기에 비례한다고 해도, 이렇게 하는 것은 물질량    A 109
은 모든 다른 것과 (특수하게 상이한 것과도) 비교할 때 측정해야 한다
는 명제를 요구하는 것에 역행하기 때문이다. 물질의 고유한 운동을
도외시하는 한, 다른 모든 것과 비교하는 데서는 물질을 직접적으로
도 간접적으로도 타당하게 측정할 수 없다. 따라서 보편타당한 물질
의 척도는 물질의 운동량 외에 남는 것이 없다. 여기에서 상이한 질
량에 따른 운동의 차이가 주어질 수 있는 경우는 단지 비교하는 물질
의 속도를 같은 것으로 가정할 때뿐이고, 이하도 마찬가지다.

## 보충

  물체의 운동량은 그것의 질량과 속도를 조합한 비율로 성립한다.
즉 내가 한 물체의 질량을 두 배 크게 하고 속도는 그대로 유지하든,
속도를 두 배로 하고 질량을 똑같이 유지하든, 그것[물체의 운동량]

은 동일하다. 크기를 규정하는 개념은 오로지 양을 구성함으로써만 가능하기 때문이다. 하지만 분량 개념을 고려할 때, 이것은 등가인 것을 합성한 것일 뿐이므로 운동량의 구성은 서로 등가인 많은 운동

A 110 을 합성한 것이다. 그런데 운동학의 정리에 따르면, 내가 움직일 수 있는 것 하나에 특정한 정도의 속도를 부여하든, 움직일 수 있는 것 다수에 이들 움직일 수 있는 다수만큼 분할해서 주어진 더 작은 정도의 속도를 부여하든, 이 둘은 동일하다. 표면상으로는 여기에서 처음으로, 서로 외적이지만 하나의 전체로 통일된 움직일 수 있는 점으로서 운동량에 관한 운동학적 개념이 생겨난다. 그런데 이 점을 **자신의 운동으로** 동력을 갖는 어떤 것으로 생각할 때, 여기에서 운동량에 관한 역학적 개념이 생긴다. 하지만 운동학에서는 하나의 운동을 서로 외부에 존재하는 다수로 합성된 운동으로 표상하는 것이 가능하지 않다. 거기에서는 움직일 수 있는 것이 아무런 동력도 없는 것으

Ⅳ 539 로 표상되기에, 몇몇 자기 종류와의 모든 합성에서 운동의 크기는 순전히 속도에서 성립하는 차이 외에 아무런 차이도 없기 때문이다. 한 물체의 운동량이 다른 물체의 운동량과 맺는 관계는 그 물체가 작용하는 크기가 맺는 관계와 같지만, 이때는 **전체 작용의 크기로** 이해해야 한다. 순전히 저항으로 채워진 공간의 크기를(예컨대 한 물체가 특

A 111 정한 속도로 무게를 거스르고 상승할 수 있는 높이, 또는 부드러운 물질 속으로 투과할 수 있는 깊이) 전체 작용의 치수[크기]로 가정하는 사람들이 **현실의** 운동에서 또 다른 동력의 법칙을, 즉 질량과 속도의 제곱으로 합성된 비율의 법칙을 공표했다. 하지만 그들은 물체가 더 느린 속도로 자신의 공간을 지나가는 데 걸리는 시간에서 작용의 크기를 간과했다. 이것은 균등하게 주어진 저항에 따라 소모된 운동의 치수[크기]가 될 수 있다. 그러므로 만일 동력을 역학적인 것으로 간주한다면, 즉 물체 자신이 움직이는 한에서 그것의 운동 속도가 유한히

작아지든 무한히 작아지든(순전히 운동하려는 성향) 물체가 가지는 힘으로 간주한다면 살아 있는 힘과 죽은 힘 사이에는 아무런 차이도 생길 수 없다. 굳이 죽은 힘과 살아 있는 힘이라는 이 명칭을 유지할 가치가 있다면, 오히려 물질의 고유한 운동과 심지어 운동하려는 성향마저 완전히 도외시하더라도 다른 물질에 작용하는 물질의 힘, 그러니까 동력학의 근원적 동력과 같은 힘을 죽은 힘이라고 하는 것이 훨씬 더 적절할 수 있다. 반면에 살아 있는 힘이라 부를 수 있는 것은 역학적 동력, 즉 속도 차이는 고려하지 않고 그 정도는 무한히 작더 $\quad$ A 112 라도 고유한 운동에 의해 움직이는 힘이다.

## 주석

장황함을 피하려고 앞선 세 명제에 대한 설명을 하나의 주석으로 요약하려 한다.

물질의 분량[질량]을 그것의 정의가 표현하듯이, 단지 (서로 외적으로) 움직일 수 있는 것의 집합이라고 생각할 수 있는 점은 일반 역학의 주목할 만한 근본명제다. 이것이 물질은 서로 외적인 다양한 것의 집합에서 성립하는 크기만 갖기에 이 집합에서 독립적이어서 단 $\quad$ IV 540 지 주어진 속도에서 내포량으로 간주되는 동력의 도[정도] 역시 갖지 않음을 제시해주기 때문이다. 물론 물질이 모나드로 이루어져 있다면 이런 경우가 생길 수도 있다. 그러니까 물질이 모든 관계에서 그것의 실재성이 서로 외적인 부분의 집합에 의존하지 않고도 더 크거나 더 작을 수 있는 하나의 도를 가져야 하는 모나드로 이루어져 있다면 말이다. [물질이 모나드로 이루어져 있다는] 이와 같은 설명에서 질량 개념에 관해 말하면, 우리는 이 개념을 통상적으로 그렇게 하듯이 [물질의] 분량 개념과 동일한 것으로 간주할 수 없다. 유동적 물질은 자신의 고유한 운동을 매개로 해서 질량으로[한 덩어리로] 작용할 수 있지만, 그것은 유동체로도 작용할 수 있다. 이른바 물 망치에서 추진하는 물은 질량으로[한 덩어리로], 즉 자신의 모든 부분으로 동시에 작용한다. 이것은 하나의 용기에 담긴 물이 자신을 올려놓은 저울에 무게로 압력을 행사하는 경우에도 동일하게 일어난다. 이와 달리 물레방아를 돌리는 개울의 물은 물레방아의 아래로 힘을 가하는 물받이 판에 질량으로[한 덩어리로] 작용하지 않고, 즉 이것에 충돌하는 자신의 모든 부분을 가지고 동시에 작용하지 않고 단지 차례로 연이어 작용할 뿐이다. 따라서 여기서 특정한 속도로 움직여서 동력을 갖는 물질의 분량을 규정하려면, 우리는 맨 먼저 **물의 몸체**[1] 를 찾아야 한다. 즉 물질이 특정한 속도로(자신의 무게를 이용해) 질량으로[한 덩어리로] 작용할 때와 동일한 작용을 만들어낼 수 있는 분량을 찾아야만 한다. 그러므로 우리는 질량이라는 단어를 일상적으로는 **고체**에서(유동적인 것이 담겨 있는 그릇이 유동적인 것의 고체성을 대신할 수도 있다) 물질의 분량으로 이해한다. 결국 정리와 이에 덧붙인 보충에는 낯선 무엇이 들어 있다. 즉 정리에 따르면 물질의 분량은 주어진 속도에서 운동의 분량으로 측량해야 하지만, 보충에 따르면 운동의(한 물체의, 왜냐하면 그것은 순전히 속도의 정도로 이루어진 점의 운동이기 때문에) 분량은 다시 동일한 속도에서 움직인 물질의 분량으로 측량해야만 한다. 이것은 순환에 빠지는 것처럼 보이며, 이들 중 어떤 것으로도 하나의 규정된 개념을 기대할 수 없을 것처럼 보인다. 하지만 이 억측된 순환도, 만일 이것이 동일한 두 개념에서 상호파생되었다면 현실적일 수 있다. 그러나 그것은 한편으로는 단지 한 개념에 대한 설명을, 다른 한편으로는 그 개념을 경험에 적용하는 것에 대한 설명을 포함한다. 공간에서 움직일 수 있는 것의 분량은 물질의 분량이다. 그러나 이 물질의 분량(움직일 수 있는 것의 집합)이 경험에서는 오로지 동일한 속도에서 운동의 분량으로(예컨대 평형으로) 드러난다.

그 밖에 주목해야 할 점은 물질의 분량은 움직일 수 있는 것에서 실체의 분량이라서 움직일 수 있는 것의 특정한 성질의 (동역학에서 도입한 인력이나 척력의) 크기가 아니라는 것 그리고 실체의 양은 여기서 순전히 물질을 형성하는 움직일 수 있는 것의 집합을 의미할 뿐이라는 것이다. 움직인 것의 이 집합만이 동일한 속도에서 운동의 분량 차이를 제공할 수 있기 때문이다. 그러나 물질이 자신의 고유한 운동에서 갖는 동력은 오로지 실체의 분량을 표시할 뿐이라는 점은 공간에서 (더는 다른 것의 술어가 아닌) 최종 주어[주체]라는 실체 개념에 근거를 둔다. 바로 이 때문에 그것은 서로 외부에 있는 동종적인 것의 집합 크기만 갖는다. 그런데 물질의 고유한 운동은 자신의 주어[주체](움직일 수 있는 것)를 규정하는 하나의 술어이며, 움직일 수 있는 것의 집합인 하나의 물질에서 (동일한 방식과 동일한 속도로) 움직인 주어[주체]의 다수성을 표시해준다. 이것은 하나의 유일한 주어에 의한 작용의 크기가 자신의 크기일 수 있는 (예컨대 하나의 공기입자가 많든 적든 탄성이 있을 수 있는) 동역학적 성질에는 해당하지 않는다. 그렇기 때문에 여기에서, 어떻게 하나의 물질에서 실체의 분량은 근원적 동력의 크기를 매개로 한 동역학적으로가 아닌 오로지 역학적으로, 즉 자신의 고유한 운동의 분량으로만 측량해야 하는지가 명확해진다. 그럼에도 보편적 중력의 원인이 되는 근원적 인력이 물질의 분량 치수와 그것의 실체의 분량 치수도 제공할 수 있다(무게를 재는 것으로 물질을 비교할 때 실제로 생길 수 있듯이). 물론 여기서 기초에 놓은 것은 끌어당기는 물질의 고유한 운동이 아니라 동역학적 치수, 즉 인력인 것으로 보이긴 하지만 말이다. 그러나 이 힘의 경우 한 물질의 작용은 자신의 모든 부분을 가지고 직접 다른 물질의 모든 부분에 가해지고, 그래서 (동일한 거리에서는) 명백히 부분의 집합

IV 541

A 115

[총량]에 비례한다. 그러므로 끌어당기는 물체는 이로써 자신의 고유한 운동 속도를 (끌어당겨지는 물체의 저항으로) 자신에게 배분하며, 이것은 동일한 외적 상태에서는 자기 부분의 집합[총량]에 정비례한다. 따라서 여기서 측량은 비록 간접적이긴 하지만 실제로는 역학적으로 이루어진다.

## 정리 2

역학의 제1법칙. 물체적 자연의 모든 변화에도 물질의 전체 분량은 증가하거나 감소하지 않고 동일하게 유지된다.

### 증명

(자연의 모든 변화에도 실체는 생성하거나 소멸하지 않는다는 명제가 일반 형이상학에서 정초되었다. [그래서] 여기서는 단지 물질에서 실체가 무엇인지만 제시할 것이다) 모든 물질에서는 공간에서 움직일 수 있는 것이 물질에 속하는 모든 우유성의 최종 주어[주체]다. 서로 외적으로 움직일 수 있는 것의 집합이 실체의 분량이다. 물질의 크기는 [그것의] 실체에서 보면 물질을 구성하는 실체들의 집합[총량]과 다름없으므로 물질의 분량은 물질의 새로운 실체가 생성되거나 소멸되지 않고는 증가하거나 감소할 수 없다. 그런데 물질의 모든 변동에도 실체는 결코 생성하거나 소멸하지 않으므로 물질의 분량은 이로 인한 증감이 없으며 항상 동일하게, 그것도 전체로는 동일하게 유지된다. 즉 이 물질이든 저 물질이든 [어느 하나는] 그 부분들이 더해지거나 분리됨으로써 증가하거나 감소할 수 있지만 물질은 어쨌든 세계에서 [전체로는] 동일한 양으로 지속된다.

IV 542

A 117

# 주석

오로지 공간에서 그리고 공간이라는 조건에 따라서만, 즉 외감의 대상으로만 가능한 실체의 특징을 증명할 때 본질은 실체의 생성이나 소멸 없이는 크기[분량]의 증감이 있을 수 없다는 것이다. 오로지 공간에서만 가능한 객관[대상]의 크기[분량]는 서로 외부적인 부분들로 구성되어야 하고, 만일 이 부분들이 실제적(움직일 수 있는 어떤 것)이라면, 이들은 필연적으로 실체여야만 하기 때문이다. 반면에 내감의 대상으로 간주되는 것의 크기는 서로 외부적인 부분들로 구성되지 않은 실체로서 크기다. 그러므로 이것의 부분은 실체가 아니며, 생성이나 소멸 역시 실체의 생성이나 소멸일 수 없고, 증감은 실체 고정불변성의 원칙에 상관없이 가능하다. 그렇기에 의식은 도(度)를 갖는다. 따라서 내 영혼에서 표상의 명료성과 그에 따르는 의식의 능력인 통각 그리고 이와 함께 영혼의 실체조차 크든 작든 도를 갖는다. 이를[도를 갖기] 위해 그 어떤 실체가 생겨나거나 소멸하지 않고도 말이다. 그러나 통각의 이 능력은 점차 감소하다가 결국에는 완전한 A 118 소멸해야 하기에, 비록 영혼의 실체가 단순함[더는 나뉘지 않음]이라는 본성을 지닌다 해도 영혼의 실체조차 점차적인 소멸에 예속되게 된다. 이렇듯 통각의 근본힘이 소멸되는 것은 그것의 원인이 무엇이든 간에, 분할(합성된 것에서 실체를 분리함)이 아니라 말하자면 종식으로, 그것도 한순간이 아닌 그 도[정도]의 점차적인 감소로 초래될 수 있기 때문이다. 통각의 보편적 대응자이면서 그 자신이 순전한 사유인 내[자아]는 순전히 접두사로서, 규정되지 않은 의미의 사물을 표시한다. 즉 어떤 것과 주어의 이 표상을 어떻게든 구별하는 아무런 조건 없이 모든 술어의 주어를 표시한다. 그러므로 우리는 실체가 무 IV 543 엇인지에 관해 이 용어로는 아무런 개념을 가질 수 없다. 반면에 물질의 실체로서 개념은 공간에서 움직일 수 있으므로 실체의 고정불변성이 후자[실체]를 증명할 수 있지만, 전자[물질]를 증명할 수 없다는 점은 전혀 놀랄 일이 아니다. 왜냐하면 물질은 이미 자신의 개념에서, 즉 단지 공간에서만 가능한 움직일 수 있는 것이라는 점에서 다음 사실이 따라 나오기 때문이다. 즉 자신의 크기[분량]가 있는 것은 서로 외부에 있는 실제적인 것의 다수, 실체의 다수를 포함해서 물질의 분량은 오로지 소멸이 아닌 분할로 줄어들 수 있으며, 물질에서 후자[분량]는 항구성[고정불변성]의 법칙에 따라서는 불가능할

A 119    것이라는 사실이 따라 나온다. 반면에 내[자아]라는 사유는 결코 개념일 수 없고 단지 내적 지각일 따름이다. 따라서 여기에서는 (내감의 대상을 순전히 외감의 대상으로 생각되는 것과 완전히 구별하는 것을 제외하고는) 그 어떤 결과도 생겨날 수 없으며, 실체로서 영혼의 고정불변성도 생겨날 수 없다.

## 정리 3

역학의 제2법칙. 물질의 모든 변화는 하나의 외적 원인을 갖는다. (정지해 있거나 운동하는 모든 물체는 만일 외적 원인이 이 상태에서 벗어나도록 강요하지 않는다면, 자신의 상태를 동일한 방향과 동일한 속도로 지속한다)

### 증명

(모든 변화는 하나의 원인을 갖는다는 명제는 일반 형이상학에서 정초된다. 여기서는 물질의 변화가 항상 **외적** 원인을 가져야 한다는 점만 증명해야 한다) 순전히 외감의 대상으로서 물질은 공간에서 외적 관계라는 규정만 가지고, 즉 운동으로 인한 경우 외에는 아무런 변화도

겪지 않는다. 하나의 운동이 다른 운동이나 정지로 교체되는 것 또는   A 120
그 반대로 교체되는 것으로서 운동과 관련해서는 (형이상학의 원리
에 따라) 운동의 원인을 찾을 수 있어야만 한다. 그러나 물질은 단적
으로 내적인 규정이나 규정근거를 갖지 않기 때문에 이 원인은 내적
일 수 없다. 물질의 모든 변화는 외적 원인에 근거를 둔다(즉 물체는
지속한다. 이하도 마찬가지다).

## 주석

  이 역학적 법칙을 우리는 오로지 관성의 법칙[2]이라 해야 한다. 모
든 작용에 대립해서 동일하게 반작용한다는 법칙에는 이 이름을 붙
일 수 없다. 후자는 물질이 행하는 것을 말하지만, 전자는 물질이 행
하지 않는 것을 말하고, 이것에는 관성이라는 표현이 더 적절하기 때
문이다. 물질의 관성과 그것이 의미하는 바는 물질 자체로서 물질의
**무생명성**이다. 생명은 실체의 능력이다. 즉 내적 원리로 하나의 유한 실
체를 변화하도록 그리고 **물질적 실체**를 그것의 상태 변화로서 운동
하거나 정지하도록 자신을 규정하는 실체의 능력이다. 그런데 우리
는 **욕구** 외에는 자기 상태를 변화시키는 다른 실체의 내적 원리를 알
지 못하며, 사유에 의존해 있는 쾌와 불쾌의 감정과 **욕망** 혹은 의지와
더불어 사유 외에는 다른 내적 활동을 알지 못한다. 이런 규정근거
와 행위는 결코 외감의 표상에 속하지 않으므로 물질을 물질로서 규   A 121
정하는 것에도 속하지 않는다. 모든 물질은 그 자체로 **무생명**이다. 관
성의 명제는 이것을 말할 뿐 더는 말하지 않는다. 만일 우리가 생명
에서 물질을 어떻게든 변화시키는 원인을 찾는다면, 우리는 당장 그
것을 물질과 결합하기는 하지만 그 물질과는 구별되는 다른 실체에
서 찾아야 할 것이다. 왜냐하면 자연인식에서는 무엇이 저마다 물질
을 스스로 작용하게 하는지를 어떻게 저마다 물질이 스스로 작용하

는지와 잘 구별하기 위해 물질을 그것에 작용하는 다른 원인과 결합하기 이전에 먼저 그 자체로서 물질의 법칙을 알고, 그것을 작용하는 모든 다른 원인의 개입에서 정화할 필요가 있기 때문이다. 고유한 자연과학의 가능성은 전적으로 (실체 고정불변성의 법칙과 더불어) 관성의 법칙에 근거를 둔다. 이것[관성의 법칙]에 반대되는 것, 따라서 모든 자연철학의 사멸이 물활론일 것이다. 관성의 바로 이 개념에서, 즉 단지 무생명성에 지나지 않는다는 관성의 개념에서 관성은 자기 상태를 유지하려는 적극적 성향을 의미하지 않는다는 결과가 곧바로 생겨난다. 살아 있는 존재는 자신들이 꺼리기 때문에 그것에 반하려고 힘을 쏟게 되는 다른 상태에 관한 표상을 가지므로 후자[적극적 성향]의 의미에서는 단지 살아 있는 존재만 관성적이라 할 수 있다.

## 정리 4

역학의 제3법칙. 운동의 모든 전달에서 작용과 반작용은 항상 서로 동일하다.

### 증명

A 122

(일반 형이상학에서 세계 내의 모든 외적 작용은 **상호작용**이라는 명제를 차용할 수 있다. 역학의 울타리 안에 남아 있기 위해, 여기서는 이

IV 545

상호작용3)이 동시에 **반작용**4)이라는 점만 제시할 것이다. 하지만 여기서 나는 통찰의 완전성을 깨뜨리지 않고는 상호성에 대한 형이상학적 법칙을 완전히 생략할 수는 없다) 공간에서 물질의 모든 **활동적** 관계와 이 관계의 모든 변화는 이들이 어떤 작용의 원인이 될 수 있는 한에서 항상 상호적인 것으로 표상되어야만 한다. 즉 물질의 모든 변화

는 운동이기 때문에 절대적으로–정지해 있는 것에 관해서는, [그렇기에] 그로써 운동이 시작될 수도 있어야 하는 것에 관해서는 물체의 어떤 운동도 생각할 수 없다. 오히려 우리는 이것을 그것과 관계된 공간과 관련해서는 단지 상대적으로–정지해 있는 것으로 표상해야 한다. 그렇지만 이 공간과 함께 반대 방향으로는 움직이는 것으로, [그것도] 절대공간에서 자신을 향해 움직이는 물체가 가지게 되는 것과 동일한 운동량으로 절대공간에서 움직이는 것으로 표상해야 한다. 관계의 변화는 (따라서 운동은) 둘 사이에서 철저히 상호적이기 때문이다. 한 물체가 다른 물체의 모든 부분에 근접하는 만큼 다른 물체도 처음 물체의 모든 부분에 근접한다. 그리고 여기서는 두 물체를 A 123 둘러싼 경험적 공간이 문제가 아니라, 이들 사이에 놓인 직선이 문제가 되기 때문에(이 물체들을 단지 상호관계에서 하나의 운동이 다른 것의 상태 변화에 경험적 공간과의 모든 관계는 제외하고 미칠 수 있는 영향력에 따라 고찰한다는 점에서), 이들의 운동을 단순히 절대공간에서도 규정할 수 있다고 여겨진다. 절대공간에서 두 물체 각각은 상대공간에서 한 물체에 부여된 운동에서 동일한 몫을 [나눠]가져야 하는데, 이는 이들 중 하나에 다른 것보다 더 많은 것을 부여할 이유가 전혀 없기 때문이다. 이러한 근거에서 정지해 있는 다른 물체 B에 대한 물체 A의 운동은, [그러니까] 정지해 있는 B를 고려할 때 그로 인해 운동하는 것일 수 있는 물체 A의 운동은 절대공간에서는 감소된다. 즉 작용하는 원인이라는 관계로 서로 관련될 뿐이다. 따라서 이 양자가 현상에서는 물체 A에만 부여되는 운동에서 동일한 몫을 갖는 것으로 간주된다. 그리고 이런 일은 상대공간에서 물체 A에만 부여되는 속도가 A와 B의 질량에 반비례해서 이들 사이에 배분되는 방식으로만 생길 수 있다. 즉 절대공간에서는 그것의 속도가 A에만, 그리고 B에는 그것이 정지해 있는 상대공간과 함께 반대 방향에서 그것의 속도가 배분되는 방식으로 말이다. 이로써 운동의 동일한 현상은 완전하게 유지되지만, 두 물체의 상호성에서 작용은 다음과 같이 구성된다.

〈그림 5〉

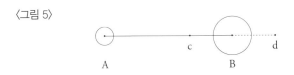

물체 A가 상대공간에서 정지해 있는 물체 B를 향해 상대공간을 고려한 속도=AB로 접근한다고 하자. 속도 AB를 두 부분으로, 즉 A와 B의 질량에 반비례하는 부분 Ac와 Bc로 나누고, A는 속도 Ac로 절대공간에서 움직이는 반면에 B는 속도 Bc로 상대공간과 함께 반대 방향으로 움직인다고 생각해보자. 그러면 두 운동은 서로 대립적이면서 동일하다. 그리고 이들 운동은 서로 상대를 상쇄하기에 두 물체가 각각 서로 위치를 바꾸게 된다. 즉 절대공간에서 정지하게 된다. 하지만 물체 B는 물체 A의 방향 AB에 정확히 반대인 BA 방향으로 상대공간과 함께 속도 Bc로 움직인 것이다. 따라서 물체 B의 운동이 충돌로 상쇄된다면, 상대공간의 운동은 그럼에도 그로써 상쇄되지 않는다.

그러므로 충돌에 따라 상대공간이 (이제 절대공간에서 정지해 있는) 두 물체 A와 B를 고려할 때 BA 방향으로 속도 Bc로 움직인 것이다. 혹은 이와 동일하게 두 물체가 충돌에 따라 Bd=Bc인 동일한 속도로 충돌하는 AB의 방향으로 움직인 것이다. 앞서의 경우에 따르면 속도와 방향 Bc에서 물체 B의 운동량은 속도와 방향 Ac에서 물체 A의 운동량과 동일하다. 따라서 속도와 방향 Bd에서 물체 B의 운동량 역시 속도와 방향 Ac에서 물체 A의 운동량과 동일하다. 그러므로 작용은 항상 반작용과 동일하다. 즉 물체 B가 충돌로 얻게 되는 상대공간에서 운동 Bd라는 작용, 그래서 Ac의 속도를 갖는 물체 A의 작용 역시 항상 반작용 Bc와 동일하다. 만일 우리가 정지해 있는 물체에 가하는 충돌 대신에, 마찬가지로 움직이는 물체에 가하는 동일한 물체의 충돌을 가정한다면, (수학적 역학이 가르쳐주는 것과 같은) 바로 동일한 법칙이 아무런 변경 없이 유지된다. 마찬가지로 **충돌**을 통한 운동의 전달은 **견인**을 통한 운동의 전달과 오로지 물질이 운동에서 서로 저항하는 방향으로만 구별된다. 그러므로 **운동의 모든 전달에서** 작용과 반작용은 서로 항상 동일하다는 결과(모든 충돌은 오로지 동일한 반대충돌로만, 모든 압력은 동일한 반대압력으로만, 마찬가지로 모든 견인은 동일한 반대견인으로만 한 물체의 운동이 다른 물체에 전달될 수 있다는 결과)가 나온다.*

IV 547

A 126

---

* 운동학에서는 물체의 운동을 순전히 공간을 고려할 때 공간에서 관계의 변화로 간주하므로 동일하지만 반대 방향으로 운동하는 것을 내가 공간에서 물체에 승인하느냐, 아니면 그 대신에 상대공간에서 승인하느냐는 아무런 상관이 없다. 이 둘은 전적으로 동일한 현상을 제공하기 때문이다. 공간의 운동량은 순전히 속도였다. 그러므로 물체의 운동량도 마찬가지로 자신의 속도와 다름없었다(그렇기 때문에 물체를 순전히 움직일 수 있는 점으로 간주할 수 있었다). 하지만 역학에서 하나의 물체는 운동에서 다른 물체에, [그러니까] 그것의 운동으로 자신에 대해 인과적 관계를 갖는, 즉 자기 자신을 움직이게 하는 다른 물체와 대립해 있는 것으로 간주된다. 이때 내가 운동을 물체의 탓으로 돌리느냐 아니면 대립된 운동을 공간의 탓으로 돌리느냐는 아무런 상관이 없기에, 여기서는 근접할 때 불가입성을 통해서든 멀어질 때 끌어당기는 힘을 통해서든 하나의 물체는 다른 물체와 상호성의 관계에 있게 된다. 이제 운동량의 또 다른 개념이 개입하기 때문이다. 즉 순전히 공간을 고려할 때 생각하게 되는, 그래서 속도에서만 성립하는 [운동량의] 개념이 아니라, (움직이게 하는 원인으로서) 실체의 분량도 동시에 고려해야 하는 개념이다. 그리고 여기서는 두 물체를 모두 움직인 것으로, 그것도 반대 방향에서 동일한 운동량으로 움직인 것으로 가정하는 것은 더는 자의적이라 할 수 없고, 오히려 **필연적**이다. 그러나 하나의 물체가 공간을 고려할 때 상대적으로 정지해 있다면, 요구되는 운동을 공간과 함께 그 물체에 부여할 수 있다. 접근함에서 척력을 통한 경우나 멀어짐에서 인력을 통한 경우 외에는 하나의 물체가 자신의 고유한 운동으로 다른 물체에 작용할 수 없기 때문이다. 그런데 이 두 힘은 항상 서로 반대 방향에서 동일하게 작용하므로 동일한 운동량으로 다른 물체가 반작용

A 127

## 보충 1

여기에서 일반 역학에 중요한 자연법칙이 귀결된다. 즉 모든 물체
는 질량이 아무리 많더라도 다른 물체와 충돌해서 [그러니까] 이 다
른 물체의 질량이나 속도가 아무리 덜하더라도 그것과 충돌해서 움
직일 수 있어야 한다는 자연법칙이 귀결된다. 물체 A의 방향 AB로 운
동하는 것에 대해 필연적으로 물체 B의 방향 BA로 동일한 반대운동
이 상응하기 때문이다. 이 두 운동은 절대공간에서 서로 충돌하면서
상쇄된다. 하지만 이로써 두 물체는 충돌하는 물체의 방향에서 하나
의 속도 Bd=Bc를 얻게 되고, 물체 B는 아무리 작은 충돌력에도 움직
일 수 있게 된다.

## 보충 2

이것이 작용과 반작용의 동일성에 관한 역학법칙이다. 이 역학법
칙은 다음에 근거를 둔다. 즉 운동의 상호성을 전제하지 않는 한 운
동은 전달될 수 없으므로 하나의 물체는 자신과 관련하여 정지해 있
는 다른 물체에는 충돌하지 않는다는 점이다. 오히려 후자[정지해 있
는 둘째 물체]는 공간을 고려할 때 오로지 그가 이 공간과 함께 반대
방향이긴 하지만 동일한 정도로 움직이는 한에서, 전자[첫째 물체]
의 상대적 몫에 해당하는 운동과 더불어 비로소 우리가 절대공간에

---

하지 않고는 어떤 물체도 이 힘들을 이용해서 자신의 운동으로 다른 물체에
작용할 수 없다. 그러므로 어떤 물체도 단적으로-정지한 물체에 자신의 운동
으로 운동을 나누어[전달해]줄 수 없다. 오히려 그 물체의 [운동]방향에서 그
운동으로 얻게 되는 것과 정확히 동일한 운동량으로 후자[단적으로-정지한
물체]는 (공간과 함께) 반대 방향으로 움직여야만 한다.—만일 우리가 해명의
장황함을 기피하지 않는다면, 운동을 전달하는 이 표상방식 자체의 어떤 특
이함에도, 이것이 가장 밝은 빛 아래에 드러날 수 있음을 독자는 쉽게 알아차
리게 될 것이다.

서 전자[첫째 물체]에 부여하게 될 운동량을 제공한다. 다른 물체를 고려할 때 움직이는 운동은 절대적일 수 없기 때문이다. 그러나 이 운동은 다른 물체를 고려할 때는 상대적이므로 상호적이지도 동일하지도 않은 공간에서는 어떤 관계도 존재하지 않는다.—하지만 하나의 물체가 다른 물체에 자신의 운동을 전달하지 않고, 오히려 이 운동을 근원적으로 나누어주고 동시에 그것의 반대저항으로 스스로 산출하는 한에서 또 다른 법칙, 즉 작용과 반작용의 동일성에 관한 **동역학** A 129 적 법칙이 존재한다. 이것은 유사한 방식으로 쉽게 설명할 수 있다. 만일 물질 A가 물질 B를 끌어당긴다면, 물질 A는 물질 B가 자신에게 **근접하도록 강요**하는 것이고, 혹은 똑같은 말이지만 물질 B가 멀어지려고 애쓰는 힘에 대해 물질 A가 **저항**하는 것이기 때문이다. 그러나 물체 B가 A에서 멀어지려고 하느냐 혹은 A가 B에서 멀어지려고 하느냐는 동일한 것이기 때문에 물체 A가 B에서 멀어지려고 하는 한에서 이 저항은 동시에 물체 B가 물체 A에 행사하는 저항이다. 따라서 끌어당김과 밀쳐냄은 서로 동일한 것이다. 마찬가지로 물질 A가 B IV 549 를 밀쳐낸다면, A는 B의 접근에 저항하게 된다. 하지만 B가 A에 가까워지느냐 A가 B에 가까워지느냐는 동일한 것이므로 B 역시 A의 접근에 그만큼 저항하게 된다. 따라서 압력과 반대압력 역시 항상 서로 동일하다.

## 주석 1

이것이 운동의 전달을 구성한 것이며, 이 구성은 동시에 운동을 전달하는 필연적 조건으로 작용과 반작용의 동일성이라는 법칙을 지닌다. 뉴턴은 이것을 아프리오리하게 증명할 자신이 없었으므로 경험을 증거로 삼았다. 이를 위해 다른 이들은 하나의 특수한 물질의 힘을 케플러가 처음 제시한 **관성력**(관성의 힘)이라는 이름으로 자연 A 130

과학에 도입했는데, 이 역시 원칙적으로 경험에서 도출되었다. 결국 다른 사람들도 여전히 순전한 운동의 전달이라는 개념에 안주했는데, 그들은 이를 한 물체의 운동이 다른 물체로 점차 이행하는 것으로 간주했다. 이때 움직이는 물체는 자신이 움직여지는 물체에 더는 압력을 가할 수 없을 때까지(즉 움직이는 물체가 움직여지는 물체와 같은 방향에서 속도의 동일함에 이를 때까지), 움직여지는 물체에 나누어준 만큼 운동을 상실해야 한다.* 이런 방식으로 그들은 원칙적으로 모든 반작용을, 즉 충돌하는 물체(예컨대 용수철을 잡아당길 수 있는 것)에 대한 충돌된 물체의 모든 실제적 반작용의 힘을 상쇄했다. 게다가 그들은 언급된 법칙이 고유하게 의미하는 바를 증명하지 않았고, 운동의 **전달** 자체도 그것의 가능성에 관해 전혀 설명하지 않았다. 한 물체에서 다른 물체로 운동이 **이행**한다는 명칭은 아무것도 설

---

* 만일 한 물체에서 다른 물체로 운동이 **투과**된다는 가정에서, 움직인 물체 A가 정지해 있는 물체에 자신의 운동 전부를 한순간에 전해주어서 그 물체가 충돌한 이후 스스로 정지할 수 있게 된다면, ─ 이것은 우리가 두 물체를 절대적으로-딱딱함(이 성질은 탄성과는 구별해야 한다)으로 생각하는 순간 피할 수 없는 경우인데 ─ 작용과 반작용(이 경우엔 이른바 잘못된 반작용)의 동일성이라는 결과가 마찬가지로 분명히 생겨난다. 그러나 이 운동법칙은 경험과도 일치하지 않고, [이를] 적용할 때 자기 자신과도 일치하지 않으므로 이 법칙의 우연성을 인정하는 것을 뜻하는 절대적으로-딱딱한 물체의 실존을 부인하는 것 외에 달리 해결책이 없었다. 이 법칙은 서로 움직이는 물질의 특수한 성질에 근거를 두어야 했기 때문이다. 반면에 이 법칙에 대한 우리 설명에서는 서로 충돌하는 물체를 절대적으로-딱딱함으로 생각하느냐 그렇지 않느냐는 전혀 차이가 없다. 하지만 운동의 **투과**주의자가 자기들 방식으로 충돌을 통한 **탄성** 물체의 운동을 어떻게 설명하려고 하는지 나로서는 전혀 상상이 되지 않는다. 여기서는 정지해 있는 물체는 충돌하는 물체가 잃어버린 운동을 순전히 정지해 있는 것으로서 얻는 것이 아니라, 오히려 말하자면 둘 사이의 **용수철**을 함께 압축하기 위해─이것은 운동하는 물체가 자기 처지에서 이를 위해 필요한 만큼의 실제적 운동을(하지만 반대 방향으로) 자신의 측면에서 요구하는 것인데─충돌에서 실제적 힘을 충돌하는 물체에 대항하여 반대 방향으로 행사한다는 점이 명백하기 때문이다.

명하지 않기에, 만일 우리가 가령 이 명칭을 (속성은 하나의 실체에서 다른 실체로 방황하지 않는다는 원칙에 반하여) 마치 물을 하나의 잔에서 다른 잔으로 옮기듯 한 물체의 운동을 다른 물체로 붓는 것처럼 문자적으로 취하지 않는다면, 여기서 바로 이 가능성을 어떻게 설명할 수 있느냐는 과제가 생긴다. 이것의 설명은 작용과 반작용의 동일성이라는 법칙을 도출한 바로 그 토대에 기초를 두기 때문이다. 물 A 132 체 A의 운동이 다른 물체 B의 운동과 어떻게 필연적으로 결합되어야 하는지는 우리가 이 두 물체에서 모든 운동에 앞서 이들에게 (동역학적으로) 귀속되는 힘, 예컨대 척력과 같은 힘 외에는 달리 생각할 수 없다. 그래서 이때 물체 B를 향해 접근하는 물체 A의 운동이 A를 향해 접근하는 B의 운동과 필연적으로 결합되고, (근원적인) 동력을 가진 한 물체를 운동에서 다른 물체에 순전히 상대적인 것으로 간주하는 한에서 정지해 있는 것으로 여겨지는 물체 B는 자신의 공간과 함께 A를 향한 운동과 필연적으로 결합한다는 것을 증명할 수 있게 된다. 여기서 후자는[정지해 있는 것으로 여겨지는 물체 B가 자신의 공간과 함께 A를 향한 운동과 필연적으로 결합된다는 것은] 물체 B가 경험적으로 알 수 있는 공간을 고려할 때 정지해 있든지 아니면 움직였든지 간에 물체 A를 고려할 때 필연적으로 움직인 것으로 간주해야만 하고, 그것도 반대 방향으로 움직인 것으로 간주해야만 한다는 사실로 완전히 아프리오리하게 이해할 수 있다. 그렇지 않다면 두 물체의 척력에 대한 물체 B의 어떤 영향력도 생길 수 없고, 이런 영향력 없이는 물질들 간의 역학적 작용, 즉 충돌을 통한 운동의 전달은 결코 가능하지 않기 때문이다.

## 주석 2

관성력(관성의 힘)이라는 용어는 이 용어를 처음 창안한 이가 유명하더라도 자연과학에서 완전히 추방해야만 한다. 이는 이 용어가 표현 자체에 하나의 모순을 포함하거나 이 용어 때문에 관성의 법칙(무생명성)이 전달된 모든 운동에서 반작용의 법칙과 쉽게 혼동될 수 있다는 이유뿐 아니라 무엇보다 이 용어로 역학적 법칙에 정통하지 않은 이들의 잘못된 표상[생각]을 고착하고 강화할 수 있기 때문이다. 역학적 법칙에 따르면 관성력이라는 이름하에 논의되는 물체의 반작용은, 운동은 이로써 세계에서 감소하든 소멸하든 완전히 소모되지만, 운동의 순전한 전달은 이로써 생겨나지 않는다는 점에서 성립한다. 왜냐하면 움직이는 물체는 자기 운동의 일부를 정지해 있는 물체의 관성을 극복하는 데(그렇다면 이것은 순수한 상실일 것이다) 소모해야 하고, 나머지 부분으로만 정지해 있는 물체에 운동에서 할당할 수 있기 때문이다. 하지만 만일 움직이는 물체에서 운동 부분이 전혀 남아 있지 않다면, 그는 자신의 충돌로 정지해 있는 물체를 그것의 큰 질량으로 전혀 움직이게 할 수 없을 것이다. [한 물체의] 운동에는 다른 물체의 반대운동 외에 어떤 것도 저항할 수 없으며, 그것의 정지해 있음에는 결코 저항할 수 없다. 그러므로 여기서 물질의 관성은, 다시 말해 순전한 자기 운동의 불능은 저항의 원인이 아니다. 하나의 물체를 움직일 수는 없고, 순전히 저항만 하는 특수하게 아주 진기한 힘이라면, 그것은 관성력이라는 이름으로도 아무 의미 없는 단어가 될 것이다. 그러므로 우리는 일반 역학의 세 법칙을 더 적절하게 다음과 같이 명명할 수 있을 것이다. **자립**의 법칙, 관성의 법칙 그리고 모든 물질의 변화에서 반작용의 법칙(지속함의 법칙, 관성적인 법칙, 반작용하는 법칙[5]). 이 법칙들이, 즉 현재 학문의 모든 정리[명제]가 실체, **인과성** 그리고 **상호성**의 범주를 물질에 적용하는 한 이들 범주에 정확히 상응한다는 점은 더 논의가 필요하지 않다.

# 역학에 대한 일반적 주석

　운동의 전달은 정지해 있는 물질에도 내재하는 동력(불가입성과 인력)으로만 생겨난다. 하나의 물체에 동력이 한순간 작용하는 것이 물체의 **자극[동인]**[6)]이고, 이 자극으로 작용된 물체의 속도는 이 속도가 시간에 비례해서 증가하는 한에서 가속의 **운동량[모멘트]**이다. (그러므로 가속의 운동량은 단지 무한소의 속도를 포함해야 한다. 그렇지 않으면 물체는 가속의 운동량으로 주어진 시간에 무한한 속도에 도달하게 되는데, 이것은 불가능하기 때문이다. 또 **가속** 일반의 가능성은 영속적인 가속의 운동량을 통한 관성의 법칙에 근거를 둔다) 팽창력(예컨　A 135 대 무게가 있는 압축된 공기의)을 이용한 물질의 자극은 항상 유한한 속도로 발생한다. 그러나 이로써 다른 물체에 가해지는(혹은 감해지는) 속도는 단지 무한히 작을 수 있다. 팽창력은 단지 표면력이든지, 혹은 이것은 동일하지만 물질의 무한히 작은[무한소의] 양의 운동, [그러니까] 결국 속도가 무한히 느린 유한한 질량의 물체 운동과(무게와) 같아지기 위해 유한한 속도로 발생해야만 하는 물질의 무한히 작은 양의 운동이기 때문이다. 반면에 인력은 투과력이고, 그와 같은 힘으로 물질의 유한한 양은 다른 물질과 마찬가지로 유한한 양에 동력을 행사한다. 따라서 인력의 자극은 무한히 작아야 한다. 그것은　IV 552 가속의 운동량(이것은 항상 무한히 작아야만 한다)과 동일하기 때문이다. 이것은 척력에는 해당하지 않는데, 물질의 무한히 작은 부분이 유한한 물질에 운동량을 가해야 하기 때문이다. 물질이 자신의 고유한 인력으로 자신에게 투과하지 않고는 속도가 유한한 어떤 인력도 생각할 수 없다. 왜냐하면 물질의 유한한 양이 유한한 물질에 유한한 속도로 행사하는 인력은 압축하는[압력을 가하는] 모든 점에서 모든 유한한 속도를 [그러니까] 물질이 자신의 불가입성으로 단지 무한히 작은 부분으로 물질 자신의 양에 반작용할 때 생기는 모든 유한한 속도를 능가해야 하기 때문이다. 만일 인력이 단지 우리가 응집력이라고 생각하는 것과 같은 하나의 표면력이라면, 이와는 반대 결과가 생길 것이다. 하지만 응집력이 (단순한 외적 압축이 아니라) 참된 인력이고자 한다면, 응집력을 그렇게 생각하는 것은 불가능하다.

절대적으로-딱딱한 물체라는 것은 그것의 부분이 서로 강하게 끌어당겨서 어떤 무게로도 분리할 수 없고, 서로 그 부분의 위치도 변할 수 없는 물체일 것이다. 그런데 그와 같은 물체에서 물질의 부분은 서로 가속의 운동량으로 끌어당겨야만 하고, 이 가속의 운동량은 중력의 운동량에 대해서는 무한하지만, 이로써 이동되는 질량의 운동량에 대해서는 유한할 터이므로 불가입성으로 인한 저항은 팽창력으로서—저항은 항상 물질의 무한히 작은 양으로 발생하기에—유한한 자극의 속도보다 더 많이 발생해야 할 것이다. 즉 물질이 무한한 속도로 확장되려 애써야 할 텐데, 이것은 불가능하다. 그러므로 절대적으로-딱딱한 물체는 불가능하다. 즉 충돌에서 유한한 속도로 움직여진 물체에 대해 그 물체의 전체 힘과 동일한 저항으로 한순간에 맞서는 물체는 불가능하다. 따라서 물질은 자신의 불가입성이나 응집력으로 유한한 운동을 하는 물체의 힘에 맞서 한순간에 단지 무한히 작은 저항만 행사한다. 이제 여기에서 연속성[항구성]의 역학적 법칙(연속성의 역학 법칙)이 귀결된다. 즉 어떤 물체에서도 정지하는 상태나 운동하는 상태 그리고 운동에서 속도나 방향은 충격을 받아 한순간에 변하지 않는다. 오히려 그것은 처음과 마지막 상태 간의 차이보다 서로 간의 차이가 더 작은 일련의 무한한 중간 상태를 지나는 어느 정도 시간에 변한다. 그러므로 물질에 충돌한 움직여진 물체는 한 번 저항해서가 아닌, 연속적 감속[방해물]을 해서 정지 상태로 전위된다. 또는 정지해 있던 물체는 단지 연속적 가속을 해서 운동으로 전위되거나, 오로지 동일한 규칙에 따라 어떤 정도 속도에서 다른 정도 속도로 전위된다. 마찬가지로 그 물체의 운동 방향은 그 중간에 놓인 가능한 모든 방향을 이용하여, 즉 곡선의 운동을 이용하여 각도를 만들어내는 것으로 변한다(유사한 근거로 이 법칙을 인력을 이용  Ⅳ 553 한 물체의 상태 변화로도 확장할 수 있다). 이 연속성의 법칙은 물질의 관성의 법칙에 근거를 둔다. 반면에 여기서 연속성[항구성]의 형이상학적 법칙은 모든 (외적이고 내적인) 변화 일반으로 확장되어야 한다. 따라서 분량으로서 그리고 분량의 산출로서(이것은 시간 자체가 그렇듯이 필연적으로 어떤 시간에서 연속적으로 진행된다) 변화 일반이라는 순전한 개념에 근거를 두게 될 것이다. 따라서 여기서는 연속성의 형이상학적 법칙이 차지할 자리는 없다.

# 제4장
# 현상학의 형이상학적 기초원리

## 설명

물질은 움직일 수 있고, 그런 한에서 물질은 그와 같은 것으로서 경험의 대상일 수 있다.

## 주석

감각 능력으로 표상되는 모든 것과 마찬가지로 운동은 오로지 현상으로만 주어진다. 운동의 표상이 경험이 되려면 어떤 것을 지성에 의해 생각하는 것이 요구된다. 즉 표상이 주관에 내재하는 방식 외에 표상을 통한 **객관**의 규정 또한 요구된다. 그러므로 움직일 수 있는 것은 그 자체로 어떤 하나의 객관이(따라서 여기서는 물질적 사물) 운동이라는 술어와 연관하여 **규정된** 것으로 생각된다면, 경험의 대상이 된다. 하지만 운동은 공간에서 관계가 변화하는 것이다. 그러므로 여기서는 항상 두 상대가 존재한다. **첫째로** 현상에서 이들 중 하나에는 다른 하나에서와 마찬가지로 변화가 부여될 수 있다. 그래서 그 하나가 움직였거나 다른 하나가 움직였다고 말할 수 있는데, 이는 이 두 경우가 아무 차이가 없기 때문이다. 또는 **둘째로** 경험에서 이들 중 하 A 139

나는 다른 하나를 제외하고 움직인 것으로 생각되어야만 한다. 아니면 **셋째로** 이 양자는 모두 이성으로는 필연적으로 동시에 움직인 것으로 표상되어야만 한다. 이 규정들의 어떤 것도, 운동에서 (그것의 변화에 따른) 관계만 포함하는 현상에는 포함되어 있지 않다. 그러나 만일 움직일 수 있는 것이 그 **자체로서**, 즉 자신의 운동에 따라 규정된 것으로 생각되어야 한다면, 다시 말해 하나의 가능한 경험을 위해 규정된 것으로 생각되어야 한다면, 대상(물질)을 어떻게든지 운동이라는 술어로 규정하게 하는 조건을 제시하는 것이 필요하다. 여기서 논의할 것은 가상을 진리로 변형시키는 문제가 아니라 현상을 경험으로 변형시키는 문제다. 왜냐하면 가상에서는 지성이 설사 주관적인 것을 객관적인 것으로 취할 위험에 처해 있더라도 항상 대상을 규정하는 판단과 함께 작용하지만, 현상에서는 지성의 어떤 판단도 만날 수 없기 때문이다. 이것은 여기서만 아니라 전체 철학에서도 주목할 필요가 있는 사실이다. 그렇지 않고 만일 현상이 문제될 때 우리가 이 표현을 가상이라는 표현과 동일한 의미로 여긴다면, 우리는 [현상이라는 표현을] 항상 나쁘게 이해할 터이니 말이다.

## 정리 1

경험적 공간을 고려한 물질의 직선운동은 공간의 마주한[반대 방향] 운동과 달리 순전히 **가능한** 술어다. 자기 외부의 물질과 어떤 관계도 생각할 수 없는, 즉 **절대운동**으로 생각되는 바로 그런 직선운동은 **불가능하다**.

# 증명

하나의 물체가 상대공간에서 움직이지만 그 공간은 정지해 있다고 할지, 아니면 반대로 공간이 동일한 속도로 반대 방향으로 움직이지만 물체는 정지해 있다고 할지는 무엇이 대상이 아닌 단지 주체와 관계에 속하는지, 즉 무엇이 경험이 아닌 현상에 속하는지에 관한 논쟁이 아니다. 그 공간에서 관찰자가 정지해 있다면, 그에게는 물체가 움직이는 것이다. 만일 관찰자가 (적어도 사유에서) 저 공간을 포함하는 하나의 다른 공간에 위치해서 그 공간을 고려해도 물체가 마찬가지로 정지해 있다면, 저 상대공간이 움직인 것이기 때문이다. 그러므로 경험에서는 (객관을 모든 현상에 대해 타당한 것으로 규정하는 인식에서는) 상대공간에서 물체가 운동하고 있느냐, 상대공간은 반대 방향으로 동일하게 운동하고 물체는 절대공간에서 정지하고 있느냐는 아무런 차이가 없다. 그런데 대상을 고려할 때는 동일하게 타당하고 $\quad$ Ⅳ 556 오로지 주체와 그의 표상방식을 고려할 때에만 서로 구별되는 두 술 $\quad$ A 141 어 중 하나를 선택해 대상을 표상하는 것은 **선언판단**에 따른 규정이 아니라 순전히 **대안적 판단**에 따른 선택일 뿐이다. (선언판단에서는 **객관적으로** 대립된 두 술어 중 하나는 객관을 규정하기 위해 다른 하나를 배제하는 것으로 가정하지만, 대안적 판단에서는 객관적으로는 동일하지만 주관적으로는 서로 대립된 판단 중에서 하나를 객관을 규정하기 위해 상대방을 배제하지 않고―따라서 순전히 선택을 해서―가정하는 것이다)* 즉 상대공간에서 물체가 움직인 것으로 표상할지 혹은 물체를 고려해 상대공간이 움직인 것으로 표상할지는 경험 대상으로서 운동 개념으로는 그 자체로 규정되지 않으므로 동일하게 타당하

---

\* 선언적 대립과 대안적 대립의 차이는 이 장(章)의 일반적 주석에서 더 상세히 다루겠다.

다. 그런데 서로 대립된 두 술어를 고려할 때 그 자체로 규정되지 않는 것은 그런 한에서 순전히 가능적일 뿐이다. 그러므로 경험 공간에서 물질의 직선운동은 공간의 똑같은 반대운동과 달리 경험에서는 순전히 가능한 술어일 뿐이다. 이것이 [증명해야 할] 첫째 것이었다.

A 142　나아가 하나의 관계는, 그렇기에 관계의 변화인 운동도 단지 [이 관계를 이루는] 양쪽 상대가 경험의 대상일 수 있는 한에서 경험의 대상이 된다. 하지만 상대(경험)공간과 달리 우리가 절대공간이라고도 하는 순수공간은 경험의 대상이 아니므로 전혀 아무것도 아닌 것이다. 따라서 경험적인 어떤 것과 관계를 맺지 않는 직선운동, 즉 절대운동은 단적으로 불가능하다. 이것이 [증명해야 할] 둘째 것이었다.

### 주석

'정리 1'은 **운동학**과 관련해 운동의 양상을 규정한다.

### 정리 2

물질의 원운동은 공간의 반대운동과 달리 물질의 **현실적** 술어다.
IV 557　반면에 물체의 운동 대신에 생각되는 상대공간의 반대운동은 물체의 실제적 운동이 아니다. 만일 그렇다고 여겨진다면 오히려 그것은 순전히 하나의 가상이다.

### 증명

원운동은 (모든 곡선운동과 마찬가지로) 직선운동의 연속적인 변화다. 직선운동 자체는 외적 공간과 관련한 관계의 연속적 변화이므로

원운동은 공간에서 이런 외적 관계의 변화가 변하는 것이며, 새로운　A 143
운동을 연속적으로 생성하는 것이다. 그런데 관성의 법칙에 따르면
하나의 운동은 운동이 생기는 한에서 외적 원인을 가져야 한다. 반면
에 이 원의 모든 점에서 물체 자신으로는 (바로 동일한 관성의 법칙에
따라) 원의 접선에서 직선으로 진행하려는 성향이—이 운동은 저 외
적 원인에 반작용한다—있으므로 원운동에서 모든 물체는 자신의
운동으로 동력을 증명하게 된다. 그런데 공간의 운동은 물체의 운동
과 달리 순전히 운동학적이라서 동력을 갖지 않는다. 따라서 여기서
물체가 움직이느냐, 아니면 공간이 반대 방향으로 움직이느냐 하는
판단은 하나의 선언판단이고, 이로써 한 측면인 물체의 운동이 정립
되면 다른 측면인 공간의 운동은 배제된다. 물체의 원운동은 공간의
운동과 달리 실제적 운동이라서 공간의 운동이 비록 현상 측면에서
는 물체의 원운동에 부합하더라도 모든 현상의 연관에서는, 다시 말
해 가능한 경험의 연관에서는 물체의 원운동에 모순되며 순전한 가
상일 뿐이다.

## 주석 A 144

'정리 2'는 **동역학**과 관련해 운동의 양상을 규정한다. 연속적으로
작용하는 외적 동력의 영향 없이 발생할 수 있는 운동은 그것이 인력
의 운동력이 되었든 척력의 운동력이 되었든 물질의 근원적 운동력
을 직접적으로 혹은 간접적으로 증명하기 때문이다.—게다가 뉴턴
이『자연철학의 수학적 원리』앞부분에서 제시한 정의의 주석을 이
문제와 관련해서 참조해볼 수 있는데, 거기에서 끝날 즈음 명백해지
는 바는 다음과 같다. 즉 공통의 한 중점을 도는 두 물체의 원운동은　IV 558
(따라서 지구의 축 회전 역시) 빈 공간에서조차 외적 공간과 경험적으
로 가능한 비교 없이도 경험을 매개로 해서 인식할 수 있을 것이라는

점, 공간에서 외적 관계의 변화인 하나의 운동은 비록 공간 자신은 경험적으로 주어지지 않아서 경험의 아무런 대상이 아니라 하더라도 경험적으로 주어질 수 있을 것이라는 점 그리고 이것은 해결해볼 가치가 있는 역설이라는 점이다.

# 정리 3

운동을 매개로 한 물체가 다른 물체와 관련해 움직일 때 한 물체의 모든 운동에서 다른 물체의 동일한 반대운동은 **필연적**이다.

## 증명

역학의 제3법칙에 따르면(정리 4), 물체 운동의 전달은 오로지 물체의 근원적 동력의 상호성으로만 가능한데, 이 상호성은 쌍방의 동일한 반대운동으로만 가능하다. 따라서 양자의 운동은 현실적이다. 하지만 이 운동의 현실성은 (정리 2에서처럼) 외적 힘의 영향에 근거를 두지 않고, 오히려 공간에서 움직인 것과 그로써 또 다른 움직일 수 있는 것과 관계 개념에서 직접적이고 불가피하게 귀결되므로 또 다른 움직일 수 있는 것의 운동은 필연적이다.

## 주석

'정리 3'은 역학과 관련해 운동의 양상을 규정한다.─게다가 자연스럽게 눈에 띄는 사실은 이 세 명제가 물질의 운동을 그것의 **가능성, 현실성, 필연성**과 관련해, 그러니까 세 **양상**의 범주 모두와 관련해 규정한다는 점이다.

# 현상학에 대한 일반적 주석

여기에 일반 자연과학에서 사용이 불가피한 세 개념이 등장하는데, 이들의 정확한 규정은 비록 용이하거나 알기 쉽지는 않더라도 필연적이다. 즉 [첫째는] 상대적 (움직일 수 있는) 공간에서 운동 개념이고, 둘째는 절대적 (움직일 수 없는) 공간에서 운동 개념이며, 셋째는 절대운동과 구별되는 상대운동 일반의 개념이다. 이 모두의 기초에는 절대공간 개념이 놓여 있다. 그러나 어떻게 우리는 [절대공간이라는] 이 진기한 개념에 도달하는가? 그리고 무엇에 그 사용의 필연성이 근거하는가? A 146 IV 559

그것은 경험의 대상일 수 없다. 물질이 없는 공간은 지각의 대상이 아니지만 그럼에도 그것은 하나의 필연적 이성개념이라서 순전한 이념에 그칠 뿐이다. 운동이 단지 현상으로라도 주어질 수 있으려면 공간의 경험적 표상이 요구되고, 움직일 수 있는 것은 자신의 관계를 이와 관련해서 변화시키지만 지각되어야 할 공간은 반드시 물질적이어야 하므로 물질 일반의 개념에 따르면 그 자신이 움직일 수 있어야만 한다. 그런데 움직인 것으로서 공간을 생각하기 위해서 사람들은 그것을 단지 하나의 더 넓은 범위의 공간에 포함된 것으로 생각하고, 이 후자의 공간은 정지해 있는 것으로 가정할 수도 있다. 그러나 후자의 [정지해 있는 것으로 가정된 공간의] 경우에도 이보다 훨씬 더 확대된 공간과 관련해서는 똑같은 일이 생길 수 있다. 이는 [자신은] 움직일 수 없지만 어떤 물질에도 자신과 관련해 운동 혹은 정지를 단적으로 부가할 수 있는 (비물질적) 공간에 경험으로는 한 번도 도달하지 못한 채 무한히 진행된다. 오히려 이 관계규정들의 개념은 끊임없이 변경되어야만 하고, 이에 따라 사람들은 움직일 수 있는 것을 이런저런 공간들과 관계에서 고찰하게 될 것이다. 이제 어떤 것 A 147

을 정지해 있거나 움직인 것으로 간주하기 위한 조건은 상대공간에서 언제나 또다시 무한히 조건 지어지기 때문에 다음 사실들이 명백해진다. **첫째로** 모든 운동이나 정지는 순전히 상대적이라서 결코 절대적일 수 없다. 다시 말해 물질은 순전히 물질과 관계해서만 움직인 것이나 정지해 있는 것으로 생각되지 물질이 없는 순전한 공간과 관련해서는 전혀 그렇지 않다. 따라서 절대운동, 다시 말해 한 물질이 다른 물질과 아무런 관계도 없다고 생각되는 운동은 단적으로 불가능하다. **둘째로** 바로 그렇기 때문에 **모든 현상**에 타당한 운동이나 정지 개념은 결코 상대공간에서는 가능하지 않다. 오히려 사람들은 하나의 공간, 그 안에서 상대공간 자신이 움직인 것으로 생각될 수 있는 공간을 생각해야지 자신의 규정에 따라 더는 다른 경험적 공간에 의존하지 않아서 다시금 조건 지어지지 않는 공간, 다시 말해 모든 상대적 운동이 자신과 관계 맺을 수 있는 하나의 절대공간을 생각해서는 안 된다. 그 안에서 모든 경험적인 것이 움직일 수 있고 바로 그렇기에 그 안에서 물질적인 것의 모든 운동이 서로 순전히 상대적으

A 148 로, 즉 양자택일적-상호적으로* 여겨지지만(여기서는 하나가 움직였

---

* 논리학에서 양자택일은 항상 선언판단을 나타낸다. 거기서는 하나가 참이면 다른 하나는 거짓이어야만 하기 때문이다. 예컨대 하나의 물체는 움직였든지, 아니면 움직이지 않았든지, 즉 정지해 있든지 둘 중 하나다. 거기서 사람들은 오로지 대상에 대한 인식의 관계만 말하기 때문이다. 객관의 관계를 규정하려고 주관과 관계를 문제 삼는 현상론[현상학]에서는 사정이 이와 다르다. 거기서는[논리학에서는] 물체가 움직이고 공간은 정지해 있거나 그 반대라는 명제가 객관적 관계에서가 아닌 주관적 관계에서 선언명제여서 이 속에 포함된 두 판단은 양자택일적으로 타당하기 때문이다. 이와 달리 운동을 순전히 운동학적으로가 아니라 오히려 동역학적으로 고찰하는 현상학에서는 선언명제가 객관적 의미로 받아들여져야 한다. 다시 말해 한 물체의 회전운동 대신에 물체의 정지와 이에 반한 공간의 반대운동을 가정할 수 없다. 하지만 운동이 **역학적으로** 고찰되는 곳에서조차도(한 물체가 외견상 정지한 것처럼 보이는 다른 물체를 향해 돌진할 때처럼), 형식상의 선언판단은 객관과 관련해 **분배적**

IV 560

다고 말함으로써 그것과 관계해서 움직인 다른 하나는 그럼에도 단적으 A 149; IV 560
로 정지한 것으로 표상된다), 아무것도 절대적 운동이나 정지로 여겨
지지 않는 절대공간을 생각해서는 안 된다. 그러므로 절대공간은 현
실적 객관의 개념으로가 아니라 하나의 이념으로 필연적이다. 이 이
념은 모든 운동을 자기 안에서 순전히 상대적인 것으로 고찰하는 규
칙으로 기능해야 한다. 그래서 운동과 정지의 현상을 (모든 현상을 통
일하는) 하나의 규정된 경험개념으로 바뀌게 하려면 모든 운동과 정
지는 절대공간으로 환원되어야만 한다.

만일 내가 물체는 그 자체로 정지해 있지만 저 상대공간은 (감각
능력에 주어지지 않는) 절대공간에서 반대 방향으로 움직인 것으로
생각한다면 그리고 이 표상을 정확히 동일한 현상을 제공하는 것으
로 생각한다면, 상대공간에서 한 물체의 직선운동은 절대공간으로
환원된다. 이로써 한 물체가 경우에 따라 동시에 가지게 될 직선운동
의 모든 가능한 현상은 이 전부를 통일하는 경험의 개념으로, 즉 순
전히 상대적 운동과 정지 개념으로 환원된다.

원운동은 둘째 정리에 따르면 외부에 경험적으로 주어진 공간과
관련 없이도 경험에서 현실적 운동으로 주어질 수 있으므로 실제로
절대적 운동인 것처럼 보인다. 외적 공간과 관련한 상대적 운동(예컨
대 천체의 별에 대해 상대적인 지구의 자전)은 하나의 현상이기 때문이
다. 이것을 동일한 시간에서 저 공간의 반대운동(전체의 운동)이 완 A 150
전히 그와 동등한 것으로 대신할 수 있겠지만 저 [둘째] 정리에 따르
면 경험에서는 전혀 대신할 수 없다. 따라서 저 원운동을 외적인 상 IV 561

---

으로 사용해야만 한다. 그렇기에 운동이 이것에 부여되든 아니면 저것에 부여
되든 둘 중 하나여야 하는 것이 아니라 오히려 각각에 동일한 몫이 부여되어
야 한다. 대립적 술어들과 관련한 한 개념의 양자택일적·선언적·분배적 규정
들의 차이는 중요성이 있지만 여기서는 이를 더는 해명할 수 없다.

대적 운동으로 표상할 수 없다는 것은 마치 운동의 이런 방식을 절대적인 것으로 가정해야 한다는 말처럼 들린다.

하지만 다음을 꼭 주목해야 한다. 즉 여기서 문제 삼는 것은 그 자체로는 **현상하지 않아서** 사람들이 그것을 공간에 대한 경험적 관계에 따라 판정하고자 하면 **정지**로 간주할 수 있는 참된 (실제적) 운동이라서 **가상**과 구별되는 **참된 운동**이지 상대적 운동과 대비되는 절대적 운동이 아니다. 따라서 원운동은 비록 현상에서 아무런 위치-변화, 다시 말해 (경험적) **공간**에 대해 움직인 것의 관계에서 아무런 운동학적 변화를 제시하지 않지만, 그럼에도 하나의 연속적인 동역학적 변화를 제시한다. [즉] 원운동은 **자신의 공간**에서 물질 관계의 연속적인 동역학적 변화, 예컨대 도피하려는[멀어지려는] 성향으로 인한 인력의 지속적 감소를 원운동의 작용으로 제시하고, 이로써 가상과 자신의 차이를 명백히 드러낸다. 사람들은 예컨대 지구가 무한한 빈 공간에서 축을 중심으로 회전하는 것으로 표상할 수 있다. 그래서 지구의 부분들 간의 관계나 지구 바깥의 공간에 대한 관계 어느 쪽도 운동학적으로는, 다시 말해 현상에서는 변화하지 않을지라도 또한 이 운동을 경험으로 입증할 수 있다. 경험적 공간으로서 첫째와 관련해서는 지구 위와 안의 아무것도 자기 위치가 변하지 않고, 완전히 비어 있는 둘째와 관계에서는 외적으로 변한 관계가 어디에서도 생길 수 없어서 운동의 아무런 현상도 생길 수 없기 때문이다. 하지만 만일 내가 지구의 중점으로 향해 가는 깊은 구멍 하나를 상상해서 그 안으로 돌 한 개를 떨어뜨린다면, 비록 지구의 중점으로부터 모든 거리에서 중력은 항상 그 중점을 향하겠지만 떨어지는 돌이 하강하는 수직 방향에서 연속적으로 벗어나는 것, 그것도 서쪽에서 동쪽으로 벗어나는 것을 발견할 것이다. 그러면 나는 지구는 축을 중점으로 밤부터[서쪽에서] 아침까지[동쪽으로] 회전한다고 추론할 것이다. 혹은 설령 내가 돌을 지구 표면에서 밖으로 더 멀리 이동시켜서[던져서] 그 돌이 표면의 동일한 점에 머물지 않고 그 지점으로부터 동쪽에서 서쪽으로 옮겨지더라도, 나는 앞서 언급한 대로 동일한 지구의 자전을 추론하게 될 것이고, 이 두 지각은 이 운동의 현실성을 증명하기에 충분할 터이다. [하지만] 외적 공간(별이 총총한 하늘)에 대한 관계의 변화는 증명하기에 충분하지 않다. 그 변화가 사실은 대립된 두 근거에서 유래할 수 있어서 변화의 모든 현상에 대한 하나의 설명근거에서 도출된 인식이 아닌, 즉 경험이 아닌 순전한 현상이기 때문이다. 이 운동은 경험적 공간에 대한 관계 변화는 아니지만, A 152 그럼에도 절대적 운동이 아니라 물질 간 관계의 연속적 변화이고, 따라서 절대적 공간에서 표상되긴 하지만 실제적으로는 단지 상대적이고 심지어 그 이유만으로 참된 운동이다. 이러한 사실은 지구의 각 부분들이 (지축 외부에서) 중점으로부터 동일한 거리에서 자신과 반대 지름에 놓인 다른 각 부분들에서 상호연속적으로 **멀어진다**는 표 Ⅳ 562 상에 근거를 둔다. 이 운동이 절대적 공간에서 현실적인 것은 다음과 같은 점에서다. 중력 자체만으로 물체에 가해진다고 생각된 거리의 손실이 이 운동으로, 그것도 (뉴턴의『자연철학의 수학적 원리』1714년 판 10쪽*에 선택된 사례에서 볼 수 있듯이) 동역학적으로 배척하는 아무런 원인도 없이 연속적으로 보충되고, 따라서 실제적 운동이지만

---

* 그곳에서 그는 이렇게 말했다. "그것은 정말로 발견하기가 어려워서 외견상 특별한 물체의 참된 운동을 효과적으로 구별하기가 매우 어려운 물질이다. 이 운동이 그 안에서 실행되는 움직일 수 없는 공간의 부분들은 우리 감각 능력의 관찰 가운데 결코 등장하지 않는다. 그렇다고 그 사물이 아주 절망적인 것만은 아니다." 그다음에 그는 하나의 실로 연결된 두 구를 빈 공간에서 이들의 공통 무게중심 주위를 회전시키고, 어떻게 이들 운동의 현실성이 그 운동의 방향과 함께 경험으로 발견될 수 있는지를 제시했다. 나는 이것이 약간 변화된 경우로 자신의 축 주위를 움직이는 지구에서 제시하려고 시도했다.

움직인 물질의 내부(즉 물질의 중심)로 결정된 운동이 아닌 외적 공
간과 관계된 운동을 매개로 해서 연속적으로 보충된다는 점에서 말
이다.

정리 3에 관해 말하자면, 경험적 공간을 고려하지 않고도 두 물체
의 동일한 상호-대립적 운동의 진리성을 보여주는 데는 둘째 경우에
필요했던 경험으로 주어지는 활동적인 동역학적 영향(중력의 혹은
잡아당겨진 끈의 영향)은 전혀 필요하지 않다. 오히려 만일 한 물체의
운동이 절대적 공간에서, 즉 진리성의 측면에서 고찰된다면 물질의
속성(척력 또는 인력)으로서 그와 같은 영향의 순전한 동역학적 가능
성은 한 물체의 운동에서, 그것도 상대적 운동의 순전한 개념에서 다
른 물체의 동시적인 동일한 반대운동을 지니게 된다. 그러므로 이것
은 순전한 개념에서 충분히 증명가능한 모든 것에서처럼 절대적으
로 필연적인 반작용운동의 법칙이다.

비록 한 물체가 빈 공간에서 다른 물체와 관련하여 움직인 것으로
생각되더라도, 그 어떤 절대적 운동도 존재하지 않는다. 여기서 두
물체의 운동은 그들 주위의 공간에 대해 상대적이 아니라 단지 이들
사이의 공간에 대해서만 상대적이다. 이 공간은 절대공간으로 간주
되지만, 이들 간의 외적 관계만 규정하므로 다시금 상대적이다. 따라
서 절대적 운동은 어떤 다른 물질에 대한 관계없이 한 물체에 속하는
오로지 그런 운동이 될 것이다. 오로지 세계전체[우주]의 직선운동만
이, 다시 말해 모든 물질 체계의 직선운동만이 그와 같은 것이 될 것
이다. 한 물질 외부에 설사 빈 공간이 있어 그것에서 단절되어 있더
라도 또 다른 물질이 존재한다면, 그 운동은 이미 상대적이 될 것이
기 때문이다. 그러므로 하나의 운동법칙에 대한 어떤 증명이라도 그
것의 반대가 전체 세계체계의 직선운동으로 귀결되어야 한다면, 그
증명은 그 운동법칙의 진리성에 대한 자명한 증명이 될 텐데, 이는

순전히 전혀 불가능한 절대적 운동이 그것에서 추론될 것이기 때문이다. 운동을 통한 물질의 모든 상호성에서 대립의 법칙은 바로 이런 방식의 성질을 지닌다. 그 법칙에서 어떠한 이탈도 모든 물질의 공통무게중심, 즉 전체 세계체계의 자리를 옮기게 될 테지만 사람들이 이 세계체계를 자신의 축 주위를 회전하는 것으로 생각하길 원한다면 그런 일은 일어나지 않을 것이기 때문이다. 그러므로 비록 그런 운동을 가정하는 것이 사람들이 예측할 수 있는 한에서 이해할 만한 효용은 전혀 없더라도, 그 운동을 생각해보는 것은 언제나 가능하다.

  빈 공간의 다양한 개념 역시 운동과 동력들의 다양한 개념과 관계를 맺고 있다. 절대공간이라고도 하는 **운동학적** 관점에서 빈 공간은 하나의 빈 공간이라 하기에는 적절하지 않다. 그것은 단지 한 공간에 관한 이념일 뿐이기 때문이다. [그러니까 그것은] 거기에서 물질적 A 155 공간 또는 모든 경험적 공간을 여전히 움직일 수 있는 것으로 생각해서 이로써 운동을 일방적으로 절대적인 것으로 생각할 뿐 아니라 항상 상호적으로 순전한 상대적 술어로도 생각하기 위해서, 내가 그 안에서 물질을 경험의 대상으로 만드는 모든 특수한 물질을 도외시하는 공간의 이념일 뿐이기 때문이다. 그러므로 그것은 사물들의 실존에 속하는 것이 전혀 아니고 순전히 개념들의 규정에 속하는 것이다. 그런 한에서 어떤 빈 공간도 **실존**하지 않는다. **동역학적** 관점에서 빈 공간은 채워지지 않은 공간이다. 다시 말해 그 안에서는 움직일 수 있는 것의 투과에 움직일 수 있는 다른 어떤 것도 저항하지 않고, 결과적으로 배척하는 아무런 힘도 작용하지 않는다. 그래서 그것은 세계 안의 빈 공간이거나(세계내부 진공[1]) 아니면 세계가 제한된 것으로 표상된다면 세계 바깥의 빈 공간일 수 있다(세계외부 진공[2]). 전자도 분산된 빈 공간 (물질의 부피의 한 부분만 이루는 분산진공[3]) 또는 적재된 빈 공간으로 (예컨대 천체와 같은 물체들을 서로 격리하는 적재

진공⁴⁾) 표상된다. 이 구별은 단지 사람들이 세계에서 빈 공간에 지정하는 위치의 차이에 근거를 둘 뿐이기에 꼭 본질적인 것은 아니지만 여전히 다양한 의도에서 사용된다. 즉 첫째 것은 밀도의 특수한 차이를, 둘째 것은 우주의 모든 외적 저항에서 자유로운 운동의 가능성을 그것에서 끌어내기 위한 것이다. 첫째 의도에서 빈 공간을 가정하는

A 156 것이 필요치 않다는 점은 동역학을 위한 일반적 주석에서 이미 제시되었다. 그러나 빈 공간이 불가능하다는 점은 그 개념만으로는 결코 모순율에 따라 증명될 수 없다. 비록 여기서 그와 같은 빈 공간을 거부할 아무런 논리적 근거도 발견할 수 없지만, 그럼에도 사람들이 이에 관해 더 잘 통찰하기만 한다면 그것을 자연학에서, 즉 물질 일반의 합성 가능성에 관한 자연학에서 추방할 더 보편적인 물리적 근거는 존재할 수 있다. 만일 물질의 응집을 설명하기 위해 사람들이 가

IV 564 정하는 인력이 단지 외관상일 뿐이어서 참된 인력이 아니고, 오히려 그것이 순전히 우주의 도처에 퍼져 있는 외적 물질(에테르)로 인한 압축의 결과이고 이 외적 물질 자체는 단지 보편적이고 근원적인 인력, 즉 중력으로 이런 압력을 행사하게 된다면,―이런 의견에는 근거가 많다―물질 내부의 빈 공간은 비록 논리적으로는 아니라도 동역학적으로 물리적으로는 불가능하게 될 것이기 때문이다. 이는 모든 물질은 사람들이 물질 내부에서 가정하는 빈 공간들로 스스로 퍼져나가고(여기서는 아무것도 이들의 확장력에 저항하지 않기에), 그래서 항상 그 공간들을 채울 것이기 때문이다. 만일 사람들이 세계를 우월한 인력을 지닌 모든 물질의(거대한 천체의) 총체로 이해한다면, 이 세계 외부의 빈 공간은 정확히 똑같은 이유에서 불가능하게 될 것이다. 이들에서 거리가 증가한 정도만큼 그에 반비례해서 에테르에

A 157 가해지는 인력도 감소해서(이 에테르는 모든 물체를 전부 둘러싸고 있고, 저 힘에 따라 추동되어 압축으로 물체들을 그들의 밀도로 유지시킨

다), 이들은 그 자신도 단지 밀도에서 무한히 감소하지만 그 어디에서도 공간은 완전히 비어 있지 않을 것이기 때문이다. 그렇지만 이렇게 빈 공간을 배제하는 것이 전적인 가정 아래 진행된다는 점에 대해 누구도 의아해할 필요는 없다. 빈 공간을 주장한다고 더 나아지지도 않는다. 이런 쟁점을 독단적으로 결정하려고 감행하는 이들은 그에 찬성하든 반대하든 간에 동역학에서 볼 수 있듯이, 결국 철저히 형이상학적 전제에 의존한다. 그래서 적어도 이 형이상학적 전제가 지금의 과제를 전혀 결정할 수 없다는 점을 여기서 제시해야 했다. 셋째로 **역학적 관점**에서 빈 공간에 관해 말하면, 그것은 천체의 자유로운 운동을 마련하기 위한 우주 내부의 적재진공이다. 사람들이 쉽게 알게 되는 것은 이 빈 공간의 가능성이나 불가능성이 형이상학적 근거에 의존하지 않고, 어떻게 물질은 자신의 고유한 확장력에 한계를 정하는지에 관한 해명하기 어려운 자연의 비밀에 의존한다는 점이다. 그럼에도 동역학의 일반적 주석에서 이야기했던 대로 물질의 동일한 양에서(그들의 무게에 따라) 고유하게 차이나는 재료들의 무한히 가능한 더 큰 확장이 인정된다면, 천체의 자유롭고 지속적인 운동을 위해 하나의 빈 공간을 전제하는 것은 정말이지 불필요하게 될 것이 A 158 다. 완전히 채워진 공간에서도 저항은 아무리 작게라도 여전히 생각될 수 있기 때문이다.

그래서 **진공**과 함께 형이상학적 물리학은 이렇게 끝나고, 바로 그렇기 때문에 불가해성도 끝난다. 형이상학적 물리학은 자신이 원리들로 후퇴해서 사물들의 제일 근거를 얻으려고 애쓸 때 불가해성이라는 점에서 이성의 모든 나머지 시도와 동일한 운명이었다. 거기에서 이성은 사물들의 제일 근거를 그것이 주어진 조건 아래에서 규정 IV 565 되는 한에서만 이해할 수 있고, 따라서 이성은 조건 지어진 것에 머물 수도, 무조건적인 것을 이해 가능하게 할 수도 없다는 본성을 지닌다. 그러므로 앎의 욕구가 이성에 모든 조건의 절대적 전체를 파악하길 요구할 때, 이성에 남은 것은 사물의 궁극적 한계 대신 자신에게 고유하게 위임된 능력의 궁극적 한계를 탐구하고 규정할 수 있도록 대상에서 자기 자신으로 되돌아가는 것뿐이다.

해제

# 차례

『학문으로 등장할 수 있는
미래의 모든 형이상학을 위한 서설』·김재호 ·················· 335

『자연과학의 형이상학적 기초원리』·김재호 ···················· 361

## 일러두기

1. 해제와 옮긴이주에서 칸트 저술 인용은 '『저술의 한글 약칭』 학술원판의 권수(로마 숫자) 쪽수(아라비아 숫자)'—예를 들어 '『정초』 IV 389'—로 표시한다.
2. 『순수이성비판』 인용만은 관례에 따라 학술원판 권수 대신 초판(A) 또는 재판(B)을 표기해 '『순수이성비판』 A 104' 또는 '『순수이성비판』 B 275'와 같이 표시한다.

# 『학문으로 등장할 수 있는
미래의 모든 형이상학을 위한 서설』

## 저술의 배경과 출간 과정

철학자 임마누엘 칸트(Immanuel Kant)라면 누구나 한번쯤 들어보았을 만큼 익숙한 이름이다. 그에 관한 몇몇 일화는 이미 널리 회자되고 있고, 저 유명한 '정언명령'(Kategorischer Imperativ)은 서양 윤리사상을 다룬 교과서에 빠짐없이 수록되어 있다. 그럼에도 정작 그의 사상이 무엇이었는지 명확히 아는 이는 많지 않다. 도대체 어떤 문제의식으로 그의 철학이 시작되었으며, 왜 그의 사상이 서양 철학의 역사에 그리도 큰 영향을 미쳤는지를. 혹 남다른 관심으로 칸트 철학의 핵심이라는 『순수이성비판』을 직접 대해본 독자라도 분량의 방대함과 내용의 난해함으로 직접 독해하기를 포기한 경우가 적지 않을 것이다. 『순수이성비판』의 이 힘든 진입 장벽은 칸트 당시에도 크게 다르지 않았다.

『순수이성비판』의 난해함으로 독자들이 겪을 어려움은 칸트 자신도 어느 정도 예견했다. 초판 출간 당시[1] 헤르츠(Marcus Herz, 1747~1803)에게 보낸 편지(1781년 5월 11일자)에서 칸트는 자신의 최대 역작을 소수 독자만 읽으리라는 예상을 이미 한 바 있기 때문이다. 하지만『순수이성비판』에 대한 세상의 평가는 그의 예상보다 훨씬 더 혹독했다. 칸트에게 들리는 이야기는 대부분 책이 난해해서 이해가 불가능하다는 것들이었다. 심지어 칸트 스스로 그의 학식을 높게 평가하여 자신의 저서를 가장 잘 이해해줄 것으로 믿었던 멘델스존(Moses Mendelssohn, 1729~86)조차 그의 책을 '한편에 치워놓았다'[2]는 이야기를 전해 들어야 했다. 이처럼 책의 난해함과 어려움을 학자들 모두가 말했으며, 심지어 누구 하나 제대로 된 서평조차 쓰지 않았다. 책이 출간되고 거의 한 해가 지나서야『순수이성비판』에 관한 최초의 서평이『괴팅겐 학술지』(*Göttingische Anzeigen von gelehrten Sachen*)에 발표되었으니 말이다.

이로부터 한 가지 추측이 가능하다. 이러한 정황이 칸트로 하여금『순수이성비판』에 대한 쉬운 대중적 해설서의 필요성을 절감케 했을 것이고,『학문으로 등장할 수 있는 미래의 모든 형이상학을 위한 서설』(이하『형이상학 서설』)은 바로 그 결과물이라는 것이다. 하지만『형이상학 서설』의 저술 배경과 출간 과정을 좀더 자세히 들여다보면 문제가 그리 단순하지만은 않다. 과연 언제, 어떤 의도로 칸트가『형이상학 서설』을 기획하게 되었는지 그리고 그가 기획한 저서의 성격이 무엇이었는지를 명확히 설명하기가 결코 쉽지 않기 때문이다. 여기서 논란이 되는 것들은 크게 보아 다음 두 문제와 관련되어 있다. 첫째는『형이상학 서설』자체의 성격 규정에 관한 것이고, 둘째

---

1)『순수이성비판』은 1781년 5월 14일부터 열린 '라이프치히 부활절 장'(Leipzig Osternmesse)에서 처음으로 세상에 공개되었다.
2) 헤르츠에게 보낸 1781년 5월 11일자 편지. "멘델스존이 내 책을 한편으로 치워놓았다는 점은 나에게는 매우 불쾌한 일이지만, 그가 영영 그렇게 두지는 않기를 바란다"(『서한집』 X 270).

는 『형이상학 서설』과 『괴팅겐 학술지』에 실린 서평의 연관성에 관한 것이다. 이들 문제를 중심으로 『형이상학 서설』의 저술 배경과 출판 과정에 대한 좀더 명확한 이해를 시도해보기로 한다.

### 『형이상학 서설』, 대중을 위한 것인가 전문가를 위한 것인가?

칸트가 『형이상학 서설』을 처음 기획한 때는 언제일까? 『순수이성비판』의 출간을 앞두고 헤르츠에게 보낸 1781년 5월 11일자 편지에서 형이상학이 대중성을 얻을 수 있도록 할 계획이 있다고 칸트 스스로 밝혔지만, 그가 『순수이성비판』의 쉬운 대중서를 준비하고 있었음을 알려주는 최초의 직접 증거는 하만(Johann Georg Hamann, 1730~88)의 편지다. 『순수이성비판』이 출간된 지 석 달이 채 안 된 1781년 8월 5일 하만은 헤르더(Johann Gottfried Herder, 1744~1803)에게 보낸 편지에서, "칸트는 일반인들을 위한 『순수이성비판』의 대중적 요약본을 출간할 생각이 있다"[3]라고 구체적으로 언급했다. 또한 그는 6일 후 『순수이성비판』의 출판자였던 하르트크노흐(Johann Friedrich Hartknoch, 1740~89)에게 보낸 편지에서도 이와 유사한 내용을 밝혔다. 따라서 하만의 진술에 따르면 1781년 8월 당시 칸트가 『순수이성비판』과 관련된 하나의 저서를 기획한 것은 분명해 보인다. 하지만 당시 기획한 저서의 성격이 구체적으로 무엇이었는지 그리고 그 저서가 바로 1783년에 출간된 『형이상학 서설』과 같은 것인지는 판단하기가 쉽지 않다.

『형이상학 서설』의 저술 배경과 출판 과정에 관해 가장 많은 정보를 제공해주는 것은 칸트가 한때 '호기심 많은 늙은이'라고 표현할

---

3) *Hamanns Schriften*, hrsg. von Fr. Roth, Berlin, 1821~25, Bd. Ⅵ, p.201 이하(『형이상학 서설』 Ⅳ 601 이하에서 재인용).

만큼『순수이성비판』과 관련된 새 저서에 가장 큰 관심을 보였던 하만의 편지글들이다. 하지만 이로부터『형이상학 서설』의 생성사를 재구성하기에는 진술들의 일관성이 떨어진다. 앞서 언급한 1781년 8월의 편지글에 따르면 그가 이미 칸트가『순수이성비판』을 위한 대중적 해설서를 준비 중임은 알았지만 칸트의 진정한 의도가 무엇인지에 관해서는 정확한 정보가 없었던 것으로 보인다. 그렇기에 하만은 두 달 후 출판자 하르트크노흐에게 오히려 칸트의 새로운 책에 관해 "칸트의 저작은 어떻게 되어가고 있느냐? 원고는 이미 완성되었고 제작[인쇄] 중인지? 어떤 이들과 칸트 자신은 그것이『순수이성비판』의 요약본이라고 말하고, 다른 이들은 형이상학에 관한 독해본(Lesebuch)이라고 주장하는데, 당신이 아는 한에서 나에게 알려달라"[4]라고 물었다. 하지만 이후에도 상황은 달라지지 않아 하만은 계속해서 칸트의 새로운 저서가 어떤 성격의 것이며 어떻게 진행되는지를 알고자 했고, 적어도 그해 12월까지는 정확한 정보를 얻지 못했던 것으로 보인다. 이 과정에서 하만이 자신이 기다리는 칸트의 새로운 저서를 '대중적 요약본', '짧은 요약본', '형이상학에 관한 독해본', '교본', '작은 저서', 『순수이성비판』에 대한 작은 부록' 등으로 다양하게 표현했기 때문이다.[5]

　물론 칸트의 의도를 가장 정확히 알려줄 수 있는 것은 이 새로운 저서와 관련하여 칸트가 출판자 하르트크노흐에게 직접 보낸 것으로 알려진 1781년 8월 18일자 편지일 것이다. 그러나 유감스럽게도

---

4) 1781년 10월 23일 하르트크노흐에게 보낸 하만의 편지. Gildermeister, *Hanmans Leben und Schriften*, Bd. Ⅱ, p.370(Vorländer, "Einleitung des Herausgebers", in Immanuel Kant, *Prolegomena*, hrsg. von K. Vorländer, Hamburg 1969, p.Ⅸ에서 재인용).

5) K. Vorländer, 1969, p.Ⅹ.

이 편지는 전하지 않으며, 단지 이 편지에 대한 하르트크노흐의 11월 19일자 답장만 남아 있다. 하르트크노흐는 칸트에게 이렇게 답했다. "만약 이제 내가 확신하듯 비판의 요약본이 끝났으면, 그것을 그 위대한 작품[『순수이성비판』]을 인쇄했던 할레의 인쇄업자 그루너트(Grunert)에게 보내주길 바랍니다. 그렇지만 원고가 완성되면 바로 나에게도 그 사실을 알려주길 부탁합니다."[6] 이로부터 칸트가 편지를 보냈던 8월경에 저서를 한 권 준비하고 있었음은 분명해 보인다. 또한 '비판의 요약본'이라는 하르트크노흐의 표현에서 이 책이 『순수이성비판』에 관한 것이라는 점 또한 분명해 보인다. 하지만 이로부터 칸트의 의도가 일반 대중을 위한 쉬운 해설서에 있는지, 아니면 전문가를 위한 학문적 성격[7]에 있는지는 명확하지 않다. 하지만 적어도 당시 칸트가 『순수이성비판』과 관련된 저술을 준비했으며, 또한 그 작업이 거의 끝나가고 있었다는 점 역시 충분히 추측할 수 있다.

이러한 정황에도 불구하고 『형이상학 서설』이 실제로 출간되기까지는 오랜 시간이 걸리게 된다. 그리고 이러한 지체가 당시에 칸트가 작업하던 『도덕형이상학 정초』(*Grundlegrung zur Metaphysik der Sitten*) 때문인지, 그가 아직 자신의 이 새로운 저서에 관해 분명한 생각을 하지 않아서인지, 아니면 그 자신이 처음 의도한 저술의 성격을 바꾸면서까지 다시 작업해야 할 새로운 이유가 생겨서인지는 확인할 길이 없다. 다만 분명한 것은 칸트가 『순수이성비판』의 난해함을 해소

---

6) 칸트에게 보낸 하르트크노흐의 1781년 11월 19일 편지. Vorländer 1969, p.X 에서 재인용.

7) 출판된 『형이상학 서설』의 '머리말'(Vorrede) 첫 구절에서 칸트는 실제로 이 책이 '배우는 사람'(Lehrling)이 아니라 '가르치는 사람'(Lehrer)을 위해 쓰였다고 명확히 밝혔다.

해줄 쉬운 해설서의 필요성을 인식했으며, 이러한 문제의식으로 대중을 위한 책을 준비했다는 점이다. 그러나 그 기획의 결과물이 바로 『형이상학 서설』이라고 단정하기에는 무리가 따른다. 이는 우선 애초 알려진 의도와 달리 출간된 『형이상학 서설』 자체가 칸트 스스로 '머리말'에서 밝혔듯이 결코 대중을 위한 쉬운 해설서로만 보기 어려운 전문적 내용을 담았기 때문이다. 그뿐만 아니라 이미 거의 완성된 것으로 알려져 있던 원고의 출간이 예상보다 너무 오래 지체되었다는 점에서도 그렇다. 이러한 출간 지체는 1781년 8월 당시 칸트가 준비하던 원고와 『형이상학 서설』이 서로 다른 작품일 수 있다는 추측을 가능하게 한다. 무엇보다 이 지체 기간에 발표된 『괴팅겐 학술지』의 서평은 『형이상학 서설』과 직접적 연관성으로 이러한 추측의 개연성을 한층 높였다.

지금까지 『형이상학 서설』의 저술 배경을 이해하려는 과정에서 노출된 문제들은 이제 '괴팅겐 서평'의 등장으로 새로운 양상을 띠게 된다. 따라서 1781년 8월에 시작된 칸트의 새로운 저술 작업이 『형이상학 서설』과 어떤 연관성이 있는지를 해명하려면 이 서평이 『형이상학 서설』에 미친 영향을 밝히는 일이 선행되어야 한다.

### '괴팅겐 서평'의 영향

1782년 1월 19일, 『순수이성비판』에 관한 최초의 서평이 『괴팅겐 학술지』에 발표되었다. 칸트가 그간 난해함에 대한 세간의 평가가 전혀 근거 없는 것이라고 여기지는 않았지만, 익명으로 발표된 이 '서평'에 대해서만은 반응이 달랐다. 칸트는 이를 자신의 저서에 대한 대표적 오해 사례로 여겼을 뿐 아니라 내용과 표현 방식에 대한 불쾌감으로 공식적 반박의 필요성까지 느꼈다. 그렇기에 '괴팅겐 서평'이 공개된 이후 처음 나온 『형이상학 서설』에는 이 서평에서 비롯한 오해에 대한 칸트의 해명이 여기저기 발견되며, 심지어 책의 마지막 부분에 해당하는 '부록'은 대부분 이 서평의 부당함에 대한 공격적 반론에 할애되어 있다. 결국『형이상학 서설』에서 밝힌 칸트의 요구대로 서평 작성자 가르베(Chritian Garve)는 자신의 실명을 공개하고 1783년 7월 13일 사과 편지를 칸트에게 보냄으로써 이 논란은 일단락되었다.[8]

당시 저명한 학술지였던『괴팅겐 학술지』에 실린 이 서평이『순수이성비판』에 대한 최초의 공개적 글이기도 했지만 그 내용에도 많은 학자가 공감했기에 이처럼 칸트가『형이상학 서설』에서 적극적 해명을 시도했다면, 이 서평이『형이상학 서설』의 출간과 결코 무관하지 않음은 명확하다. 그렇지만 문제는 이 서평의 출간이『형이상학 서설』의 원래 계획이나 작업에 구체적인 변화나 수정을 가져올 만큼 본질적인 영향을 미쳤느냐는 점이다. 달리 말해 그간 칸트가 1781년 여름부터 이 서평이 나온 1782년 초까지 진행한 작업이 출간된『형이상학 서설』과 어떤 연관성이 있느냐는 점이다. 하지만 유감스럽게도 '괴팅겐 서평' 발표부터『형이상학 서설』출간까지 1년 이상『형이상학 서설』에 관한 칸트의 기록은 전혀 남아 있지 않기에, 이 문제에 대한 답 역시 당시 주변의 정보들에 의존한 추측만 가능할 뿐이다. 이러한 정황으로『형이상학 서설』의 생성 과정, 특히 '괴팅겐 서

---

8) '괴팅겐 서평'이 익명으로 발표된 것은 원래 가르베의 의도가 아니었다. 1781년 여름 괴팅겐을 방문한 가르베는 당시『괴팅겐 학술지』편집장 페더(J.G. Feder)에게 자신의 원고를 전달했다. 그러나 원고를 검토한 페더는 이로부터 12쪽이 넘는 발췌본을 만들었고, 이 또한 너무 길다고 판단하여 독단으로 9쪽 분량의 발췌본을 서평자에게 알리지도 않고 익명으로『괴팅겐 학술지』에 발표한다. 이런 연유로 가르베는 칸트에게 보낸 1783년 7월 13일자 편지에서 서평이 익명으로 발표된 것은 자신의 의도가 아니었으며 발표된 원고 역시 축약되는 과정에서 왜곡되었다고 해명했다. 이와 더불어 그는 삭제되지 않은 전체 원고를 공개하겠다는 계획도 함께 알렸다(K. Vorländer, 1969, p.XII 참조할 것).

평'과 관계에 관한 몇 가지 상이한 가설이 생겨났고 이를 둘러싼 논쟁이 있어왔다. 이 논쟁에서 핵심은『형이상학 서설』의 '이중 편집'과 관련된 문제였다.

처음으로『형이상학 서설』의 '이중 편집' 가설을 제기한 이는 에르트만(Benno Erdmann, 1851~1921)이었다.[9] 그의 가설에 따르면 1781년 여름, 그러니까『순수이성비판』과 관련된 새로운 저서에 대한 구체적 풍문이 돌기 시작했을 때 칸트에게는 서로 다른 두 가지 기획이 있었다는 것이다. 하나는 대중을 위해『순수이성비판』의 주요 내용을 설명하는 대중적 해설서이고, 또 다른 하나는 전문가를 위한 짧은 발췌본이 그것이다. 그런데 이 중 첫째 기획은 실현하지 못했고, 둘째 기획에 따른 작업이 진행되었는데 '괴팅겐 서평'의 출현으로 그 내용이 완전히 변경되어 출간된 책이『형이상학 서설』이라는 것이다. 따라서 출간된『형이상학 서설』에는 두 이질적인 내용이 함께 포함되어 있고, 이는 칸트가 이중으로 편집한 작업의 결과라는 것이다.[10]

---

9) 에르트만은 1878년 출간된 자신의『형이상학 서설』편집본 '머리말' (Einleitung)에서 이러한 가설을 처음으로 제기했고, 1904년 발표된「칸트의 『형이상학 서설』에 관한 역사적 연구」("Historische Untersuchungen über Kants Prolegomena")에서 이 가설을 더 발전시켰다(Vorländer, 1969, p.XII).

10) 즉 에르트만의 가설에 따르면『형이상학 서설』에는 '괴팅겐 서평'에 대한 직접적인 반론을 제기한 '부록'(Anhang) 외에도 '선험적 중심 질문의 제1부'를 위한 주석(Anmerkung) II와 III, 본문의 §39 그리고 §46, §48, §49를 위한 주석처럼 '괴팅겐 서평'의 직접적 영향으로 작성된 부분과 간접적 영향으로 내용이 변경된 부분이 여러 곳 포함되어 있다. 반면에 나머지 본문은『순수 이성비판』의 구성에 따라 『순수이성비판』의 서론', '선험적 감성론', '개념의 분석론', '원칙의 분석론', '선험적 변증론'의 내용을 요약 설명함으로써 그 자체로 하나의 완결된 전체를 이루고 있다. 이러한 이질적인 요소의 결합이『형이상학 서설』의 '이중 편집' 증거라는 것이다(K. Vorländer, 1969, p.XIV 이하).

에르트만의 이러한 가설에 직접 반론을 제기한 이는 아르놀트
(Emil Arnoldt)다.[11] 가르베가 작성한 원래의 서평과 『괴팅겐 학술지』
에 실린 페더(J.G. Feder)의 발췌본을 비교 연구하기도 한 아르놀트는
『형이상학 서설』의 본격적 작성 시기를 '괴팅겐 서평' 이후로 가정함
으로써 '이중 편집' 가설을 반박했다.[12] 그의 견해에 따르면 칸트가
처음에는 『순수이성비판』의 대중적 해설서를 집필하려고 계획했지
만 초기에 그 계획은 이미 변경되었기에 현재 『형이상학 서설』과는
전혀 관련이 없으며,[13] 『형이상학 서설』의 본격적인 작성 시기는 '괴
팅겐 서평'이 발표된 이후, 즉 1782년 2월부터 9월 사이라는 것이다.
그렇기에 『형이상학 서설』은 결코 서로 다른 두 작업으로 이루어진
'이중 편집'의 결과물이 아니며, 따라서 완성된 『형이상학 서설』이
비록 에르트만의 주장처럼 내용상 서로 다른 두 부분으로 나뉠 수는
있지만, 그것은 이종적이지도 않을뿐더러 '서평'에 대한 해명과 반

---

11) 에르트만의 가설에 대해 아르놀트는 1879년의 「이중 편집되지 않은 칸트
　　의 『프롤레고메나』. 베노 에르트만의 가설에 대한 반박」("Kants Prolegomena
　　nicht doppelt redigiert. Widerlegung der Benno Erdmannschen Hypothese")에서
　　직접 반론을 제기했다(K. Vorländer, 1969, p.XIV 이하 참조할 것).
12) 아르놀트는 1887년 『구프러시아 월간지』(Altpreuß. Monatsschrift)에 처음 발
　　표된 「『순수이성비판』에 대한 가르베의 서평과 페더 [발췌] 서평의 비교」
　　("Vergleichung der Garveschen und der Ferderschen Rezension über die Kritik der
　　reinen Vernunft")에서 두 글을 면밀히 비교 검토해 1783년 칸트에게 보낸
　　가르베의 사과 편지에 나타난 가르베의 변명에 오류가 있음을 밝혔다(K.
　　Vorländer, 1969, p.XVI).
13) 아르놀트는 '대중적 해설서'에 대한 칸트 계획이 변경된 것을 1781년 10월
　　23일자 하만의 편지에 언급된 '교본'(Lehrbuch)이라는 표현에 근거해 추측했
　　다. 하지만 중단된 최초 계획에 따른 대중적 해설서의 원고는 『형이상학 서
　　설』 출간 이후 칸트가 자신의 추종자 슐츠(Johann Schultz)에게 제공했고, 슐츠
　　는 이를 바탕으로 『『순수이성비판』의 해설』(Erläuterungen der Kritik der reinen
　　Vernunft)을 세상에 내놓게 되었다는 것이 아르놀트의 생각이다(K. Vorländer,
　　같은 곳).

박에 해당하는 새로운 내용이 추가로 삽입된 것은 결코 아니라는 것
이다.

『형이상학 서설』의 '이중 편집' 문제를 둘러싼 에르트만과 아르놀
트의 논쟁은 이후 이들 주장의 문제점을 밝히고 새로운 가설을 전개
한 또 다른 연구[14]를 촉발하기도 했지만 여전히 합의된 결론에는 도
달하지 못했다. 이처럼 당시 자료들에 근거해 추론한 이들 가설들이
개연성의 정도 차이만 있을 뿐 그 어떤 명확한 답도 줄 수 없다면, 결
국 오늘 우리에게 주어진 『형이상학 서설』에 대한 면밀한 분석만이
칸트의 의도와 그 생성 과정에 대한 좀더 개연성이 큰 추론을 제공해
줄 것이다.

### 가능한 추론과 『형이상학 서설』의 출간

지금까지 논의를 종합해보면 새로운 저서에 관한 칸트의 계획부
터 출간 과정을 알려주는 당시의 외적 증거들과 출간된 『형이상학
서설』의 내적 증거들에서 다음과 같은 추론이 가능하다. 칸트의 최
초 의도를 알려줄 수 있는 가장 결정적 증거는 칸트가 새로운 저서
의 출판을 하르트크노흐에게 제안한 것으로 알려진 1781년 8월 편
지다. 그러나 이것이 남아 있지 않은 상황에서 그 편지에 담긴 칸트
의 의도는 그해 11월 하르트크노흐의 답장에 등장하는 '비판의 요
약본'(Auszug der Kritik)이라는 표현으로 추정할 수 있을 뿐이다. 따
라서 1781년 8월 당시 칸트의 이 계획의 결과로 생겨난 것이 정확히

---

14) 에르트만과 아르놀트의 가설을 비판함으로써 이들 논쟁을 발전시킨 대
표적인 예는 파이힝거(H. Vaihinger)의 연구다. 1880년 발표된 「칸트의 프
롤레고메나에 관한 에르트만-아르놀트 논쟁」("Die Erdmann-Arnoldtsche
Kontroverse über Kants Prolegomena")에서 그는 에르트만의 가정이 당시 외적
증거에 더 적합하지만 이로부터 '이중 편집'을 주장할 필요는 없다고 밝혔
다(K. Vorländer, 1969, p.XVI 이하).

『형이상학 서설』인지 확정할 길은 없다. 하지만 1782년 초까지 발견되는 다양한 외적 증거에 따르면 출간된『형이상학 서설』은 이 '비판의 요약본'과 엄밀하게 구별되어야 한다는 아르놀트의 가설보다는 이 요약본에서『형이상학 서설』이 생성되었다는 에르트만의 가설이 더 신빙성이 높아 보인다. 그렇다고 에르트만의 생각처럼 칸트의 애초 계획이 대중적인 해설서와 전문가를 위한 발췌본으로 엄격하게 구별되고,『형이상학 서설』은 이 중 후자의 결과물이라고 가정하는 것 또한『형이상학 서설』자체의 내적 증거에 부합하지 않는다. 출간된『형이상학 서설』의 본문에서는 이 서로 다른 두 성격을 모두 보여주는 표현이 함께 발견되기 때문이다.[15]

그러므로 1781년 8월 이후 공개된 칸트의 계획은 결국『형이상학 서설』과 연관되었으며 '괴팅겐 서평'이 나오기 이전에 이미 작업의 막바지에 이르렀던 것으로 추론할 수 있다. 그리고 칸트의 이 작업은 1782년 1월 발표된 '괴팅겐 서평'의 영향을 받았고, 일정 부분 변경되었다는 점 역시 추측이 가능하다. 그러나 에르트만처럼『형이상학 서설』이 많은 부분 '서평' 때문에 첨가되거나 삽입된 '이중 편집'의 결과물이라고 가정하는 것에는 분명 비약이 따른다.[16] 다만 명백히

---

15)『형이상학 서설』이 '배우는 사람'이 아니라 '가르치는 사람'을 위한 책이라는 점은 '머리말'에 등장하는 칸트의 분명한 표현뿐 아니라 결코 대중적 해설서로만 볼 수 없는 본문의 난해성—『순수이성비판』에 대한 선이해가 없는 독자가『형이상학 서설』의 논의를 온전히 이해하기는 불가능해 보이기에—자체가 잘 보여준다. 그러나 다른 한편으로『형이상학 서설』이 대중의 이해를 위한 책이라는 칸트의 표현 역시 여러 곳에서 발견된다. 동일한 '머리말'의 마지막 부분에서 칸트는 비록『형이상학 서설』이『순수이성비판』을 위한 하나의 '계획'[초안](Plan)이지만, 이 '계획'이 원래 작품 이전에 주어진 것이 아니라 이후에 주어진 것은 완성된 작품의 전체를 조망하고 더 쉬운 이해를 돕기 위한 것임을 명백히 했다. 이런 점에서『형이상학 서설』을 출간해『순수이성비판』의 난해함과 장황함에 대한 불만을 없애려 한 칸트의 의도 역시 명확해 보인다.

'괴팅겐 서평'에 대한 논박으로 이루어진 장과 원래 '요약본'의 구별은 분명『형이상학 서설』을 이해하는 필수적 요소라 볼 수 있다.

'괴팅겐 서평' 발표 이후『형이상학 서설』출간까지 진행 상황을 알려주는 것 역시 하만이 주변 지인들과 주고받은 편지들뿐이다. 이 중 1782년 4월 21일자 편지에 처음으로 '형이상학 서설'(Prolegomena der Metaphysik)이라는 제목이 등장하기는 하지만 초기 칸트의 계획이 당시 준비 중이던 이 작업과 어떤 연관이 있는지를 알려주는 확실한 증거는 찾을 수 없다.[17] 다만 1782년 8월 말경『형이상학 서설』작업이 거의 막바지에 이르렀을 것이라는 점은 거의 확실해 보인다.[18] 그럼에도『형이상학 서설』의 실제 출간은 상당 시간 미루어진다. 이

16) '괴팅겐 서평'에 대한 반박으로 이루어진 '부록'(Anhang)의 다음 구절은 에르트만의 가설을 받아들이는 것이 무리가 있음을 잘 보여준다. "그러므로 이 서평이 몇 가지 경우에서『서설』의 독자들을 오해에서 보호할 수 있는 해명 기회를 나에게 약간 제공하지 않았다면, 나는 이 서평을 전적으로 무시했을 것이다" (『형이상학 서설』IV 373).

17) 'Prolegomena'라는 제목은 당시에 이미 흔히 사용되던 것으로 일찍이 볼프 (Christian Wolff, 1679~1754)와 바움가르텐(Alexander Gottlieb Baumgarten, 1714~62)이 자신의 '존재론'과 '형이상학'을 위한 서론(Einleitung)에 붙이기도 했으며, 칸트 역시 1788년 12월 헤르츠에게 보낸 편지에서 자신의 형이상학과 존재론에 'Prolegomena'라는 표현을 사용했다. 따라서 이 제목의 등장만으로 칸트 계획의 변화 과정을 추론할 수는 없다(K. Vorländer 1969, p.XX 이하).

18) 이 점에 대해서는 하만이 전해주는 외적 증거와 출간된『형이상학 서설』의 내적 증거가 일치한다. 헤르더에게 보낸 8월 25일자 편지에서 하만은 자신이 칸트에게서 직접 들은 이야기를 이렇게 전했다. "칸트가 자신의 새로운 논문을 이미 사본으로 옮겨 쓰게 하는데, 이는 추측건대 '괴팅겐 서평'과 관련된 것이다. 그러나 이것은 내가 이미 당신에게 '형이상학의 서설'이라는 다른 제목으로 말했던 바로 그것으로 보인다." 하만의 이러한 증언은『형이상학 서설』마지막 장에 등장하는『고타 학술지』(Gotharische gelehrten Zeitung) 에 실린 서평에 관한 칸트의 언급과 일치한다. 여기서 칸트는 "바로 지금" (eben jetzt) 자신이 '고타 서평'을 목격했다고 말했는데, 이 서평이 실제 발표된 것이 1782년 8월 24일이기 때문이다(K. Vorländer 1969, p.XX).

러한 지체 이유가 당시 칸트가 함께 작업하던『도덕형이상학 정초』때문인지, 아니면 하르트크노흐가 칸트에게 보낸 편지(1785년 10월 8일)에서 언급한 할레 인쇄업자의 책임인지는 확인할 길이 없다. "칸트의『형이상학 서설』을 학수고대하고 있다"[19]던 하만의 소망은 1783년 봄이 되어서야 비로소 이루어진다. 결국『형이상학 서설』의 출간으로 그가 책에서 피력한 "비판 영역에서 연구를 정말로 활기차게 만들어"[20]주려던 '희망'(Hoffnung)은 오래지 않아 이루어졌지만, "사변적 부문에서 양분이 부족한 것으로 보이는 철학의 보편적 정신에 새롭고 많은 것을 약속하는 부양의 대상을 제공하는 것"[21]이라던 그의 또 다른 '희망'은 이 책을 읽게 될 모든 독자가 이루어야 할 몫일 것이다.


## 구성과 내용, 서술방식에 관해

지금까지 살펴본『형이상학 서설』의 생성사가 칸트의 저술 의도와 책의 성격을 명확히 규명해줄 수 없다면 이제 남은 증인은 출간된 책뿐이다. 그렇다면 1783년의『형이상학 서설』이 칸트의 두 가지 기획, 즉『순수이성비판』의 난해함과 장황함을 극복할 수 있는 쉬운 대중적 해설서와 하만의 편지에서 확인된 '형이상학을 위한 독해본' 중 무엇의 결과물인지는 본문 내용을 분석해야만 답할 수 있다. 따라서 여기서는 이 질문을 실마리로 하여『형이상학 서설』의 내용과 구

---

19) 1782년 12월 21일 하르트크노흐에게 보낸 하만의 편지(K. Vorländer, 1969, p.XXI에서 재인용).
20)『형이상학 서설』IV 367.
21) 같은 곳.

성, 서술방식의 특징을 살피고자 한다. 이로써 확인하게 될, 『형이상학 서설』에 칸트의 두 의도가 함께 구현되어 있다는 사실이 앞서 시도한 '가능한 추론'을 뒷받침해줄 것이다.

### 『형이상학 서설』, 형이상학을 위한 서설(Prolegomena)

흔히 『형이상학 서설』(*Prolegomena*)이라 불리는 이 책의 원제는 『학문으로 등장할 수 있는 모든 미래의 형이상학을 위한 서설』(*Prolegomena zu einer jeden künftigen Metaphysik, die als Wissenschaft wird auftreten können*)이다. 이 제목에서 칸트가 말하려고 한 것은 무엇일까? 우선 여기서 알 수 있는 것은 그가 다루고자 하는 것이 형이상학에 관한 것이라는 점이다. 하지만 그가 탐구하려는 것은 당시 현존하던 형이상학은 아니었다. 아니 칸트가 이 책에서 다루고자 하는 문제는 그보다 더 근본적인 문제, 즉 형이상학의 존립 가능성 자체에 있었다. 그렇기에 칸트는 '머리말'(Vorrede)에서 자신의 저술 의도를 이렇게 밝혔다.

> [이 책에서] 내 의도는 형이상학에 종사하는 일을 가치 있다고 여기는 모든 사람에게 그들의 일을 당분간 제쳐놓고 지금까지 있었던 일 일체를 없는 것으로 여기면서 모든 것에 앞서 맨 먼저 "도대체 형이상학과 같은 것이 가능하기는 할까?"라는 질문을 던지는 것이 절대적으로 필요하다는 점을 확신시키는 것이다.[22]

일찍이 데카르트(René Descartes, 1596~1650)가 모든 학문의 뿌리라고 여겼던 형이상학에 흔들리지 않는 토대를 제공하고자 했다면

---

22) 『형이상학 서설』 IV 255.

칸트는 형이상학이 "[이제까지와] 동일한 기반에"[23] 더는 머무를 수 없다는 인식에서 한 발 더 나아가 형이상학이라는 학문 자체가 가능한지를 검토하고자 했다. 그리고 그에게서 "어떤 학문이 과연 가능한지를 묻는 것은 우리가 그 학문의 현실성을 의심한다는 것을 전제"[24]하는 것과 다름없었다. 이런 점에서 『형이상학 서설』에서 칸트의 또 다른 관심은 아직까지는 자신이 추구하는 진정한 의미의 형이상학이 존재하지 않았다는 것을 밝히는 일이었다.

> 그럼에도 감히 내가 미리 말하건대, 스스로 생각하는 이 '서설'의 독자는 자기 자신이 지금까지 행한 학문을 의심하게 될 것이다. 그뿐 아니라 학문의 가능성이 근거를 두고 있는, 여기에 진술된 요구가 받아들여지지 않고는 그러한 학문은 결코 존재할 수 없다는 사실과 이러한 일[요구가 받아들여지는 일]은 결코 일어난 적이 없기에 그 어디에도 형이상학은 아직 존재하지 않는다는 사실을 결국 굳게 확신하게 될 것이다.[25]

그렇다면 지금까지는 형이상학이 결코 존재한 적이 없다고 생각하는 칸트의 근거는 무엇일까? 그것은 수학이나 자연과학 같은 다른 분과 학문과 달리 "한 발짝도 나아가지 못하고 같은 자리에서 지속적으로 맴돈다는 사실"[26]은 형이상학이 '학문(Wissenschaft)으로서 안전한 길'[27]을 가지 못한 증거이며, 이런 점에서 적어도 '학문으로

---

23) 『형이상학 서설』 IV 256.
24) 같은 곳.
25) 『형이상학 서설』 IV 256-257.
26) 『형이상학 서설』 IV 256.
27) 칸트는 『형이상학 서설』보다 4년 뒤 출간된 『순수이성비판』 재판(1787)에 새롭게 추가된 '머리말'에서 형이상학이 수학이나 자연과학과 달리 안전하

서 형이상학'은 지금까지 존재하지 않았다는 것이다. 칸트가 이러한 생각에 이르게 된 결정적 계기는 '머리말'에서 명백히 밝혔듯 바로 "형이상학에 가한 흄(David Hume, 1711~76)의 공격"[28]이었다.

흄에 따르면, '인과율'이 의미하는 원인과 결과의 필연적 결합은 결코 아프리오리하게 밝혀질 수 없음에도 지금까지의 형이상학이 아무런 근거 없이 주장한 것에 불과하다. 그렇기에 "이른바 아프리오리하게 성립한다는 이성인식 전부도 잘못 각인된 평범한 경험에 지나지 않으며, 이는 형이상학이란 아무데도 없고 있을 수 없음을 의미하는 것과 같다"[29]는 흄의 추론은 칸트로 하여금 "독단의 선잠에서 깨어나게 하고"[30] 형이상학에서 완전한 개혁의 필요성을 인식하게 만든 것이었다. 이로써 칸트가 설정한 자신의 과제는 흄이 가한 공격에서 형이상학을 보호하고 안전하게 학문의 길을 가기 위한 근거를 마련하는 데 있었다. 이것이 칸트가『순수이성비판』'순수 지성 개념들의 연역'에서 형이상학을 성립시키는 개념들이 "흄이 걱정했던 것처럼 경험에서 이끌어낸 것이 아니라 순수 지성에서 유래"[31]했으며 또한 이들이 경험에 사용될 수 있는 '객관적 타당성'(objektive Gültigkeit)이 있다는 점을 밝히고자 시도한 이유였다.[32] 왜냐하면

게 학문의 길을 가지 못했다는 점을 들어 형이상학에서 '코페르니쿠스적 전회'가 필요함을 상세히 설명했다. 재판 '머리말'의 이러한 논의 방식은 많은 점에서『형이상학 서설』에서 보여준 칸트의 사유 전개방식과 닮아 있다.

28)『형이상학 서설』IV 257.

29)『형이상학 서설』IV 258.

30)『형이상학 서설』IV 260.

31) 같은 곳.

32)『순수이성비판』에서 칸트가 행한 순수 지성개념, 즉 범주의 연역은 이런 점에서 두 가지 단계로 이루어져 있다. '범주의 형이상학적 연역'(metaphysische Deduktion der Kategorien)과 '범주의 선험적 연역'(transzendentale Deduktion der Kategorien)이 바로 그것이다. 전자가 순수 지성개념들을 찾아내는 것, 그러니까 이들이 어디에서 기인하는지와 이들의 숫자를 확실히 정하는 것이

학문으로서 형이상학이 현실로 아직 존재하지 않았고 단지 '이념'(Idee)으로만 주어져 있다면, 칸트로서는 "저 연역이 비로소 형이상학의 가능성을 결정해야 하기 때문이다."[33]

따라서『형이상학 서설』은 칸트의 두 가지 의도를 실현해야 할 과제를 동시에 갖는다. 한편으로는 현존하는 형이상학이 왜 학문으로서 형이상학은 아닌지, 그것이 형이상학이고자 한다면 어떤 조건을 만족해야 하는지를 분명히 하는 것, 다른 한편으로는 학문으로서 형이상학의 가능성 조건을 탐구한『순수이성비판』에서 자신의 작업을 독자들에게 이해시키는 것이다. 이것이『형이상학 서설』은 형이상학을 위한 '서설'(Prolegomena)이지만, 지금까지는 존재한 적이 없었던 '미래의 형이상학'(künftige Metaphysik)을 위한 것이며, 그것도 '학문으로 여겨질 수 있는 형이상학'(Metaphysik als Wissenschaft)을 위한 것인 까닭이다. 또한 동시에『순수이성비판』과 자신만이 특별한 관계를 맺는 이유다.

### 『형이상학 서설』,『순수이성비판』을 이해하려고 마련된 '설계도'(Plan)

앞서 살펴본『형이상학 서설』의 저술 배경과 형성 과정을 고려할 때 1783년의『형이상학 서설』이『순수이성비판』(1781년 초판)과 갖는 특별한 관계에서 가장 먼저 떠올릴 수 있는 것은 전자가 후자를

---

라면, 후자는 이렇게 찾아낸 순수 지성개념들이 아프리오리한 기원을 갖지만 경험에 사용될 수 있는 권리가 있다는 '객관적 타당성'을 증명하는 것이었다. 그렇기에 칸트는 이러한 부분을 다루는 '선험적 논리학'의 과제를 순수 지성개념들의 '기원'과 '범위' 그리고 '객관적 타당성'을 밝히는 것으로 설정했다(『순수이성비판』A 57; B 81 참조할 것).

33) 같은 곳. 칸트가『순수이성비판』에서 '선험적 논리학'(transzendentale Logik)을 단지 '이념'(Idee)으로 표현하고 그것의 실현 가능성을 '순수 지성개념들'의 존재에 달려 있다고 말한 것은 바로 이러한 의미에서다(『순수이성비판』A 57; B 81 참조할 것).

올바로 이해하기 위한 것이라는 점이다. 여기에는『순수이성비판』의
난해함에 대한 독자들의 불만을 없애는 것과 '괴팅겐 서평'에서 확
인된 오해와 공격에 대응하는 것이 함께 포함될 수 있다. 이 중에서
'괴팅겐 서평'에 대한 칸트의 반박은 이를 위해 따로 작성되었음이
확실한 '부록'(Anhang)의 특정 부분이 잘 보여준다면,『형이상학 서
설』이『순수이성비판』의 쉬운 이해를 위한 것이라는 사실 역시 '머
리말'에서 직접 확인할 수 있다. 자신의 역작인 "그 작품이 무미건조
하고 난해하며, 모든 익숙한 개념에 배치될 뿐만 아니라 광범위"[34]함
을 이미 인식했기에 "[사람들이] 불평하는 것이 정당하다. 이 불평을
나는 지금의 이『서설』로 없애려고 한다"[35]는 칸트의 직접적 표현이
이를 잘 보여주기 때문이다. 하지만『형이상학 서설』이『순수이성비
판』의 이해를 돕기 위한 쉬운 해설서라는 것이 칸트가 생각한 이들
관계의 전부는 아닌 것으로 보인다. '머리말'에 등장하는 다음 구절
에는『순수이성비판』에 대한『형이상학 서설』의 독특한 자리매김이
발견된다.

순수 이성능력을 그것의 전 범위와 한계 속에서 서술하는 저 작품
[『순수이성비판』]이 여기서는 늘 토대가 되고,『서설』은 단지 예비
작업으로서 그것과 관계를 맺을 뿐이다. 형이상학이 출현하게 할
지 아니면 단지 그것에 대한 아득한 희망만 불러일으킬지 생각하
기 전에 저『비판』이 학문으로서 체계적으로 그리고 그것의 가장
작은 부분에까지 완전하게 존립해야 하기 때문이다.[36]

---

34)『형이상학 서설』IV 261.
35) 같은 곳.
36) 같은 곳.

여기서 칸트는 단지『순수이성비판』의 난해함을 제거하기 위한 쉬운 해설서와는 또 다른 '예비 작업'[예행연습](Vorübung)으로서 역할을『형이상학 서설』에 부여했다. 그런데 여기서 한 가지 의문이 생겨난다.『형이상학 서설』이『순수이성비판』을 위한 '예비 작업'이라는 것은 도대체 무슨 의미일까? 아니, 이미 완성된 작품에 대해 이후 작성된『형이상학 서설』이 거꾸로 '예비 작업' 역할을 한다는 것은 무슨 의미이며, 이때 이들의 관계는 어떻게 될까?

이 의문에 대한 답은 '머리말'의 또 다른 곳에 등장하는 '계획을 세우는 것'[초안을 작성하는 것](Plane machen)이라는『형이상학 서설』의 역할에서 찾아볼 수 있다. 여기서도 칸트는『형이상학 서설』을 완성된 작품으로서『순수이성비판』다음에 작성된 '계획'[초안]으로 간주했다. 하나의 작품을 직접 완성하지 않고 그전에 단지 '계획'[초안]만 제시하는 경우는 "하나의 거만하고 허풍스러운 정신노동이다. 이로써 어떤 사람은 자신이 해낼 수 없는 것을 요구하고 자신이 개선할 수 없는 것을 비난하며 자신조차 어디서 찾아야 할지 모르는 것을 제안함으로써 독창적인 천재인 척"[37]하는 것에 불과할 수도 있다. 그렇기에『형이상학 서설』이『순수이성비판』에 앞서 작성된 '계획'[초안]이었다면 그것은 "이해하기 어렵고 신뢰할 수 없으며 쓸모없을 수 있겠지만, 반면에 그 계획이『순수이성비판』에 뒤따라 나온다면 그것은 한층 더 유용하다. 그것[뒤따라 나오는 계획]으로 우리는 전체를 조망할 수 있고, 이러한 학문에서 중요한 주안점들을 하나씩 검토할 수 있으며, 작품의 첫 완성에서 일어날 수 있었던 것보다는 어투에서 많은 것을 개선할 수 있기 때문이다."[38] 이런 점에서 칸트는

---

37)『형이상학 서설』IV 262-263.
38)『형이상학 서설』IV 263..

『형이상학 서설』에 '완성된 작품 다음에 오는 계획'[초안](Plan nach vollendetem Werke)이라는 특별한 자리매김을 한 것이다.

　이로써 이제 앞서 제시한 인용문에서 칸트가 『형이상학 서설』을 『순수이성비판』을 위한 '예비 작업'으로 묘사한 이유가 명백히 드러난다. 『형이상학 서설』이 『순수이성비판』의 이해를 돕기 위한 것임은 분명하나, 단지 앞서 나온 작품의 쉬운 해설서 형식과는 다르다. 오히려 그것은 이미 제출된 작품을 눈앞에 두고 다시 그리는 설계도[초안]이며 그 작품의 가능성을 검토하는 '예비 작업'이다. 그렇기에 『순수이성비판』이 여기서 항상 '토대'(Grundlage)가 되어야 하고, 그것의 가능성을 온전히 검토하는 『형이상학 서설』은 오히려 '예비 작업' 역할을 하는 것이다.

　『순수이성비판』에 대한 『형이상학 서설』의 이러한 독특한 관계는 이들 작품의 서술방식 차이에서도 분명히 드러난다. 『순수이성비판』이 '토대' 역할을 하기 위해 '종합적 방법'에 따라 작성되어야 했다면, 이제 이를 위한 '계획'[초안]으로서 『형이상학 서설』은 '분석적 방법'에 따라 서술된다.[39] 칸트가 여기서 의미하는 '종합적 방법'은 간단히 말해 원리로 시작하여 이로부터 생겨난 것들을 찾아가는, 위에서 아래로 탐구하는 것이라면 '분석적 방법'은 반대로 실재하는 것에서 그 원리를 찾아가는, 아래에서 위로 탐구하는 방식이다. 즉 『순수이성비판』이 순수 이성 자체를 탐색해 형이상학의 명제들을 이루는 순수 개념들의 범위, 한계 그리고 그 객관적 타당성을 검토하는 방식을 취했다면 『형이상학 서설』의 분석적 방법은 이와 반대의 길을 가는 것이다.

---

39) "……그 작품[『순수이성비판』] 자체는 철저하게 종합적 교수법[방법]에 따라 작성되어야 했다. 하지만 이 계획은 분석적 방법에 따라 작성되어도 되겠다"(같은 곳).

이에 반해 『서설』은 예행연습이다. 즉 『서설』은 하나의 학문 자체를 설명하는 것이라기보다는 혹시 가능할 하나의 학문을 실현하려면 사람들이 무엇을 해야 하는지를 제시하는 것이다. 그래서 이것은 이미 사람들이 신뢰할 수 있는 어떤 것에 근거를 두어야만 하고, 거기에서 신뢰를 가지고 출발해 사람들이 아직 알지 못하는 원천으로 올라갈 수 있다. 그리고 이 원천의 발견은 단지 사람들이 알고 있었던 것을 우리에게 설명해줄 뿐 아니라 전부 동일한 원천에서 생겨난 많은 인식의 범위를 동시에 표시해줄 것이다. 따라서 『서설』의 방법적 절차는, 특히 미래의 형이상학을 위해 준비하는 『서설』의 방법적 절차는 분석적이 될 것이다.[40]

이와 같은 '분석적 방법'은 이제 『형이상학 서설』의 본문 구성에도 영향을 미치게 된다. 즉 여기서 칸트가 택한 탐구방식이 '종합적이지만 그럼에도 순수한 이성인식'이 실제로 존재한다는 것에서 출발하여 그것의 '가능성의 근거'를 찾아가는 방식인 까닭에 『형이상학 서설』의 본문은 이를 위해 제기된 근본 질문들에 따라 구성되어 있다. 본문의 구조와 내용을 간략히 요약하면 다음과 같다.

### 본문의 구성

1. 모든 형이상학적 인식의 고유한 것에 관한 머리말(§§1-3)
『형이상학 서설』 전체의 머리말에 해당하는 이곳에서 칸트는 『순수이성비판』의 결과를 다시 환기하고 『형이상학 서설』의 전체 과제를 명확히 설정한다. 학문으로서 형이상학의 고유한 특징을 해명하기에 앞서 '형이상학적 인식 방법'의 고유성을 설명하고 있다. 특히

---

40) 『형이상학 서설』 IV 274-275.

'분석판단'과 '종합판단'의 차이를 밝히고, 모든 형이상학적 인식이 종합판단으로 이루어져 있음을 명확히 한다.

2. 『형이상학 서설』의 보편적 질문 (§§ 4-5)

『형이상학 서설』 전체에서 탐구해야 하는 보편적 질문은 두 가지다. 즉 "형이상학은 도대체 가능한 것인가?", "어떻게 순수 이성에서 기인한 인식이 가능한가?"라는 것이 그것이다. 여기서 칸트는 도대체 형이상학이 가능한지에 관한 답을 제시하지 않고 '형이상학이 실재한다'는 사실을 전제함으로써 '형이상학이 어떻게 가능한지'에 관한 물음으로 넘어간다. 이는 '아프리오리하면서 종합적인 인식'이 어떻게 가능한지를 탐구한 『순수이성비판』과 달리 이러한 인식이 실재함에서 출발하여 그 가능성의 근거로 거슬러 올라가는 『형이상학 서설』의 '분석적 탐구방식'에 기인한 것이다. 이러한 탐구방식에 따라 이제 다음과 같은 『형이상학 서설』의 네 가지 '선험적 중심 질문'이 제시된다. ① 순수 수학은 어떻게 가능한가? ② 순수 자연과학은 어떻게 가능한가? ③ 형이상학 일반은 어떻게 가능한가? ④ 학문으로서 형이상학은 어떻게 가능한가?

따라서 『형이상학 서설』의 구성은 이제 이들 네 가지 질문에 답하는 방식으로 이루어진다.

3. 순수 수학은 어떻게 가능한가? (§§ 6-13)

『순수이성비판』의 '선험적 감성론'(transzendentale Ästhetik)에서 '공간'과 '시간'에 대한 탐구로 시작한 것과 달리, 여기서 칸트는 '분석적 탐구 방법'에 따라 '자명한 확실성'과 '절대적인 필연성'을 지닌 수학적 인식으로 시작한다. 수학적 인식이 개념이 아닌 직관에 관계하는 한에서 순수 수학의 가능성은 '무엇인가를 아프리오리하게 직관하는 것이 어떻게 가능한가?'라는 질문에 달려 있다. 이러한 물음으로부터 공간과 시간이 우리 감성의 형식적 조건이면서 동시에 순수 직관임이 해명되고, 결국 순수 수학은 공간과 시간에 관한 이 '선험적 연역'에 근거하여 그 가능성이 입증된다.

### 4. 순수 자연과학은 어떻게 가능한가?(§§ 14-39)

앞서 자명하고 필연적인 인식으로서 '순수 수학'으로 시작했듯이 여기서도 칸트는 '순수 자연과학'이 현존한다는 사실로 시작한다. 즉 '자연'이 그 어떤 방식으로도 인식될 수 없는 '사물들 자체'(Dinge an sich)를 의미하는 것이 아니라 보편적 법칙에 따라 규정되어 있는 한에서 사물들의 현존을 의미하기에 우리는 순수 자연과학을 실제로 소유하고 있다. 그렇다면 이제 이 순수 자연과학이 어떻게 가능한지가 여기서 해명해야 할 과제다. '지각판단'과 '경험판단', '주관적 판단'과 '객관적 판단'의 구별, 순수 지성개념인 범주에 관한 논의 등을 거쳐 결국 우리 인식주관의 '가능한 경험의 원칙들'이 동시에 '보편적 자연법칙임'을 밝힘으로써 순수 자연과학의 가능성은 해명된다.

### 5. 형이상학 일반은 어떻게 가능한가?(§§ 40-60)

형이상학이 경험 중에서 발견하게 되는 자연 개념 외에 그 어떤 가능한 경험에도 주어지지 않는 순수 이성개념들을 상대한다는 형이상학의 고유성으로 이 질문이 생겨난다. 범주의 기원을 지성의 모든 판단의 논리적 기능들에서 찾아냈듯이 순수 이성개념들 역시 이성추리의 세 가지 형식인 정언적 이성추리, 가언적 이성추리, 선언적 이성추리에서 생겨나며 이는 순수 이성의 오류추리, 순수 이성의 이율배반, 순수 이성의 이상이라는 순수 이성의 변증론을 형성한다. 결국 형이상학 일반의 가능성은 지성사용의 체계적 통일 원리로서 선험적 이념들의 고유한 사명으로 해명된다. 즉 이성의 원리들은 순수 지성처럼 가능한 경험의 원리로 간주되어서는 안 되고, 오히려 지성을 선험적으로 규정하는 원리일 뿐이라는 점을 밝힘으로써 칸트는 이 질문에 대한 분석적 해결을 끝마친다.

## 6. 학문으로서 형이상학은 어떻게 가능한가?

'학문으로서 형이상학은 어떻게 가능한가?'라는 네 번째 질문 앞에 칸트는 '『형이상학 서설』의 보편적 질문의 해결'이라는 제목을 붙였다. '형이상학은 도대체 가능한가?', '어떻게 순수 이성으로부터 인식이 가능한가?'라는 『형이상학 서설』의 두 보편적 질문은 결국 학문으로서 형이상학의 가능성을 묻는 것과 다름없기 때문이다. 앞서 해명했듯 형이상학이 학문으로서 가능하려면 이성의 비판 자체가 아프리오리한 개념들 전체를 하나의 완전한 체계에서 설명해야 한다. 즉 감성, 지성, 이성이라는 서로 다른 원천에 따르는 아프리오리한 개념들의 구분과 이들의 완전한 표, 이들 개념들의 연역을 통한 아프리오리한 종합인식의 가능성 그리고 이들 개념들을 사용하는 원칙들과 한계를 설명하는 방법으로만 형이상학은 학문으로서 완성될 수 있다. 그리고 이를 위한 전체 계획과 실행 수단은 모두 『순수이성비판』에 담겨 있기에 이제 문제는 이것이 어떻게 가능한가가 아니라 '이 좋은 계획이 어떻게 실질적으로 시작될 수 있는가'다. 따라서 여기서는 형이상학적 연구가 앞으로 나아가야 할 방향과 지양해야 할 태도를 함께 제시했다.

## 7. 부록

'괴팅겐 서평'의 영향으로 작성된 것이 분명한 '부록'(Anhang)에 붙은 제목은 '학문으로서 형이상학을 실현하려면 생겨날 수 있는 일에 관하여'다. 여기서 칸트는 이러한 일이 진행되는 과정에서 실제로 생겨날 수 있는 가능한 두 가지 판단을 제시했다. 즉 '연구에 앞서 이루어지는 판단'과 '연구에 뒤따라 나오는 판단'이 그것이다. 이 중에서 전자는 독자가 자신의 형이상학에 근거하여『순수이성비판』에 대해 판단을 내리는 것을 의미하고, 후자는『순수이성비판』의 연구 결과를 진지하게 숙고하여 오히려 자신의 근거들을 검토하는 경우에 해당한다. 그리고 칸트는 이 각각에 대해 실제로 발표된『순수이성비판』의 두 서평을 예로 들었다. 먼저 '『비판』에 대한 판단이 연구에 앞서 행해진 실례'라는 장에서는 '괴팅겐 서평'이 어떤 점에서 자신의 '선험적 관념론'을 오해했는지 상세히 해명했다. 다음으로 '연구 다음에 판단이 따라 나올 수 있는『비판』연구를 제안함'의 장에서는 이러한 모범적 연구의 사례로『고타 학술지』의 서평(1782년 8월 24일 발표)을 소개하고 형이상학을 진보하기 위한 올바른 노력을 촉구하며『형이상학 서설』을 끝맺는다.

# 참고문헌

Kant, I., *Kants gesammelte Schriften*, hrsg. von der Königlich Preußischen
　　　Akademie der Wissenschaften, Bd. I–XXII, Berlin, 1910ff.(Bd. XXIII hrsg.
　　　von der Deutschen Akademie der Wissenschaften, Berlin, 1956; ab Bd. XXIV,
　　　hrsg. von der Akademie der Wissenschaften in Göttingen, Berlin, 1966ff.).

————, *Kritik der reinen Vernunft*, hrsg. von Schmidt, R., Hamburg, 1971(1930).

————, *Prolegomena*, hrsg. von Vorländer, K., Hamburg, 1969.

Vorländer, K., "Einleitung des Herausgebers", in Immanuel Kant, *Prolegomena*,
　　　hrsg. von Vorländer, K., Hamburg, 1969, pp.VI–XLI.

# 『자연과학의 형이상학적 기초원리』[1]

김재호 서울대학교·철학

## 칸트 철학에서 『자연과학의 형이상학적 기초원리』의 의미

반세기가 넘는 칸트의 철학 작업은 자연철학으로 시작해 자연철학으로 끝났다 해도 지나친 말이 아니다. 첫 작품이 그러했고 생애 마지막까지 씨름하다 결국 미완성으로 남은 『유작』(*Opus postumum*)의 문제 역시 대부분 자연철학적 주제와 연관되어 있기 때문이다.

첫 작품에서 비판기를 거쳐 말년에 이르기까지 칸트가 다룬 자연철학적 주제들은 당시 논의 틀에서 크게 벗어나지 않았다. 그의 주장은 많은 경우 당대의 이론을 그대로 받아들였다. 그것은 때로 당시 이론과 적극적 논쟁을 포함했지만 그 시대 시각에서 전혀 새로울 게 없는 평범한 것이었으며, 경우에 따라서는 시대에 뒤진 낡은 것이기도 했다. 그럼에도 그의 자연철학적 작업이 당대의 것들과 구별될 수 있는 점은 형이상학의 체계 속에서 자연철학의 문제들을 바라보았

---

1) 이하의 해제 내용은 글쓴이가 2009년 발표한 논문 「칸트 자연철학에서의 '형이상학'과 '수학'의 불편한 동거」(『칸트연구』 제24집)의 일부를 수정 보완한 것이다.

던 그의 일관된 태도에 있다.

이런 그의 일관된 태도는 첫 작품인『살아 있는 힘의 참된 측정에 관한 사상과 라이프니츠와 다른 역학자들이 이 논쟁에 사용한 증명에 관한 평가 그리고 물체의 힘 일반에 관한 몇몇 선행하는 고찰』(*Gedanken von der wahren Schätzung der lebendigen Kräfte und Beurtheilung der Beweise, deren sich Herr von Leibniz und andere Mechaniker in dieser Streitsache bedient haben, nebst einigen vorhergehenden Betrachtungen, welche die Kraft der Körper überhaupt betreffen*)까지 거슬러 올라간다. 이 작품은 칸트가 쾨니히스베르크대학교에서 학업을 시작한 지 4년째 되던 해인 1746년에 제출한 논문인데, 여기서 그는 당시 자연철학적 문제와 관련한 데카르트주의와 라이프니츠주의 사이의 논쟁을 중재했다.[2] 이 글은 비록 당시에는 거의 주목을 받지 못했지만 칸트의 자연철학적 문제의식과 사유과정에서 본다면 그의 사상을 이해하는 데 중요한 실마리를 제공해준다. 그는 여기서 이미 자연과학의 고유성을 확보하기 위해 수학과 형이상학의 연관성을 강조했는데,[3] 이후 칸트가 끈질기게 형이상학의 원칙과 수학적 방법론 사이의 갈등을 중재하고 화해하려는 시도의 역사가 여기서 기인했다고 볼 수 있기 때문이다. 자연철학의 문제를 수학과 형이상학의 연관성 속에서 바라보려는 이러한 태도는 자연철학에 대한 비판기 사상을 대변하는 것으로 알려진『자연과학의 형이상학적 기초원리』(이하『자연과학의 기초원리』)에서도 분명하게 발견된다.

---

2) 이들 간의 논쟁에서 주된 문제는 물체가 단지 외적인 죽은 힘을 갖는지, 아니면 라이프니츠가 전제하듯이 내적인 살아 있는 힘을 갖는지에 관한 것이었다 (K. Pollok, "Einleitung", in *Metaphysische Anfangsgründe der Naturwissenschaft*, hrsg. von derselben, Hamburg, 1997, p.XI 참조할 것).

3)『살아 있는 힘의 측정』 I 107. "그렇지만 우리는 형이상학적 법칙들과 수학의 규칙들을 결합시켜야만 한다. […]"

『자연과학의 기초원리』의 '머리말'(Vorrede)에서 칸트는 이 책의 성격과 과제 그리고 이로써 성취하려는 목적을 분명히 밝혔다. 여기에서 칸트는 한편으로 자연과학을 엄밀한 학문으로 정초하기 위해 수학과 관계를 강조했으며 또 다른 한편으로 형이상학과 관계를 분명히 했다. 『순수이성비판』에서 학문의 객관성을 의심한 흄(David Hume, 1711~76)의 공격에 맞서 보편타당하고 필연적인 이론인식의 가능성을 정초했다면, 『자연과학의 기초원리』에서는 『순수이성비판』의 성과를 바탕으로 '수학적 자연과학'의 가능성을 탐구했다. 그렇기에 칸트는 '머리말'에서 『자연과학의 기초원리』가 철저히 수학적 방법론에 따라 저술되었다고 밝혔으며,[4] 자연과학과 수학의 밀접한 관계를 이렇게 표현했다.

그러나 나는 모든 특수 자연학에서 엄밀한 학문을 만날 수 있는 것은 거기서 수학이 적용될 수 있는 한도만큼이라고 주장한다. 왜냐하면 앞서 설명한 바에 따르면 엄밀한 학문, 특히 엄밀한 자연과학은 경험적 부분의 근저에 놓인 그리고 자연 사물에 대한 아프리오리한 인식에 근거한 순수 부분을 요구하기 때문이다. 그런데 어떤 것을 아프리오리하게 인식한다는 것은 그것을 자신의 순전한 가능성에서 인식함을 뜻한다. 그러나 특정한 자연 사물의 가능성은 그들의

---

4) 『자연과학의 기초원리』 IV 478. "이 논문[책]에서 나는 수학적 방법론을 비록 아주 엄격히 준수한 것은 아니지만(그렇게 하려면 내가 여기에서 사용했던 것보다 더 많은 시간이 필요했을 것이다) 그럼에도 그것을 모방했다. 이는 철저함을 과시해 이 논문[책]이 더 많이 수용되도록 하려는 것이 아니다. 이와 같은 체계에는 실제로 수학적 방법론이 가능하고, 만약 이러한 구상에 자극되어 수학적 자연탐구자들이 결코 그들에게서 빼놓을 수 없는 형이상학적 부분을 자신의 일반 자연학의 특별한 기초부분으로 다뤄서 그것을 수학적 운동론과 통일하는 것이 중요함을 깨닫게 된다면, 이것의 완전성도 시간이 지나면 숙련된 손에 의해 분명 얻어질 것이라고 믿기 때문이다."

순전한 개념에서는 인식될 수 없다. 순전한 개념에서는 사유의 가능성이 (그것이 자기 자신에게 모순되지 않는다는 사실이) 인식될 수는 있지만, 사유의 바깥에 (실존하는 것으로) 주어질 수 있는 자연 사물로서 객관의 가능성은 인식될 수 없기 때문이다. 그러므로 특정한 자연 사물의 가능성을 인식하려면, 그러니까 그것을 아프리오리하게 인식하려면 개념에 상응하는 직관이 아프리오리하게 주어질 것, 즉 개념을 구성할 것이 여전히 요구된다. 그런데 개념의 구성에 따른 이성인식은 수학적이다. 따라서 자연 일반의 순수 철학은, 다시 말해 자연 개념 일반을 형성하는 것만 탐구하는 순수 철학은 비록 수학 없이 가능할 수도 있겠지만, 특정한 자연 사물에 관한 순수 자연학(물리학과 심리학)은 오로지 수학을 매개로 해서만 가능하다. 그리고 모든 자연학 중에서 단지 그 속에 아프리오리한 인식이 존재하는 만큼의 엄밀한 학문을 만나게 되기에, 자연학은 단지 거기에 수학이 적용될 수 있는 만큼만 엄밀한 학문을 포함하게 될 것이다.[5]

여기서 볼 수 있듯이 물질이라는 경험적 개념을 다루는 특수 자연학이 엄밀한 자연과학이고자 한다면 수학을 그 속에 포함해야 한다. 다시 말해 모든 특수 자연학은 오로지 수학을 수단으로 해서만 가능하며, 그 속에 수학이 포함되어 있는 한에서 엄밀한 학문이 될 수 있다. 그런데 칸트는 자연과학과 형이상학의 관계 역시 강조했다.

그러나 수학을 적용해야만 자연과학이 될 수 있는 물리학에 수학을 적용하는 것이 가능하려면 물질 일반의 가능성에 속하는 개념의 구성 원리가 먼저 제시해야만 한다. 따라서 물질 일반이라는 개

---

5)『자연과학의 기초원리』IV 470. 강조는 글쓴이.

넘의 완전한 분해가 기초되어야만 한다. 이것은 순수 철학의 업무인데, 이러한 목적을 이루려고 순수 철학은 어떤 특수한 경험도 사용하지 않고, 오히려 (비록 그 자체로는 경험적이긴 하지만) 격리된 개념 자체 속에서 만나는 것만 공간과 시간에서 순수 직관과 관계해서 (즉 자연 일반이라는 개념에 이미 본질적으로 부속되어 있는 법칙들에 따라) 사용하며, 그렇기에 진정한 **물체적 자연형이상학**이다.[6]

여기서 알 수 있듯이 엄밀한 학문이고자 하는 자연과학은 다른 한편으로 형이상학을 반드시 전제해야 한다. 그렇기에 여기서 칸트는 선험철학의 아프리오리한 원리들을 경험의 외적 대상들에 적용하여 '물체적 자연형이상학'(Metaphysik der körperlichen Natur)의 정초를 시도했다. 이러한 작업은 경험과 자연의 통일성을 제공하는 아프리오리하고 형식적 요소로 『순수이성비판』에서 찾아낸 범주를 실마리로 이루어진다.

그러나 자연 일반의 체계이든 특수한 물체적 자연의 체계이든, 형이상학적 체계의 완전성 있게 하는 도식은 범주표다. 왜냐하면 [이 범주표 외에] 사물의 본성과 관계될 수 있는 순수 지성개념이 더는 없기 때문이다. 양, 질, 관계, 마지막으로 양상이라는 순수 지성개념의 네 항목 아래에 물질 일반이라는 보편적 개념의 모든 규정이 포섭될 수 있어야만 한다. 따라서 이 순수 지성개념에 따라 아프리오리하게 사고되는 모든 것도, [그리고] 수학적 구성에서 나타날 수 있는 것 혹은 경험에서 경험의 특정한 대상으로 주어

---

6) 『자연과학의 기초원리』 IV 472.

질 수 있는 것들도 [네 항목 아래에] 포섭될 수 있어야만 한다. 여기에서 더 [새로운 것을] 발견하거나 덧붙이는 일은 있을 수 없고, 기껏해야 명확성이나 철저함이 부족한 경우 그것을 향상하는 일이 있을 뿐이다.[7]

이 인용문에 따르면 '형이상학적 체계의 완전성'은 '순수 지성개념들의 체계', 즉 '범주표'에 근거한다. 다시 말해 '형이상학적 체계'가 완전하다는 것을 보여주는 진정한 '본보기'는 『순수이성비판』의 '형이상학적 연역'으로 찾아낸 그리고 '선험적 연역'으로 그 '객관적 타당성'을 증명했던 '순수 지성개념들'의 체계, 즉 '범주표'가 '완전하게'(vollständig) 제시될 수 있었다는 것에 있다.[8] 그리고 '일반 자연형이상학'의 완전성뿐 아니라 여기서 문제되는 '물체적 자연형이상학'의 완전성을 보장해줄 수 있는 것도 결국은 바로 이 형이상학 체계의 완전성이다. 이런 이유로 칸트는 모든 가능한 경험 대상을 아프리오리하게 인식할 수 있게 해주는, 그래서 '경험 일반의 가능성의 조건'으로 기능하는 '순수 지성개념들'의 네 가지 분류 아래에 아프리오리하게 사고될 수 있는 것뿐 아니라 "수학적 구성에서 나타날 수 있는 것 혹은 경험에서 경험의 특정한 대상으로 주어질 수 있는 것들도 포섭될 수 있어야만 한다"[9]라고 말했다. 이런 점에서 『자연

---

7) 『자연과학의 기초원리』 IV 473-476.
8) 물론 칸트가 『순수이성비판』에서 제시한 순수 지성개념들의 체계인 '범주표'(Tafel der Kategorien)가 완전한 것인지에는 오랫동안 논란이 있어왔다. 이와 관련된 논의는 '범주표'의 근거가 되는 '판단표'(Urteilstafel)의 완전성을 증명하고자 시도했던 라이히(K. Reich)의 논문 "Die Vollständigkeit der Kantischen Urteilstafel", Berlin, 1932가 발표된 이후 본격화되었다. 이 논쟁과 관련된 상세한 논의는 J. Kim, *Substanz und Subjekt. Eine Untersuchung der Substanzkategorien in Kants 'Kritik der reinen Vernunft'*, Würzbrug, 2006, p.38 이하, 특별히 각주 64 참조할 것.

과학의 기초원리』는『순수이성비판』을 기초로 하여 생겨난 칸트 형이상학 체계의 한 부분을 이루게 된다.


## 『자연과학의 기초원리』의 출판과정

『자연과학의 기초원리』가 공개적으로 세상에 모습을 드러낸 때는, 칸트의 주저『순수이성비판』의 초판(1781)이 나오고 5년이 지난 후, 그러니까『순수이성비판』의 재판(1787)이 출간되기 한 해 전인 1786년이다. 하지만 이런 이유로『자연과학의 기초원리』를 자연철학에 대한 비판기 칸트의 완결된 사상으로 간주하는 것은 분명 문제가 있다.[10] 이 저술은 결코 그의 완결된 사상도 아니고 마지막 결과물도 아니며, 이전 작품들과 내용적 단절도 찾기가 어렵기 때문이다. 그럼에도『자연과학의 기초원리』는 적어도 자연철학에 대한 비판기 칸트의 사상을 이해하는 데 여전히 가장 중요한 저서임이 틀림없다. 그 근거는 그것의 내용적 완결성 때문이 아니라, 비판기 칸트 사상에서 여전히 발견되는 철학적 방법론의 문제점을 명시적으로 드러냈기 때문이다.

---

9)『자연과학의 기초원리』 IV 476.

10) 1790년 초판이 발간된『판단력비판』에 등장하는 몇몇 구절을 제외한다면 공적으로 출판된 칸트의 저서 중 자연철학적 주제를 다룬 마지막 작품이라고 볼 수 있다는 점에서『자연과학의 기초원리』를 자연철학에 대한 칸트의 '최종진술'로 보려는 견해가 있을 수 있다. 하지만 이러한 해석에는 이미 반론이 있어왔다. 예컨대 B. Tuschling, "Kants Metaphysische Anfangsgründe der Naturwissenschaft und das Opus postumum", p.175, in *Kant Zur Deutung seiner Theorie von Erkennen und Handeln*, hrsg. von Gerold Prauss, Gütersloh, 1973, pp.175-191; K. Pollok, *Metaphysische Anfangsgründe der Naturwissenschaft. ein kritischer Kommentar*, Hamburg, 2001, p.1 참조할 것.

실제로 칸트가 『자연과학의 기초원리』라는 저술을 계획한 것은 상당히 오래된 일로 보인다. 이 책이 출간되기 20년 전에 이미 『자연과학의 기초원리』라는 제목과 동일한 작품을 계획했음을 추정할 수 있게 해주는 칸트의 발언을 람베르트(Johann Heinrich Lambert, 1728~77)에게 보낸 편지에서 발견할 수 있기 때문이다. 이러한 정황은 이 작품의 기원을 비판기가 아닌 그 이전으로 삼아, 여기에서 발견되는 방법론적 문제점을 초기 칸트철학의 미성숙 탓으로 돌릴 수 있게 한다. 그러나 『자연과학의 기초원리』가 출간되는 과정을 자세히 살펴보면 이러한 판단에는 문제가 있음이 드러난다.

람베르트에게 보낸 1765년 12월 31일자 칸트의 편지에는 그가 당시에 이미 『자연과학의 기초원리』의 출간을 계획했음을 추측할 수 있는 구절이 등장한다.

그러므로 [내가] 철학 작품들을 [출판은 하지 않고] 기획만 하는 사람이라는 비난을 받지 않으려면 그것의 자료가 나에게 이미 완성되어 있는 몇 가지 소품을 미리 출판해야만 할 것이다. 이들 작은 **작품으로는 자연철학의 형이상학적 기초원리와 실천철학의 형이상학적 기초원리가** 그 첫째가 될 것이다. 이는 [나의] 주요 저서가 광범위하기는 하지만 불충분한 예로 너무 지나치게 확대되지 않도록 하기 위함이다.[11]

칸트는 인용한 편지에서 당시에 '형이상학의 고유한 방법'[12]을 다루는 하나의 '주요 저서'를 준비하고 있음을 밝히면서, 이의 출간이

---

11) 『서한집』 X 56. 강조는 글쓴이.
12) 『서한집』 X 56.

늦어져 생기는 자신에 대한 오해를 풀고 동시에 그 작품이 너무 길어지는 것을 방지하기 위해 먼저 완성된 소품들을 공개할 계획이 있다고 밝혔다. 여기에서 언급한 '자연철학의 형이상학적 기초원리'는 그가 당시 준비하던 순수 이론적 이성비판에 관한 '주요 저서'와는 내용이 다른 자연철학적 주제에 관한 것임이 분명하다.[13] 그렇지만 칸트가 이 시기에 공개를 준비하던 자연철학에 관한 작업이 1786년의 『자연과학의 기초원리』와 동일한 것이라고 보기는 어렵다. 오히려 이 편지에 등장하는 "그것의 자료가 나에게 이미 완성되어 있는 몇 가지 소품들을"[14]이라는 구절에서 추측할 수 있듯이, 당시 칸트가 공개를 준비했던 이미 완성된 작품은 『자연과학의 기초원리』와는 또 다른 것으로 보는 것이 더 타당해 보이기 때문이다.[15]

1786년에 출판된 『자연과학의 기초원리』를 염두에 둔 칸트의 명백한 언급은 1785년에 비로소 발견된다. 쉬츠(Christian Gottfried Schütz, 1747~1832)에게 보낸 1785년 9월 13일자 편지는 칸트가 그해에 '머리말'(Vorrede)을 제외한 『자연과학의 기초원리』를 거의 완성했음을 알려준다.[16] 그해 겨울까지 손 부상에도 계속되었던 이 작품과 관련된 칸트의 작업은[17] 당시 철학적 공동체에게는 잘 알려져

---

13) 칸트가 람베르트에게 보낸 편지에서 언급한 '형이상학의 고유한 방법'과 관련된 작품은 1770년의 교수취임논문인 『감성계와 지성계의 형식과 원리』(De mundi senibilis atque intelligibilis forma et principiis)와 연관이 있는 듯하다. 그러나 칸트가 이 시기에 '자연철학의 형이상학적 기초원리'라는 세목으로 이해했던 것의 내용이 『자연과학의 기초원리』와 동일한지는 분명치 않다(K. Pollok, 2001, p.2 참조할 것).

14) 『서한집』 X 56.

15) P. Plaaß, Kants Theorie der Naturwissenschaft, Göttingen, 1965, p.15 이하 참조할 것.

16) "내가 약속한 자연의 형이상학을 다루기 전에, […] 이것을 나는 **자연과학의 형이상학적 기초원리**라는 제목으로 이번 여름에 끝마쳤고 […]"(『서한집』 X 406. 강조는 글쓴이)

있었던 것 같다. 『순수이성비판』을 모범으로 하는 칸트의 형이상학적 체계의 완성을 기다리는 당대 학자들의 기대가 여러 곳에서 발견되기 때문이다.[18]

누구보다 원고가 완성되기를 기다리던 이는 당시 칸트 저술 대부분을 출판한 출판업자 하르트크노흐(Johann Friedrich Hartknoch, 1740~89)였다. 칸트에게 원고를 재촉하는 내용을 담은 그의 1785년 10월 8일자 편지는 칸트가 원고를 넘기기로 약속한 것이 그해 가을까지였다는 사실을 알려준다.[19] 하르트크노흐의 요구에 따라 칸트는 1785년 부활절박람회가 지난 다음번 출판기한을 엄수하려고 노력했고, 결국 1786년 초 『자연과학의 기초원리』는 마침내 세상에 나오게

---

17) 적어도 '머리말'(Vorrede)은 그해 겨울 이전에 쓰일 수 없는 긴 내용을 담고 있다. 그뿐만 아니라 그것의 개념에서도 많은 변화가 있었으며 칸트가 이 편지에서 예고한 영혼론에 관한 부록(Anhang)은 실제로 『자연과학의 기초원리』에서는 발견되지 않는다(K. Pollok, 2001, p.3 참조할 것).

18) 예컨대 칸트와 자주 편지 왕래를 했던 하만(Johann Georg Hamann, 1730~88)은 비록 작품의 제목은 틀렸지만 분명 그 정보를 가지고 있었음이 그가 야코비(Jacobi)에게 보낸 편지에서 드러난다. "자연 혹은 물체의 형이상학이 운동학이라는 이름으로 […] 부활절박람회에 출판될 것이다"(1785년 12월 14일자 야코비에게 보낸 편지. J.G. Hamann, 1975, p.181; K. Pollok, 2001, p.4에서 재인용). 그뿐만 아니라 1762년부터 2년간 칸트의 강의를 들었지만, 이후 그의 스승에게 등을 돌린 헤르더(Herder)의 불만스러운 목소리에도 칸트의 출판계획은 드러나 있다. "그[칸트]는 이번 박람회에서 물체의 형이상학을 출판하려고 했다. 그렇지만 그의 형이상학적 펜을 잡아야 하는 오른손의 육체적 결함이 있기에, 형이상학적 도구에 정신이 빠져 있다"(J.G. Herder 1986, p.138; K. Pollok, 2001, p.4에서 재인용).

19) "만약 당신이 처음 결심에 따라 완성된 논문을 할레에 있는 그루네르트(Grunert) 씨에게 보냈더라면 훨씬 더 좋았을 것이다. 비록 그가 프롤레고메나뿐 아니라 도덕형이상학 정초도 오랫동안 가지고 있었다는 것을 내가 알기는 하지만 말이다. 내가 그에게 그것을 질책한 후에는 그런 일이 더는 생기지 않을 것이다. […] 나는 새해에 그 작품을 그루네르트 씨에게 보낼 것을 삼가 청한다. 그래서 부활절박람회에 늦지 않게 완성될 수 있도록 말이다"(『서한집』 X 411).

되었다.[20]

## 『자연과학의 기초원리』의 구조와 내용

1786년에 출간된 『자연과학의 기초원리』의 외형적 특징을 먼저 살펴보면, 그것이 다루는 주제뿐 아니라 구성 형식에서 당시 자연철학적 연구 결과를 대부분 그대로 답습했음이 확인된다. 책 전체 구조는 하나의 '머리말'(Vorrede)[21]과 본문에 해당하는 네 '장'(Hauptstücke)으로 이루어져 있다. 그런데 이들 '장'들의 제목인 '운동학'(Phoronomie), '동역학'(Dynamik), '역학'(Mechanik), '현상학'(Phänomenologie)이라는 명칭[22]은 칸트의 독창적 분류라기보다는 그

---

20) 부활절박람회 목록은 머리표지로 칸트 저서의 출판을 다음과 같이 알리고 있다. "Kants, I. metaphysische Anfangsgründe der Naturwissenschaft. 8. Riga, bei Joh. Fr. Hartknoch"(K. Pollok, 2001, p.4에서 재인용).

21) 비판기 칸트의 저작들과 달리 여기서 칸트는 하나의 '머리말'(Vorrede)만 제공했다. 반면에 칸트의 세 비판서인 『순수이성비판』, 『실천이성비판』, 『판단력비판』은 모두 '머리말'(Vorrede)과 '서론'(Einleitung)이 함께 들어 있다. 물론 『자연과학의 기초원리』의 '머리말'은 이후 나오는 '장'에 등장하는 주제들의 내용을 안내하는 '서론'(Einleitung) 기능을 함께 포함하고 있다(K. Pollok, 2001, p.5).

22) 칸트가 여기서 사용한 'Dynamik'과 'Mechanik'에 대한 우리말 번역어에는 약간 해명이 필요하다. 『자연과학의 기초원리』에 관한 국내 연구가 턱없이 부족한 상황에서도 일찍이 이에 대한 몇몇 논문을 이미 발표한 바 있는 김국태는 'Dynamik'을 '역학'으로, 'Mechanik'을 '동력학'으로 옮긴 바 있다(김국태, 「칸트의 "자연과학의 형이상학적 기초"의 구성」, 『철학탐구』 제10집, 1993, 69-81쪽 참조할 것). 실제로 칸트 당시 자연과학에서 'Mechanik'이 의미하는 바는 스스로 움직이는 힘을 소유하지 않은 '물질'의 법칙을 다루는 학문 분과다. 이에 따르면 물질의 운동은 그 자체로는 물질에 귀속되지 않는 단지 파생된 현상일 뿐이다. 따라서 물질의 운동은 예컨대 '관성의 법칙'이 말해주듯이 외부에서 힘이 가해져야만 가능하다. 결국 'Mechanik'은 기계론

시대에 학문을 분류하기 위해 일반적으로 사용하던 분류다.[23] '현상학'을 제외한 나머지 제목은 동시대의 자연철학 저서 제목에서 흔히 발견되는 'Phoronomia', 'Dynamica', 'Mechanica'의 제목을 차용한 것으로서 이에 대한 가장 직접적 본보기는 람베르트의 자연철학 체계를 들 수 있겠다.[24]

또한 『자연과학의 기초원리』에서 사용된 다른 분류들 역시 당대의 자연철학적 저서들에 흔히 등장하는 제목들로 이루어져 있다. 예컨대 칸트가 사용한 '설명'(Erklärung), '정리'(Lehrsatz), '원칙'(Grundsatz), '보충'(Zusatz), '주석'(Anmerkung) 역시 당시 수학적·자연과학적 논문들의 분류단위들이다. 따라서 칸트 스스로 '머리말'에서 인정했듯이, 『자연과학의 기초원리』가 '수학적 방법'[25]을 따랐음을 이러한 외형적 특징이 이미 잘 보여준다. 그뿐만 아니라 칸트는 1756년의 라틴어 저서인 『기하학과 결부한 형이상학의

---

적 세계관을 바탕으로 한 자연이해를 전제하며 뉴턴 물리학이 그 대표적인 경우라고 할 수 있다. 반면에 'Dynamik'은 당시 새롭게 발견된 '물질'의 현상들을 근원적 힘을 소유한 물질의 운동으로 파악하여, 예컨대 '열에너지'와 같은 현상을 '실체성이론'과 달리 '진동이론' 혹은 '운동이론'에 근거를 두고 설명했다. 이런 점에서 볼 때 김국태의 번역어는 만약 우리가 '역학'에서 '힘'에 관한 이론을, '동력학'에서 '전달되고 파생된 힘의 이론'을 떠올릴 수 있다면 분명 타당성이 있다고 할 수 있겠다. 그러나 오늘날 많은 이가 '역학'이라는 용어에서 뉴턴의 역학을 떠올리는 것을 고려한다면 오히려 이 번역어는 오해 가능성이 있다. 따라서 여기서는 'Mechanik'을 '역학'으로, 'Dynamik'을 '동역학'으로 바꾸어 번역했고, 이에 상응해서 'dynamisch'라는 표현 역시 '동역학적'으로 옮겼다.

23) K. Pollok, 2001, p.7 참조할 것.
24) 다른 '주요 장'의 제목과 달리 '현상학'을 칸트는 당시 의미와 다르게 사용했다. 예컨대 람베르트가 명명한 '현상학'(Phänomenologie)은 칸트가 '현상론'(Erscheinungslehre)(『자연과학의 기초원리』 IV 560)이라고 부른 것과는 본질적으로 의미가 다르다(K. Pollok, 2001, p.8 참조할 것).
25) 『자연과학의 기초원리』 IV 478.

자연철학적 사용과 그 일례로서 물리적 단자론』(*Metaphysicae cum geometria iunctae usus in philosophia naturali, cuius specimen I. continet monadologiam physicam*)에서 받아들인 뉴턴의『프린키피아』(*Principia*)의 틀 역시 약간 차이는 있지만『자연과학의 기초원리』의 모범적 틀로 사용했으며, 볼프(Christian Wolff, 1679~1754)의『수학의 기초원리』(*Anfangsgründe aller Mathematischen Wissenschaften*) 또한 칸트의『자연과학의 기초원리』에 나타나는 텍스트 구조의 형식적 모범으로 사용되었다. 볼프의 개별 장 제목이『자연과학의 기초원리』의 그것과 동일할 뿐 아니라, 두 저서에서 각 절의 제목 역시 일치하기 때문이다.[26]

『자연과학의 기초원리』는 외형적 구조에서뿐 아니라 그것이 다룬 주제나 내용에서도 당시 논의에서 전혀 새로울 것이 없다. 먼저 '머리말'에서 칸트는『자연과학의 기초원리』가 어떤 성격의 저술인지 판단할 수 있는 중요한 정보를 제공해준다. '자연'의 개념에 관한 정의로 시작한 칸트는 역사적 '자연과학'의 개념과 그것들의 사용조건들을 규정했다. 즉 자연과학의 범위를 수학화의 가능성에 근거해서 규정한 칸트는 '화학'과 '경험심리학'을 자연과학의 범위에서 제외해야 한다고 분명히 했을 뿐 아니라, 수학을 외감의 대상들에 적용하기 위한 형이상학적 조건들을 검토하게 된다.[27]

'머리말'의 11번째 문단에서부터 칸트는 본격적으로 자연과학의 주제들에 '형이상학'의 틀을 적용하는 것을 정당화했는데, 이는 '순수 수학', '경험물리학', '일반 형이상학'과 달리 '자연과학의 형이상학적 기초원리'를 따로 다루어야 하는 정당성을 보장하기 위한 것이

---

26) K. Pollok, 2001, p.12 이하 참조할 것.
27) K. Pollok, 2001, p.5 이하.

다.[28] 연이어 나오는 '머리말'의 중요 구절들에 따르면 이미 완성된 이론철학의 형이상학적 체계의 완전성은 '자연형이상학' 혹은 '물체적 자연형이상학'의 체계에서도 동일하게 적용되었으며, 특별히 이는 우리에게 경험을 가능하게 해주는 '순수 지성개념', 즉 '범주'를 매개로 이루어진다.[29] 마지막으로 칸트는 『자연과학의 기초원리』가 '수학적 방법론'을 모방했다고 밝히고, 결국 형이상학의 도입이 자연과학에 수학을 적용하는 데 필수불가결한 조건임을 강조하면서 '머리말'을 끝맺었다.

'머리말'에 이어 나오는 네 '장'(Hauptstück)은 '물질개념'에 대한 당시 연구 결과들에서 크게 벗어나지 않는다. 이들 중에서 '동역학'(Dynamik)은 그 양이 전체 작품의 거의 반을 차지하는데, 이는 칸트의 '물질개념'에 대한 핵심사상이 '동역학'에서 드러났음을 암시한다.[30] 그러나 '동역학'에서 칸트는 '물질'(Materie) 개념을 당시에 이미 잘 알려진, 이를 구성하는 두 힘으로서 인력(Attraktion)과 척력(Repulsion)으로 규정했다. 그리고 이 힘들의 개념이 전제되어 나타나는 결과가 '역학'(Mechanik)에서 다루어졌으며, '운동학'(Phoronomie)에서는 이들 내용이 종합되어 운동의 개념이 논의되었다. 반면 '현상학'(Phänomenologie)은 '머리말'과 마찬가지로 '물질' 개념의 내용에는 더 새로운 것을 덧붙이지 않았다.

이처럼 외형적 구조나 칸트가 이 저서에서 다룬 주요 주제들이나 곁가지로 다룬 자연철학의 문제들의 내용만 고려한다면, 『자연과학

---

28) K. Pollok, 같은 책, p.6.
29) 따라서 칸트는 보편적 '물질개념'(Materiebegriff) 역시 이 범주를 통해서 '완전하게'(vollständig) 파악된다고 말한다(『자연과학의 기초원리』 IV 473 이하 참조할 것).
30) 실제로 나머지 '장'은 전체 분량에서 각각 10분 1에서 10분의 2 정도만 차지한다.

의 기초원리』는 새로울 것이 전혀 없는 책이라고 판단할 수 있겠다. 그렇지만 내용적으로 보면 『자연과학의 기초원리』의 '장'들은 비판기 칸트 이론철학의 사상을 가장 잘 보여주는 『순수이성비판』의 구조를 충실히 따랐다.

그러므로 물질개념은 언급한 네 가지 모든 지성개념의 기능에 따라 (네 개 장에서) 완성되어야만 했고, [⋯] 따라서 자연과학의 형이상학적 기초원리는 네 장으로 이루어진다. 첫째는 움직일 수 있는 것의 모든 질적인 것을 제외하고 운동을 그것의 합성에 따른 순수분량으로 고찰하는 것으로, 운동학이라고 할 수 있다. 둘째는 근원적으로 운동하는 힘이라는 이름 아래 물질의 성질에 속하는 것으로서 운동을 고찰하는 것으로, 동역학이라고 한다. 셋째는 이러한 성질이 있는 물질을 자신의 고유한 운동으로 서로 맺는 관계 속에 있는 것으로 고찰하는 것으로, 역학이라는 이름으로 등장한다. 그렇지만 넷째는 물질의 운동이나 정지를 순전히 표상방식과 관계에서 양상, 즉 외감의 현상으로 규정하는 것으로, 현상학이라고 한다.[31]

인용문에서 볼 수 있듯이 네 '장'에 등장하는 물질개념은 『순수이성비판』에서 도출된 순수 지성개념의 네 가지 기능에 상응하여 고찰된다. 그뿐만 아니라 칸트는 매번 상세 설명이 끝나는 부분에 내용적 서술과 체계적 분류 사이의 상응관계가 '범주표'에 따랐음을 독자들이 의식해야 한다고 강조했다.[32]

결국 『자연과학의 기초원리』는 그것이 다루는 주제뿐 아니라 구성

---

31) 『자연과학의 기초원리』 IV 476-477. [⋯]은 글쓴이.
32) 예컨대 『자연과학의 기초원리』 IV 495 이하, 523 이하, 551 이하, 558 이하.

의 형식에서 당시 자연철학적 연구 결과를 그대로 답습했음에도 내용면에서는『순수이성비판』에서 얻은 비판철학의 성과를 충실히 반영했다는 점에서, 비판기 칸트 자연철학적 사상을 대변하는 가장 중요한 저서라고 볼 수 있다. 만약 여기서 칸트 자연철학의 내용적·방법론적 모순이 발견된다면 그것은 칸트의 선험적 관념론 체계에 숨겨져 있던 문제가 모습을 드러내기 시작했음을 보여주는 증거일 수 있다.

## 『자연과학의 기초원리』의 물질개념과 형이상학적 과제

지금까지 살펴본 바와 같이『자연과학의 기초원리』는 구조적으로 일관된 형식을 가지고 있으며 체계적으로 잘 증명된 이론들로 구성되어 있다. 이는 그 형식이『순수이성비판』에서 도출된 지성개념의 네 가지 기능에 상응해서 이루어져 있는데서 잘 드러난다.『자연과학의 기초원리』는 여기서 그치지 않고 '수학적 방법의 모방'[33]으로 정리를 명백하게 제시하고 이에 대한 증명을 시도했다.

이처럼 완벽해 보이는 내용적·형식적 구조의 일치성은 이 저서의 목표설정에서 더욱 명백하게 드러난다. 즉 그것은 자연형이상학의 선험적 원리들을 외감의 대상에 적용해야 하고,[34] 물체론의 원칙들을 포함해야 하며,[35] 물체론에 수학을 적용하는 것을 가능케 해야 한다는 것,[36] 다시 말해 수학적 자연론 자체의 가능성을 증명해야 한다

---

33)『자연과학의 기초원리』Ⅳ 478 이하.
34)『자연과학의 기초원리』Ⅳ 469-470.
35)『자연과학의 기초원리』Ⅳ 471.
36)『자연과학의 기초원리』Ⅳ 472.

는 것이다.[37] 동시에 칸트는 이러한 형이상학적 물체론의 '절대적 완전성'(absolute Vollständigkeit)을 주장했다.[38]

하지만 『자연과학의 기초원리』에는 이런 칸트의 생각에 위협이 되는 내용도 포함되어 있다. 물질개념에 관한 그의 설명에는 때로 상충하는 내용이 포함되어 있으며 그로써 물질개념에 관한 비판기 태도가 모호해 보이기 때문이다. 예컨대 '동역학'에 나오는 주석(Anmerkung)은 인력을 근본힘으로 파악하는 위험을 암시했다.[39] 나아가 물질의 밀도 차이에 관한 동역학적 설명은 이와 경쟁하는 기계론적 설명과 대립해 있다.[40] '동역학'의 8개 정리에 대한 증명들에 따르면 기계론적 이론은 궁극적으로 거부되어야 하는데, 이는 두 근본힘에서 나오는 물질의 가능성에 대한 해명으로는 물체 일반의 형성, 밀도, 응집력, 액체와 고체의 형성 등을 설명할 길이 없기 때문이다.

또한 물질의 확장력(Ausdehnungskraft)의 한계를 언급하면서 이를 형이상학이 '해명하기 어려운 자연의 비밀'[41]에 속하는 것으로 치부해버리기도 하는데, 그렇다면 밀도, 물질형성, 응집력 등에 관한 설명이 배제된 물질의 형이상학적 탐구가 어떻게 가능한지 의문이 들게 된다. 결국 물질의 가능성을 온전히 해명할 수 없는 형이상학적 물체론에서는 또 다른 문제가 등장할 수밖에 없다. 확장력은 중력의

---

37) 『자연과학의 기초원리』 IV 473.
38) 같은 곳.
39) 『자연과학의 기초원리』 IV 509 이하, 513 이하.
40) 『자연과학의 기초원리』 IV 532 이하.
41) 『자연과학의 기초원리』 IV 564. "셋째로 역학적 관점에서 빈 공간에 관해 말하면, 그것은 천체의 자유로운 운동을 마련하기 위한 우주 내부의 적재진공이다. 사람들이 쉽게 알게 되는 것은 이 빈 공간의 가능성이나 불가능성이 형이상학적 근거에 의존하지 않고, 어떻게 물질은 자신의 고유한 확장력에 한계를 정하는지에 관한 해명하기 어려운 자연의 비밀에 의존한다는 점이다."

끌어당기는 힘에 제한된다고 주장하더라도,[42] 물질에 고유한 힘을 구성적인 것으로 설명하는 이론 내에서 어떻게 특별한 물질인 에테르(Äther)를 물질들의 응집력을 설명하는 가능성으로 동시에 용인할 수 있는지도 의문으로 남게 된다. 이러한 어려움은 칸트가『자연과학의 기초원리』에서 자신의 '물질개념'에 대해 스스로 만족하지 못했다는 증거로 볼 수도 있다. 비슷한 시기의『자연학 강의(단치히)』[43]에서 칸트가 '진동이론'(Vibrationstheorie)을 주장했다는 것은 이미 『자연과학의 기초원리』에서 생기는 어려움을 인식했음을 추측하게 한다.[44]

---

42)『자연과학의 기초원리』 IV 508-509.

43)『자연학 강의(단치히)』(*Danziger Physik*)은 아디케스(E. Adickes)의 연구에 따르면 1785년에 작성된 것으로 알려져 있다.

44) 전 비판기와 비판기를 거쳐 말년에 이르기까지 칸트의 자연철학적 작업에서 발견되는 내용적 혼란과 관련해서는 많은 설명을 요한다.『자연과학의 기초원리』의 중심 테마들은 사실 이미 전 비판기 칸트의 작품에서 논의되었는데, 문제는 이러한 주제들과 관련한 칸트의 견해가 당대 많은 자연철학적 주장 중 하나를 그때마다 임의적으로 취했다는 것뿐 아니라, 자신의 저술들 간에도 일관된 연관성을 찾기 어렵다. 예를 들어 당시의 중요한 자연철학적 주제였던 '열에너지'(Wärme)이론, '에테르'(Äther)이론에 관한 것에서도 칸트의 견해는 혼란스럽다. 칸트는 자신의 석사학위논문『불에 관한 성찰의 간략한 서술』(*Meditationum quarumdam de Igne succincta delineatio*)에서 '열에너지'에 대한 '실체성이론'(Substantialitätstheorie)을 취했다(Pollok, 1997, p.XII 참조할 것). 그럼에도 1755년 당시의 칸트는 비록 '열에너지'(Wärme)나 '빛'(Licht)의 담지자로서 하나의 '전기적 소재' 혹은 '열소재'(Wärmestoff)를 전제하기는 했지만, 열에너지 자체를 이들 소재의 진동(Vibration)에서 이끌어냄으로써 열에너지의 '실체성이론'과는 상반되는 '진동이론' 혹은 '운동이론'(Bewegungslehre)으로 불리는 견해에 연결되어 있다. 열에너지에 대한 이들 두 가지 이론의 상반된 내용과 그 발전과정에 관해서는 E. Adickes, "Zur Lehre von der Wärme von Fr. Bacon bis Kant", in *Kant-Studien* 27, 1922, pp.328-368 참조할 것. 이 문제와 관련된 혼란스러움은 1786년 출판한『자연과학의 기초원리』에서도 마찬가지다. 비록 칸트가 이 문제를 마치『자연과학의 기초원리』의 주변 문제에 해당하는 것처럼 '동역학을 위한 일반적

만약 칸트가『자연과학의 기초원리』의 '물질개념'에 스스로 만족하지도 못했고 심지어 그 문제점을 인식했다면, 굳이『자연과학의 기초원리』를 세상에 발표할 필요가 있었을까? 이에 대한 해답은 앞서 언급했던 이 저서의 목표설정에서 찾아볼 수 있겠다. 그는『자연과학의 기초원리』에서 자연에 대한 일반 형이상학의 선험적 원리들을 물체론에도 적용할 수 있음을 증명하고자 했으며, 수학적 자연과학의 정초를 위한 비판철학의 유용성도 증명하고자 했다. 이는 물질개념의 일반적 계기들을 파악하기 위한 범주들의 사용가능성을 증명하는 것으로 나타났다. 따라서 만약 칸트의 이러한 의도를 도외시한다면,[45] 이 저서에서 발견되는 비약이나 모순을 이해할 수 없게 된다. 칸트는 한번도 자신을 자연과학자로 인식한 적이 없으며, 그렇기에 이 저서에서 일관된 그의 관심거리는 자기 비판철학의 핵심부분, 즉 범주와 관계였다.[46]

칸트는 자연철학적 주제를 이용하여 자신의 비판이론을 구체적

---

주석'(Allgemeine Anmerkung zur Dynamik)(『자연과학의 기초원리』 IV 523 이하)에서 아주 조심스럽게 다루기는 했지만,『자연과학의 기초원리』의 전체 견해를 고려하면 여기서 칸트는 '열소자' 혹은 '에테르'의 '실체성이론'을 지지하는 것이 분명하다. 그럼에도『자연학 강의(단치히)』에서 칸트 사상은 오히려 '진동이론'에 가깝다. 그러나 늦어도 초기『유작』의 낱장문서들이 나타나기 시작하는 1795~96년에 이르러 칸트는 이러한 혼란의 문제점을 분명히 인식한 것으로 보인다.『자연과학의 기초원리』의 모델로는 설명이 더는 불가능한, 당시 자연과학에서 새롭게 발견된 열에너지 현상들을 설명하려는 칸트의 시도들이『유작』에서 분명히 나타났기 때문이다.

45) 아디케스는 "이러한 건축술적 장난감"을 옆으로 밀쳐놓고 "그 사유들을 범주도식과 관계로부터 힘들지 않게 떼어낼 수 있다"라고 믿었다(E. Adickes, *Kant als Naturforscher*, Berlin, 1924, Bd. I, p.186).

46) 물리학의 단편들에서나 말년의『유작』에서나 칸트는 '물질개념' 자체에 관심을 가지지는 않았다. 그렇기에 칸트 자연철학에서 '물질개념'과 관련하여 등장하는 문제점을 지적하는 것은 일종의 '허수아비의 오류'를 범하는 일일 수 있다.

실례를 들어 '검증'(Probe)하고자 했을 뿐이다. 자연철학적 주제를 형이상학적 원칙을 들어 해명하려는 과제는 칸트에게는 청년기부터 가지고 있었던 오래된 것이었다.[47] 그리고 그 과제의 실현에 관해 칸트는 『순수이성비판』 재판(1787)에 새롭게 삽입된 구절에서 이렇게 말했다.

우리는 이 범주표에 대해서 모든 이성인식의 학문 형식과 관련하여 어쩌면 중대한 결과를 가져올 수도 있는 적절한 고찰을 할 수 있을 것이다. 왜냐하면 이 [범주]표가 철학의 이론 부분에서 어떤 학문이 아프리오리한 개념에 기초를 두는 한에서 그 학문 전체를 위한 계획을 완전하게 세우고 그것을 수학적으로 일정한 원리들에 따라서 구분하는 데 대단히 유용할 뿐만 아니라 불가결하다는 것은 다음 사실에서 이미 자명하기 때문이다. 즉 이 [범주]표가 지성의 모든 요소개념을 완전하게 포괄할뿐더러 인간지성에서 이들 개념의 체계 형식까지도 포함하므로 기획하는 사변적 학문의 모든 계기와 순서까지도 지시해준다는 사실 말이다. 이에 대해서는 나는 다른 곳(『자연과학의 형이상학적 기초원리』)에서 한 견본을 제시한 바 있다.[48]

여기서 분명히 드러나듯이 『자연과학의 기초원리』를 바탕으로 하나의 견본을 '시험 삼아 해보는 것'(Probe)은 범주가 학문의 체계적

---

47) 1765년 칸트가 학문적으로 함께 일하자는 람베르트의 제안을 받았을 때, 이미 그는 「자연철학에 대한 형이상학적 기초원리」("die metaphysischen Anfangsgründe der natürlichen Weltweisheit")를 짧은 시간 내에 발표하기를 희망했다(『서한집』 X 54-56 참조할 것).
48) 『순수이성비판』 B 109 이하.

정초를 위해, 특별히 자연과학의 체계적 정초를 위해 필수불가결하다는 사실을 증명하기 위한 것이지, 완벽한 '물질개념'에 관한 이론(『자연과학의 기초원리』)을 그 자체로 독자들에게 알려주기 위한 것은 아니었다. 그렇기에 칸트가『자연과학의 기초원리』에서 비판철학의 원칙을 자연과학에 적용하기 위해 '시험 삼아 해본 것'은 합격하지 못한 것일 수 있다. 하지만 이것이 칸트로 하여금 말년까지 자신의 비판철학의 체계를 가지고 고민하게 만든 동기가 되었을 수 있다.[49]

---

49) 그 탐구 결과는 비록 그의 생애에 출간되지는 못했지만 그가 고민했던 흔적들은 우리에게『유작』으로 남겨져 있다.

## 참고문헌

김재호, 「칸트 자연철학에서의 '형이상학'과 '수학'의 불편한 동거」, 『칸트 연구』 제24집, 한국칸트학회, 2009.

Adickes, E., *Kant als Naturforscher*, Berlin, 1924, Bd. I.

―――, "Zur Lehre von der Wärme von Fr. Bacon bis Kant", in *Kant-Studien* 27, 1922.

Kim, J., *Substanz und Subjekt. Eine Untersuchung der Substanzkategorien in Kants 'ritik der reinen Vernunft'*, Würzbrug, 2006.

Plaaß, P., *Kants Theorie der Naturwissenschaft*, Göttingen, 1965.

Pollok, K., *Metaphysische Anfangsgründe der Naturwissenschaft. ein kritischer Kommentar*, Hamburg, 2001.

―――, "Einleitung", in *Metaphysische Anfangsgründe der Naturwissenschaft*, hrsg. von derselben, Hamburg, 1997.

Tuschling, B., "Kants Metaphysische Anfangsgründe der Naturwissenschaft und das Opus postumum", p.175, in *Kant Zur Deutung seiner Theorie von Erkennen und Handeln*, hrsg. von Prauss, G., Gütersloh, 1973.

# 옮긴이주

학문으로 등장할 수 있는 미래의 모든 형이상학을 위한 서설

## 머리말

1) '서설'의 원문 'Prolegomena'는 '앞서 말하는 것'을 의미하는 라틴어다. 철학사에서 이 단어는 흔히 '본이론'(Logos)에 앞서 주어지는 '앞선 이론'(Prologos)의 의미로 사용되기에 이를 '서론'이라고 옮기기도 하나 여기서는 이 용어가 라틴어임을 고려하여 예스러운 한자어 '서설'(序說)로 옮긴다.

2) 여기서 '저술'로 번역한 단어의 원문은 '시도'로 옮길 수 있는 'Versuchen'인데, 이는 실제로는 로크와 라이프니츠의 책 제목을 의미하는 것으로 보인다. 여기서 염두에 둔 로크의 『인간지성론』(*An Essay Concerning Human Understanding*)과 라이프니츠의 『신(新)인간지성론』(*Nouveaux essais sur l'entendement humain*)의 칸트 당시 독일어 번역본 제목이 각각 *Versuch vom menschlichen Verstande*와 *Neue Versuche über den menschlichen Verstand*로 공히 'Versuch'로 시작하기 때문이다.

3) 앞의 문장에 '빛'이라고 번역한 같은 단어 Licht를 여기서는 '등불'로 옮겼다. 이는 원문에 'Licht'와 함께 쓰인 'anzünden'이라는 동사의 의미를 살려 우리말로 옮기기 위함이다.

4) 원문의 'Verknüpfung'을 옮긴 것이다. 이는 '연결' 또는 '결합'으로 옮길 수 있는데 칸트는 많은 경우 이 단어를 '결합'으로 옮길 수 있는 'Verbindung'과 엄격하게 구별하지 않고 사용했다. 따라서 'Verknüpfung'과 'Verbindung'은 엄격한 구분 없이 문맥상 더 자연스러운 말로 옮긴다. 이들의 동사형도 마찬가지 방식을 따른다.

5) '상식'(der gesunde Verstand)은 '건전한 지성'으로 직역할 수도 있다.

6) 여기서 순수 개념들의 개수를 확실히 하는 것으로 의미하는 바는 칸트가 『순수이성비판』에서 '범주의 형이상학적 연역'(metaphysische Deduktion der Kategorien)이라고 하는 작업, 즉 순수 지성개념인 범주를 찾아내는 일을 의미

한다. 그리고 칸트는 이러한 작업이 원칙 없이 단순히 개념들을 수집하는 것이어서는 안 되고 '하나의 원리에서'(nach einem Prinzip) 행해져야 한다고 분명히 밝혔다. 『순수이성비판』A 67; B 92 참조할 것.

7) 원문의 'weitläufig'는 '자세함' 혹은 '세밀함'으로 번역할 수도 있다.

8) 『비판』은 『순수이성비판』을 의미한다. 칸트는 자주 『순수이성비판』을 줄여서 『비판』으로 명명했다.

9) 여기서 계획은 『학문으로 등장할 수 있는 미래의 모든 형이상학을 위한 서설』을 의미하는데, 문맥상 초안 혹은 설계도로 옮길 수도 있다.

10) 원문 "Ignavum. fucos. pecus a praesepibus arcent.(Virg.)"은 베르길리우스 (Vergilius)의 『농경시』(Georgica), IV, 168에서 인용한 시다.


### 서설

1) 여기서 '제시하다'라고 번역한 원문 'darstellen'은 쓰임새가 다양하나 "무엇을 동일한 것으로 여기다", "무엇을 의미하다"라는 뜻이다. 따라서 원문 'eine Erkenntnis als Wissenschaft darstellen'은 "하나의 인식을 학문과 동일한 것으로 여긴다"를 의미한다고 볼 수 있다.

2) 원문의 'Objekt'는 특별한 경우를 제외하고는 '객관'으로 옮긴다. 하지만 우리말 의미상 'Objekt'를 '객체' 혹은 '대상'이라 번역하는 것이 더 적절할 경우에는 예외적으로 옮길 수도 있다. 일반적으로 '대상'은 'Gegenstand'의 번역어로 사용하고, '객체'는 '주체'(Subjekt)와 대응할 때에 'Objekt'의 번역어로 사용한다.

3) '형이상학'(metaphysik)이라는 명칭이 안드로니코스(Andronikos)가 아리스토텔레스의 글들을 편집하는 과정에서 생긴 서지학적 용어라는 것, 즉 아리스토텔레스의 일련의 글들을 '자연학의 뒤에 오는 것들'(ta meta ta physika)이라고 이름 붙인 데서 기인한 용어라는 점을 고려할 때, 여기서 '형이상학적'으로 옮긴 원문의 'metaphysisch'는 이 경우 'physisch'와 비교하여 사용된다는 점에서 '자연학을 넘어서 있는 것'으로 번역할 수도 있겠다.

4) 『순수이성비판』의 '교조적으로 사용되는 순수 이성의 훈육'(Die Disziplin der reinen Vernunft im dogmatischen Gebrauch, 『순수이성비판』A 712; B 740 이하)을 말한다.

5) '연장적'(ausgedehnt)은 라틴어의 'extensio'에 해당하는 말로 범위가 있는, 확장되어 있는으로, 공간을 채우고 있다는 의미. 데카르트의 물질적 실체에 해당하는 'res extensa'(연장적인 것)의 의미가 바로 이에 해당한다.

6) '단순한'으로 옮긴 원문의 'einfach'가 여기서 의미하는 바는 '더 나눌 수 없음'이다. 이처럼 더 나눌 수 없는 것은 라이프니츠의 '모나드'처럼 연장적일 수 없다. 그렇기에 칸트가 '단순한 것'(das Einfach)이라고 말할 때 더 나눌 수 없는 '단자'를 의미하는 경우가 많다.

7) 원문은 'a posteriori'이다. 이는 'a priori'의 켤레 개념에 해당한다. 따라서 이는 '경험과 무관하게', '경험에 독립해서', '경험에 앞서 있음'을 뜻하는 '아프리오리'와 달리 '경험 이후에', '경험에 따라', '경험에 따른'을 의미한다고 볼수 있다. 이를 '후험적'으로도 옮겨왔지만 'a priori'를 '아프리오리'로 옮기는『칸트전집』의 번역용어 통일에 맞춰 전자는 '아포스테리오리'로 옮긴다.

8) 이는 제그너(Joh ann Andreas Segner)의 『수학의 기초』(*Anfangsgründe der Mathematik*, 제2판, Halle, 1773)를 의미한다. 하지만 이 독일어 번역서의 정확한 제목은 『산술의 기초, 기하학과 기하학적 계산의 기초』(*Anfangsgründe der Arithmetic, Geometrie und der Geometrischen Berechnungen; Aus dem Lateinischen übersetzt*, 제2판, Halle, 1773)이다.

9) 칸트가 기록한 원문에는 전치사 'als' 대신에 'aus'가 사용되었다. 그러나 여기서는 하르텐슈타인(Hartenstein)의 제안처럼 의미상 'als'로 읽어야 한다. 학술원판 역시 이 교정을 받아들였다.

10) 이하의 다섯 단락은 칸트의 원본에 따르면 § 4의 둘째 단락에 등장하는 구절이다. 그러나 파이힝거(Vaihinger)의 가설에 따르면 이 구절은 위치가 바뀌어 잘못 출판되었다. 학술원판 제4권과 바이셰델판 제5권은 이러한 가설을 받아들이지 않고 편집되었지만 여기서는 이 가설을 받아들여 여기에 위치시켰다. 그렇지 않으면 이 구절은 전혀 맥락에 맞지 않아 이해하기가 어렵기 때문이다. 따라서 이 번역본에서는 학술원판의 쪽수가 269 다음 272부터 274가 등장하고 다시 270으로 바뀐다.

11) 원문의 'die gute Gesellschaft'는 '좋은 동반자[수학]'로 옮길 수도 있다. 그러나 이를 수식해주는 뒤의 구절이 사람을 칭하는 것보다 관계를 의미하기에 여기서는 '동반 관계'로 옮겼다. 하지만 그 후의 구절에 등장하는 '전자'(die erste)와 '후자'(die letzte)라는 표현은 '동반자[수학]'라는 번역 또한 가능함을 암시한다.

12) '3'이라는 문단 제목은 원문에는 없는 것으로 이는 슐츠(Schulz) 판본의 제안에 따른 것이다. 이는 칸트의 원본에 바뀌어 있는 다섯 문단이 여기서와 마찬가지로 § 2에 연이어 나와야 한다는 견해를 뒷받침해준다. 여기에 등장하는 "본래적 의미에서 형이상학적 판단은(Eigentlich metaphysische Urteile) […]"이라는 구절은 앞의 "1. 경험판단은(Erfahrungsurteile) […]", "2. 수학적 판단은(Mathematische Urteile) […]"과 내용뿐 아니라 체계로도 상응하기 때문이다.

13) 라틴어 'philosophia definitiva'의 번역어다.

14) 원문의 문장구조는 "이성이 자기 자신을 [왜냐하면] 이하의 내용일 정도로 폭력적으로 다루었다"이다. 그러나 문장의 의미를 정확히 전달하려고 부득이하게 인과절로 옮겼다. 따라서 여기서 '[왜냐하면]'의 정확한 의미는 '[이성이 자신을 너무 폭력적으로 다룬 이유는]'의 뜻이다.

15) 원문에서는 앞서 파이힝거의 가설에 따라 § 2로 옮겼던 5개 문단이 바로 다음에 나온다.

16) '문제 있는 개념'은 'problematische Begriffe'를 옮긴 것이다. 이는 칸트에게서는 이성의 순수 개념을 의미한다. 즉 전통 형이상학의 '영혼론', '우주론', '신론'의 탐구대상인 영혼, 세계, 신과 같은 개념이 이에 해당한다.

17) 원문의 'Lehrart'를 여기서는 '방법'으로 옮겼다. 이는 '교수법'을 뜻하지만 '방법론'을 의미할 수도 있기 때문이다. 이 주에 등장하는 이하의 '방법'은 모두 'Lehrart'의 번역어다.

18) 문법상으로는 '마치'가 "당신은 순수 이성을 통해 말하고 있고" 다음 구절에 붙어야 한다. 그러나 의미상 '마치'를 여기에 위치해서 옮겼다.

19) Horaz, Epist. Ⅱ, 3, 188. 라틴어로 쓰인 원문은 다음과 같다. "Quodcunque ostendis mihi sic, incredulus odi."

20) 원문에 '즉'으로 번역할 수 있는 'oder'를 여기서 가독성을 위해 '뜻하는'으로 옮겼다.

**선험적 주요 질문 제1편 순수 수학은 어떻게 가능한가?**

1) 이는 『순수이성비판』 A 713; B 741에 해당한다.

2) 칸트는 여기서 앞 문장에서 '사물'로 번역한 'Ding'과 달리 'Sache'라는 단어를 사용했다. 그러나 내용상 뜻이 같기에 여기서 'Sache'를 '사물'로 번역해도 무방할 것 같다.

3) 원문은 라틴어 'in indefinitum'이다.

4) 이 문장에 함께 쓰인 'wissen'과 'kennen'의 의미를 구별하려고 이렇게 옮겼다.

5) '진정한'으로 옮긴 원문은 'wirklich'이다. 이는 그동안 '현실적', '실제적' 등으로 옮겨왔지만 여기서는 문맥의 의미를 고려해 이렇게 옮겼다.

6) Modifikationen을 옮긴 것. '형태나 성질을 변형시킨 것'을 의미한다.

7) 여기서 '사물'로 옮긴 원문의 단어는 바로 앞에서 '사물'로 옮긴 'Dinge'가 아닌 'Sache'이다. 'Sache'는 '사태', '사건', '일' 등으로도 번역되지만 '사물'을 뜻하기도 한다. 따라서 원문에는 비록 서로 다른 단어가 사용되었지만 여기서는 의미상 같은 뜻이기에 '사물'로 옮겼다.

8) 칸트의 원문에는 'enthalte'가 사용되었지만, 그릴로(Grillo)의 제안을 받아들인 학술원판에 따라 'halte'로 교정하여 옮겼다.

**선험적 주요 질문 제2편 순수 자연과학은 어떻게 가능한가?**

1) 여기서 사용된 'physik'은 좁은 의미로 '물리학'을 의미할 때도 있지만 이 경우처럼 '자연론' 혹은 '자연과학'을 의미하는 'Naturlehre'와 동일하게 사용되기도 한다. 따라서 여기서는 '자연학'이라 옮길 수도 있겠다.

2) 원문은 '개념'을 받을 수 있는 'dessen'이다. 하지만 이는 내용상 맞지 않는 지시어이므로 학술원판에서는 'deren'으로 수정했고 여기서는 학술원판 수정 제안을 따랐다.

3) 'Erfahrungsurteile'을 옮긴 것이다. 여기서 칸트는 '경험판단'(Erfahrungsurteil)과 아래에 등장하는 '지각판단'(Wahrnehmungsurteil)을 구별하려고 이들 양자를 포괄하는 개념으로 '경험적 판단'(empirisches Urteil)이라는 표현을 사용했다.

4) 'empirische Urteile'을 옮긴 것이다.

5) 원문에서는 '지각'에 해당하는 독일어 'Wahrnehmung' 뒤에 뜻이 같은 라틴어 'perceptio'를 병기했는데, 여기서는 '지각' 뒤에 한자를 병기해 이를 표현했다.

6) 여기서 '판단'이라고 번역한 용어는 칸트 원문에는 'zum Urteilen'(판단작용)으로 나와 있지만 여기서는 포어렌더(Vorländer)의 제안을 받아들여 'zu Urteilen'으로 해석했다. 즉 여기서 'zu'는 '속하다'는 동사 'gehören'에 걸리는 전치사로 해석했다. 이러한 수정은 뒤에 나오는 'denselben'을 '판단들'(Urteile)을 의미하는 것으로 해석하기 위한 것이기도 하다.

7) 원문에는 § 21이 두 번 등장하는데 학술원판을 비롯한 다른 판본에는 'a'를 붙여 이를 구별했다.

8) 원문의 라틴어 *mathesis intensorum*을 옮긴 것이다.

9) 여기서는 원문의 'dynamisch'가 '수학적'(mathematisch)과 대조된다는 점에서 '역학적'으로 옮겼다. 하지만 칸트가 'Mechanik/mechanisch'과 'Dynamik/dynamisch'을 비교하여 사용하는 경우가 많은데, 이 경우에는 전자를 '역학/역학적', 후자를 '동역학/동역학적'으로 옮기는 것이 더 적절해 보인다.

10) 원문은 'einer oder der anderen'으로 되어 있고 학술원판은 하르텐슈타인의 제안을 받아들여 'einer oder des anderen'으로 수정했다. 이를 여기서는 우리말의 의미를 살려 이렇게 옮겼다.

11) 원문은 라틴어 'crux metaphysicorum'이다.

12) 원문은 라틴어 'Noumena'이다. 이는 'nous'(사유)를 통해 파악되는 것, 즉 '지성적인 것'을 뜻한다.

13) 원문은 라틴어 'Phaenomena'이다.

14) 원문은 라틴어 'Noumena'이다.

15) 이들 쪽수는 각각 『순수이성비판』의 '순수 지성개념들의 도식론에 관하여'와 '대상 일반을 현상계와 지성계로 구별하는 근거에 관하여'에 해당하는 B 176 이하와 B 294 이하를 말한다.

16) 원문은 'intellektuell'이다.

17) 원문은 'intelligibel'이다.

18) 원문에는 'in dem Buche selbst'(그 저서 자체에는)로 되어 있다.

19) 여기서 '이전의 철학자'는 범주를 임의적으로 모아놓았다고 칸트가 비판하는 아리스토텔레스를 말한다.

20) 여기서 '지금의 철학자'는 칸트 자신을 의미한다. 이전 아리스토텔레스의 방법에 비해 칸트는 자신의 작업이 '하나의 원리'(ein Prinzip)에 따라 순수 지성개념들을 절대적 통일성인 지성에서 찾아내 하나의 이념에 따라 서로 연결하려고 했다는 점에서 차별성이 있다고 보았다. 이런 점에서 칸트는 "선험철학은 개념들을 원리(Prinzip)에 따라 탐구하는 장점이 있고 의무도 있다"(『순수이성비판』 B 92)라고 말했다.

21) 여기서 '앞섬', '동시', '운동'으로 옮긴 원문은 라틴어 'prius', 'simul', 'motus'이다.

22) 『순수이성비판』 B 402, 443에 해당한다.

23) 『순수이성비판』 B 348에 해당한다.

24) 『순수이성비판』 B 316 이하에 해당한다.


**선험적 주요 질문 제3편 형이상학 일반은 어떻게 가능한가?**

1) '규정 가능한'으로 옮긴 원문 'bestimmbar'는 Erdmann, Grillo 등의 수정 제안에 따른 것이다. 칸트의 원문에는 '더 규정적인'(bestimmter)으로 되어 있다.

2) 칸트의 원문은 'physiologisch'(자연학적)이라고 되어 있으나 여기서는 내용상 그릴로의 제안처럼 'psychologisch'가 분명해 보인다. 학술원판을 포함한 대부분 판본이 이 수정을 받아들였다.

3) 여기서의 '이성인식'(Vernunfterkenntnis)은 하르텐슈타인의 제안처럼 문맥상 '지성인식'(Verstandeserkenntnis)으로 고쳐 읽을 수 있다.

4) 원문은 라틴어 'a parte ante'이다.

5) 원문은 앞서 '심리학적'으로도 옮긴 Psychologisch이다. 여기서는 다루는 내용이 특수형이상학의 세 분야 중 하나를 의미하기에 '영혼론'으로 옮겼다.

6) 『순수이성비판』 B 399 이하에 해당한다.

7) 같은 문단에서 사용된 동일한 단어 'Subjekt'를 앞서와 달리 여기서는 '주체'로 옮겼다. 여기서는 문장의 술어가 귀속되는 주어의 뜻보다는 실재적 속성이 귀속되는 주체의 뜻이 더 적절하기 때문이다.

8) 원문에 칸트는 이 뒤에 별표로 각주 표시를 했지만 그에 해당하는 각주 내용은 없다.

9) 『순수이성비판』 B 224 이하에 해당한다.

10) 『순수이성비판』 B 432 이하에 해당한다.

11) 문법상으로는 원문의 관계대명사 'die'가 지시하는 것은 '형이상학적 기술'에 해당하지만, 내용상으로는 '모순'이 더 적절한 것으로 보인다.

12) 『순수이성비판』 B 599 이하에 해당한다.

13) 원문은 칸트의 비판철학의 방법을 뜻하는 '선험적'(transzendental)이나 문맥에서 의미하는 바를 고려하여 '초험적'이라고 옮겼다.

14) 플라트너(Ernst Platner)는 라이프치히대학교 교수이자 통속철학자다. 그의 『철학적 잠언집』 두 권은 1776~82년에 라이프치히에서 출간되었다.

15) 칸트의 원문에는 '자연학적'(physiologisch)으로 되어 있지만 여기서는 학술 원판의 교정을 따랐다.

16) 흄(Hume)의 『자연종교에 관한 대화』(*Dialogues concerning natural Religion*, 1779)를 말한다.

17) 칸트의 원문은 '물질적'(materiellen)으로 되어 있지만 여기서는 학술원판의 교정을 따랐다.

18) 원문은 'Grenze'이다.

19) 원문은 'Schranke'이다.

20) "그것은 평면의 경계다"를 이끄는 원문의 관계대명사 'der'가 수식하는 것은 문법적으로 볼 때 '선'이 아니라 '공간'이지만 여기서는 의미상 '선'으로 옮겼다.

21) 원문은 'Noumena'이다.

22) 원문에는 '고찰하다'라고 옮긴 단어 'betrachten'이 빠져 있다. 이를 보충하는 단어로 제안이 많았지만 여기서는 포어렌더(Vorländer)의 제안을 따랐다.

23) 원문은 'damit praktische Prinzipien, die […]' 이하의 문장에서 동사가 빠진 불완전한 문장으로 구성되어 있다. 그동안 여러 편집자가 제안한 다양한 삽입 구절이 있지만, 여기서는 포어렌더의 제안에 따라 그 부분을 따로 옮기지 않고 '[…]'으로 처리하여 번역했다. 다만 문맥에 비추어 굳이 추측하면 '[그러한 공간을 찾도록 하기]' 정도가 가능할 것이다.

24) 『순수이성비판』 '선험적 변증론의 부록: 순수 이성의 이념들의 규제적 사용에 관하여'(『순수이성비판』 B 670-696)에 해당한다.

25) 『순수이성비판』을 뜻한다.

26) 원문은 라틴어 'calculus probabilium'이다.

27) 원문은 라틴어 'in abstracto'이다.

28) 원문은 라틴어 'in concreto'이다.

### 부록

1) *Göttingische Anzeigen von gelehrten Sachen*을 칭한다.

2) 칸트는 원문에서 '초험적'이라 옮길 수 있는 'transzendenten'이라는 단어를 썼다. 하지만 본문 각주에 있는 칸트의 설명을 고려한다면 여기서 논의되는 것은 '선험적'(transzendental)에 관한 것으로 보인다. 실제로 가르베(Garve)는 서평에서 칸트가 사용한 적이 없던 단어 'transzendentellen'이라는 용어를 사용했는데 이는 아마도 '선험적'(transzendental)이라는 칸트의 용어를 잘못 표

기한 것으로 보이다. 그럼에도 칸트가 여기서 '초험적'이라는 단어를 사용한 이유가 자신의 용어 '선험적'(transzendental)에 대한 가르베의 오해를 부각하려는 것인지 칸트의 단순한 오기인지는 분명하지 않다.

3) 원문은 'en gros'이다.

4) 원문은 'en détail'이다.

5) 원문은 'somnio objective sumto'이다.

6) 원문은 '가능성'(Möglichkeit) 대신에 '형이상학'(Metaphysik)으로 되어 있지만 이는 확실한 오기로 보이며, 학술원판 등의 제안에 맞게 '가능성'으로 고쳐 읽었다.

7) 원문은 'onus probandi'이다.

8) 『순수이성비판』 B 454-489에 해당한다.

9) 'Gothaische gelehrte Zeitung'을 칭한다.


## 자연과학의 형이상학적 기초원리

### 머리말

1) 원문의 'eigentlich'는 '온당한' 혹은 '본래적인' 등으로도 옮길 수 있다.

2) 여기서 '지식'으로 옮긴 'Wissen'은 앞에 등장하는 학문(Wissenschaft)과 비교할 때 확실성에서 구별된다는 점을 대비하려고 다른 용어를 사용한 것으로 보인다.

3) 여기서 '기술'(技術)은 'Kunst'의 번역어다. 흔히 'Technik'을 '기술'로, 'Kunst'를 '기예'(技藝)로 옮겨왔으나 여기서는 의미상 'Kunst'는 '기술'로 옮기는 것이 더 적절해 보인다.

4) 원문에는 '후자'라고 옮겨야 할 일종의 지시대명사 'Diese'가 사용되었지만, 이와 쌍을 이루는 '전자'에 대한 언급이 이후 등장하지 않기에 곧바로 '자연 형이상학'이라고 옮겼다.

5) 여기서 칸트는 수학이 '경험적 심리학'에서 차지하는 비중의 경미함을 유비 관계를 들어 설명하려 하지만 유비의 모습이 문장에서 명확히 드러나지는 않았다. 이 유비관계에서 칸트가 말하고자 하는 바는 '경험적 심리학'에서 수학이 차지하는 비중을 '물리학'에서 수학의 비중과 비교하면 이는 마치 선분 이론이 기하학 전체에서 차지하는 비중의 관계처럼 경미하다는 점이다.

6) 원문 "[…] wo metaphysische und mathematische Konstruktionen durch einander zu laufen pflegen, […]"을 그대로 옮기면 "형이상학적 구성과 수학적 구성이 통상적으로 서로 뒤섞여 작용하는"이 된다. 그러나 이렇게 되면 칸트가 앞서 '개념에서의 인식'으로서 '형이상학적 인식'과 '개념들의 구성에서의 인식'인 '수학적 인식'을 명확히 구별한 것—물론 이 구별은 칸트의 모든

저작에서 일관되게 나타난다—과 모순되게 된다. 따라서 이 모순을 피하는 방법은 이 구절의 표현을 문자대로 받아들이지 않고, 폴록(Pollok)이 제안했 듯이 '형이상학적 구성'을 '형이상학적 개념'으로 고쳐 읽는 것이다(K. Pollok, *Kants 'Metapysische Anfangsgründe der Naturwissenschaft': ein Kritischer Kommentar*, Hamburg, 2001, pp.126-128 참조할 것).

7) 'physica generalis'의 번역어다. 'physica generalis'로 칸트는 당시 자연과학자 들의 견해와 달리 그 속에 형이상학적 법칙이 포함된 '수학적 자연과학'을 의 미했다.

8) 원문에는 이 문장을 이끄는 동사가 생략되어 있다. 여기서는 문맥의 의미를 고려하여 '분리하는 것'이라는 단어를 첨언했다.

9) 원문은 'Allgemeine Literatur Zeitung'이다.

10) 원문은 'Institutiones Logicae et Metaph'이다.

11) '가정'으로 옮긴 원문은 'das Zugestanden'이다. 이는 실제로는 '승인된 것' 혹은 '승인된 명제'를 의미한다.

12) 문법상 원문에서 '그것'(sie)이 지시하는 바는 '논리적 기능'(logische Funktion), '범주'(Kategorie) 그리고 '인식'(Erkenntnis) 중 하나일 수 있다. 그 러나 내용적으로 '원칙'이 이들을 모두 아프리오리하게 규정한다고 해도 문 제가 없기에 '그것'이 지시하는 바를 여기서 하나로 특정하기는 어려워 보 인다.

13) 원문의 'Materie'는 경우에 따라서 예컨대 '형상'(Form)과 함께 사용되는 경 우는 '질료'로 옮기는 것이 더 적절할 수도 있다.

14) 'Phoronomie'의 번역어다.

15) 'Dynamik'의 번역어다.

16) 'Mechanik'의 번역어다.

17) 'Phänomenologie'의 번역어다.

18) 원문은 '[ ]'에 해당하는 동사가 생략된 불완전한 문장이나 문맥의 의미에 따라 이 뜻을 삽입하여 읽을 수 있다.

19) 뉴턴의 *Philosophiae Naturalis Principia Mathematica*를 말한다.

20) 라틴어로 쓰인 원문은 다음과 같다. "*Gloriatur Geometria, quod tam paucis principiis aliunde petitis tam multa praestet*"(Newton, *Princ. Phil. Nat. Math. Praefat*).

### 제1장 운동학의 형이상학적 기초원리

1) 여기서 '물질'로 번역한 'Materie'는 '형식'(Form)과 함께 대비적으로 사용되 었다는 점에서 '질료'로 옮길 수도 있다. 하지만 여기서 문제가 되는 '외적 객 관'(das äußere Objekt)으로서 'Materie'는 '물질'로 옮기는 것이 더 적절해 보 인다.

2) 여기서 원문의 관계대명사 ‘die’는 ‘경험의 가능성’(Möglichkeit der Erfahrung)을 지시할 수도 있다.

3) ‘단일한 것’은 ‘Einheit’를 옮긴 것이다. 이는 ‘통일성’으로 번역할 수 있으나 여기서는 ‘단일성’ 혹은 ‘개체성’을 뜻하는 것으로 사용되었기에 이렇게 옮겼다.

4) 이 ‘전자’에 해당하는 ‘한 사물의 운동’은 물질을 하나의 단일성으로 간주했을 때를 뜻한다. 즉 앞의 사례에서 ‘한 통의 맥주’로서 물질이 위치 변화를 겪는 운동을 의미한다.

5) 괄호 안의 원문은 라틴어 ‘motus tremulus’이다.

6) 원문은 라틴어 ‘dari, non intelligi’이다.

7) 원문은 ‘물체적 존재’라고 옮길 수 있는 ‘körperlich[es] Wesen’이다.

8) ‘속도는 시간분의 거리’를 뜻하는 라틴어 ‘celeritas est spatium per temporum’의 약어이다.

9) 원문은 라틴어 ‘praesentia perdurabilis’이다.

10) 원문은 ‘월권’으로 옮길 수 있는 ‘Anmaßung’이다.

11) ‘Mechanik’의 번역어다.

12) ‘크기에 관한 이론’을 뜻하는 ‘Größenlehre’을 옮긴 것이다.

13) 라틴어 ‘mathesis’를 옮긴 것이다.

14) 여기서는 원문의 ‘Größe’를 ‘크기’로 옮기지 않고 문맥을 고려하여 ‘양’[量]으로 옮겼다.

15) 원문은 ‘기계적’으로도 옮길 수 있는 ‘mechanisch’이다. 하지만 여기서는 ‘dynamisch’(동역학적)의 대립적 의미로 사용되었기에 ‘역학적’으로 옮겼다.

16) 라틴어 ‘motu[motus] compoisto[compositus]’를 옮긴 것이다.

### 제2장 동역학의 형이상학적 기초원리

1) 여기서 ‘결과’는 ‘원인’(Ursache)과 ‘결과’(Wirkung)의 관계에서 ‘현존하는 물질’이 원인이 되어 생겨난 ‘결과’를 의미하며, 이러한 현존의 ‘작용’을 뜻한다.

2) 주로 ‘움직이게 하는 힘’으로 옮긴 ‘bewegende Kraft’을 여기서는 표현이 어색하지 않도록 한자어 ‘동력’으로 옮겼다. 이하에서도 문맥에 따라 ‘움직이게 하는 힘’과 ‘동력’ 중 하나로 옮긴다.

3) ‘Ausdehnungskraft’를 이렇게 옮겼다. 이는 자신의 고유한 ‘연장’(延長, Ausdehnung)을 차지하기 위해 밖으로 향하는 물질의 힘이다. 따라서 다른 물질을 멀어지게 하는 힘일 수도 있고, 동시에 자신의 내부 부분들이 밖으로 향하도록 하는 두 가지 모두를 의미할 수 있기에 ‘팽창력’, ‘자기 확장력’, ‘연장력’(延長力) 등으로 옮길 수도 있겠다.

4) 여기서 칸트가 '역학적 투과성'(mechanische Durchdringlichkeit)과 구별한 '다른 투과성'은 '화학적 투과성'을 의미한다. 이에 관한 칸트의 설명은 '동역학의 일반적 주석'(Allgemeine Anmerkung zur Dynamik)에 등장한다(『자연과학의 기초원리』 Ⅳ 530 참조할 것).

5) 여기서 '근원적 힘'(ursprüngliche Kraft)은 앞의 '정리 2'의 '보충 1'에 따르면 물질의 '확장력' 또는 '팽창력'으로 불릴 수 있는 '탄성'(Elastizität)을 뜻한다(『자연과학의 기초원리』 Ⅳ 500 참조할 것).

6) 원문은 '절대적 필연성으로'로 옮길 수 있는 'mit absoluter Notwendigkeit'이다.

7) 원문은 라틴어 'qualitas occulta'이다.

8) 모나드(Monad)는 연장적이지 않아서 더는 나뉠 수 없는 실체라고 주장한 라이프니츠(Leibniz) 철학을 따르는 이를 뜻한다.

9) 원문은 '후자의 주장'(letzte Behauptung)이다. 이것이 지시하는 바는 앞서 나온 '물질은 사물 자체가 아니고, 공간도 사물 자체의 속성이 아니다'라는 둘째 명제다.

10) 원문은 'Sache'인데 여기서는 의미상 'Ding'과 차이 없이 사용되어 동일하게 '사물'로 옮겼다.

11) 괄호 안의 원문은 'actio in distans'이다.

12) 원문은 'Widerspiel'이다. 이는 '반영'이라고 옮길 수도 있다.

13) 괄호 안의 원문은 'Cor. 2. Prop. 6. Lib. Ⅲ. Princip. Phil. N.'이다.

14) 원문은 다음과 같은 라틴어 문구를 그대로 인용했다. "ne quis *gravitatem* inter *essentiales* corporum proprietates me habere existimet, quaestionem unam de eius causa invetiganda subieci."

15) 칸트 원문의 'Welten'은 하르텐슈타인의 제안에 따라 학술원판과 바이셰델판에서는 'Weiten'으로 교정되었다.

16) 원문은 라틴어 'terminus a quo'이다.

17) 원문은 라틴어 'quantum continuum'이다.

18) 마리오트(Edme Mariotte, 1620~84)는 보일과 동일한 공기의 법칙을 실험했고, 그 내용도 보일의 법칙과 동일하다.

19) 원문에는 'Erwägung'(숙고)이 쓰였지만 하르텐슈타인의 제안에 따라 'Erwärmung'으로 바꾸어 번역했다.

20) 원문에 여는 괄호만 있고 닫는 괄호는 빠져 있다.

21) 칸트는 여기서 'Hydrodynamik'이라는 용어를 사용했다. 하지만 칸트 당시 이미 'Hydrodynamik'과 'Hydrostatik'은 구별되어 사용되었고, 여기서 칸트가 설명하는 '유동성'(Flüssigkeit)의 성질은 '유체 정역학'(Hydrostatik)에 근거를 둔 이론임이 분명하다. 따라서 'Hydrodynamik'은 'Hydrostatik'을 착오로 잘못 표기한 것으로 보인다. 칸트 역시 본문의 아래에서는 여기서 언급한

유체성의 정의를 '유체 정역학의 근본법칙'(Grundgestz der Hydrotatik)이라고 했다.

22) 원문은 'Intussuszeption'이다. 이것은 세포의 삽입, 생장, 섭취, 수용 등을 뜻하는 용어다.

### 제3장 역학의 형이상학적 기초원리

1) 원문은 'Wasserkörper'이다.
2) 원문에는 괄호 안에 라틴어 'lex inertiae'가 병기되어 있다.
3) 원문에는 괄호 안에 라틴어 'actio mutua'가 병기되어 있다.
4) 원문에는 괄호 안에 라틴어 'reactio'가 병기되어 있다.
5) 원문은 라틴어로 'lex subsistentiae, inertiae, et antagonismi'이다.
6) 원문은 'Sollizitation'이다.

### 제4장 현상학의 형이상학적 기초원리

1) 원문은 라틴어 'vacuum mundanum'이다.
2) 원문은 라틴어 'vacuum etramundanum'이다.
3) 원문은 라틴어 'vacuum disseminatum'이다.
4) 원문은 라틴어 'vacuum coacervatum'이다.

# 찾아보기

『학문으로 등장할 수 있는
미래의 모든 형이상학을 위한 서설』

ㄱ

가능성 23, 28, 41, 48, 49, 53, 56-58,
　61, 63, 76, 77, 83, 85, 88, 90-98,
　104, 105, 108, 137, 141, 145, 147,
　160, 163, 164, 169, 171-173, 180,
　182
가상 67-71, 94, 99, 117, 118, 122,
　127, 129, 132, 140, 142, 162, 164,
　165, 176-180, 188
가설 90
가언적 82, 119
감각 59, 67, 80, 89, 92, 103, 111
　~ 능력 58, 59, 61-63, 65-71,
　78-81, 86, 90, 99-101, 128, 129,
　133, 140, 148, 151, 176
감성 58, 59-69, 71, 72, 78, 79, 86, 91,
　99-101, 103-106, 109-111, 120,
　121, 128, 138, 139, 147, 151, 152,
　155, 161, 163, 164, 177
　~세계 64, 67, 68, 70, 97, 99, 106,
　109, 129, 131, 134, 135, 137, 138,
140, 141, 144, 149-151, 154-156,
　158, 159, 161
개념 24-29, 32, 33, 35-43, 47, 50,
　51, 53, 55-61, 63-65, 68, 70, 71,
　73-75, 78, 79, 81-84, 86-92,
　94-98, 100, 102, 107-109, 111-
　120, 122-126, 128, 131-135, 138,
　140-142, 144, 146, 147, 149-153,
　155-162, 164, 167-169, 171, 178,
　182, 185
객관 24, 35, 51, 58, 63-65, 67-69, 75,
　78-81, 83, 84, 87, 88, 90, 92-97,
　104, 108, 111, 114-117, 121, 122,
　127, 129, 133, 137-139, 142, 144-
　146, 153, 155, 159, 178
　~적 타당성 28, 64, 78, 79, 160
결과 24, 26, 28, 38, 41, 60, 76, 82, 90,
　95-97, 108, 124, 125, 135-139,
　141, 159, 161, 163, 174, 177, 183,
　186
결합 24, 25, 28, 30-32, 39, 44, 48, 51,

53, 56, 73, 79-81, 83, 86, 96, 97,
126, 127, 129, 131, 134, 135, 137,
139-142, 147, 149, 150, 153, 155,
157, 159, 171, 177

경험 24-28, 35-39, 42, 46-48, 51,
52, 55-57, 59, 60, 68-71, 74-106,
108-112, 115-118, 120-129, 131,
133, 134, 138, 141-149, 153, 155,
157-163, 165, 168-171, 176, 177,
181

~판단 38, 78-82, 86-88, 90, 92,
112

계획 24, 29, 31, 32, 164, 166

고정불변성 122, 125, 126, 182

공간 58-67, 69-72, 89, 92, 103, 107,
108, 110, 111, 126-128, 130, 133,
134, 144, 145, 147, 149, 158, 161,
162, 177, 178, 185

관념론 65-67, 71, 72, 127, 128, 175-
179, 181

규정 29, 32, 35, 44, 47, 49, 58, 59,
61, 63, 64, 68, 71-73, 75, 77, 79,
81-84, 86, 90, 92, 93, 95, 100, 101,
107, 108, 110-112, 118-124, 134,
136-141, 144-153, 155-159, 162,
167-170, 176, 177, 181, 182, 187

규제적 124, 144

기하학 40, 45, 58, 62-65, 69, 70, 107,
169, 174, 176, 178

ㄴ

내감 61, 74, 124, 127, 128

논리적 36, 67, 73, 78, 84, 86-88, 101,
111, 119, 122, 132

논리학 88, 96, 104

ㄷ

대상 21, 26, 33, 42, 53, 56-60, 62-66,
68-70, 74-79, 81, 89-91, 95-97,
99-104, 106, 109, 111-113, 117,
121-129, 133, 135, 140-144, 147,
148, 151-153, 158, 159, 161, 165,
166, 174, 175

데카르트 71, 127, 128, 178

독단론 46, 91, 98, 157, 183

ㄹ

라이프니츠 24

로크 24, 44, 66

리이드 25

ㅁ

멘델스존 31

모순율 37-41, 44, 48-50, 171

물리학 74

물질 64, 74, 107, 131, 142

물체 36-38, 59, 65-67, 71, 96, 123,
127, 128, 134

ㅂ

바움가르텐 44

반성개념 114

버클리 72, 176-178

범주 110-114, 117, 119-122, 129, 155

　~표 114

변증론 119, 131, 144-146, 162

보편성 51, 75, 100, 161

보편타당성 78, 79, 81, 93, 112

볼프 44

분석 32, 37-43, 46, 48, 49, 51, 53, 58, 81, 83, 87, 105, 163, 164, 168, 187

　~판단 36-38, 42-44, 48

분해 37, 40-43, 50, 58, 73

불가입성 66, 74, 123

비티 25, 27


ㅅ

사물 28, 43, 57-68, 70, 72-77, 90, 91, 93-96, 99, 100, 107, 111, 121-125, 127, 133, 137, 141, 142, 144, 145, 148, 151, 154, 158, 161, 171, 173, 176, 177

　~ 자체 57, 59, 60, 63-70, 73, 74, 76, 77, 91, 94-97, 99, 100, 109, 122, 125, 126, 128, 131, 133, 135-140, 144-147, 149, 150, 153, 158, 177

사변 27, 52, 141, 143, 161, 162, 166, 170-172, 185, 188

상상력 24, 102

상식 26, 27, 52, 98, 99, 145, 169,

170-172

『서설』 21, 23, 29, 30, 32, 47, 48, 93, 104, 165, 166, 175, 180, 181, 183, 184, 186

선험적 54, 61, 71, 72, 85, 88, 104, 114, 119, 122, 128, 139, 141, 143, 148, 149, 160, 162, 175

선험철학 52, 53, 103, 111

수학 36, 38-42, 48, 53-56, 58, 59, 61, 63, 70, 74, 83, 89, 90, 92, 93, 97, 115, 121, 129, 133, 135, 147, 148, 171, 181, 185

순수 26, 28, 29, 31, 32, 36, 38-42, 44, 45, 47-56, 58-63, 71, 74-79, 81-85, 87, 88, 93, 96-103, 106, 110-123, 128, 129, 132, 141, 143, 145, 146, 148-153, 158-162, 165, 167, 169, 171-173, 176, 177, 180, 182, 183, 185-187

술어 36-38, 40, 56, 66, 94, 95, 110, 122-125, 152, 155

습관 24, 31, 33, 51, 93, 94, 184

시간 29, 58-61, 67, 69-72, 89, 90, 92, 93, 96, 103, 110, 111, 122, 127, 128, 130, 133, 134, 136, 138, 140, 144, 145, 149, 177, 178, 183, 184

실재성 30, 53, 57, 63, 65, 75, 85, 89, 91, 97, 100, 115, 146, 151, 178

실체 42, 43, 75, 85, 90, 91, 94, 95, 100, 119, 120, 122-126, 129, 155, 168, 182

심리학 36, 74, 119, 128

ㅇ

아리스토텔레스 110, 168
아포스테리오리 38, 48, 56, 73, 74
아프리오리 24-26, 28, 36-41, 43, 44,
　46, 48-61, 64, 65, 69, 70, 73-78,
　81, 83, 84, 88, 90-98, 104-106,
　108, 109, 112, 113, 118, 119, 125,
　141, 145, 159, 162, 164, 165, 168-
　171, 177, 178, 180, 182, 183
연역 28, 61, 99, 112, 115, 116, 121,
　141, 164, 171, 186
연장 36-38, 41, 64, 66, 135, 147
영혼 120, 124, 125, 127-129, 146,
　161, 185
　~론 119, 141, 142, 161, 168
오스왈드 25
외감 61, 63, 74, 127
우주론 119, 120, 129, 141, 146, 161,
　168
원인 24, 26, 28, 44, 46, 50, 57, 75,
　76, 81, 82, 85, 90, 94-96, 100, 105,
　120, 122, 130, 135, 136-140, 152,
　155-157, 159, 161, 162, 170, 182
원천 35, 36, 44, 47, 49, 54, 65, 74, 77,
　108, 115, 118, 162-165, 180
원칙 27, 33, 35, 38, 40, 63, 74, 75,
　83-85, 88-91, 93-95, 97-99, 101,
　102, 104, 105, 109, 112, 113, 118,
　120, 126, 129, 131, 132, 143-146,

157, 164, 165, 169, 170-172, 174,
　176, 182, 183, 187
유기체 32
유클리드 45, 176
이념 30, 35, 45, 110, 117-124, 129,
　131, 134, 137, 141-144, 146-149,
　153, 159-162
이성 21-28, 31, 32, 36, 38, 45-50,
　52-55, 71, 93, 98, 99, 103, 112,
　116-122, 128, 129, 131, 132, 137-
　150, 153, 155-167, 169, 171-173,
　176, 180, 182, 183, 185-188
　~개념 113-119, 143, 146, 151
이율배반 71, 120, 129, 133-135, 140
인과성 41, 135, 136-140, 152, 155,
　161, 162, 171
인식 24-26, 29, 30, 32, 35-41,
　43-55, 57-59, 61, 62, 64, 65,
　67-70, 72-77, 79, 84, 86, 88,
　90-92, 95-98, 105, 106, 108, 109-
　111, 113, 117, 118, 121-124, 127,
　141, 143-145, 147, 149-151, 153,
　154, 157-159, 165, 168-170, 172,
　176-178, 182-184, 186

ㅈ

자연과학 48, 53, 54, 74, 75, 77, 85,
　88, 89, 93, 97, 115, 121, 147, 148,
　169, 181, 185
자연학 35, 36, 74, 75, 85, 88-90, 112
자유 68, 102, 130, 135-140, 146, 162,

183

작용 24, 55, 94, 100, 122, 129, 136, 156

전체 26-28, 32, 40, 41, 63, 67, 70, 77, 94, 95, 100, 105, 107, 111, 112, 116, 120, 123, 131, 135, 140, 143, 152, 159, 160, 163, 164, 172, 175, 176, 184-186

제그너 39

종합 32, 38-42, 47-49, 53, 55, 56, 58, 61, 86-88, 91-93, 96, 97, 105, 108, 143, 168, 182

~명제 38-41, 43, 44, 46, 48, 49, 56, 58, 60, 92, 125, 131, 168, 174, 180, 183

~인식 48, 51, 52, 59, 164, 168

~판단 36-38, 41, 44, 48, 56, 58, 83, 86, 171

지성 21, 22, 27, 28, 36, 38, 52, 62, 63, 65, 68, 69, 73, 78, 81, 83, 86, 89-91, 93-95, 97-102, 104-112, 115-117, 119, 121-123, 145, 149-152, 154, 158, 159, 161-164, 168, 170, 171, 176, 177, 187

~개념 42, 78, 79, 81-85, 87, 88, 95-97, 100, 101, 111, 113, 114, 116-118, 142, 144, 145, 149-151, 177, 186

직관 33, 39-41, 43, 53, 55-71, 78, 81-86, 88, 89, 91-93, 100-103, 106, 108, 111, 121, 122, 124, 127, 128, 144, 145, 147, 151, 165, 171, 177

진리 26, 45, 53, 68, 69, 71, 90, 127, 128, 174, 176-180

ㅊ

철학 21, 36, 41, 43, 50, 55, 67, 71, 74, 99, 110, 111, 113, 115, 119, 128, 162, 169, 182, 188

초험적 71, 100, 116-118, 122, 128, 129, 141, 142, 144-146, 152, 153, 156, 160

추론적 56, 74, 123, 145, 151

충족이유율 44, 46, 168

ㅍ

판단 22, 27, 29, 30, 32, 33, 36-40, 42, 44, 52, 55, 56, 58, 68, 69, 71, 78-84, 86-88, 90, 91, 93, 95, 101, 111, 112, 117, 119, 153, 160, 166, 169-176, 178-181, 184, 188

표상 24, 44, 57, 59-72, 78, 79, 82, 86-89, 94, 95, 97-99, 104, 105, 110, 116, 119, 122, 123, 125, 127-129, 133-135, 151, 171, 177

프리스틀리 25

필연성 24, 38-40, 51, 55, 74, 81, 85, 90, 93-96, 100, 109, 161, 167

ㅎ

학문 21-26, 29-33, 35, 42, 43,

45-48, 52-54, 56, 88, 98, 103, 112, 115-117, 123, 145, 148, 160, 162, 164-169, 171, 172, 175, 180, 181, 186-188

합법칙성 75, 76, 104-106, 122, 127

현상 46, 59, 60, 63-72, 74, 87-92, 94-97, 99, 100, 103, 104, 106, 108, 111, 120, 124, 127, 128, 131, 133, 134-141, 146-151, 154, 156, 158, 163, 177, 181

현존 28, 46, 56, 57, 68, 73-75, 85, 90, 93-95, 99, 125, 127, 134, 152, 157, 161, 168, 171

형식 30, 36, 41, 58-61, 63-65, 69, 75, 77, 81, 82, 86, 88, 90, 92, 96, 101, 104, 108-111, 114, 119, 128, 151, 158, 177, 178

형이상학 21-25, 27-29, 32, 33, 35, 36, 41-54, 65, 71, 98, 103, 112, 114-118, 129, 131, 145, 147, 148, 160, 162-175, 179-183, 187, 188

호라티우스 50

회의론 46, 47, 131, 145, 157

흄 24-31, 41, 42, 44, 51, 93, 95, 97, 145, 152, 155, 157

힘 24, 100, 103, 107, 123, 147, 167, 171

## 『자연과학의 형이상학적 기초원리』

ㄱ

가능성 199, 201, 202, 208, 213, 231, 232, 243, 247, 248, 251-254, 256, 258-261, 264-266, 270, 273-276, 284, 287-289, 302, 308, 309, 311, 320, 326, 328, 329

가동성 211, 213, 224, 232

가분성 245, 246, 248, 250

가속 220, 284, 311, 312

각도 225, 313

감관 능력 195

감성세계 195, 198, 237

감속 220, 312

개념 197-202, 206, 208, 211, 213, 214-217, 219-221, 223, 224, 230-233, 236-238, 241-244, 247-249, 251, 254, 255, 257, 259, 263, 265, 270, 271, 273, 274-276, 280, 281, 289, 291, 294-297, 299, 300, 302, 308, 313, 317, 320, 321-323, 326-328

객관 195, 199, 201, 203, 207, 208, 212, 213, 217, 232, 247, 250, 254, 259, 299, 315-317, 323

경험 195-203, 206, 207, 212-214, 220-223, 262, 277, 281, 284, 288,

289, 296, 303, 307–309, 315–327

~법칙 196, 197

고정불변성 299, 300, 302

고체 272, 273, 278, 296

~성 237, 254, 296

공간 200–202, 211–215, 217, 218,
220, 222–233, 235–237, 239–260,
263–276, 279, 281, 283–285, 287–
292, 294, 296–300, 302, 303, 306,
307, 309, 315–329

관성 202, 279, 301, 302, 310

~력 307–310

~의 법칙 301, 302, 310, 311, 313,
319

구성 198–202, 206, 216, 220, 221,
229–232, 237, 238, 247, 250, 265,
266, 269, 271, 275, 289, 294, 298,
299, 304, 307

근본힘 252, 253, 255, 259, 269, 273–
276, 278, 289, 299

근원적 힘 241, 253, 286, 288

기하학 200, 208, 209, 224, 229, 236,
245, 249, 251


ㄴ

내감 195, 200, 299, 300

논리 213, 328

뉴턴 208, 261–263, 271, 279, 307,
319, 325

ㄷ

단자 246, 251, 252, 270

~론 251, 270

대상 195, 196, 198–200, 202, 203,
206, 212, 213, 221, 222, 224, 244,
250, 251, 255, 267, 272, 273, 299,
300, 315–318, 320, 321, 327, 330

데모크리토스 286

데카르트 286

도 239, 240, 288, 295, 299

동력 237–240, 243, 252, 253, 255–
264, 267, 269, 271, 273, 274, 278,
281, 282, 286, 287, 291, 292, 294–
297, 309, 311, 319, 320, 327

동역학 206, 235, 242, 246, 258, 262,
265, 269–273, 275–277, 281, 286,
287, 289, 291, 292, 297, 307, 309,
319, 324–329


ㄹ

라이프니츠 251, 252

람베르트 237


ㅁ

마리오트 271

명제 208, 217, 229, 230, 248, 249,
251, 261, 287, 293, 295, 298, 300–
302, 310, 320

모나드 246, 247, 295

모순율 237, 328

무게 219, 220, 254, 262, 266, 281,

288, 294, 296, 297, 311, 312, 329

물리학 195, 196, 199-201, 203, 207, 208, 232, 275, 276, 329

물질 198, 199, 201, 202, 206, 207, 211-217, 221-224, 232, 235-266, 269-302, 305, 307, 309-313, 315, 316, 318-322, 324-329

물체 198, 201, 203, 208, 211, 214-220, 222-225, 227-232, 254, 258, 259, 261-263, 267, 269, 276, 278-280, 282, 285, 286, 288, 292-296, 298, 300, 301, 303-313, 317-320, 323, 325-328

밀도 200, 275-277, 279, 284, 285, 287, 288, 328, 329


ㅂ

반작용 242, 245, 246, 253, 257, 259, 265, 269, 275, 301, 302, 304-310, 312, 319, 326

방향 211, 213, 215-217, 219-233, 235, 237, 242, 245, 246, 253, 254, 261, 265, 266, 269, 280, 281, 285, 292, 300, 303-306, 308, 309, 312, 313, 316, 317, 319, 323, 324,

배척력 243, 245-247, 253, 256, 261, 263, 266, 269, 270, 272, 273

범주 310, 320

~표 203, 206

법칙 197, 198, 200, 201, 203, 243, 260, 261, 263, 265, 267, 269, 271,

272, 275, 280, 287-289, 291, 292, 294, 300-302, 305, 307-313, 319, 326, 327

부분 195, 197-200, 202, 208, 211, 216, 223, 226, 229, 230, 233, 239, 244-252, 254, 256, 260, 263-267, 269-272, 274-276, 278-283, 286, 287, 292, 293, 295-299, 303, 304, 310-312, 324, 325, 327

분리 198, 200, 202, 207, 208, 244, 245, 248, 256, 278, 279, 282-285, 298, 299, 312

분할 200, 244-252, 270, 284, 286, 293, 294, 299, 300

분해 200, 201, 283

불가입성 242, 243, 252-255, 257-261, 273, 275, 276, 287, 288, 311, 312


ㅅ

사물 195-199, 206, 213-217, 236, 237, 244, 249-252, 254-256, 258, 259, 266, 299, 315, 327, 329, 330

상대공간 211-213, 226-231, 303, 304, 317, 318, 322, 323

선험적 198, 199

선험철학 208, 233

속도 211, 216-231, 233, 239, 292-298, 300, 303, 304, 306, 308, 311-313, 317

수학 198-203, 206-209, 217, 220,

221, 232, 237, 238, 242, 243, 245,
247-251, 256-258, 260-263, 265,
269, 271, 272, 275-276, 286, 289
술어 206, 212, 244, 297, 299, 315-
318, 327
시간 200, 201, 208, 217-220, 224,
225-227, 229, 230, 239, 284, 294,
311-313, 323
실재성 201, 208, 273, 295
실체 237, 244-246, 248, 254, 255,
285, 297-302, 309, 310
심리학 195, 196, 199-201

ㅇ

아프리오리 196-200, 202, 206, 212-
214, 221, 230, 233, 257, 266, 274-
276, 288, 307, 309
압축 240-243, 247, 253, 266, 270,
271, 277, 281, 282, 311, 312, 328
~력 241-243
에테르 262, 288, 328
역학 206, 224, 229, 230, 232, 236,
241, 262, 275, 282, 283, 286-288,
291, 292, 294, 295, 297, 298, 300-
302, 305, 306, 309, 310, 312, 320,
329
연속적 216, 220, 232, 252, 270, 271,
312, 313, 318, 319, 324-326
연장 195, 214, 236, 239, 243, 252,
253, 255, 273, 284
열소 285

영혼 200, 201, 299, 300
~학 201
외감 195, 206, 207, 212, 217, 244,
249-252, 273, 299-301
용해 283-285
운동 200, 202, 206, 207, 211-233,
235, 237, 238, 240, 243, 244, 247,
260-262, 268, 269, 274, 280, 282,
291-298, 300-313, 315-329
~량 293, 294, 303, 304, 307, 311,
312
~론 206, 208
~학 206, 211, 216, 218, 221, 224,
232, 233, 235, 237, 293, 294, 318,
319, 324, 327
원리 195-202, 207, 208, 211, 214,
232, 238, 262, 273, 274, 285, 286,
301, 329
원인 196, 203, 221, 225, 229-232,
235, 237, 238, 243, 261-263, 268,
282, 288, 297, 299-303, 310, 319
위치 214-216, 218, 220, 228, 236,
246, 247, 267, 273, 281, 304, 312,
317, 324, 328
유체 280, 281
응집 277, 280, 286, 328
~력 266, 277-282, 287, 312
이동 218, 220, 226, 312, 325
이성 196-198, 207, 213, 250, 286,
288, 289, 316, 329, 330
~인식 197-199, 265

인력 238, 252-266, 268-275, 277-
279, 282, 284-286, 288, 289, 292,
297, 311-313, 319, 324, 326, 328
인식 196-200, 202, 203, 207, 212,
213, 229, 266, 289, 317, 319

ㅈ

자연 195-199, 201, 203, 208, 232,
238, 273, 283-286, 298, 320, 329
~과학 195-202, 206, 209, 214,
220, 238, 248, 273, 274, 285, 286,
288, 289, 302, 307, 310, 321
~법칙 197, 202, 231, 306
~철학 286, 288, 289, 302
~학 195-197, 199, 200, 202, 203,
208, 282, 286, 328
~형이상학 198, 201, 203
작용 199, 202, 221, 231, 240, 242,
243, 253-261, 263-267, 269, 271,
272, 274, 277, 279, 282-285, 289,
291, 292, 294-297, 301-307, 309,
311, 316, 319, 324, 327
저항 201, 220, 221, 235-239, 242,
243, 247, 254, 278, 279, 281, 282,
285, 294, 298, 305, 307, 310, 312,
327-329
전위 278-281, 312, 313
전체 195-197, 200, 207, 216, 223,
229, 242, 248, 249, 264, 267, 270,
271, 280, 283, 285, 294, 298, 312,
316, 323, 326, 327, 330

절대공간 211, 213, 222, 223, 226,
227, 229, 303, 304, 306, 317, 318,
321-323, 326, 327
접촉 247, 255, 257, 258, 260, 261,
266, 269, 271, 274, 277-280
정지 207, 213, 218-220, 222-224,
228, 231, 237, 282, 291, 300, 301,
303-306, 309-312, 317, 321-324
주어 244, 297-299
중력 263, 266, 277, 297, 312, 324-
326, 328
지성 206, 208, 223, 251, 254, 315,
316
~개념 206, 207, 214, 233
직관 198-201, 203, 207, 208, 212,
217, 221, 227, 229, 230, 232, 248,
250, 252, 271, 275
진공 274, 285, 286-290, 327-329
진동 215, 217, 272
질료 212, 275

ㅊ

차지함 236
채움 202, 236, 242, 272-274, 276,
291
척력 238, 239, 246, 255-260, 263,
265, 266, 269-272, 275, 284, 286,
288, 289, 291, 292, 297, 309, 311
철학 198, 199, 201, 232, 276
체계 196, 197, 200, 202, 203, 207,
208, 261, 276, 277, 287, 326

충돌 208, 255, 261, 262, 266, 292, 296, 304-306, 308-310, 312

ㅋ

케플러 307

ㅌ

탄성 217, 240, 242, 247, 266, 272, 273, 281, 282, 284, 297
  ~력 242
통일성 202
투과 235-237, 239-243, 247, 272, 277, 283-285, 294, 311, 327

ㅍ

판단 275, 285, 316, 317, 319
팽창력 239, 240, 242, 311, 312
표면력 263, 277, 311, 312
표상 202, 203, 212, 213, 220, 222, 224-228, 230, 231, 233, 247-251, 267-269, 271, 277, 294, 299, 301-303, 310, 315-317, 321-325, 327, 328
필연성 197, 198, 207, 262, 274, 287, 288, 320, 321

ㅎ

학문 196-203, 207, 232, 235, 286, 310
합성 200, 206, 221, 224-227, 229-233, 246, 251, 252, 280, 294, 299, 328
현상 195, 197, 200, 207, 217, 249-252, 261, 262, 285, 287, 303, 304, 315-317, 319, 321-325
  ~학 207
현존 195-198, 218-220, 236, 237, 246, 253, 255, 260
형식 195, 208, 212, 217, 249-252, 262
형이상학 198, 199, 201-203, 206-209, 212, 214, 248, 249, 251, 263, 265, 266, 272-275, 286, 289, 298, 300-302, 313, 329
화학 196, 197, 199, 200, 283-285, 288
확장력 239-243, 245, 253, 263, 272-274, 290, 328, 329

## 지은이 임마누엘 칸트

1724년 4월 22일 프로이센(Preußen) 쾨니히스베르크(Königsberg)에서 수공업자의 아들로 태어났다. 1730~32년까지 병원 부설 학교를, 1732~40년까지 오늘날 김나지움(Gymnasium)에 해당하는 콜레기움 프리데리키아눔(Collegium Fridericianum)을 다녔다. 1740년에 쾨니히스베르크대학교에 입학해 주로 철학, 수학, 자연과학을 공부했다. 1746년 대학 수업을 마친 후 10년 가까이 가정교사 생활을 했다.

1749년에 첫 저서『살아 있는 힘의 참된 측정에 관한 사상』을 출판했다. 1755/56년도 겨울 학기부터 사강사(Privatdozent)로 쾨니히스베르크대학교에서 강의를 시작했다.『자연신학 원칙과 도덕 원칙의 명확성에 관한 연구』(1764)가 1763년 베를린 학술원 현상 공모에서 2등상을 수상했다. 1766년 쾨니히스베르크 왕립 도서관의 부사서로 일하게 됨으로써 처음으로 고정 급여를 받는 직책을 얻었다. 1770년 쾨니히스베르크대학교의 논리학과 형이상학을 담당하는 정교수가 되었고, 교수취임 논문으로『감성계와 지성계의 형식과 원리』를 발표했다.

그 뒤『순수이성비판』(1781),『도덕형이상학 정초』(1785),『실천이성비판』(1788),『판단력비판』(1790),『도덕형이상학』(1797) 등을 출판했다.

1786년 여름학기와 1788년 여름학기에 대학 총장직을 맡았고, 1796년 여름 학기까지 강의했다. 1804년 2월 12일 쾨니히스베르크에서 사망했고 2월 28일 대학 교회의 교수 묘지에 안장되었다.

칸트의 생애는 지극히 평범했다. 그의 생애에서 우리 관심을 끌 만한 사건을 굳이 들자면『이성의 오롯한 한계 안의 종교』(1793) 때문에 검열 당국과 빚은 마찰을 언급할 수 있겠다. 더욱이 중년 이후 칸트는 일과표를 정확히 지키는 지극히 규칙적인 삶을 영위한다. 하지만 단조롭게 보이는 그의 삶은 의도적으로 노력한 결과였다. 그는 자기 삶에 방해가 되는 세인의 주목을 원하지 않았다. 세속적인 명예나 찬사는 그가 바라는 바가 아니었다.

옮긴이 김재호

서울대학교를 졸업하고 동대학원에서 칸트 철학 연구로 석사학위를 받았으며 이후 독일 마르부르크 대학과 지겐 대학에서 수학했다. 지겐 대학에서 칸트 실체개념에 관한 연구로 박사학위를 받았다. 서울대학교 철학사상연구소 전임연구원을 거쳐 현재 서울대학교 기초교육원 강의교수로 있다. 지은 책으로는 『칸트 〈순수이성비판〉』, 『피히테 〈전체 지식학의 기초〉』, 『칸트 〈윤리형이상학정초〉』 등이 있으며, 논문으로는 「칸트의 관념론 논박과 초월적 관념론」, 「칸트에 전해진 버클리의 유산」, 「칸트 『유작』(*Opus postumum*)에 대한 이해와 오해」 등이 있다.

Immanuel Kant

*Prolegomena zu einer jeden künftigen Metaphysik,*
*die als Wissenschaft wird auftreten können*

*Metaphysische Anfangsgründe der Naturwissenschaft*

Translated by Kim Jaeho

Published by Hangilsa Publishing Co., Ltd., Korea, 2018

칸트전집 5

## 학문으로 등장할 수 있는 미래의 모든 형이상학을 위한 서설 자연과학의 형이상학적 기초원리

**지은이** 임마누엘 칸트
**옮긴이** 김제호
**펴낸이** 김언호

**펴낸곳** (주)도서출판 한길사
**등록** 1976년 12월 24일 제74호
**주소** 10881 경기도 파주시 광인사길 37
**홈페이지** www.hangilsa.co.kr
**전자우편** hangilsa@hangilsa.co.kr
**전화** 031-955-2000~3 **팩스** 031-955-2005

**부사장** 박관순 **총괄이사** 김서영 **관리이사** 곽명호
**영업이사** 이경호 **경영이사** 김관영 **편집주간** 백은숙
**편집** 박희진 노유연 최현경 이한민 김영길
**관리** 이주환 문주상 이희문 원선아 이진아 **마케팅** 정아린
**디자인** 창포 031-955-2097
**인쇄** 영림 **제책** 영림

**제1판 제1쇄** 2018년 5월 25일
**제1판 제2쇄** 2022년 10월 20일

값 32,000원
ISBN 978-89-356-6783-3 94160
ISBN 978-89-356-6781-9 (세트)

• 이『칸트전집』번역사업은 2013년부터 2016년까지 정부(교육부)의 재원으로
 한국연구재단의 지원을 받아 수행된 연구임.
 (NRF-2013S1A5B4A01044377)